PHABET

[비:]

ase
ase
[베이스]
꽃병

N n [엔]

Nn Nn

nurse
nurse
[너:스]
간호사

R r [아:]

Rr Rr

rose
rose
[로우즈]
장미

W w [더블류:]

Ww Ww

watermelon
watermelon
[워:터멜런]
수박

O o [오우]

Oo Oo

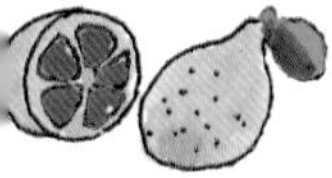

orange
orange
[오:린쥐]
오렌지

S s [에스]

Ss Ss

squirrel
squirrel
[스쿼:럴]
다람쥐

X x [엑스]

Xx Xx

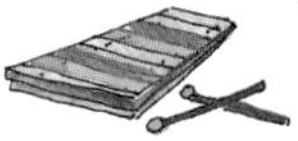

xylophone
xylophone
[자일러포운]
실로폰

P p [피:]

Pp Pp

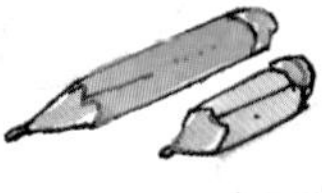

pencil
pencil
[펜슬]
연필

T t [티:]

Tt Tt

tie
tie
[타이]
넥타이

Y y [와이]

Yy Yy

yacht
yacht
[얏]
요트

Q q [큐:]

Qq Qq

queen
queen
[퀸:]
여왕

U u [유:]

Uu Uu

umbrella
umbrella
[엄브렐러]
우산

Z z [지:]

Zz Zz

zebra
zebra
[지:브러]
얼룩말

영어입문사전

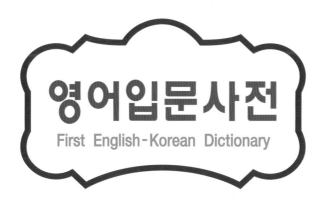

First English-Korean Dictionary

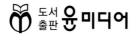

윤 진 섭 엮음

도서출판 윤미디어

Family 가족

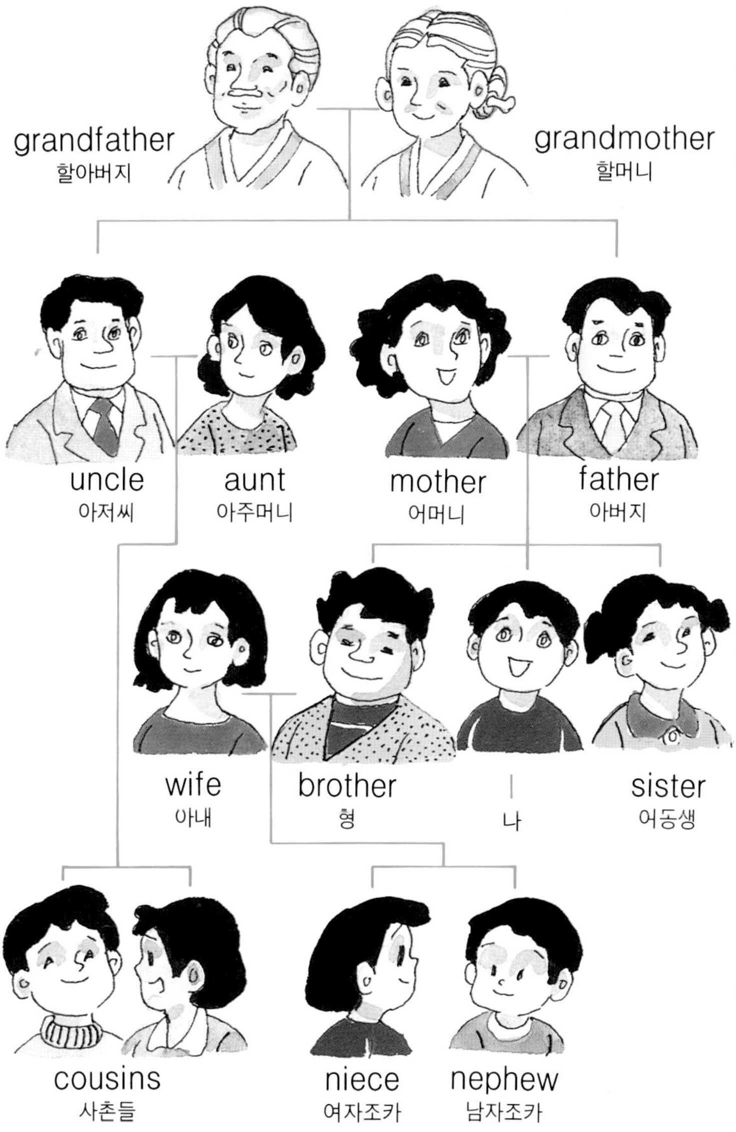
grandfather
할아버지
grandmother
할머니
uncle
아저씨
aunt
아주머니
mother
어머니
father
아버지
wife
아내
brother
형
I
나
sister
어동생
cousins
사촌들
niece
여자조카
nephew
남자조카

Body 몸

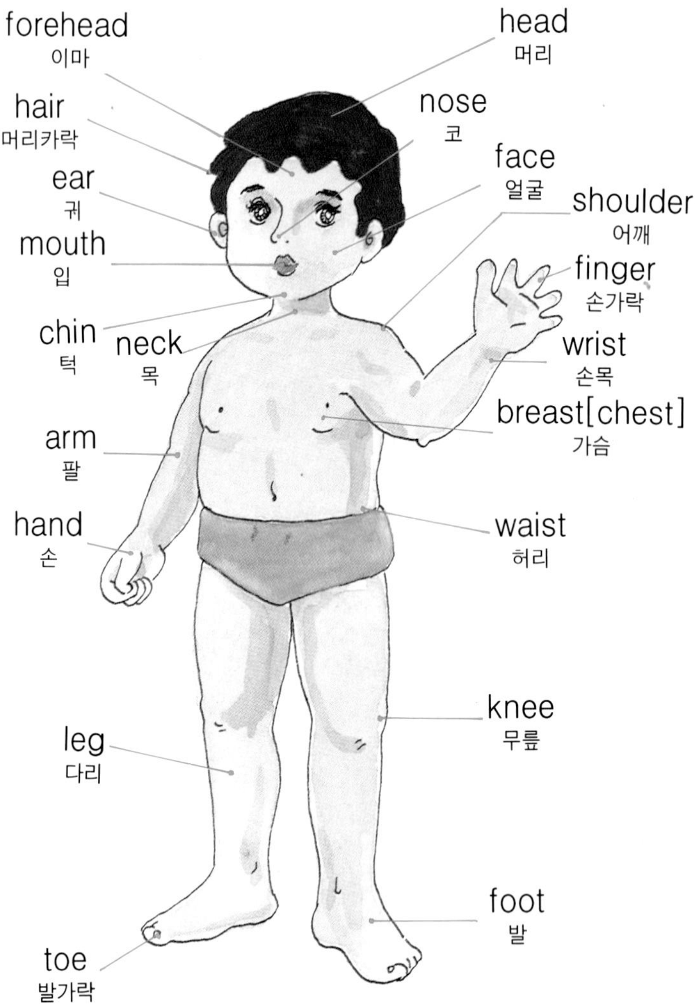
forehead
이마
head
머리
hair
머리카락
nose
코
face
얼굴
ear
귀
shoulder
어깨
mouth
입
finger
손가락
chin
턱
neck
목
wrist
손목
breast[chest]
가슴
arm
팔
hand
손
waist
허리
knee
무릎
leg
다리
foot
발
toe
발가락

House 집

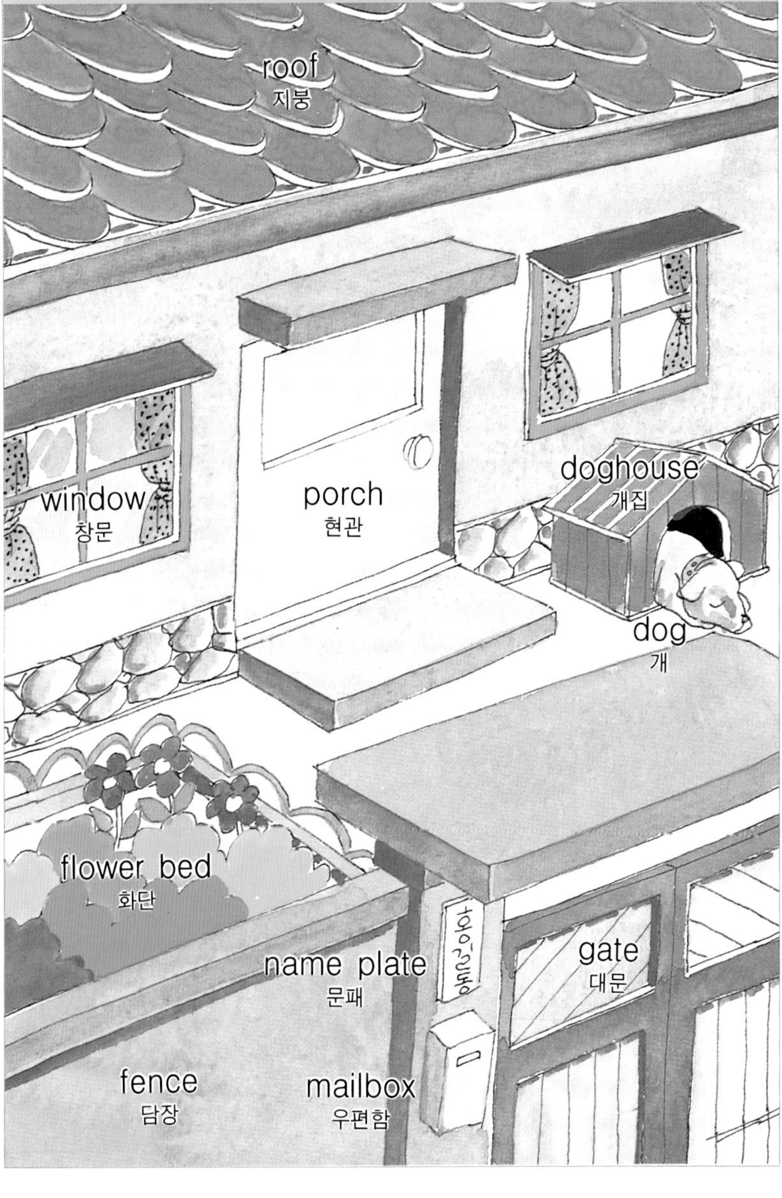
roof
지붕
window
창문
porch
현관
doghouse
개집
dog
개
flower bed
화단
name plate
문패
gate
대문
fence
담장
mailbox
우편함

My Room 나의 방

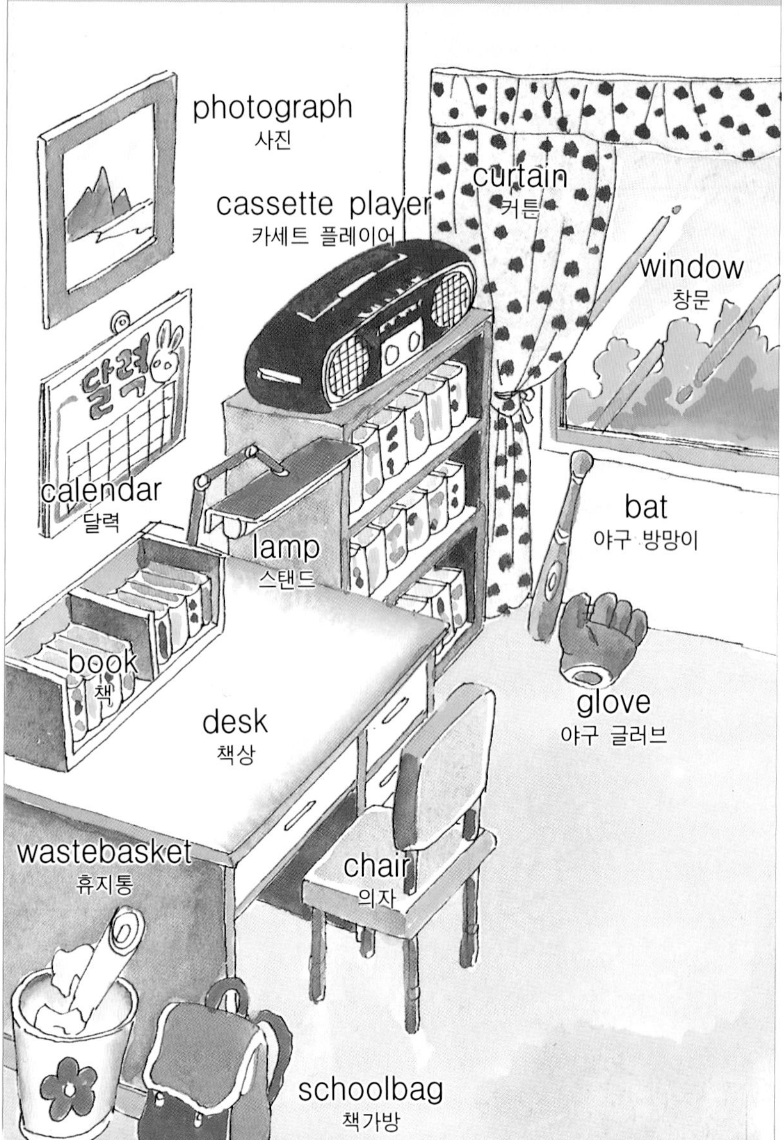

photograph
사진
cassette player
카세트 플레이어
curtain
커튼
window
창문
달력
calendar
달력
lamp
스탠드
bat
야구 방망이
book
책
desk
책상
glove
야구 글러브
wastebasket
휴지통
chair
의자
schoolbag
책가방

Living Room 거실

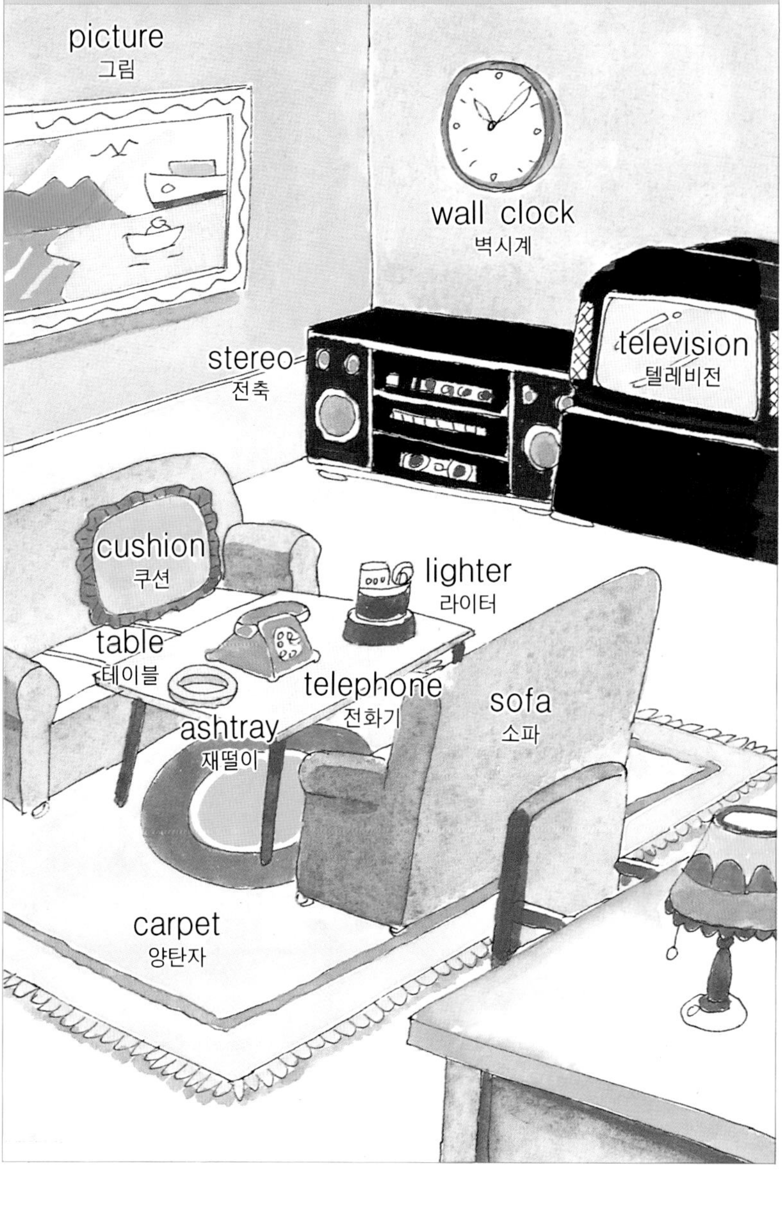

Kitchen 주방

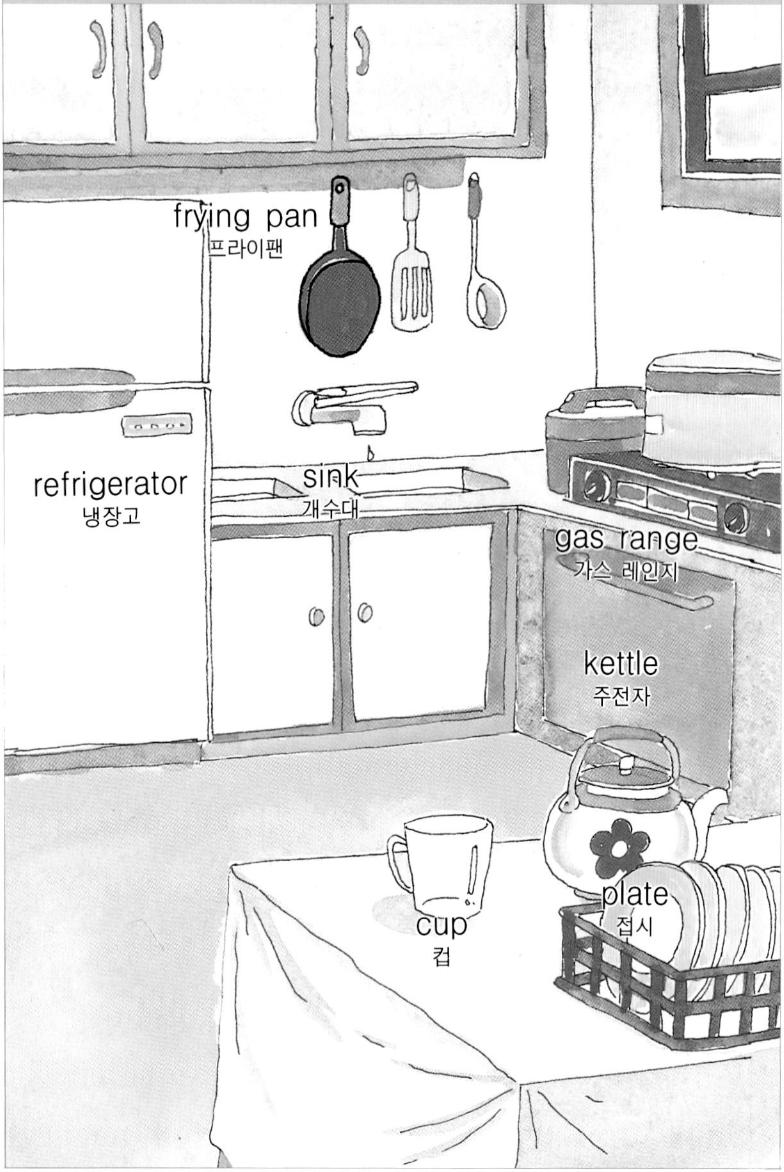
frying pan
프라이팬
refrigerator
냉장고
sink
개수대
gas range
가스 레인지
kettle
주전자
plate
접시
cup
컵

Things to Eat and Drink 음식물

bread
빵

sugar
설탕

salt
소금

milk
우유

butter
버터

cake
케이크

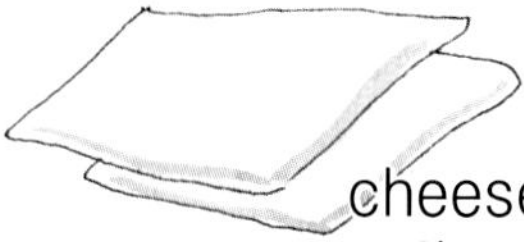

cheese
치즈

sausage
소시지

ice cream
아이스크림

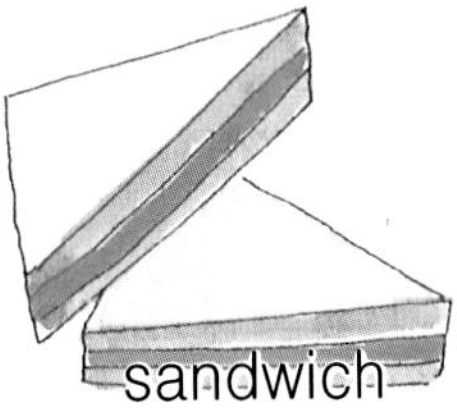

sandwich
샌드위치

juice
주스

soup
수프

coffee
커피

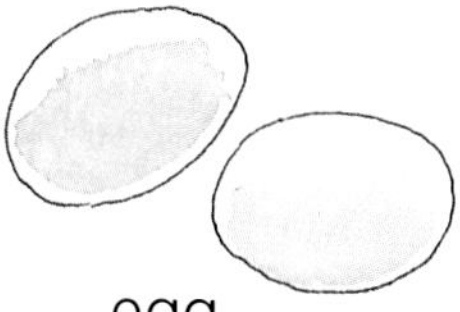

egg
달걀

Household Goods 가정용품

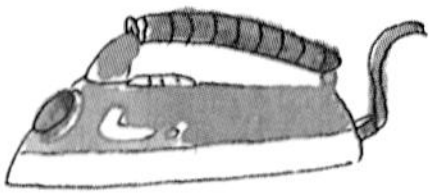

iron
다리미

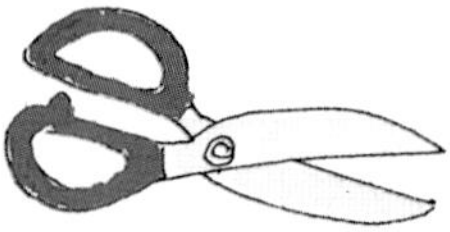

scissors
가위

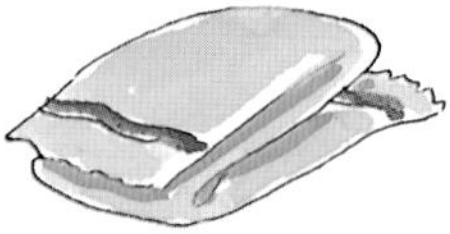

towel
수건

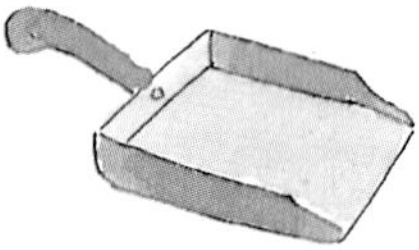

dustpan
쓰레받기

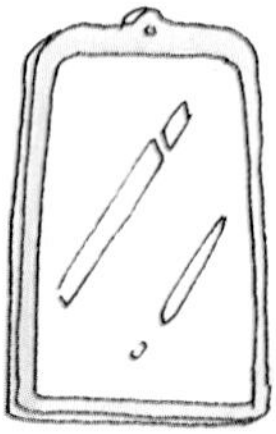

mirror
거울

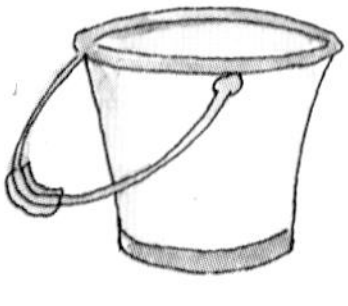

bucket
양동이

clock
시계

lamp
스탠드

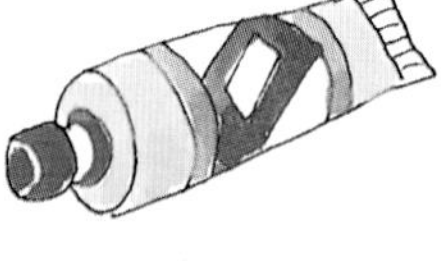

toothpaste
치약

broom
비

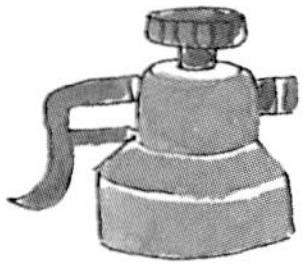

spray
분무기

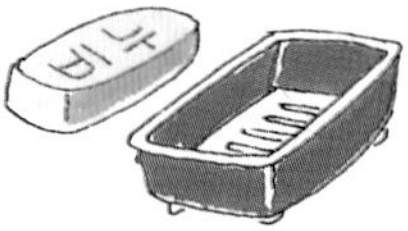

soap
비누

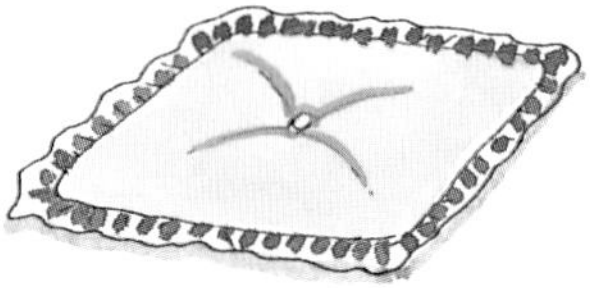

floor cushion
방석

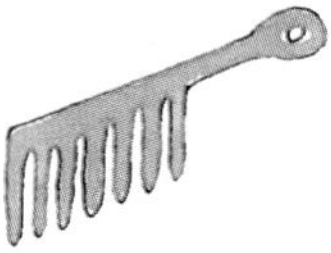

comb
빗

needle
바늘

vacuum cleaner
진공 청소기

thread
실

hanger
옷걸이

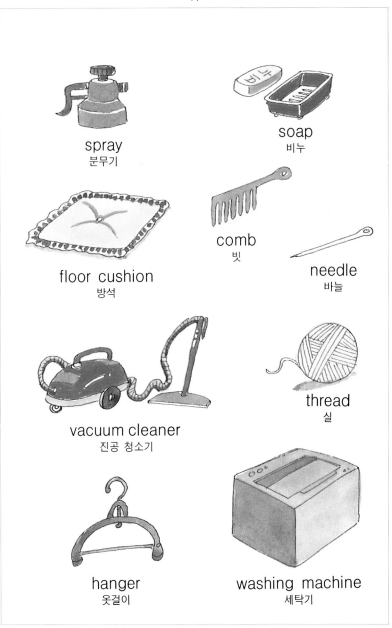

washing machine
세탁기

Clothes 의복

tie
넥타이
collar
깃
coat
(양복의) 웃옷
belt
허리띠
trousers
양복바지
shoes
구두
socks
양말
shirt
셔츠
skirt
치마
boots
목이 긴 구두
necklace
목걸이
blous
블라우스
stockings
스타킹
handbag
핸드백
overcoat
외투

Vegetables 야채

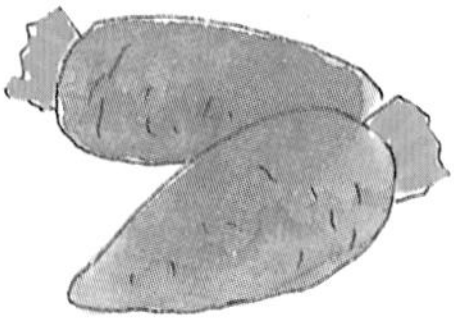

carrot
당근

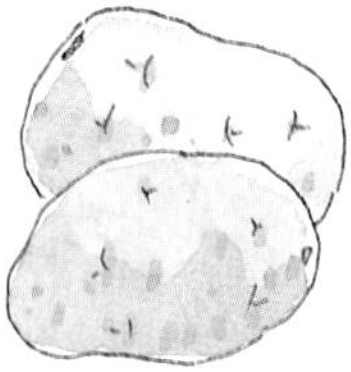

potato
감자

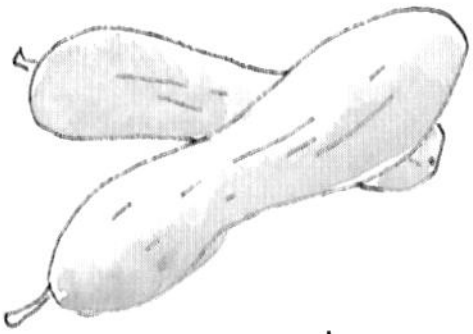

cucumber
오이

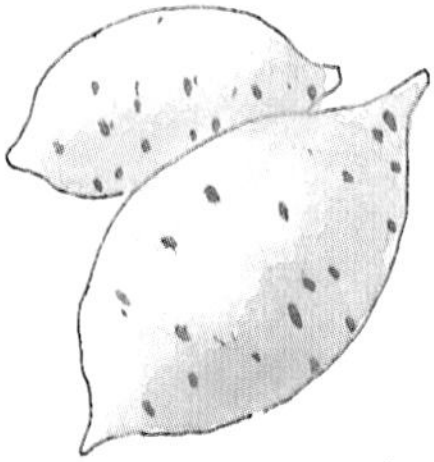

sweet potato
고구마

cabbage
양배추

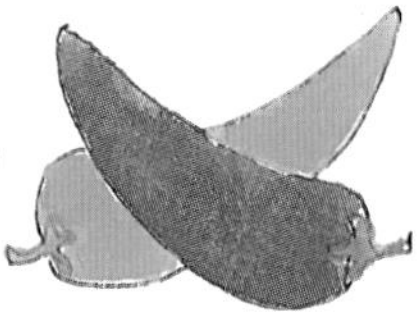

pepper
고추

tomato
토마토

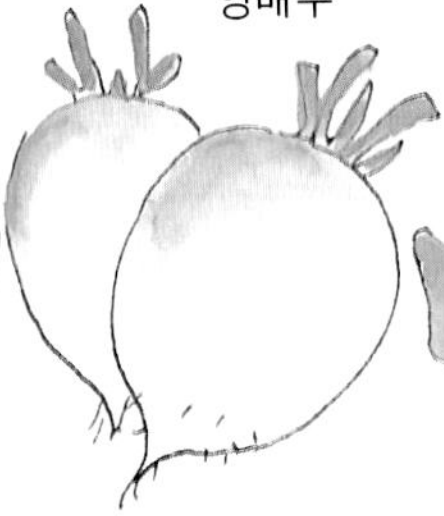

radish
무

spinach
시금치

eggplant
가지

mushroom
버섯

Fruits 과일

apple
사과
pear
배
peach
복숭아
grape
포도
orange
오렌지
pineapple
파인애플
watermalon
수박
banana
바나나
chestnut
밤
lemon
레몬
cherry
버찌
peanut
땅콩

Flowers 꽃

rose
장미

tulip
튤립

lily
백합

cosmos
코스모스

hibiscus
무궁화

sunflower
해바라기

carnation
카네이션

lotus
연꽃

chrysanthemum
국화

violet
제비꽃

pink
패랭이꽃

pansy
팬지

Birds 새

pigeon
비둘기

chicken
병아리

owl
부엉이

ostrich
타조

sea gull
갈매기

eagle
독수리

penguin
펭귄

peacock
공작

sparrow
참새

duck
오리

crow
까마귀

parrot
앵무새

swan
백조

swallow
제비

Animals 동물

elephant
코끼리

tiger
호랑이

zebra
얼룩말

bear
곰

squirrel
다람쥐

monkey
원숭이

wolf
늑대

camel
낙타

rabbit
토끼

dog
개

sheep
양

gorilla
고릴라

deer
사슴

horse
말

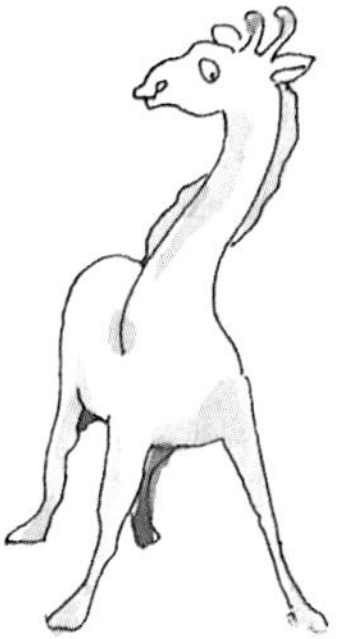

giraffe
기린

lion
사자

fox
여우

cat
고양이

mouse
생쥐

hippopotamus
하마

kangaroo
캥거루

goat
염소

cow
암소

pig
돼지

Insects 곤충

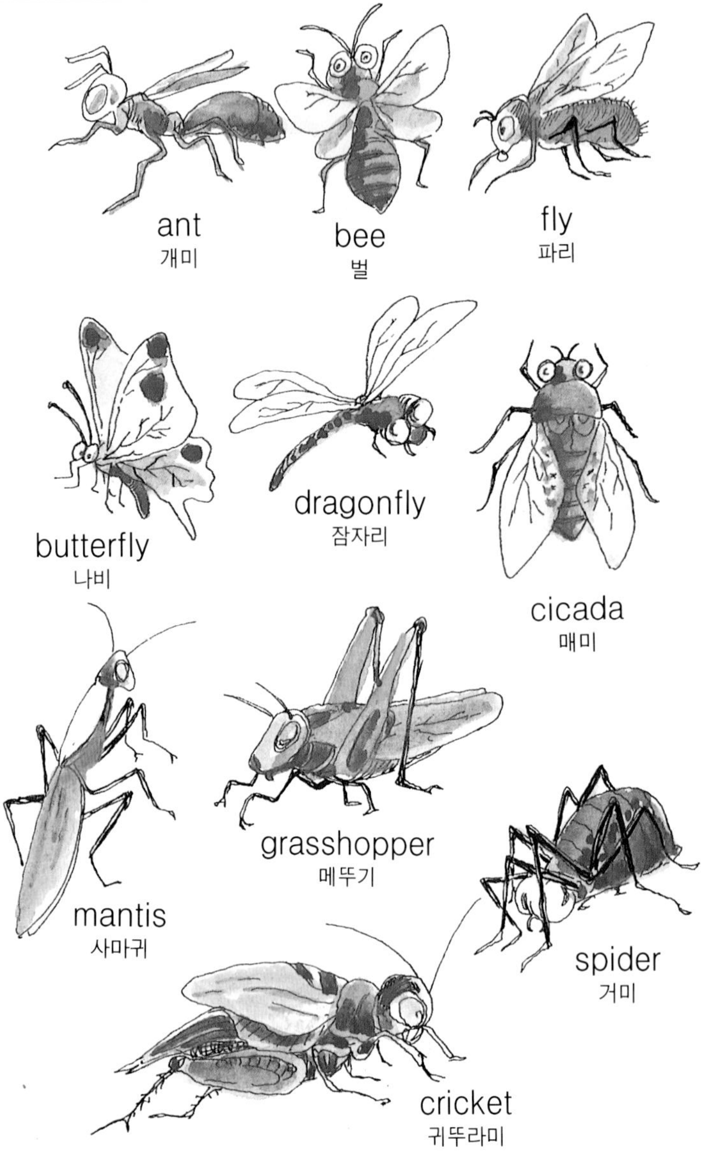
ant
개미
bee
벌
fly
파리
butterfly
나비
dragonfly
잠자리
cicada
매미
mantis
사마귀
grasshopper
메뚜기
spider
거미
cricket
귀뚜라미

Musical Instruments 악기

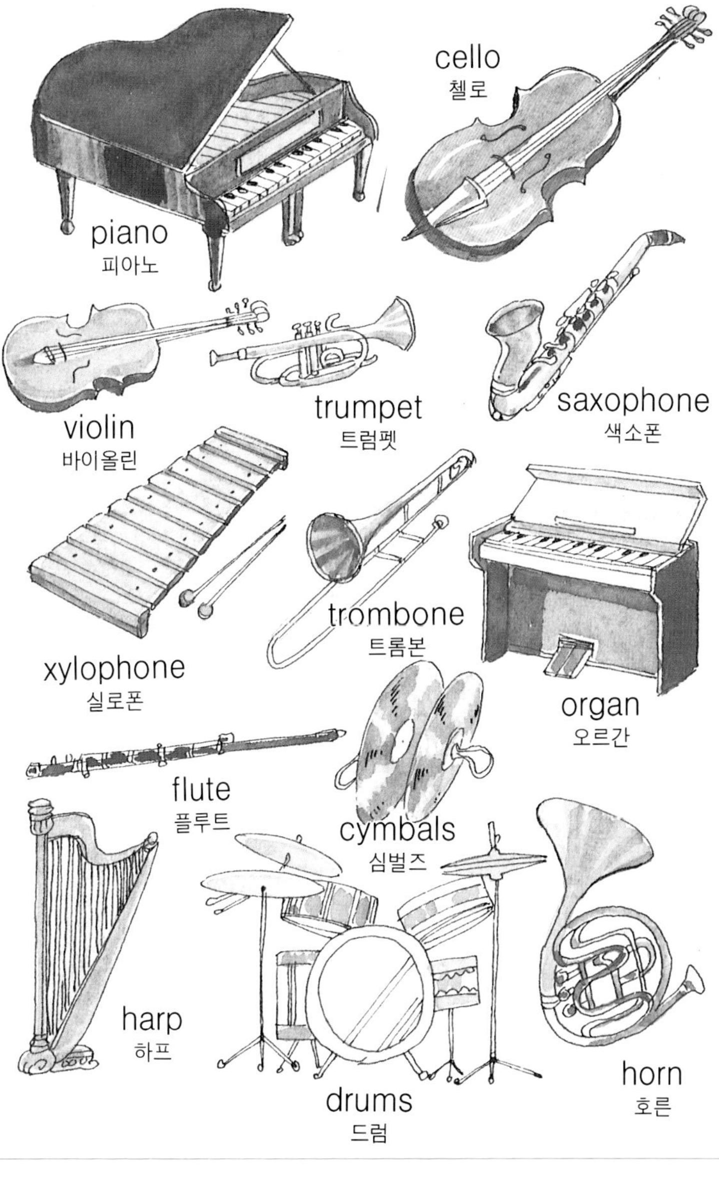

Jobs 직업

doctor
의사

nurse
간호사

postman
우편집배원

teacher
선생님

painter
화가

pianist
피아니스트

fireman
소방수

dirver
운전사

soldier
군인

pilot
조종사

cook
요리사

stewardess
스튜어디스

announcer
아나운서

singer
가수

farmer
농부

writer
작가

barber
이발사

policeman
경찰

Classroom 교실

Playground 놀이터

Place to go 여러 곳

airport
공항
fire station
소방서
farm
농장
소방서
church
교회
도서관
library
도서관
station
역
police station
경찰서
은행
bank
은행
경찰청
백화점
barbershop
이발소
department store
백화점
이발소
zoo
동물원
park
공원

Street 거리

telephone box
공중전화 박스
bus stop
버스정류장
BUS STOP
bus
버스
traffic light
신호등
taxi
택시
zebra crossing
횡단보도

Vehicles 탈것

bus
버스

automobile
자동차

train
기차

airplane
비행기

yacht
요트

subway
지하철

taxi
택시

oil-tanker
유조차

bicycle
자전거

motorcycle
오토바이

boat
보트

rocket
로켓

truck
트럭

cable car
케이블 카

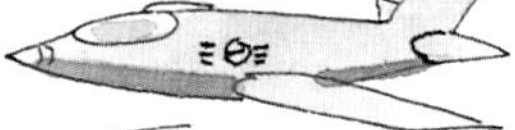

jet plane
제트기

passenger ship
여객선

Things We Do 동작

drink
마시다

eat
먹다

breathe
숨쉬다

play
놀다

ride
타다

open
열다

weep
울다

laugh
웃다

speak
말하다

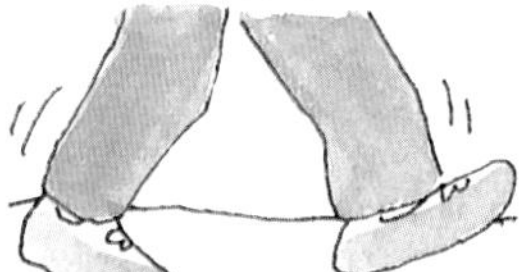

walk
걷다

sing
노래하다

sleep
자다

cook
요리하다

dance
춤추다

bow
인사하다

drive
운전하다

go
가다

kick
차다

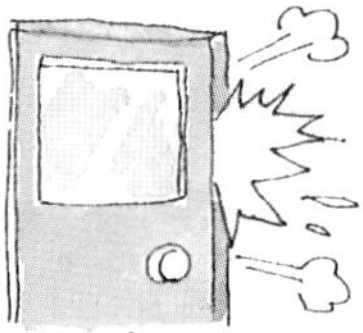
shut
닫다

sit
앉다

stand
일어서다

read
읽다

study
공부하다

write
쓰다

wake
깨다

wash
씻다

bathe
목욕하다

hear
듣다

knock
두드리다

stop
멈추다

Sports 스포츠

soccer[football]
축구
basketball
농구
volleyball
배구
baseball
야구
boxing
권투
tennis
정구
skating
스케이팅
table tennis
탁구
badminton
배드민턴
fencing
펜싱

머 리 말

세계화 시대에 살고 있는 우리들에게 영어를 모르면 생활하는 데 불편함을 느끼는 것이 현실입니다.

이제는 초등 학교에도 영어 교육 과정이 생겨서 영어 조기 교육이 시작되고 있습니다.

영어를 배우는 데 있어서 문법 실력을 기르는 일도 중요하지만 그보다 더 중요한 것은 단어 실력을 기르는 일입니다. 우리가 단어를 모르고는 문장을 해석할 수도 없고 회화와 작문도 할 수 없기 때문입니다. 이런 의미에서 영어 실력의 기초가 되는 단어 공부는 매우 중요합니다.

현재의 초·중학생들은 단어를 많이 들어서 알고 입으로 말할 수는 있지만, 정확한 뜻과 용법을 모르며, 영어로 쓸 줄을 모를 뿐입니다. 그래서 적절한 방법으로 재미있게 공부하는 방법만 안다면 적은 노력으로 많은 성과를 거둘 수 있을 것입니다.

영어 단어를 좀 더 쉽게, 그리고 효과적으로 암기할 수 있도록 여러 가지로 노력한 결과 이 사전을 만들게 되었습니다.

이 사전의 특징을 몇 가지 들어보면,

(1) 초등학교·중학교 교육 과정에 의거하여 만들었습니다.

(2) 표제어마다 쉽고도 적절한 예문을 수록하였습니다.

(3) 명사의 복수, 동사의 3인칭 단수 현재·과거·과거분사·현재분사, 형용사와 부사의 비교급·최상급 등 초보자들의 편의를 돕고자 모든 변화형의 철자를 표기하였습니다.

(4) 발음은 국제 음성 표기와 그에 가까운 우리말을 함께 달았습니다.

(5) 재미있는 원색 삽화를 곁들여서 학습효과를 높이고자 하였으며, 전면 4색도 인쇄를 하였습니다.

학생과 학부모님들께서 영어 공부를 하는데 이 사전이 많은 도움이 되기를 바랍니다.

끝으로 이 영어 사전을 엮는데 많은 도움을 주신 선생님들께 감사를 드립니다.

2000년 1월

도서출판 **윤미디어** 편집부

이 사전의 사용법

1 표제어

<1> 표제어의 배열

표제어는 굵은 활자로 되어 있으며, ABC 순으로 배열하였습니다. 페이지의 가장자리에 ABC…의 표시가 되어있어 찾고자하는 단어의 첫 자는 금방 찾을 수 있습니다.

<2> 철자(spelling)

철자는 주로 미국식 철자를 사용하였습니다. 같은 철자로서 뜻이 완전히 다른 것은 별개의 표제어로하여 오른쪽에 어깨번호를 붙여 구별하였습니다.

(보기) **bear**[1] [bɛər 베어] 명 【동물】 곰

bear[2] [bɛər 베어] 타 (아이를) 낳다, (열매들이) 맺다

<3> 필기체

단어마다 필기체로 된 쓰기본을 달아주었습니다.

(보기) **ball** *ball* , **dog** *dog* , **cat** *cat*

2 발 음

<1> 발음은 국제 음성 기호를 사용하여 미국식 발음과 우리말로 [ ]안에 적어 넣었습니다.

<2> 악센트는 [´]로 제1 악센트만 표시하였으며, 우리말 발음 표기의 경우에는 강하게 발음하는 곳을 굵은 글자로 표시하였습니다.

(보기) **Korea** [kərí:ə 커리:어], **mother** [mʌ́ðər 머더]

3 어형변화

<1> 명사의 복수형

복수형의 철자와 발음이 나와 있습니다.

(보기) **apple** *apple*

[ǽpl 애플]

▶ 복수 apples [ǽplz 애플즈]

명 사과

<2> 동사의 변화

♣ 3단현(3인칭 단수 현재) · 과거 · 과거분사 · 현재분사의 철자가 표시되어 있습니다.

(보기) **meet** *meet*

[mi:t 미:트]

♣ 3단현 meets, 과거 · 과거분사 met, 현재분사 meeting

타 만나다

<3> 형용사 · 부사의 변화

♣ 표시로 비교급 · 최상급의 철자가 표기되어 있습니다.

(보기) **much** *much*

[mʌtʃ 머취]

♣ 비교급 more, 최상급, most

형 (양이) 많은, 다량의

4 품 사

<1> 품사는 명사는 명, 부사는 부 와 같이 기호를 써서 표시하였습니다. '약속 부호' 참조.

<2> 동사는 자동사 자, 타동사 타 의 기호로 나누어 표시하였습니다.

<3> 품사에 따라 발음과 악센트가 달라지는 것은 보기와 같이 표기하였습니다.

(보기) **produce** *produce*

[prədjú:s 프러듀:스]

타 생산하다, 만들어내다

명 [prádju:s 프라듀:스] 농작물, 생산품

5 뜻풀이와 설명

비슷한 풀이는 콤마(,)로 구분하고, 뜻이 조금 다른 것은 세미콜론(;)으로 구분하였으며, 뜻이 많이 다를 때에는 1., 2., 3.으로 구분하였습니다. 뜻풀이의 배열 순서는 자주 쓰는 뜻을 앞으로 놓았고 굵은 글씨로 나타내었습니다.

6 예문과 숙어

단어는 예문을 통해서 공부해야 합니다. 이 사전에는 거의 모든 단어에 예문을 짧고 쉬운 것으로 가려 뽑아 일상 생활에서 활용할 수 있도록 하였으며, 또한 삽화도 들어 있으므로 단어를 이해하는 데 큰 도움이 될 것입니다. 숙어는 각 품사의 마지막에 숙어 표시를 하고 예문을 곁들여 수록하였습니다.

이 사전에 쓰인 약속 부호

명	명사	자	자동사	관	관사
대	대명사	타	타동사	반	반대어
형	형용사	조	조동사	숙어	숙어
부	부사	감	감탄사	※	참고말 앞에
전	전치사	접	접속사	약	약어

발음 기호표

모 음		자 음	
기 호	보 기	기 호	보 기
단 모 음		p ㅍ	park [pɑːrk 파:크]
iː 이:	tea [tiː 티:]	b ㅂ	bench [bentʃ 벤취]
i 이	city [síti 씨티]	t ㅌ	toe [tou 토우]
e 에	pen [pen 펜]	d ㄷ	desk [desk 데스크]
æ 애	hand [hænd 핸드]	k ㅋ	key [kiː 키:]
ɑː 아:	calm [kɑːm 캄:]	g ㄱ	go [gou 고우]
ɑ 아	box [bɑks 박스]	m ㅁ	man [mæn 맨]
ɔː 오:	ball [bɔːl 볼:]	n ㄴ	night [nait 나이트]
ɔ 오	dog [dog 도그]	ŋ ㅇ	song [sɔːŋ 쏭:]
uː 우:	two [tuː 투:]	l ㄹ	line [lain 라인]
u 우	good [gud 굳]	r ㄹ	ring [riŋ 링]
ʌ 어	sun [sʌn 썬]	f ㅍ	foot [fut 풋]
ə 어	ago [əgóu 어고우]	v ㅂ	voice [vɔis 보이스]
ɑːr 아:	car [kɑːr 카:]	θ ㅆ	three [θriː 쓰리:]
ɔːr 오:	floor [flɔːr 플로:]	ð ㄷ	they [ðei 데이]
중 모 음		s ㅅ	star [stɑːr 스타:]
ei 에이	say [sei 쎄이]	z ㅈ	zoo [zuː 주:]
ou 오우	hope [houp 호우프]	ʃ 쉬	dish [diʃ 디쉬]
ai 아이	high [hai 하이]	ʒ 지	vision [víʒən 비전]
au 아우	now [nau 나우]	h ㅎ	hair [hɛər 헤어]
ɔi 오이	toy [tɔi 토이]	w 우	wood [wud 우드]
ɛər 에어	chair [tʃɛər 췌어]	j 이	young [jʌŋ 영]
iər 이어	near [niər 니어]	tʃ 취	chain [tʃein 췌인]
uər 우어	poor [puər 푸어]	dʒ 쥐	orange [ɔ́ːrindʒ 오:린쥐]

A, a

a *a*

강하게[ei 에이], 약하게[ə 어]

관 1. 한…, 하나의

♣ 하나, 둘, 셋으로 셀 수 있는 단어 앞에 붙이는데, 보통은 「하나의」라고 일일이 번역하지 않는다.

This is *a* ball.

이것은 공이다.

♣ one(하나의)과 같은 뜻이며, 특히 수량을 나타낼 때에는 보통 「하나의」라고 번역한다.

a book (한 권의)책

a dog (한 마리의)개

I had *a* cup of juice.

나는 주스를 한 잔 마셨다.

관 2. …이라는 것은

A dog is useful.

개라는 것은 쓸모가 있다.

ability *ability*

[əbíliti 어빌리티]

명 능력, 재능

able *able*

[éibl 에이블]

형 1. …할 수 있는

숙어 *be able to* (*do*) …할 수 있다.

He *is able to* swim.

그는 수영을 할 줄 안다.

형 2. 능력이 있는(반 unable 능력 없는)

She is an *able* teacher.

그녀는 능력 있는 선생님이다.

A

about *about*

[əbáut 어바웃]

전 1. …에 관하여(=of)

I will tell you *about* soccer.

축구에 관하여 이야기해 주겠다.

전 2. …의 둘레에(를)(=around)

Look *about* you.

주위를 조심하시오.

부 1. 둘레를, 주위에(=around)

He likes to walk *about*.

그는 산책하기를 좋아한다.

부 2. 약, 대략(=nearly)

It is *about* 300 won.

그것은 약 300원이다.

숙어 *be about to* 막 …하려고 한다.

He *is about to* start.

그는 막 출발하려고 한다.

above *above*

[əbʌ́v 어버브]

전 …의 위에(로, 를)

♣ on은 물건에 닿아서 위에, over는 바로 위에, above는 높낮이를 나타낸다.

An airplane is flying *above* the clouds.

비행기가 구름 위를 날고 있다.

숙어 *above all* 무엇보다도, 여럿 가운데서 특히

Above all, be health.

무엇보다도 건강하여라.

abroad *abroad*

[əbrɔ́:d 어브로:드]

부 외국에(으로)

I shall go *abroad* today.

나는 오늘 외국에 갑니다.

absent *absent*

[ǽbsənt 앱선트]

형 결석한, …이 없는(반 present 출석한)

숙어 *be absent from* …에 결석하다.

He *was absent from* school yesterday.

그는 어제 학교를 결석하였다.

accept *accept*

[əksépt 억셉트]

타 받다, 응하다, 받아들이다

I *accepted* her invitation.

나는 그녀의 초대를 받아들였다.

accident *accident*

[ǽksidənt 액시던트]

▶복수 accidents [ǽksidənt 액시던츠]

명 뜻밖의 사건, 사고

An automobile *accident* happ-end last night.

어젯밤 자동차 사고가 있었다.

숙어 *by accident* 우연히, 뜻밖에

I met friend *by accident*.

나는 우연히 친구를 만났다.

according *according*

[əkɔ́:rdiŋ 어코:딩]

부 1. …에 따라서, …대로

Do it *according to* your promise.

약속대로 그것을 하시오.

부 2. …에 의하면

According to the news, there was much snow in kangwondo last night.

뉴스에 의하면, 어젯밤 강원도에 많은 눈이 내렸다고 한다.

♣ according은 대개 according to의 형태로 쓰이고, according to 다음에는 명사(또는 대명사)가 온다.

account *account*

[əkáunt 어카운트]

명 계산 ; 이유

숙어 *on account of* …의 이유로, … 때문에

She was absent *on account of* (her) illness.

그녀는 병 때문에 결석했다.

acorn *acorn*

[éikɔərn 에이콘]

명 도토리

A

acquire *acquire*

[əkwáiər 어콰이어]

타 얻다, 습득하다 (=get)

across *across*

[əkrɔ́:s 어크로:스]

전 1. …을 가로질러, …건너

Your dog is *across* the street.

너의 개가 길 건너에 있다.

전 2. …의 저쪽(편)에

His house is just *across* the street.

그의 집은 거리의 바로 저쪽에 있다.

숙어 *come across* 우연히 만나다, 문득 생각나다

A good idea *came across* my mind.

좋은 생각이 머리에 떠올랐다.

act *act*

[ækt 액트]

▶복수 acts [ækts 액츠]

명 1. 행위, 행동

It is an *act* of kindness.

그것은 친절한 행동입니다.

명 2. (연극의) 막

Act Ⅰ, Scene Ⅱ.

제1막, 제2장.

타자 행동하다, 행하다

He *acted* bravely.

그는 용감하게 행동하였다.

숙어 *act the part of* …의 역을 맡아하다.

He *act the part of* Hamlet.

그는 햄릿 역을 맡아한다.

action *action*

[ǽkʃən 액션]

▶복수 actions [ǽkʃənsz 액션즈]

명 동작, 행동, 활동

Now we need *action*.

지금 우리는 행동이 필요하다.

active *active*

[ǽktiv 액티브]

형 활동적인, 활발한

숙어 *the active voice* 능동태

actor *actor*

[ǽktər 액터]

▶복수 actors [ǽktərz 액터즈]

명 남자배우

actress *actress*

[ǽktris 액트리스]

명 여자배우

A.D. *A.D.*

[éi díː 에이 디ː]

약 서기, 서력 기원후(반 B.C. 서력 기원전)

add *add*

[æd 애드]

♣3단현 adds, 과거 · 과거분사 added, 현재분사 adding

타자 1. 더하다 (=join)

If you *add* 2 to 3, you get 5.

3에다 2를 더하면 5가 된다.

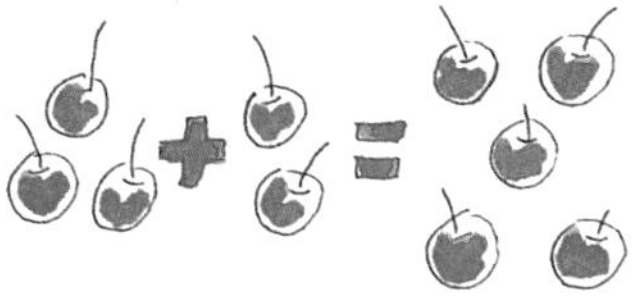

타자 2. 보태다 (~to)

The wonderful view *added to* our pleasure.

경치가 훌륭하여 더욱 즐거웠다.

addition *addition*

[ədíʃən 어디션]

▶복수 additions [ədíʃənz 어디션즈]

명 부가(물), 첨가, 덧셈

address *address*

[ədrés 어드레스]

▶복수 addresses [ədrésiz 어드레시즈]

명 1. 주소

What is your *address*?

당신의 주소는 어디죠?

명 2. 연설, 인사의 말

an opening *address* 개회사

a closing *address* 폐회사

He gave an *address* over the TV.

그는 텔레비전으로 연설을 하였다.

타 1. 주소를 쓰다, …에 부치다

타 2. 연설하다, 말을 걸다

A

admire *admire*

[ədmáiər 어드마이어]

타 칭찬하다, 감탄하다

adult *adult*

[ǽdʌlt 애덜트 ədʌ́lt 어덜트]

▶복수 adults [ǽdʌlts 애덜츠 ədʌ́lts 어덜츠]

명 성인, 어른

adventure *adventure*

[ədvéntʃər 어드벤처]

명 모험, 뜻하지 않은 일

a spirit of *adventure* 모험심

advice *advice*

[ədváis 어드바이스]

명 충고, 조언

숙어 *give advice* 충고를 하다

I want to *give* you some *advice*.

몇 마디 충고를 하겠다.

advise *advise*

[ədváiz 어드바이즈]

타자 충고하다, 조언하다(=give advice to)

Aesop *Aesop*

[íːsɑp 이:삽]

명 이솝(그리스의 우화 작가)

Aesop's Fables 이솝 이야기(우화)

afraid *afraid*

[əfréid 어프레이드]

형 1. 두려워하여, 무서워하여

She was much *afraid* to go alone.

그녀는 혼자 가는 것을 몹시 두려워하였다.

형 2. 걱정하여, 근심하여

숙어 *be afraid of~* …을 두려워하다.

The rat *is afraid of* the cat.

쥐는 고양이를 두려워한다.

after *after*

[ǽftər 앱터]

전 1. …의 뒤에(반 before …의 앞에)

Come *after* me.

내 뒤에 오너라.

전 2. …을 뒤쫓아, …을 찾아

He ran *after* the dog.

그는 그 개 뒤를 쫓아갔다.

숙어 ① *after all* 결국

After all her failed.

결국 그녀는 실패했다.

② *on after another* 뒤를 이어, 연달아

접 다음에, …한 후에

Saturday comes *after* Friday.

토요일은 금요일 다음에 온다.

I left *after* she arrived.

나는 그녀가 도착한 후에 떠났다.

afternoon *afternoon*

[æftərnúːn 앱터눈ː]

명 오후, 하오

yesterday *afternoon*

어제 오후에

on Monday *afternoon*

월요일 오후에

every Sunday *afernoon*

매주 일요일 오후에

♣ 특별한 날의 「오후에」는 on, 막연히 「오후에」 할 경우에는 in을 쓴다.

afterward *afterward*

[ǽftərwərd 앱터워드]

부 후에, 나중에

again *again*

[əgén 어겐, əgéin 어게인]

부 다시, 또, 한 번 더(=once more)

See you *again*.

다시 만납시다.

A

숙어 ① *once again* 한 번 더
② *again and again* 몇 번이고, 재삼재사
He read it *again and again.*
그는 몇 번이고 되풀이하여 그것을 읽었다.

against *against*

[əgénst 어겐스트, əgéinst 어게인스트]
전 1. …을 향하여, …을 거슬러, …에 반대하여
Are you *against* the plan?
그 계획에 반대입니까?
전 2. …에 대하여, …을 배경으로
The house looked pretty *against* the sky.
그 집은 하늘을 배경으로 하여 아름답게 보였다.

age *age*

[eidʒ 에이쥐]
명 1. 나이, 연령
He died at the *age* of eighty.
그는 80세에 죽었다.
He is of the same *age* as you.
그는 너와 동갑이다.
명 2. 시대, 시기
middle *age* 중년
the computer *age* 컴퓨터 시대
숙어 *for age* 오랫동안
It will last *for age.*
그것은 오랫동안 계속될 것이다.

agency *agency*

[éidʒənsi]
명 대리(점); 기관

ago *ago*

[əgóu 어고우]
부 …이전에, 지금부터 …전에
He came to Korea thirty years *ago.*
그는 30년 전에 한국에 왔다.
It snowed three days *ago.*
사흘 전에 눈이 왔다.
숙어 *long ago* 오래 전에, 옛날에
She went over to America *long ago.*
그녀는 오래 전에 미국에 갔다.
※ ago는 지금부터 전에의 때를 가리키며, 언제나 기간을 나타내는 명사 또는 부사를 앞에 두며, 완료형에는 쓰이지 않는다.
before는 과거의 어느 때 이전에

라는 뜻으로 쓰인다.

agree *agree*

[əgríː 어그리ː]

♣ 3단현 agrees, 과거 · 과거분사 agreed, 현재분사 agreeing

자 1. 동의하다, 의견이 일치하다

I *agree* with you.

나는 네 의견에 찬성이다.

자 2. 승인하다, 승낙하다.

I *agreed* to undertake the job.

그 일을 맡을 것을 나는 승낙했다.

ahead *ahead*

[əhéd 어헤드]

부 앞으로, 전방에

Go straight *ahead*.

앞으로 곧장 가거라.

air *air*

[εər 에어]

명 1. 공기

fresh *air* 신선한 공기

We should die without *air*.

공기가 없으면 죽을 것이다.

명 2. 하늘, 공중

A bird is flying high up in the *air*.

새가 하늘 높이 날고 있다.

숙어 ① *by air* 비행기로

② *in the open air* 옥외에서

airmail *airmail*

[éərmeil 에어메일]

명 항공우편(물)

airplane *airplane*

[έərplein 에어플레인]

▶ 복수 airplanes [έərpleinz 에어플레인즈]

명 《미》 비행기 《영》 aeroplane [έərəplein 에어러플레인]

An *airplane* is flying in the sky.

A

비행기가 하늘을 날고 있다.

숙어 *by airplane* 비행기로

He went to England *by airplane.*

그는 비행기로 영국에 갔다.

airport *airport*

[ɛ́ərpɔːrt 에어포:트]

명 공항, 비행장

An airplane has landed at the *airport.*

비행기가 공항에 착륙하였다.

I am going to the *airport* today.

나는 오늘 비행장에 간다.

alarm *alarm*

[əlάːm 얼람:]

명 경보 ; 놀람

alarm clock *alarm clock*

[əlάːm klαk 얼람: 클락]

명 자명종

album *album*

[ǽlbəm 앨범]

명 사진첩, 앨범

a stamp *album* 우표 수집장

alive *alive*

[əláiv 얼라이브]

형 1. 살아

Is the fish *alive*?

그 물고기는 살아있습니까?

형 2. 생생하여, 활발한, 우글우글하여

a pond *alive* with fish

물고기가 우글거리는 못

A

all *all*

[ɔ:l 올:]

형 전부의, 모든

All the students were there.

학생들은 모두 와 있었다.

숙어 *all day* 종일

대 전부, 모두

We *all* like sports.

우리는 모두 운동을 좋아한다.

숙어 ① *all along* 처음부터, 죽

② *after all* 결국

He did not come *after all.*

결국 그는 안왔다.

③ *first of all* 첫째로, 맨먼저

He did it *first of all.*

그는 그것을 맨먼저 하였다.

④ *not~at all* 조금도 …아니다

I am *not* tired *at all.*

나는 조금도 피곤하지 않다.

⑤ *above all* 무엇보다도, 그중에서도

allow *allow*

[əláu 얼라우]

♣ 3단현 allows, 과거 · 과거분사 allowed, 현재분사 allowing

타 허락하다, …하는 대로 내버려두다

Father never *allows* me to go out at night.

아버지는 밤에 외출하는 것을 허락하지 않으신다.

almost *almost*

[ɔ́:lmoust 올:모우스트]

부 거의, 거지반(=nearly)

Almost all the children like toys.

거의 모든 아이들은 장난감들을 좋아한다.

It is *almost* done.

거의 다 됐다.

alone *alone*

[əlóun 얼로운]

형 혼자서, 홀로, 다만

She *alone* came.

그 여자 혼자만 왔다.

She came *alone.*

그녀는 혼자서 왔다.

※ alone의 위치에 따라서 뜻이 달라지므로 주의할 것.

along *along*

[əlɔ́:ŋ 얼롱:]

전 …을 따라서

Let's run *along* the street.

길을 따라 달리자.

I walk *along* the river.

나는 강을 따라 걷는다.

부 앞으로, 자꾸

숙어 ① *along with* …와 함께

I will go *along with* In-su.

인수와 함께 가겠다.

② *get along* 지내다, 살아가다

How are you *getting along*?

어떻게 지내십니까?

alphabet *alphabet*

[ǽlfəbet 앨퍼벧]

명 알파벳, 자모

already *already*

[ɔːlrédi 올:레디]

부 이미, 벌써(반 yet 아직)

They have *already* played games.

그들은 이미 시합을 끝마치었다.

It is *already* dark.

벌써 어두워졌다.

also *also*

[ɔ́ːlsou 올:소우]

부 …도 또한, 역시

Jin-ho likes the school; I *also* like it.

진호는 학교를 좋아한다. 나도 역시 좋아한다.

숙어 *not only … but also ~*

…뿐만이 아니고 ~도 또한

She is *not only* a good pupil, *but also* a good daughter.

그녀는 착한 학생일 뿐만 아니라 또한 착한 딸이다.

altogether *altogether*

[ɔːltəgéðər 올:터게더]

부 1. 전혀;아주

That is not *altogether* false.

아주 거짓말은 아니다.

부 2. 다 합하여, 전부해서

They are six *altogether*.

A

그들은 모두 6명이다.

always *always*

[ɔ́:lweiz 올:웨이즈, ɔ́:lwəz 올:워즈]

부 늘, 언제나(반 sometimes 때때로)

You are *always* late.

너는 늘 지각한다.

My father is *always* kind.

아버지는 언제나 자상하시다.

숙어 *not always* ~ 반드시 ~하지는 않다, 언제나 ~하는 것은 아니다

The rich are *not always* happy.

부자라고 반드시 행복한 것은 아니다.

am *am*

강하게 [æm 앰], 약하게 [əm 엄]

♣ 과거 was, 과거분사 been, 현재분사 being

자 …이다, …에 있다

I *am* a boy.

나는 소년입니다.

I *am* in my room.

나는 내 방 안에 있다.

조 1. 《am+ing로 진행형을 만들어》 지금 …하고 있다.

I *am eating* some apple now.

나는 지금 사과를 조금 먹고 있다.

조 2. 《am+타동사의 과거분사로 수동을 나타내어》 …이 되다, …을 받다.

I *am loved* by my father.

나는 아버지의 사랑을 받는다.

a.m., A.M. *a.m., A.M.*

[éiém 에이엠]

약 오전(반 p.m., P.M. 오후)

5:20 *a.m.* 오전 5시 20분

(five-twenty a.m. 이라고 읽는다.)

the 9:30 *a.m.* train 오전 9시 30분발 열차

(the nine-thirty a.m. train 이라고 읽는다.)

A

amazing *amazing*

[əméiziŋ 어메이징]

형 놀랄만한, 굉장한

ambitious *ambitious*

[æmbíʃəs 앰비셔스]

형 대망을 품은, 야심이 있는

Boys, be *ambitious!*

소년들이여, 대망을 품어라!

America *America*

[əmérikə 어메리커]

명 미국, 아메리카

The United States of *America*

미합중국(약 U.S.A)

North *America* 북 아메리카

South *America* 남 아메리카

American *American*

[əmérikən 어메리컨]

명 미국사람

He is an *American.*

그는 미국사람이다.

형 미국의

American English 미국 영어

an *American* made car

미국제 자동차

among *among*

[əmʌ́ŋ 어멍]

전 …중에서, …사이에

Sun-hee is the most beautiful girl *among* us.

우리들 중에서 순희가 가장 예쁘다.

※ among은 「셋 이상의 사이에」 있을 때에, between은 「둘 사이에」 있을 때에 쓰인다.

amount *amount*

[əmáunt 어마운트]

명 총계, 총액, 분량, 액수

I have only a small *amount* of money.

나는 적은 액수의 돈밖에 없다.

an *an*

강하게[æn 앤], 약하게[ən 언]

관 하나의, 한

This is *an* apple.

이것은 사과이다.

an elephant 코끼리 (한 마리)

an egg 달걀 (한 개)

He is *an* honest man.

그는 정직한 사람이다.

※ 발음이 모음으로 시작하는 명사 앞에 붙인다.

and *and*

강하게[ænd 앤드], 약하게[ənd 언드]

전 1. ~와 …, 그리고

Two *and* three are five.

2 더하기 3은 5이다.

He bought pencils *and* a knife.

그는 연필과 칼을 샀다.

전 2. …하고 그리고서는

He bowed *and* went away.

그는 절을 하고 가버렸다.

전 3. 밀접한 관계를 나타낼 때

man *and* wife 부부

숙어 ① *and so* 그러므로

② *between ~ and* …의 사이에

③ *both ~ and* …둘 다

④ *by and by* 차차

⑤ *now and then* 때때로

angel *angel*

[éindʒəl 에인절]

▶복수 angels [éindʒəlz 에인절즈]

명 천사, 천사와 같은(마음이 아름다운) 사람

She is like an *angel*.

그녀는 천사와 같다.

anger *anger*

[æŋgər 앵거]

명 노여움, 화

He cried with *anger*.
그는 화가 나서 외쳤다.

angry *angry*

[ǽŋgri 앵그리]

♣ 비교급 angrier, 최상급 angriest

형 성난, 화가 난

an *angry* look 성난 표정

숙어 ① *become angry* 성을 내다

② *be*(또는 feel) *angry* 성을 내고 있다.

He *is angry with* me.
그는 나에게 성을 내고 있다.

※ 사람에 대하여 쓰일 때는 with를 쓰고 사물에 대해 쓸 때는 about, at를 쓴다.

animal *animal*

[ǽnəməl 애너멀]

▶복수 animals [ǽnəməlz 애너멀즈]

명 동물, 짐승

wild *animals* 야생동물

An elephant is an *animal*.
코끼리는 동물이다.

announce *announce*

[ənáuns 어나운스]

타 발표하다, 알리다

announcer *announcer*

[ənáunsər 어나운서]

▶복수 announcers [ənáunsərz 어나운서즈]

명 아나운서

She is a radio *announcer*.
그녀는 라디오 아나운서다.

another *another*

[ənʌ́ðər 어너더]

형 1. 또 하나의

Another cup of coffee, please.

커피 한 잔 더 주세요.

형 2. 다른

Show me *another* bag.

다른 가방을 보여 주세요.

대 다른 사람, 또 하나

Give me *another*.

하나 더 주세요.

숙어 ① *one another* 서로 (세 사람 이상의 사이에서 사용된다. 둘 사이는 each other)

They like *one another*.

그들은 서로 좋아하고 있다.

② *one after another* 한 사람 한사람, 차례차례도

answer *answer*

[ǽnsər 앤서]

♣ 3단현 answers, 과거 · 과거분사 answered, 현재분사 answering

타 대답하다(=reply, 반 ask 묻다)

He *answered* my questions.

그는 내 질문에 답하였다.

▶복수 answers [ǽnsərz 앤서즈]

명 답, 답변, 회답(반 question 물음)

He gave me no *answer*.

그는 아무 대답도 안했다.

ant *ant*

[ænt 앤트]

▶복수 ants [ænts 앤츠]

명 개미

anxious *anxious*

[ǽŋkʃəs 앵셔스]

형 1. 근심하는, 걱정하는(~*about*)

I feel *anxious about* my father.

아버지의 일이 걱정된다.

형 2. 열망하는(~*for, to do*)

I am *anxious for* a toys.

장난감을 갖고 싶다.

any *any*

[éni 에니]

형 1. 《의문문 · 조건문에서》 무엇, 얼마, 누구

Did I make *any* mistakes?

내가 무슨 잘못을 했나요?

형 2. 《부정문에서》 아무것도, 조금도

I don't have *any* brother.

나에게는 형제가 없다.

형 3. 《긍정문에서》 어떤, 무엇이든

Any girl can do it.

어떤 소녀도 그것을 할 수 있다.

부 조금이라도, 조금도

숙어 *not ~ any longer* 더는 …하지 않다, 이제는 …이 아니다

I do *not* sports *any longer*.

이제는 운동을 안한다.

anybody *anybody*

[énibɑdi 에니바디]

대 누구든지, 아무도, 누군가 (=anyone)

Is *anybody* here?

누구 계십니까?

Anybody can do it.

그것은 누구나 할 수 있다.

I did not meet *anybody*.

나는 아무도 안 만났다.

anyone *anyone*

[éniwʌn 에니원]

대 누군가, 누구든지, 아무도

※용법과 뜻은 anybody와 같으나 anyone이 더 점잖은 말.

Is *anyone* absent today?

오늘 누군가 결석하였느냐?

Did you meet *anyone* of your friends?

친구 중에 누군가를 만났느냐?

anything *anything*

[éniθiŋ 에니씽]

대 무엇이든지, 아무것도 …(없다), 무엇이고

You may take *anything* you like.

무엇이든지 마음에 드는 것을 가져라.

If *anything* happens, please call me.
무슨 일이 일어나면 나를 부르시오.
She didn't say *anything.*
그녀는 아무말도 하지 않았다.

apartment *apartment*

[əpɑ́:rtmənt 어파:트먼트]
명 《미》 아파트의 방, 《영》 방 (=room)

apparent *apparent*

[əpǽrənt 어패런트]
형 명백한

appeal *appeal*

[əpí:l 어필:]
♣ 3단현 appeals, 과거 · 과거분사 appealed, 현재분사 appealing
타자 애원하다, 간청하다, 호소하다
They appealed to him for help.
그들은 그에게 도움을 간청하였다.

appear *appear*

[əpíər 어피어]
자 1. 나타나다, 출현하다
A rainbow *appeared* before us.
무지개가 우리들 앞에 나타났다.

자 2. …와 같이 보이다
He *appears* (to be) rich.
그는 부자같이 보인다.

apple *apple*

[ǽpl 애플]
▶ 복수 apples [ǽplz 애플즈]

명 사과

I like *apples* very much.

나는 사과를 좋아한다.

I eat an *apple* every day.

나는 매일 사과를 먹는다.

application *application*

[æplikéiʃən 애플리케이션]

명 신청, 지원, 신청서

fill in an *application* 신청서에 기입하다

appoint *appoint*

[əpɔ́int 어포인트]

타 1. 임명하다

He *appointed* me to do the duty.

그는 그 임무를 맡도록 나를 임명했다.

타 2. 약속하다

approve *approve*

[əprú:v 어프루:브]

타자 보여주다, 증명하다, 찬성하다

I *approve* your plan.

나는 너의 계획을 찬성한다.

April *April*

[éiprəl 에이프럴]

명 4월 (약어는 Apr.)

I was born on *April* the first.

나는 4월 1일에 태어났다.

apron *apron*

[éiprən 에이프런]

▶ 복수 aprons [éiprənz 에이프런즈]

명 앞치마, 턱받이

are *are*

강하게 [ɑ:*r* 아:], 약하게 [ə*r* 어]

♣ 과거 were, 과거분사 been, 현재분사 being

자 …이다, …있다

They *are* happy.

그들은 행복하다.

※ 주어가 you, we, they일 때에 be동사의 현재형이다.

	주어와 be동사	
1인칭	I am	We are
2인칭	You are	You are
3인칭	He She > is It	They are

조 1. 《are+~ing 진행형 형태로》 …하고 있는 중이다

The children *are* play*ing* catch.

아이들은 공받기를 하고 있다.

조 2. 《are+동사의 과거분사를 수동형 형태로》 …당하다, 되다

They *are* called Korean.

그들은 한국인이라고 불린다.

area *area*

[ɛ́əriə 에어리어]

▶ 복수 areas [ɛ́əriəz 에어리어즈]

명 면적, 지역 (=space)

aren't *aren't*

[ɑ:rnt 안:트]

are not의 단축형 (아니다, 없다)

※ are를 찾아볼 것

arise *arise*

[əráiz 어라이즈]

♣ 3단현 arises, 과거 arose, 과거분사 arisen

자 일어나다, 나타나다

A dreadful storm arose.

무서운 폭풍이 일었다.

arithmetic *arithmetic*

[əríθmətik 어리쓰머틱]

명 산수

arm *arm*

[ɑ:rm 암:]

명 팔

※ 어깨에서 팔목까지를 가르킨다.

She had a baby in her arms.
그녀는 갓난아기를 안고 있었다.
숙어 *arm in arm* 서로 팔을 끼고
They are walking *arm in arm.*
그들은 서로 팔을 끼고 걷고 있다.

army *army*

[ɑ́ːrmi 아:미]
명 1.육군 (반 navy 해군, air force 공군)
My brother works at the U.S. *Army.*
형은 미국 육군에서 일한다.
명 2. 군대
He entered the *army.*
그는 군대에 들어갔다.

around *around*

[əráund 어라운드]
부 둘레를, 주변에, 사방에
I found nobody *around.*
주위에는 아무도 없었다.
숙어 *all around* 사방에
There were people all *around.*
사방에 사람들이 있었다.
전 1. …의 주위에
We sat *around* the fire.
우리들은 불 주위에 둘러 앉았다.

전 2. 둘레에
He disappeared *around* the corner.
그는 그 모퉁이에서 사라졌다.

arrange *arrange*

[əréindʒ 어레인쥐]
타 1. 배열하다, 가지런히 하다.
My father is *arranging* books in his study.
아버지는 서재에서 책을 정돈하고 계신다.
타 2. 마련하다, 조정하다
자 준비하다, 수배하다

arrive *arrive*

[əráiv 어라이브]
자 1. 도착하다, 다다르다
He *arrived* at the park.
그는 공원에 도착하였다.
She will *arrive* in Seoul tomorrow.
그녀는 내일 서울에 도착할 것입니다.

※ at: 어떤 장소, 마을, 읍 등에 씀.
in: 나라나 대도시에 씀.

자 2. (때가)오다, (나이 · 시기 · 결론 등에)달하다

arrow *arrow*

[ǽrou 애로우]

명 화살

bow and *arrow* 활과 화살

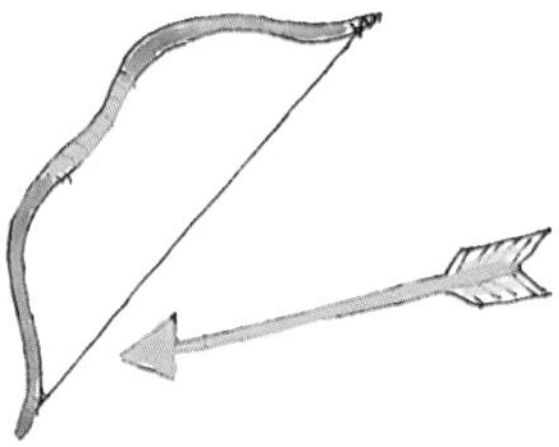

art *art*

[ɑːrt 아:트]

▶복수 arts [ɑːrts 아:츠]

명 1. 미술, 예술

This is an *art* gallery.

이것은 미술관이다.

명 2. 기술, 기능

He knows the *art* of printing.

그는 인쇄술을 안다.

숙어 *the fine art* 미술, 예술

artist *artist*

[ɑ́ːrtist 아:티스트]

명 예술가, 화가

as *as*

강하게[æz 애즈], 약하게[əz 어즈]

접 1. …하고 있을 때, …하면서

As he was going home, it began to snow.

집에 가는 도중에 눈이 오기 시작했다.

접 2. …와 같이

Do *as* you like.

하고 싶은 대로 해라.

접 3. … 때문에, …이므로

As he is ill, he can't come.

그는 아파서 오지 못한다.

전 …로서

I like him *as* a friend.

그를 친구로서 좋아한다.

대 …와 같은

There are few such boys *as* he.

그와 같은 소년은 드물다.

숙어 ① *as~ as…* …와 같은 정도로~

② *as soon as~* …하자마자

It began to rain *as soon as* I left home.

집을 떠나자마자 비가 오기 시작했다.

③ *as well as~* …와 같이

④ *as well* 평소와 같이, 여느 때처럼

⑤ *as if~* 마치 …인 듯이

He opened his lips *as if* to say something.

그는 무엇을 말하려는 듯이 입을 열었다.

Asia *Asia*

[éiʃə 에이셔, éiʒə 에이저]

명 아시아

※ East 동양

ask *ask*

[æsk 애스크]

♣ 3단현 asks, 과거 · 과거분사 asked, 현재분사 asking

타 1. …을 물어보다 (반 answer 대답하다)

May I *ask* you a question?

질문 하나 해도 좋습니까?

She *asked* me the way.

그녀는 내게 길을 물었다.

타 2. …을 부탁하다

I wish to *ask* you a favor.

너에게 부탁이 하나 있다.

자 묻다, 구하다

He *asked* me about sister.

그는 나에게 여동생에 관하여 물었다.

숙어 *ask after~* …의 안부를 묻다, 문병하다

asleep *asleep*

[əslí:p 어슬립:]

형 부 잠자고(=sleeping, 반 awake 깨어)

숙어 ① *be asleep* 자고 있다

② *fall asleep* 잠들다

③ *lie asleep* 누워 자고 있다

※ asleep은 명사 앞에는 사용하지 않는다.

assemble *assemble*

[əsémbl 어셈블]

타자 집합하다, 모으다, 모이다

All the students were *assembled* in the auditorium.

전 학생이 강당에 집합했다.

assist *assist*

[əsíst 어씨스트]

타 돕다(=help)

astronaut *astronaut*

[ǽstrənɔ:t 애스트러노:트]

명 우주비행사

at *at*

강하게 [æt 애트], 약하게 [ət 어트]

전 1. 《장소》 …에서, …에

He arrived *at* the park.

그는 공원에 도착하였다.

He is educated *at* Seoul University.

그는 서울 대학에서 교육을 받았다.

전 2. 《방향 · 목표》 …을 향하여

He threw a stone *at* the dog.

그는 개에게 돌을 던졌다.

전 3. 《때 · 연령 등》 …에

I get up *at* seven o'clock.

나는 7시에 일어난다.

전 4. 《상태를 나타내어》 …중, …에 종사하여

The pupils are now *at* school.

학생들은 지금 수업 중입니다.

전 5. 《수량 · 값 · 비율 등》 …에, …으로

at full speed 전속력으로

※ at는 좁은 장소에, in은 넓은 장소에 쓰인다.

ate *ate*

[eit 에이트]

타자 eat(먹다)의 과거형

atomic *atomic*

[ətámik 어타믹]

형 원자의

atomic age 원자력 시대

atomic power 원자력

atomic bomb 원자폭탄

attack *attack*

[ətǽk 어택]

타 1. 공격하다

The cat *attacked* the rat.

고양이가 쥐에게 덤벼들었다.

타 2. (병이 몸을) 침범하다

명 공격

attend *attend*

[əténd 어텐드]

타자 1. 출석하다

Students must *attend* school.

학생들은 학교에 가야한다.

타자 2. 간호하다, 시중들다

타자 3. 주의하다

Attend to me.

내 말을 잘 들어라.

attention *attention*

[ətén∫ən 어텐션]

명 주의, 유의

audience *audience*

[ɔ́:diəns 오:디언스]

명 청중, 관객, (라디오의)청취자

August *August*

[ɔ́:gəst 오:거스트]

명 8월 (약어는 Aug.)

I was born on *August* the first.

나는 8월 1일에 태어났다.

aunt *aunt*

[ænt 앤트]

명 아주머니 (반 uncle 아저씨)

These are my *aunts.*

이분들은 나의 아주머니들이다.

author *author*

[ɔ́:ðər 오:더]

명 저자, 작가(반 reader 독자)

He is the *author* of this book.

그는 이 책의 저자이다.

autumn *autumn*

[ɔ́:təm 오:텀]

명 가을 (미국에서는 흔히 fall이라고 쓴다)

In *Autumn* the leaves turn red.

가을에는 잎이 단풍이 진다.

avoid *avoid*

[əvɔ́id 어보이드]

♣ 3단현 avoids, 과거 · 과거분사 avoided, 현재분사 avoiding

타 피하다, 비키다

awake *awake*

[əwéik 어웨이크]

♣ 3단현 awakes, 과거 · 과거분사 awoke 또는 awaked, 현재분사 awaking

타자 깨어나다, 눈을 뜨다, 깨닫다

I will *awake* him.

나는 그를 깨우겠다.

형 깨어, 자지 않고 (반 asleep 자고)

The baby was already *awake*.

그 아이는 벌써 깨어났었다.

away *away*

[əwéi 어웨이]

부 1. 떨어져서 (=off), 멀리 (=far)

She lives five miles *away* from this place.

그녀는 이곳에서 5마일 떨어진 곳에 살고 있다.

He went *away*.

그는 가버렸다.

부 2. 《동사와 결합하여》 …해버리다, …되어 버리다

부 3. 없어져

She is *away* from home.

그녀는 집에 없다.

awful *awful*

[ɔ́:fəl 오:펄]

형 무서운, 대단한, 심한

An *awful* storm has broken out.

무서운 폭풍우가 일어났다.

awoke *awoke*

[əwóuk 어워우크]

타자 awake(깨어나다)의 과거 · 과거분사형

ax, axe *ax, axe*

[æks 액스]

명 도끼

B, b

baby *baby*

[béibi 베이비]

▶ 복수 babies [béibiz 베이비즈]

명 갓난아기

a *baby* boy 남자 아기

a *baby* girl 여자 아기

A baby is crying.

갓난아기가 울고 있다.

back *back*

[bæk 백]

명 1. 뒤, 배후

숙어 *at the back of* …의 뒤에

There is mountain *at the back of* the house.

집 뒤에 산이 있다.

명 2. 등

We can see his *back*.

그의 등이 보입니다.

the *back* of the hand 손등

부 뒤에, 뒤로 (=behind)

I looked *back*.

나는 뒤를 돌아보았다.

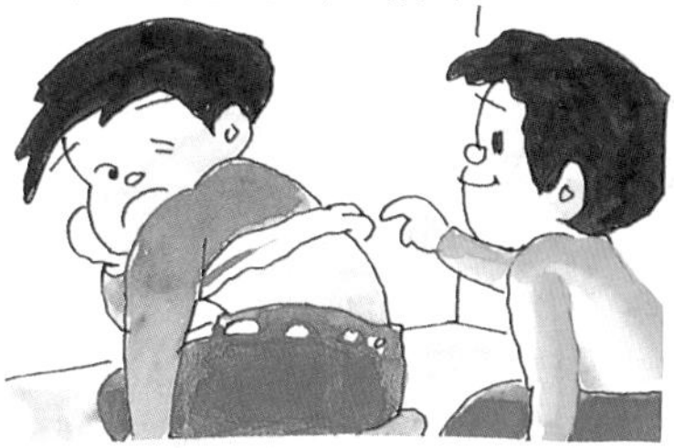

형 뒤의

He is in the *back* garden.

그는 뒷뜰에 있다.

background *background*

[bǽkgraund 백그라운드]

명 배경

backyard *backyard*

[bǽkjɑ́:rd 백야:드]

명 뒤뜰, 뒷마당 (반 front yard)

bad *bad*

[bæd 배드]

♣ 비교급 worse, 최상급 worst

형 1. 나쁜 (반 good 좋은)

He is not a *bad* boy.

그는 나쁜 소년이 아니다.

형 2. (병이) 심한

She has a *bad* cold.

그녀는 심한 감기에 걸렸다.

형 3. 해로운, 위험한

bad for the health

건강에 해롭다

숙어 ① go bad 나빠지다

② be bad at~ …이 서투르다

He *is bad at* language.

그는 말이 서투르다.

badly *badly*

[bǽdli 배들리]

부 1. 나쁘게

부 2. 심하게, 몹시

badly want 몹시 탐내다

bag *bag*

[bæg 백]

명 가방

I have five books in my *bag.*

나는 가방 속에 책이 다섯 권 있다.

bake *bake*

[beik 베이크]

타 (빵 등을) 굽다

He is *baking* bread in an oven.

그는 오븐에 빵을 굽고 있다.

balance *balance*

[bǽləns 밸런스]

♣ 3단현 balances, 과거 · 과거분사 balanced, 현재분사 balancing

타자 균형을 맞추다, 균형잡히다

명 균형, 저울

ball *ball*

[bɔːl 볼:]

▶ 복수 balls [bɔːlz 볼:즈]

명 공, 볼

The child threw the *ball* high up.
그 아이는 공을 높이 던졌다.
The earth is a *ball*.
지구는 공 모양이다.

balloon *balloon*

[bəlú:n 벌룬:]
명 기구, 풍선

bamboo *bamboo*

[bæmbú: 뱀부:]
명 대, 대나무
a *bamboo* basket 대바구니

banana *banana*

[bənǽnə 버내너]
명 바나나
The monkey is eating a *banana*.
원숭이가 바나나를 먹고 있다.

band *band*

[bænd 밴드]
▶ 복수 bands [bændz 밴즈]
명 1. 띠, 끈
Bring me one black *band*.
나에게 검은 띠 하나를 가져와라.
명 2. 악대, (사람의) 떼
a brass *band* 취주 악단
a jazz *band* 재즈 밴드

bank *bank*

[bæŋk 뱅크]
명 은행
The building is a *bank*.
저 건물은 은행입니다.
I keep your money at the *bank*.
나는 은행에 돈을 보관한다.

barber *barber*

[bá:rbər 바:버]
명 이발사
He is a *barber*.
그는 이발사이다.

B

B

bark *bark*

[bɑːrk 바:크]

자 (개가) 짖다

숙어 *bark at~* …에게 짖어대다

The dog *barked at* the thief.

개가 도둑에게 짖어댔다.

명 짖는 소리

barley *barley*

[bɑ́ːrli 발:리]

명 보리

base *base*

[beis 베이스]

▶ 복수 bases [béisiz 베이시즈]

명 바닥, 기초, (야구의) 베이스

third *base* 3루

baseball *baseball*

[béisbɔːl 베이스볼:]

명 야구; 야구공

a *baseball* game 야구시합

I like to play *baseball.*

나는 야구하기를 좋아한다.

basic *basic*

[béisik 베이식]

형 기초의, 기본의

basket *basket*

[bǽskit 배스킷]

▶ 복수 baskets[bǽskits 배스키츠]

명 바구니

There are many apples in the *basket.*

바구니 속에 사과가 많다.

basketball *basketball*

[bǽskitbɔːl 배스킷볼:]

명 농구

They are playing *basketball.*

그들은 농구를 하고 있다.

bat *bat*

[bæt 배트]

▶ 복수 bats [bæts 배츠]

명 1. (야구의) 배트, 방망이

I can hit a ball with a *bat* very well.

나는 방망이로 공을 아주 잘 칠

수 있다.

명 2. 박쥐

Bats fly at night.

박쥐들은 밤에 난다.

bath *bath*

[bæθ 배쓰] ★발음주의

명 목욕, 목욕탕

※ bathe 목욕하다

She take a *bath* every day.

그녀는 매일 목욕을 한다.

bathroom *bathroom*

[bǽθru:m 배쓰룸:]

명 욕실, 목욕탕 ; 화장실

I am taking a *bath* in the bathroom.

나는 욕실에서 목욕을 하고 있다.

battle *battle*

[bǽtl 배틀]

명 싸움, 전투

fall (he killed) in *battle*

전사하다

B.C. *B.C.*

[bí:sí: 비:씨:]

명 기원전 (반 A.D. 기원후)

(=Before Christ의 약어)

be *be*

강하게 [bi: 비:], 약하게 [bi 비]

♣ 현재형 (I) am, (we, you, they) are, (he, she, it) is, 과거형 (I, he, she, it) was, (we, you, they) were, 과거분사 been, 현재분사 being

자 …이다, …이 있다

It will *be* fine afternoon.

오후에는 날씨가 좋을 것이다.

조 《be+~ing 진행형》…하고 있다

He *is* working outside.

그는 지금 밖에서 일하고 있다.

숙어 ① *be able to* …할 수 있다

② *be about to* …하려고 하다

③ *be afraid of* …을 두려워하다

④ *be fond of* …을 좋아하다

B

⑤ *be going to* 막 …하려고 하다

B

beach *beach*

[biːtʃ 비:취]

▶ 복수 beaches [bíːtʃiz 비:취즈]

명 바닷가, 물가

bear[1] *bear*

[bɛər 베어]

명 【동물】 곰

bear[2] *bear*

[bɛər 베어]

♣ 과거 bore, 과거분사 born 또는 borne, 현재분사 bearing

타 1. (아이를) 낳다, (열매 등이) 맺다

I was *born* in Seoul.

나는 서울에서 태어났다.

타 2. 참다, 견디다

beat *beat*

[biːt 비:트]

타 1. 때리다, 치다

He is *beating* a drum.

그는 북을 치고 있다.

타 2. 이기다, 혼내다

We could not *beat* them at basketball.

우리는 농구로 그들을 이길 수 없다.

beautiful *beautiful*

[bjúːtəfəl 뷰:터펄]

♣ 비교급 more beautiful, 최상급 the most beautiful

형 아름다운, 예쁜 (반 ugly 못생긴)

She is a *beautiful* girl.

그녀는 예쁜 소녀입니다.

beauty *beauty*

[bjú:ti 뷰:티]

명 1. 아름다움, 미

There is *beauty* in flowers and pictures.

꽃과 그림에는 아름다움이 있다.

명 2. 미인, 아름다운 것

The new teacher is a *beauty.*

새로 오신 선생님은 미인이다.

became *became*

[bikéim 비케임]

자 become(…이 되다)의 과거형

because *because*

[bikə́:z 비코:즈]

접 왜냐하면, …이기 때문에

I don't like the lion *because* it is scary.

나는 사자가 무서워서 좋아하지 않는다.

become *become*

[bikʌ́m 비컴]

♣ 3단현 becomes, 과거 became, 과거분사 become, 현재분사 becoming

자 …이 되다

He *became* a teacher.

그는 선생님이 되었다.

타 …에 어울리다

The hat *becomes* you very well.

그 모자는 당신에게 잘 어울립니다.

bed *bed*

[bed 베드]

명 1. 침대, 잠자리

I go to *bed* early every evening.

나는 매일 저녁 일찍 잠자리에 든다.

The cat is sleeping in my *bed.*

고양이가 내 침대에서 자고 있다.

숙어 ① *go to bed* 자다, 잠자리에 들다

② *be ill in bed* 앓아 누워 있다

She *is ill in bed.*

그녀는 병으로 누워있다.

명 2. 화단, 꽃밭

B

bedroom *bedroom*

[bédru(:)m 베드룸:]

명 침실, 잠자는 방

The bed is in the *bedroom.*

침대는 침실에 있다.

bee *bee*

[bi: 비:]

명 꿀벌

a queen *bee* 여왕 벌

beef *beef*

[bi:f 비:프]

명 쇠고기

been *been*

[bin 빈]

자 be의 과거분사형

숙어 *have been*

1. 지금까지 …에 있었다, 갔다오다

Where *have* you *been?*

지금까지 어디 있었니? (어디 갔다 왔니?)

2. …에 간 적이 있다

I *have* never *been* to Paris.

나는 파리에 간 적이 있다.

before *before*

[bifɔ́:r 비포:]

전 《위치가》 …의 앞에, 《시간·순서 등이》 …전에, …에 앞서 (반 after …의 뒤에)

He arrived *before* lunch.

그는 점심 식사 전에 도착하였다.

접 하기 전에, …에 앞서

숙어 ① *before long* 오래지 않아

She will come *before long.*

그녀는 오래지 않아 돌아올 것이다.

② *the day before yesterday* 그저께

I went to the park *the day before yesterday* with my brother.

나는 그저께 동생과 함께 공원에 갔다.

부 …의 전에, 앞에

the day *before* 그 전날

beg *beg*

[beg 베그]

타자 청하다, 빌다, 구하다 (=ask)

He *begged* for food.

그는 먹을 것을 달라고 했다.

숙어 *I beg your pardon.*

1. (말 끝을 내릴 경우) 미안합니다, 실례했습니다.

2. (말 끝을 올릴 경우) 한 번 더 말씀해 주십시오.

began *began*

[bigǽn 비갠]

타자 begin(시작하다)의 과거형

beggar *beggar*

[begər 베거]

명 거지, 가난뱅이

begin *begin*

[bigín 비긴]

♣ 3단현 begins, 과거 began, 과거분사 begun, 현재분사 beginning

타 시작하다 (=start, 반 finish 끝마치다)

It *begin* to snow.

눈이 오기 시작하였다.

자 시작되다

School *begins* at nine.

수업은 9시에 시작된다.

숙어 *begin with* …부터 시작하다

beginning *beginning*

[bigíniŋ 비기닝]

명 시작 (반 end 끝)

숙어 *from beginning to end* 처음부터 끝까지

begun *begun*

[bigʌ́n 비건]

타자 begin(시작하다)의 과거분사형

behind *behind*

[biháind 비하인드]

전 …의 뒤에 (반 in front of~ …의 앞에)

The boy hid *behind* the door.

그 소년은 문 뒤에 숨었다.

부 뒤에, 뒤떨어져

숙어 ① *behind time* 시간에 늦게
② *behind the times* 시대에 뒤떨어져서

He fell *behind the times.*
그는 시대에 뒤떨어졌다.

believe *believe*

[bilí:v 빌리:브]

타 자 , 정말로 알다

I don't *believe* it.
그것을 믿을 수 없다.

숙어 *believe in~* …을 믿다

I *believes in* God.
나는 하나님을 믿고 있다.

bell *bell*

[bel 벨]

명 벨, 종, 방울

The *bell* is ringing.
종이 울리고 있다.

belong *belong*

[biló(:)ŋ 빌롱:]

♣ 3단현 belongs, 과거 · 과거분사 belonged, 현재분사 belonging

자 속하다, …의 것이다 (belong to의 형식으로 많이 쓰인다)

This toy *belongs to* me.
이 장난감은 내 것이다.

They *belongs to* the baseball club.
그들은 야구부원이다.

below *below*

[bilóu 빌로우]

전 …의 아래에 (반 above …의 위에)

The mouth is *below* the nose.
입은 코 아래에 있다.

숙어 *down below* 밑에, 아래쪽에

Down below, we can see a house.
아래쪽에 집이 보인다.

belt *belt*

[belt 벨트]

▶ 복수 belts [belts 벨츠]

명 띠, 벨트

Fasten your seat *belt.*

안전벨트를 매십시오.

bench *bench*

[bentʃ 벤취]

명 벤치, 긴의자

There is a *bench* in the park.

공원에 벤치가 있다.

beside *beside*

[bisáid 비싸이드]

전 …의 옆에 (=by)

The dog is sitting *beside* the tree.

개가 나무 옆에 앉아 있다.

숙어 *beside oneself* 정신을 잃고, 열중하여

besides *besides*

[bisáidz 비싸이즈]

전 …외에도

There was another man *besides* me.

나 외에도 또 한사람이 있었다.

부 그 밖에, 게다가, 더욱

best *best*

[best 베스트]

형 《good, well의 최상급》 가장 좋은 (반 worst 가장 나쁜)

He is my *best* friend.

그는 나의 가장 친한 친구이다.

부 《well의 최상급》 가장 잘, 제일

I like peaches (the) *best* of all fruits.

나는 과일 중에서 복숭아를 제일 좋아한다.

명 최선, 전력

숙어 ① *try one's best* 최선(전력)을 다하다

② *make the best of~* …을

B

최대한도로 이용하다

He *makes the best of* his time.

그는 시간을 아주 잘 이용한다.

better *better*

[bétər 베터]

형 《good, well의 비교급》 더 좋은, 보다 나은 (반 worse 더 나쁜)

She likes this *better* than that.

그녀는 그것보다는 이것을 더 좋아한다.

부 《well의 비교급》 보다 좋게, 더 낫게, 더 많이

숙어 ① *get better* 좋아지다

② *get the better of~* …에 이기다

③ *had better* (*do*) …하는 편이 더 나을 것이다

between *between*

[bitwíːn 비트윈:]

전 …의 사이에

숙어 *between~ and…* ~와 …의 사이에

The girl walked *between* her father *and* mother.

그 소녀는 아버지와 어머니 사이에 끼어 걸었다.

※ between : 둘 사이를 말할 때 쓰임.

among : 셋 이상의 사이를 말할 때 쓰임.

beyond *beyond*

[bijánd 비얀드]

전 …의 저쪽에, …을 넘어서

The town is *beyond* the mountains.

그 마을은 산 너머에 있다.

부 저쪽에, 저 멀리

Look *beyond!*

저쪽을 보아라.

Bible *Bible*

[báibl 바이블]

명 《the Bible로서》 성서, 성경

bicycle *bicycle*

[báisikl 바이시클]

명 자전거

I go to school by *bicycle*.

나는 자전거로 통학한다.

big *big*

[big 빅]

♣ 비교급 bigger, 최상급 biggest

형 큰 (반 small 작은)

The elephant is *big* and the mouse is small.

코끼리는 크고 생쥐는 작다.

bike *bike*

[baik 바이크]

명 자전거 (=bicycle)

bind *bind*

[baind 바인드]

♣ 3단현 binds, 과거 · 과거분사 bound, 현재분사 binding

타 묶다, 매다, (붕대 등으로) 감다

The girl *bound* a ribbon round her head.

그 소녀는 머리에 리본을 매었다.

bird *bird*

[bə:rd 버:드]

▶ 복수 birds [bə:rdz 버:즈]

명 새

A *bird* is flying in the sky.

새가 하늘을 날고 있다.

birthday *birthday*

[bə́:rθdei 버:쓰데이]

명 생일

Happy *birthday* to you!

생일 축하합니다!

bit *bit*

[bit 빗]

B

B

▶ 복수 bits [bits 비츠]
명 조금, 한 조각
Give me a *bit* of bread.
빵 한 조각을 주시오.
숙어 *not a bit* (=not at all)조금도 …않다

bitter *bitter*

[bítər 비터]
형 1. 쓴 (반 sweet 달콤한)
sweets and *bitters* of life
인생의 쓴맛 단맛을 맛보다
형 2. 지독한, 쓰라린
bitter tears 비통한 눈물

black *black*

[blæk 블랙]
♣ 비교급 blacker, 최상급 blackest
형 1. 검은 (반 white 흰)
Crows are *black*.
까마귀는 검다.
a *black* cat 검은 고양이

형 2. 어두운 (=dark)
The night was *black*.
그 밤은 어두웠다.
명 검정, 검은 옷

blackboard *blackboard*

[blǽkbɔːrd 블랙보:드]
명 칠판, 흑판
The teacher wrote letters on the *blackboard*.
선생님께서 칠판에 글씨를 쓰셨다.

blame *blame*

[bleim 블레임]
▶ 복수 blames [bleimz 블레임즈]
타 책망하다, 나무라다, 비난하다
명 책망, 비난

blew *blew*

[bluː 블루:] ★발음주의
타자 blow(불다)의 과거형

blind *blind*

[blaind 블라인드]

형 눈먼

He is *blind.*

그는 장님이다.

명 블라인드 (창문가리개)

blond *blond*

[bland 블란드]

형 금발의

a *blond* boy 금발의 소년

blood *blood*

[blʌd 블러드]

명 피, 혈액

Blood is thicker than water.

《속담》 피는 물보다 진하다.

blouse *blouse*

[blaus 블라우스]

명 (옷) 블라우스

She wears a white *blouse.*

그녀는 흰 블라우스를 입고 있다.

blow *blow*

[blou 블로우]

♣ 3단현 blows, 과거 blew, 과거분사 blown, 현재분사 blowing

자 (바람이) 불다

The wind is *blowing* south.

바람이 남쪽으로 불고 있다.

타 (나팔 등을) 불다

He *blowing* the trumpet.

그는 나팔을 불고 있다.

blue *blue*

[blu: 블루:]

♣ 비교급 bluer, 최상급 bluest

형 푸른

The sky is *blue.*

하늘은 푸르다.

She has *blue* eyes.

그녀의 눈은 푸르다.

명 파랑, 푸른빛

blue jeans 청바지

board *board*

[bɔ:rd 보:드]

▶ 복수 boards [bɔ:rdz 보:즈]

명 1. 판자, 게시판

We put pictures on the board.
우리는 게시판에 그림을 붙였다.
명 2. 갑판

boat *boat*

[bout 보우트]
명 보트, 작은 배, 기선
He went to the island by *boat.*
그는 보트로 그 섬에 갔다.

body *body*

[bádi 바디]
▶ 복수 bodies [bádiz 바디즈]
명 1. 몸, 육체 (반 mind 마음)
a health *body* 건강한 신체
명 2. 단체, 집단

boil *boil*

[bɔil 보일]
자 끓다, 끓어 오르다
The water is *boiling.*
물은 끓고 있다.
타 끓이다, 삶다, 찌다
She *boiled* potatos.
그녀는 감자를 쪘다.

bomb *bomb*

[bɑm 밤]
명 폭탄

bone *bone*

[boun 보운]
명 뼈 (반 flesh 살)

book *book*

[buk 북]
▶ 복수 books [buks 북스]
명 책, 서적
This is a *book.*
이것은 책이다.
a picture *book* 그림책
read a *book* 책을 읽다

bookstore *bookstore*

[búkstɔ:r 북스토:]
명 서점, 책방

boot *boot*

[bu:t 부:트]

▶ 복수 boots [bu:ts 부:츠]

명 장화, 부츠

born *born*

[bɔ:rn 본:]

타 bear[2](낳다)의 과거분사형

숙어 *be born* 태어나다

A baby *was born* yesterday.

갓난아기가 어제 태어났다.

형 태어날 때부터의

the *born* musician 타고난 음악가

borrow *borrow*

[bárou 바로우]

타 빌리다 (반 lend 빌려주다)

May I *borrow* your book?

책 좀 빌려 주시겠습니까?

boss *boss*

[bɔ:s 보:스]

명 두목, 우두머리

both *both*

[bouθ 보우쓰]

형 양쪽의

Both his parents are teachers.

그의 양친은 두분 다 교사다.

명 양쪽, 쌍방

부 둘 다

Both are mine.

둘 다 내 것이다.

숙어 *both~ and* 양쪽 다, ~도 …도

I like *both* spring *and* fall.

나는 봄도 가을도 좋아한다.

bottle *bottle*

[bátl 바틀]

▶ 복수 bottles [bátlz 바틀즈]

명 병

I drink a *bottle* of milk every day.

나는 매일 우유를 한 병씩 마신다.

bottom *bottom*

[bátəm 바텀]

명 1. 밑바닥, 기슭 (반 top 꼭대기)
the *bottom* of a kettle 주전자의 밑바닥
명 2. 마음속
숙어 *at (the) bottom* 마음 속은, 근본은

bought *bought*

[bɔ:t 보:트]
타 buy(사다)의 과거 · 과거분사형

bow[1] *bow*

[bau 바우]
♣ 3단현 bows, 과거 · 과거분사 bowed, 현재분사 bowing
자 절하다, 머리를 숙이다
They *bowed* to the king.
그들은 임금님께 절을 하였다.
명 절, 인사

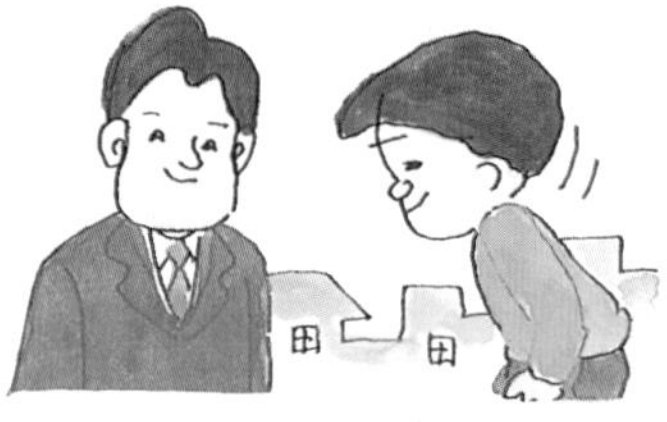

bow[2] *bow*

[bou 보우] ★발음주의
▶ 복수 bows [bous 보우즈]
명 활; (바이올린 등의) 활
He shot arrows with a *bow*.
그는 활로 화살을 쏘았다.

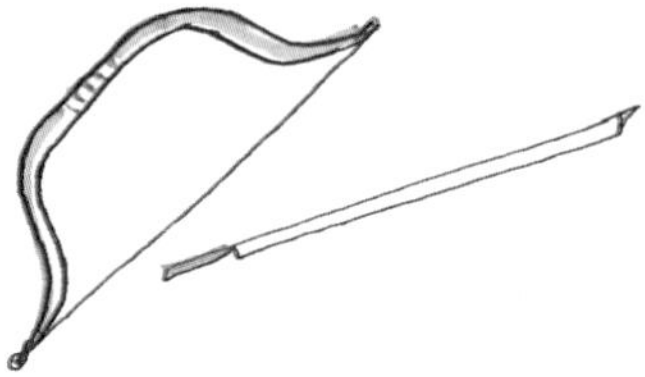

box *box*

[baks 박스]
▶ 복수 boxes [báksiz 박시즈]
명 상자
This *box* is made of wood.
이 상자는 나무로 만들어졌나.
What's in the *box*?
상자에는 무엇이 있니?

boxing *boxing*

[báksiŋ 박싱]
명 권투, 복싱

boy *boy*

[bɔi 보이]

명 1. 소년 (반 girl 소녀), 사내아이

He is a nice *boy.*

그는 착한 소년이다.

명 2. 아들

He has two *boys.*

그는 아들이 둘 있다.

brain *brain*

[brein 브레인]

▶ 복수 brains [breinz 브레인즈]

명 뇌, 두뇌

branch *branch*

[bræntʃ 브랜취]

▶ 복수 branches [brǽntʃiz 브랜치즈]

명 나뭇가지

Two birds are sitting on the *branch.*

두 마리의 새가 나뭇가지 위에 앉아 있다.

brave *brave*

[breiv 브레이브]

♣ 비교급 braver, 최상급 bravest

형 용감한, 씩씩한

The boy was really *brave.*

그 소년은 정말 용감했다.

bread *bread*

[bred 브레드]

명 빵

Give me a loaf of *bread.*

빵 한 덩어리를 주시오.

I want some *bread.*

빵을 좀 주세요.

break *break*

[breik 브레이크]

♣ 3단현 breaks, 과거 broke, 과거분사 broken, 현재분사 breaking

타 1. 깨뜨리다, 부수다, 깨다

Who *broke* the window?

누가 창문을 깼지?

타 2. (기록을) 깨다

He *broke* the world's record.

그는 세계 기록을 깼다.

자 날이 새다

숙어 *break out* (전쟁 · 불 등이) 일어나다

A fire *broke out* yesterday.

어제 불이 났다.

breakfast *breakfast*

[brékfəst 브렉퍼스트] ★발음주의

명 아침 식사, 아침밥

I have *breakfast* at seven.

나는 7시에 아침밥을 먹는다.

※ lunch 점심식사, supper 저녁식사, dinner 만찬

breathe *breathe*

[bri:ð 브리:드] ★발음주의

타자 호흡하다

bridge *bridge*

[bridʒ 브리쥐]

▶ 복수 bridges [brídʒiz 브리쥐즈]

명 다리

There is a long *bridge* over the river.

강 위에 긴 다리가 있다.

brick *brick*

[brik 브릭]

명 벽돌

bride *bride*

[braid 브라이드]

명 신부, 새색시 (반 bridegroom 신랑)

brief *brief*

[bri:f 브리:프]

♣ 비교급 briefer, 최상급 briefest

형 짧은, 간결한

숙어 *to be brief* (=*in brief*) 요컨대, 간단히 말해서

bright *bright*

[brait 브라이트]

♣ 비교급 brighter, 최상급 brightest

형 1. 밝은, 빛나는 (=light, 반 dark 어두운)

He has a *bright* future.

그는 장래가 밝다.

형 2. 영리한, 머리가 좋은

In-ho is a *bright* student.

인호는 머리가 좋은 학생이다.

부 밝게, 빛나게

The sun shines *bright*.

태양이 밝게 빛나고 있다.

bring *bring*

[briŋ 브링]

♣ 3단현 brings, 과거 · 과거분사 brought, 현재분사 bring

타 가져오다, 데려오다

Bring me the book.

그 책을 내게 갖다 다오.

He *brought* his brother with him.

그는 자기 동생을 데려왔다.

숙어 *bring up* 기르다, 교육하다

He was *brought up* in England.

그는 영국에서 자라났다.

British *British*

[bríti∫ 브리티쉬]

형 영국의

명 《the를 붙여서》 영국 국민, 영국사람

숙어 the *British* Empire 대영제국

broadcast *broadcast*

[brɔ́:dkæst 브로:드캐스트]

타 방송하다

He *broadcasted* by TV yesterday.

그는 어제 텔레비전으로 방송하

였다.

명 방송

broke *broke*

[brouk 브로우크]

타자 break(깨뜨리다)의 과거형

broken *broken*

[bróukən 브로우컨]

타자 break(깨뜨리다)의 과거분사형

형 부서진, 깨어진

broom *broom*

[bru:m 브룸:]

명 비

A new *broom* sweeps clean.
새 비는 잘 쓸린다.

brother *brother*

[brʌ́ðər 브러더]

▶ 복수 brothers[brʌ́ðərz 브러더즈]

명 1. 형제 (반 sister 자매), 형, 동생

an elder *brother* 형
a younger *brother* 동생
I have two *brother*.
나에게는 형제가 둘 있습니다.

명 2. ▶ 복수 brethren [bréðrin 브레드린] 동포, 같은 종파의 신자

※ brother는 형도 되고 남동생도 된다. sister는 언니도 되고 여동생도 된다.

brought *brought*

[brɔ:t 브로:트]

타 bring(가져오다)의 과거 · 과거분사형

brow *brow*

[brau 브라우]

명 1. 이마 (=forehead)

명 2. 눈썹 (=eyebrow)

brown *brown*

[braun 브라운]

♣ 비교급 browner,최상급 brownest

형 갈색의, 다갈색의

He hair is brown.
그의 머리는 갈색이다.

He has *brown* eyes.
그의 눈은 갈색이다.

명 갈색

brush *brush*

[brʌʃ 브러쉬]

♣ 3단현 brushes, 과거 · 과거분사 brushed, 현재분사 brushing

타자 솔질하다, 솔로 닦다

I am *brushing* my teeth with the toothbrush.
나는 칫솔로 이를 닦고 있다.

명 솔, 붓, 빗

a hair*brush* 머리빗
a tooth*brush* 칫솔

bucket *bucket*

[bʌ́kit 버킷]

▶ 복수 buckets [bʌ́kits 버키츠]

명 양동이, 물동이

There is a *bucket* of water.
물이 한 동이 있습니다.

bud *bud*

[bʌd 버드]

▶ 복수 buds [bʌdz 버즈]

명 싹, 꽃봉오리

build *build*

[bild 빌드]

♣ 3단현 builds, 과거 · 과거분사 built, 현재분사 building

타 세우다, 짓다

We are *building* a house.
우리는 집을 짓고 있다.
He had a new house *built*.
그는 새 집을 짓게 하였다.

building *building*

[bíldiŋ 빌딩]

▶ 복수 buildings [bíldiŋz 빌딩즈]

명 건물, 빌딩

There are a lot of tall *buildings* in Seoul.

서울에는 높은 빌딩들이 많다.

built *built*

[bilt 빌트]

타 build(세우다)의 과거 · 과거분사형

bull *bull*

[bul 불]

명 황소 (=ox)

burn *burn*

[bəːrn 번:]

♣ 3단현 burns, 과거 · 과거분사 burned 또는 burnt, 현재분사 burning

자 불타다, 타다

The house *burnt* to the ground.

그 집은 모두 타버렸다.

타 불태우다, 태우다

burnt *burnt*

[bəːrnt 번:트]

타자 burn(불타다)의 과거 · 과거분사형

burst *burst*

[bəːrst 버:스트]

자 1. 폭발하다, 터지다, 파열하다

The bumb *burst*.

폭탄이 폭발하였다.

자 2. 갑자기 …하다

The door *burst* open.

문이 갑자기 열렸다.

She *burst* into tears.

그녀는 갑자기 울기 시작했다.

bus *bus*

[bʌs 버스]

명 버스

I go to school by *bus*.

나는 버스로 통학합니다.

get on *bus* 버스를 타다

get off a *bus* 버스에서 내리다

business *business*

[bíznis 비즈니스]

명 장사, 용무, 사무, 일, 실업

What is his *business?*

그의 직업은 무엇입니까?

He is a man of *business.*

그는 실업가다.

숙어 *on business* 볼일이 있어서, 장사차

He went to Pusan *on business.*

그는 볼일이 있어서 부산에 갔다.

bus stop *bus stop*

[bʌ́s stɑp 버스 스탑]

명 버스 정류장

busy *busy*

[bízi 비지] ★발음주의

♣ 비교급 busier, 최상급 busiest

형 바쁜 (반 free 한가한)

The teacher is *busy* with her work.

선생님은 일로 바쁘시다.

I am *busy* now.

나는 지금 바쁘다.

but *but*

[bʌt 벗]

접 그러나, 그렇지만

I am sorry *but* I am busy now.

미안하지만 지금은 바쁘다

숙어 ① *not~ but…* ~이 아니고 …

He is *not* diligent, *but* idle.

그는 부지런하지 않고 게으르다.

② *not only~ but (also)…* ~뿐만 아니라 …도

부 다만, 겨우 …만

I have *but* one fountain pen.

나는 만년필을 한 개 밖에 가지고 있지 않다.

전 …을 제외하고

We go to school every day *but* Sunday.

우리들은 일요일을 제외하고 매일 학교에 간다.

butter *butter*

[bʌ́tər 버터]

명 버터

She cooks with *butter* very well.

그녀는 버터로 요리를 잘 한다.

butterfly *butterfly*

[bʌ́tərflai 버터플라이]

명 나비

button *button*

[bʌ́tn 버튼]

▶ 복수 buttons [bʌ́tnz 버튼즈]

명 (의복의) 단추, 버튼

A *button* in round and small.

단추는 둥글고 작다.

buy *buy*

[bai 바이]

♣ 3단현 buys, 과거 · 과거분사 bought, 현재분사 buying

타자 사다 (반 sell 팔다)

What did you *buy* at the store?

상점에서 무엇을 샀느냐?

I *bought* a book.

나는 책을 샀다.

by *by*

[bai 바이]

전 1. …의 옆에 (=near, beside)

Sit *by* me.

내 옆에 앉아라.

He is standing *by* the gate.

그는 문 옆에 서있다.

전 2. …을 지나서

He has returned *by* sea.

그는 해로로 귀국하였다.

전 3. …로, …에 의해서

My brother goes to college *by* bicycle.

형은 자전거로 대학에 다닌다.

by car 자동차로

by plane 비행기로

by train 열차로

by bus 버스로

숙어 ① *by day* 낮에는

② *by night* 밤에는

③ *by oneself* 혼자서

He lives here *by himself.*

그는 혼자서 여기에 살고 있다.

④ *little by little* 조금씩

⑤ *one by one* 하나씩, 한 사람씩

One by one, we left his house.

우리는 한 사람씩 그의 집을 나갔다.

⑥ *by way of~* …을 경유해서

She went to England *by way of* America.

그녀는 미국을 경유해서 영국으로 갔다.

bye *bye*

[bai 바이]

감 안녕

Bye, Su-jin. See you tomorrow.

잘가, 수진. 내일 만나자.

C, c

C

cabbage *cabbage*

[kǽbidʒ 캐비쥐]

명 양배추

cabin *cabin*

[bǽbin 캐빈]

명 오두막집, 통나무집

Many years ago there were long *cabins* in America.

옛날에 미국에는 통나무집이 있었다.

cable car *cable car*

[kéibl kɑːr 케이블 카:]

명 케이블 카

cage *cage*

[keidʒ 케이쥐]

명 새장, (짐승의) 우리

There is a beautiful bird in the *cage*.

아름다운 새가 새장에 있다.

cake *cake*

[keik 케이크]

명 과자, 케이크

I like *cakes* very much.

나는 케이크를 대단히 좋아한다.

a birthday *cake* 생일 케이크

calendar *calendar*

[kǽlindər 캘린더]

명 달력, 캘린더

call *call*

[kɔːl 콜:]

♣ 3단현 calls, 과거 · 과거분사 called, 현재분사 calling

타자 1. 부르다, 전화를 걸다

He is *calling* my name.

그가 내 이름을 부르고 있다.

타자 2. …을 ~라고 부르다

We *call* him Jin-ho.

우리는 그를 진호라고 부른다.

타자 3. 방문하다(~on 사람을, ~at 집을)

I *called* at Mr. Kim's house yesterday.

나는 어제 김선생님 댁을 방문했다.

숙어 *call up* (사람을) 불러내다, 전화로 불러내다

명 부르는 소리, 외침; 방문

came *came*

[keim 케임]

자 come(오다)의 과거형

camel *camel*

[kǽməl 캐멀]

명 낙타

camera *camera*

[kǽmərə 캐머러]

▶ 복수 cameras [kǽmərəz 캐머러즈]

명 사진기, 카메라

I can take pictures with my *camera.*

나는 카메라로 사진을 찍을 수 있다.

This *camera* is nice.

이 사진기는 좋다.

He took our picture with his *camera.*

그는 카메라로 우리들의 사진을 찍었다.

camp *camp*

[kæmp 캠프]

명 캠프, 야영

타자 캠프하다, 야영하다

He went *camping.*

그는 캠핑하러 갔다.

campus *campus*

[kǽmpəs 캠퍼스]

C

명 교정, 학교 마당

can[1] *can*

[kæn 캔]

조 과거 could

조 1. …할 수 있다 (=be able to)

She *can* swim.

그녀는 헤엄칠 수 있다.

Can you play the piano?

너는 피아노를 칠 수 있니?

조 2. …해도 좋다 (=may)

You *can* come with him.

그와 함께 와도 좋다.

조 3. 《의문문에 써서》 과연 …일까

Can it be true?

과연 그것이 사실일까?

조 4. 《부정문 ~not의 형태로》 …일 리가 없다

He *cannot* be a doctor.

그는 의사일 리가 없다.

can[2] *can*

[kæn 캔]

▶ 복수 cans [kænz 캔즈]

명 깡통, (통조림용의) 양철통

canal *canal*

[kənǽl 커낼]

명 운하

the Suez *Canal* 수에즈 운하

candle *candle*

[kǽndl 캔들]

▶ 복수 candles [kǽndlz 캔들즈]

명 양초

I lighted a *candle.*

나는 양초에 불을 켰다.

candy *candy*

[kǽndi 캔디]

명 캔디, 사탕과자

Do you like *candy?*

캔디를 좋아합니까?

My sister likes *candy.*

내 여동생은 캔디를 좋아한다.

cap *cap*

[kæp 캡]

명 1. (테가 없는) 모자

He wears a *cap.*

그는 모자를 쓰고 있다.

명 2. 뚜껑, 칼집

capital *capital*

[kǽpitl 캐피틀]

명 1. (나라의) 수도

Seoul is the *capital* of Korea.

서울은 한국의 수도이다.

명 2. 대문자 (=capital letter)

"A" is the *capital* letter of "a".

A는 a의 대문자이다.

captain *captain*

[kǽptin 캡틴]

▶ 복수 captains [kǽptınz 캡틴즈]

명 1. 주장

I am the *captain* of the team.

내가 그 팀의 주장이다.

명 2. 선장, 함장

The *captain* is the last man to leave his ship.

선장은 맨 마지막까지 배를 떠나지 않는 사람이다.

car *car*

[kɑːr 카ː]

▶ 복수 cars [kɑːrz 카ː즈]

명 차, 자동차

I like to ride in a *car.*

나는 차 타기를 좋아한다.

숙어 *go by car* 자동차로 가다

I *go* Pusan *by car.*

나는 자동차로 부산에 간다.

card *card*

[kɑːrd 카ː드]

▶ 복수 cards [kɑːrdz 카ː즈]

명 1. 카드; 명함, 초대장

a post *card* 우편 엽서

a Christmas *card* 크리스마스 카드

명 2. 트럼프, 《복수형으로》 트럼프 놀이

We played (at) *cards.*

우리들은 트럼프 놀이를 하였다.

care *care*

[kɛər 케어]

명 1. 조심, 주의

He is full of *care.*

그는 주의 깊은 사람이다.

명 2. 근심, 걱정

She has many *cares.*

그녀에겐 많은 걱정거리가 있다.

명 3. 돌봄, 보호

숙어 ① *take care* 조심하다

Take care not to make a mistake.

잘못하지 않도록 조심하시오.

② *take care of* …을 돌보아 주다, …을 조심하다

She took care of the baby.

그녀는 그 아기를 돌보아 주었다.

♣ 3단현 cares, 과거 · 과거분사 cared, 현재분사 caring

자 1. 걱정하다

I don't *care* if it rains.

비가 와도 나는 걱정하지 않는다.

자 2. 좋아하다, 원하다

자 3. 돌보아주다 (~for)

Jane will *care for* the baby.

제인이 아기를 돌보아줄 것이다.

careful *careful*

[kɛ́ərfəl 케어펄]

♣ 비교급 more careful, 최상급 most careful

형 주의 깊은 (반 careless 부주의한)

Be *careful.*

주의 하십시오.

He is a *careful* driver.
그는 주의깊게 자동차를 운전한다.

숙어 *be careful about* (또는 *of*)~ …에 주의하다, 조심하다
He *is careful about* him health.
그는 건강에 주의한다.

carefully *carefully*
[kέərfəli 케어펄리]
부 조심하여, 정성 들여
He read the book *carefully.*
그는 그 책을 정성들여 읽었다.

carol *carol*
[kǽrəl 캐럴]
명 송가, 캐롤, 환희의 노래
Christmas *carol*
크리스마스 송가

carpenter *carpenter*
[kάərpintər 카:핀터]
명 목수
A *carpenter* builds houses.
목수는 집을 짓는다.

capet *capet*
[kά:rpit 카:핏]
명 카펫, 융단

carrot *carrot*
[kǽrət 캐럿]
명 당근

carry *carry*
[kǽri 캐리]
♣ 3단현 carries, 과거 · 과거분사 carried, 현재분사 carrying
타 1. 나르다, 가지고 가다
I *carried* my bag in my hand.
나는 가방을 손에 들고 갔다.

타 2. 전하다
숙어 *carry out* …을 해내다

C

C

case[1] *case*

[keis 케이스]

명 상자 (=box)

a pencil *case* 필통

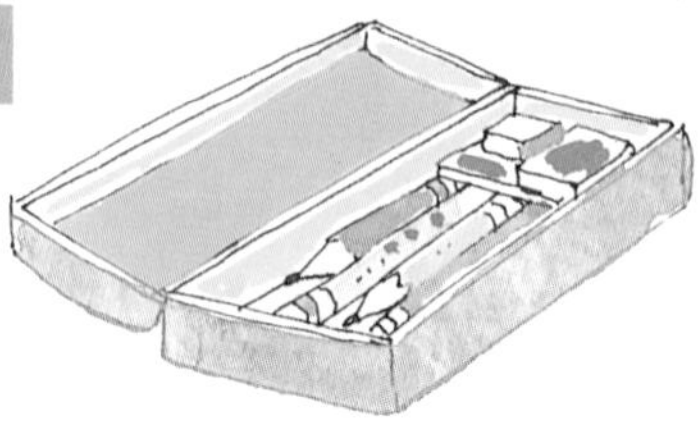

case[2] *case*

[keis 케이스]

명 경우, 사정

In *case* of rain, I will not go.

비가 오는 경우엔, 나는 가지 않겠다.

cash *cash*

[kæʃ 캐쉬]

명 현금, 돈

cast *cast*

[kæst 캐스트]

타 던지다 (=throw)

castle *castle*

[kǽsl 캐슬] ★발음주의

명 성(城)

The *castle* stands on the hill.

성은 언덕 위에 서 있다.

cat *cat*

[kæt 캣]

▶ 복수 cats [kæts 캐츠]

명 고양이

he-cat 수고양이

she-cat 암고양이

We have a *cat* in our house.

우리 집에서는 고양이 한 마리를 기르고 있다.

catch *catch*

[kætʃ 캐취]

♣ 3단현 catches, 과거 · 과거분사 caught, 현재분사 catching

타 1. 잡다, 붙들다

He has *caught* the ball.

그는 그 공을 잡았다.

타 2. (차 시간에) 대어가다

You can *catch* the last train.

너는 막차 시간에 대어갈 수 있다.

타 3. (병에) 걸리다

I *caught* a bad cold.

나는 독감에 걸렸다.

숙어 ① *catch a fire* 불이 붙다

② *catch at* …을 붙잡으려 하다

catcher *catcher*

[kǽtʃər 캐춰]

▶ 복수 catchers [kǽtʃərz 캐춰즈]

명 (야구의) 포수, 캐처

He is a very good *catcher*.

그는 매우 우수한 포수이다.

caught *caught*

[kɔːt 코:트]

타 catch(잡다)의 과거 · 과거분사형

cause *cause*

[kɔːz 코:즈]

▶ 복수 causes [kɔ́ːziz 코:지즈]

명 원인, 이유, 까닭

Everything has it's *cause*.

모든 것은 원인이 있다.

타 1. …의 원인이 되다

Speeding *cause* accidents.

과속은 사고의 원인이 된다.

타 2. …이 되게 하다, (…에게)…시키다

cave *cave*

[keiv 케이브]

명 동굴

ceiling *ceiling*

[síːliŋ 씰:링]

명 천장 (반 floor 바닥)

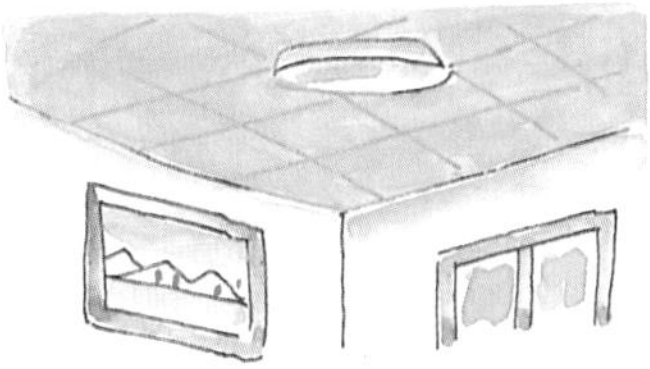

center *center*

[séntər 쎈터]

명 중심, 중앙

Our school is in the *center* of the city.

우리 학교는 시의 중심에 있다.

century *century*

[séntʃuri 쎈추리]

명 세기, 백년

the 20th *century* 20세기

certain *certain*

[sə́ːrtn 써:튼]

형 1. 확실한 (=sure)

I feel *certain* that he will

succeed.

그 사람은 틀림없이 성공하리라 고 생각합니다.

형 2. (명사 앞에 쓰여서)어떤, 일정한 (=one, some)

I saw her at a *certain* party.

나는 어떤 파티에서 그녀를 만났다.

chain *chain*

[tʃein 췌인]

명 1. 쇠사슬

I kept my dog on a *chain.*

개를 쇠사슬에 묶어 놓았다.

명 2. 연속, 연쇄

chain store 연쇄점

chair *chair*

[tʃɛər 췌어]

명 의자

sit on a *chair* 의자에 앉다

an easy *chair* 안락의자

Please take a *chair.*

앉아 주십시오.

chalk *chalk*

[tʃɔ:k 초:크]

명 분필

Please bring me a piece of *chalk.*

분필 한 개 가져와 주십시오.

※ 분필을 셀 때는 a piece of chalk (한 개), two piece of chalk (두 개)… 와같이 세며, chalks로는 쓰지 않는다.

champion *champion*

[tʃǽmpiən 챔피언]

명 우승자, 선수권을 가진 사람

chance *chance*

[tʃæns 챈스]

명 1. 기회, 찬스

Don't miss the *chance.*

기회를 놓치지 마라.

명 2. 가망, 운, 우연

There is a *chance* that she may live.

그녀는 살 가망이 있다.

숙어 *by chance* 우연히

I met him *by chance.*

나는 우연히 그를 만났다.

change *change*

[tʃeindʒ 췌인쥐]

타 1. 변하게 하다 (~into)

The pairy *changed* the prince *into* a frog.

요정은 왕자를 개구리로 변하게 했다.

타 2. (딴 것으로) 바꾸다

She *changed* her hairstyle.

그녀는 머리 모양을 바꿨다.

I'll *change* my wet shirt for a dry one.

젖은 셔츠를 마른 것으로 바꾸겠다.

자 변하다

She has *changed* greatly since I saw her last.

그녀는 요전에 만난 이후 많이 변했다.

명 1. 변화

I don't like this *change.*

나는 이 변화가 좋지 않다.

명 2. 잔돈, 거스름돈

May I keep the *change?*

잔돈을 가져도 되겠습니까?

charachter *charachter*

[kǽriktər 캐릭터] ★발음주의

명 1. 인격, 성격

명 2. 특성, 특징

명 3. (연극 · 소설 등의) 등장 인물

Hamlet is a *character* in the play.

햄릿은 연극의 등장 인물이다.

charming *charming*

[tʃá:rmiŋ 차:밍]

형 예쁜, 매력적인, 애교있는

Ann is a *charming* girl.

앤은 예쁜 소녀이다.

cheap *cheap*

[tʃi:p 취:프]

♣ 비교급 cheaper, 최상급 cheapest

C

형 값이 싼

Fish is *cheap* at that shop.

저 가게에서는 생선 값이 싸다.

부 싸게

I bought this bag *cheap* yesterday.

나는 어제 이 가방을 싸게 샀다.

check *check*

[tʃek 첵]

♣ 3단현 checks, 과거 · 과거분사 checked, 현재분사 checking

타 저지하다, 검문하다

명 1. 저지, 검문

명 2. 《미》 수표

May I pay by *check?*

수표로 돈을 치러도 됩니까?

cheek *cheek*

[tʃiːk 취:크]

명 뺨

the rosy *cheek* 불그스레한 뺨

chest *chest*

[tʃest 췌스트]

명 가슴, 흉부

chicken *chicken*

[tʃíkin 취킨]

▶ 복수 chickens [tʃíkinz 취킨즈]

명 병아리, 닭; 닭고기

We raise *chickens.*

우리는 닭을 기른다.

※ 암탉을 hen, 수탉을 rooster라고 한다.

chief *chief*

[tʃiːf 취:프]

명 추장, 장, 우두머리 (=leader)

The Indian *chief* is very old.

그 인디언 추장은 매우 늙었다.

형 으뜸가는, 주요한

a *chief* cook 주방장

a *chief* judge 재판장

child *child*

[tʃaild 촤일드]

▶ 복수 children [tʃíldrən 췰드런]

명 아이, 어린이

They have three *children.*

그들은 아이가 셋이다.

She is an only *child.*

그녀는 외동딸입니다.

※ baby(갓난아이), boy(소년), girl(소녀)

children *children*

[tʃíldrən 췰드런]

명 child(어린이)의 복수형

chimney *chimney*

[tʃímni 침니]

명 굴뚝

chin *chin*

[tʃin 췬]

명 턱

China *China*

[tʃáinə 촤이너]

명 중국

the Republic of *China*

중화민국

형 중국의

Chinese *Chinese*

[tʃàiní:z 촤이니:즈]

명 중국사람, 중국말

a Chinese 한 사람의 중국 사람

the Chinese 중국인(전체)

chocolate *chocolate*

[tʃákəlit 촤컬릿]

명 초콜릿

I like *chocolate* cake.

나는 초콜릿 케이크를 좋아한다.

choice *choice*

[tʃɔis 초이스]

명 선택, 최고급품

choose *choose*

[tʃu:z 추:즈]

♣ 3단현 chooses, 과거 chose, 과거분사 chosen, 현재분사 choosing

타 1. 뽑다, 고르다, 선택하다

She *chose* him a book.

그녀는 그에게 책 한 권을 골라 주었다.

타 2. 바라다 (~to do)

If you *choose* to go, you may.

가고 싶으면 가도 좋다.

chopstick *chopstick*

[tʃápstik 찹스틱]

명 젓가락

There is a pair of *chopsticks* on the table.

테이블 위에 젓가락이 한 벌 있다.

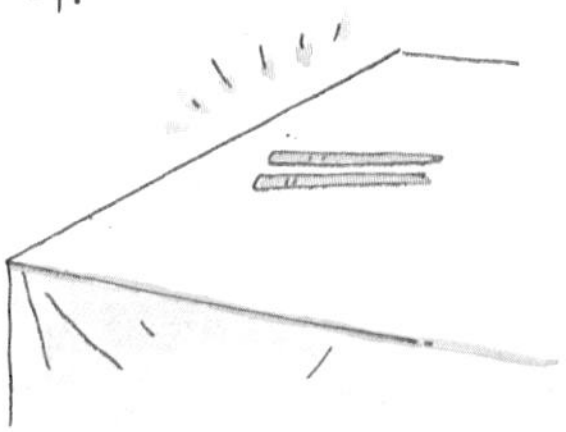

※ 젓가락은 두 짝이므로 언제나 -s가 붙어 chopsticks로 쓴다.

chorus *chorus*

[kɔ́:rəs 코:러스]

명 합창, 합창단, 코러스

They sang in *chorus*.

그들은 합창하였다.

chose *chose*

[tʃouz 초우즈]

타 choose(고르다)의 과거형

chosen *chosen*

[tʃóuzn 초우즌]

타 choose(고르다)의 과거분사형

Christ *Christ*

[kraist 크라이스트]

명 그리스도 ; 구세주

Jesus *Christ*

예수 그리스도

Christmas *Christmas*

[krísməs 크리스머스]

명 크리스마스, 성탄절 (약 X-mas)

We wish you a Merry *Christmas*.

즐거운 성탄을 기원합니다.

church *church*

[tʃəːrtʃ 춰:취]

명 교회, 예배

Do you go to *church?*

너는 교회에 다니느냐?

I go to *church* on Sunday.

나는 일요일에는 예배드리러 간다.

circle *circle*

[sə́ːrkl 써:클]

명 원, 동그라미, 고리

Everybody, form a *circle.*

여러분, 원을 만들어 보세요.

타자 원을 그리다, 동그라미를 치다, 선회하다

We *circlc* over tlie capital of Korea.

우리는 한국의 수도 위를 선회한다.

Circle the correct answers.

옳은 답에 동그라미를 쳐라.

circus *circus*

[sə́ːrkəs 써:커스]

명 써커스, 곡마단

citizen *citizen*

[sítizn 씨티즌]

명 시민, 주민, 국민

We are *citizens* of Seoul.

우리들은 서울 시민이다.

We are Korean *citizens.*

우리들은 한국 국민이다.

city *city*

[síti 씨티]

▶ 복수 cities [sítiz 씨티즈]

명 시, 도시, 도회지

The *city* of Seoul is the capital of Korea.

서울시는 한국의 수도이다.

a *city* hall 시청

city life 도시 생활

claim *claim*

[kleim 클레임]

타 (권리 · 소유를) 요구하다

claim damages 손해 배상을 요구하다

clap *clap*

[klæp 클랩]

타 자 손뼉치다

The boy *clapped* their hands.

소년들은 손뼉을 쳤다.

class *class*

[klæs 클래스]

▶ 복수 classes [klǽsiz 클래시즈]

명 1. 학급, 반

We are in the same *class*.

우리는 같은 반이다.

He is in the second-year *class*.

그는 2학년생이다.

명 2. 수업

The students were in *class*.

학생들이 수업중이었다.

명 3. 계급, 등급

He is in a first-*class* carriage.

그는 일등석 차에 타고 있다.

classmate *classmate*

[klǽsmeit 클래스메이트]

▶ 복수 classmates [klǽsmeits 클래스메이츠]

명 학급 친구, 동급생, 급우

He is my *classmate*.

그는 나의 학급 친구입니다.

classroom *classroom*

[klǽsru(:)m 클래스룸:]

명 교실

clean *clean*

[kli:n 클린:]

♣ 비교급 cleaner, 최상급 cleanest

형 깨끗한 (반 dirty 더러운)

a *clean* room 깨끗한 방

Her hands are *clean*.

그녀의 손은 깨끗하다.

부 깨끗이, 완전히

I swept the floor *clean.*
마루를 깨끗이 쓸었습니다.

타 깨끗이 하다, 청소하다

Clean your room.
너의 방을 청소하거라.

숙어 *clean up* …을 정돈하다, 깨끗이 청소하다

Clean up before Father comes back.
아버지께서 돌아오시기 전에 깨끗이 청소하여라.

clear *clear*

[kliər 클리어]

♣ 비교급 clearer, 최상급 clearest

형 1. 맑게 갠, 맑은

The sky is *clear* today.
오늘은 하늘이 맑게 갰다.

형 2. 분명한

The story was *clear* to me.
그 이야기가 나에게는 분명했다.

자 개다

The sky is *clearing* up.
하늘이 개고 있다.

cliff *cliff*

[klif 클리프]

명 절벽, 벼랑

climb *climb*

[klaim 클라임]

※ b는 발음하지 않는다.

타 자 …에 오르다

My brother likes to *climb* the mountain.
나의 형은 산에 오르기를 좋아한다..

숙어 *climb down* 기어 내려오다

I *climb down* from the tree.
나는 나무에서 기어 내려왔다.

※ climb은 보통 손과 발을 사용해서 올라가는 것을 말한다.

clock *clock*

[klɑk 클락]

명 탁상 시계, 괘종 시계

Father bought me a *clock.*

아버지께서 탁상시계를 사주셨다.

a cuckoo *clock* 뻐꾸기 시계

※ clock은 탁상 시계, 벽시계 등 가지고 다니지 않는 것을 말하고, watch(시계)는 팔목시계 등 가지고 다니는 것을 말한다.

close[1] *close*

[klouz 클로우즈]

♣ 3단현 closes, 과거 · 과거분사 closed, 현재분사 closing

타자 1. 닫다 (반 open 열다)

Close the door.

문을 닫으시오.

Close your books.

책을 덮어라.

타자 2. 끝내다, 끝나다

The store *closes* at eight.

그 가게는 8시에 닫는다.

명 끝 (=end)

The game came to a *close* just now.

시합은 방금 끝났습니다.

숙어 *Closed today.* 《게시》 금일 휴업.

close[2] *close*

[klous 클로우스] ★발음주의

형 가까운, 친한

My house is *close* to the station.

우리 집은 역에서 가깝다.

Tom is a *close* friend of mine.

톰은 나의 친한 친구이다.

숙어 *be close at hand* 바로 옆에 있다, 다가오다

부 가까이, 바로 옆에, 짧게

She cut her hair *close.*

그녀는 머리를 짧게 잘랐다.

숙어 *close by* 바로 곁에

cloth *cloth*

[klɔθ 클로쓰] ★발음주의

명 천, 직물

clothes *clothes*

[klouðz 클로우드즈] ★발음주의

명 옷, 의복

He has a lot of *clothes.*

그는 옷을 많이 가지고 있다.

※ clothes는 복수로 취급하므로 one, two, three 등을 직접 붙일 수 없다.

cloud *cloud*

[klaud 클라우드]

▶ 복수 clouds [klaudz 클라우즈]

명 구름

black *clouds* 먹구름

We see a big *cloud* in the sky.

하늘에 커다란 구름이 있다.

타자 흐리다, 흐리게 하다

cloudy *cloudy*

[kláudi 클라우디]

형 흐린, 구름이 많이 낀

It's *cloudy* today.

오늘은 날씨가 흐리다.

club *club*

[klʌb 클럽]

명 1. 클럽, 부, 반

I belong to a soccer *club.*

나는 축구부에 속해 있습니다.

명 2. 곤봉, 몽둥이

A policeman has a short *club.*

경찰관은 짧은 곤봉을 가지고 있다.

coat *coat*

[kout 코우트]

명 코트, 외투, 웃옷

I am wearing a *coat.*

나는 외투를 입고 있다.

cock *cock*

[kɑk 칵]

명 수탉

coffee *coffee*

[kɔ́(:)fi 코:피]

명 커피

black *coffee* 블랙 커피

ice *coffee* 차가운 커피

I like black *coffee* with no cream.

나는 크림을 넣지 않은 블랙 커피를 좋아한다.

coin *coin*

[kɔin 코인]

명 동전, 코인

cold *cold*

[kould 코울드]

♣ 3단현 colder, 최상급 coldest

형 추운, 차가운 (반 hot 더운)

It is *cold* this morning.

오늘 아침은 춥다.

명 1. 감기

She has a *cold.*

그녀는 감기가 들었다.

명 2. 추위

숙어 *catch* (또는 *take*) (*a*) *cold* 감기 들다

She often *catch* (*a*) *cold.*

그녀는 자주 감기에 걸린다.

collection *collection*

[kəléckʃən 컬렉션]

명 수집, 모은 것

I am interested in the *collection* of stamps.

나는 우표 수집에 흥미가 있다.

college *college*

[kálidʒ 칼리쥐]

명 단과대학 (university 종합대학)

He is a *college* student.
그는 대학생이다.
a medical *college* 의과 대학
finish *college* 대학을 졸업하다

color *color*

[kʌ́lər 컬러]
명 1. 색깔
a warm *color* 따뜻한 색깔
a cold *color* 차가운 색깔
a dark *color* 어두운 색깔
The *color* of this rose is red.
이 장미의 색깔은 빨갛다.

명 2. 《복수형으로》 그림물감
water *colors* 수채화 물감
타 색칠하다
They are *coloring* them now.
그들은 지금 색칠하고 있다.

comb *comb*

[koum 코움]
명 (머리를 빗는) 빗

come *come*

[kʌm 컴]
♣ 3단현 comes, 과거 came, 과거분사 come, 현재분사 coming
자 1. 오다 (반 go 가다)
Come here. 이리 와.
Come with me. 함께 가자.
Jane will *come* to my house next Sunday.
제인은 다음 일요일에 우리집에 옵니다.
자 2. …이 되다
Summer has *come.*
여름이 왔습니다.

자 3. …태생이다, …출신이다
He *comes* of a good family.
그는 훌륭한 가문에서 태어난 사람이다.
숙어 ① *come back* 돌아오다 (=return)
My father *comes back* around nine.
아버지는 9시쯤 돌아오신다.
② *come about* 일어나다, 생기다 (=happen)
How did the accident *come*

about?
어떻게 해서 사고가 일어났니?

③ *come in* 들어오다, 들어가다
"May I *come in*?" "Certainly."
들어가도 됩니까? – 물론이죠.

④ *come along* 따라 오다

⑤ *come from~* …출신이다
He *comes from* Seoul.
그는 서울 출신이다.

common *common*

[kámən 카먼]

형 1. 흔한, 보통의
Kim is a *common* family name in Korea.
김은 한국에서 흔한 성이다.
common sense 상식

형 2. 고유의, 공통의, 일반의
a *common* language 공통어
common people 일반 사람들

communication *communication*

[kəmju:nikéiʃən 커뮤:니케이션]

명 전달, 통신, 교통
a means of *communication*
교통 기관

company *company*

[kʌ́mpəni 컴퍼니]

명 1. 동료, 친구
He kept good *company*.
그는 좋은 친구와 사귀었다.

명 2. 회사 (약어는 Co.)
a publishing *company* 출판사
My father goes to his *company* every day.
아버지께서는 매일 회사에 나가십니다.

compass *compass*

[kʌ́mpəs 컴퍼스]

▶ 복수 compasses [kʌ́mpəsiz 컴퍼시즈]

명 나침반, 《보통 복수형으로》 컴퍼스

complain *complain*

[kəpléin 컴플레인]

자 불평하다, 투덜거리다

Everybody can *complain.*
누구나 불평할 수 있다.

complete *complete*

[kəmplí:t 컴플리:트]
형 완전한, 온전한
a *complete* victory 완전한 승리
타 완성하다, 끝내다
The letter is *complete.*
편지가 완성되었다.
He has *completed* his studies at last.
그는 마침내 연구를 끝냈다.

computer *computer*

[kəmpjú:tər 컴퓨:터]
명 컴퓨터

concert *concert*

[kánsə(:)rt 칸서:트]
명 음악회, 연주회
attend a *concert* 음악회에 가다

condition *condition*

[kəndíʃən 컨디션]
명 1. 상태, (신체의) 건강 상태
I am in good *condition.*
나는 건강하다.
명 2. 조건
condition of success
성공의 조건

conference *conference*

[kánfərəns 칸퍼런스]
명 회의, 협의(회)
The *conference* was held today.
회의는 오늘 열렸다.

congratulation *congratulation*

[kəngrætʃuléiʃən 컨그래츄레이션]
명 축하, 《보통 복수형으로》 축사
Congratulation! 축하합니다!
offer one's *congratulations*
축하의 말을 하다

consult *consult*

[kənsʌ́lt 컨썰트]
자 의논하다
타 1. 조사하다, (사전을) 찾아보다
타 2. (의사에게) 진찰을 받다

contest *contest*

[kántest 칸테스트]

명 경쟁, 경기, 콘테스트

타자 경쟁하다, 다투다

continue *continue*

[kəntínju: 컨티뉴:]

♣ 3단현 continues, 과거 · 과거분사 continued, 현재분사 continuing

타 계속하다

Please *continue* the story.

그 이야기를 계속해 주십시오.

자 계속되다

The game will *continue* when the rain stops.

비가 그치면 경기가 계속될 것이다.

control *control*

[kəntróul 컨트로울]

타 지배하다, 억제하다

I could not *control* my tears.

눈물을 억제할 수가 없다.

명 지배, 관리, 통제

a *control* tower (비행장의) 관제탑

conversation *conversation*

[kɑnvərséiʃən 칸버쎄이션]

명 회화

We can enjoy English *conversation.*

우리는 영어 회화를 할 줄 안다.

cook *cook*

[kuk 쿡]

♣ 3단현 cooks, 과거 · 과거분사 cooked, 현재분사 cooking

타자 요리하다

What are you *cooking?*

무슨 요리를 만들고 있습니까?

She is *cooking* rice.

그녀는 밥을 짓고 있다.

명 요리사, 쿡

My mother is a good *cook.*

우리 어머니는 요리를 잘 하신다.

cool *cool*

[ku:l 쿨:]

형 시원한 (반 warm 따뜻한)

It is *cool* in fall.

가을에는 시원하다.

타자 식히다, 신선해지다

Cool the milk, please.

우유를 좀 식혀주세요.

copy *copy*

[kάpi 카피]

▶ 복수 copies [kάpiz 카피즈]

타자 복사하다, 베끼다

Don't *copy* your friend's homework.

친구의 숙제를 베끼지 마라.

명 1. 복사, 사본

I made three *copies* of it.

나는 그것을 3장 복사했다.

명 2. (책 · 신문 등의) 권, 부

Send me two *copies* of the magazine.

그 잡지를 두 권 보내세요.

corn *corn*

[kɔ:rn 콘:]

명 《미》 옥수수, 《영》 밀

This bread is made from *corn.*

이 빵은 옥수수로 만들어진다.

She walked through the *corn* field.

그녀는 밀밭 속을 걸어갔다.

corner *corner*

[kɔ́:rnər 코:너]

명 1. 모퉁이

The store is on the *corner.*

그 상점은 길 모퉁이에 있다.

명 2. 구석

Put the ball in the *corner* of the room.

공을 방 구석에 놓으시오.

숙어 *turn the corner* 길모퉁이를 돌다

correct *correct*

[kərékt 커렉트]

♣ 비교급 correcter, 최상급 correctest

형 정확한, 옳은

The *correct* time now is 11 20.

현재의 정확한 시간은 11시 20분이다.

타 바로잡다, 고치다

cost *cost*

[kɔ(:)st 코:스트]

♣3단현 costs, 과거·과거분사 cost, 현재분사 costing

타 (비용이) 들다, 값이 …이다

How much does it *cost?*

그것은 값이 얼마입니까?

This hat *costs* 5,000 won.

이 모자는 5,000원이다.

명 값, 가격, 비용

The *cost* of this book is 1,000 won.

이 책의 가격은 1,000원이다.

cough *cough*

[kɔ:f 코:프]

명 기침

have a bad *cough* 심한 기침을 하다

could *could*

강하게 [kud 쿠드], 약하게 [kəd 커드]

조 can(할 수 있다)의 과거형

조 1.《과거의 사실》…할 수 있었다 (=was able to)

I *could* not stay any longer.

나는 더 머무를 수 없었다.

조 2.《공손하게 나타내어》…해 주시겠습니까, (…해도) 좋습니까

Could you tell me the way to the post office?

우체국으로 가는 길을 가르쳐 주실 수 없을까요?

count *count*

[kaunt 카운트]

타자 세다, 계산하다

Can you *count* from one to ten?

너는 하나에서 열까지 셀 수 있느냐?

명 계산

counter *counter*

[káuntər 카운터]

명 (상점·은행 등의) 카운터, 계산대

country *country*

[kʌ́ntri 컨트리]

▶ 복수 countries [kʌ́ntriz 컨트리즈]

명 1. 나라, 국가

a foreign *country* 외국

a rich *country* 부유한 나라

a small *country* 작은 나라

How many *countries* are there in the world.

세계에는 몇 나라가 있습니까?

명 2. 《the를 붙여서》 시골, 지방, 교외

My cousin live in the *country*.

나의 사촌은 시골에 살고 있다.

명 3. 고향

He left the *country* two years ago.

그는 2년 전에 고향을 떠났다.

couple *couple*

[kʌ́pl 커플]

명 1. 한 쌍, (같은 종류로) 둘

명 2. 부부

Sam and Jane are a *couple*.

샘과 제인은 부부이다.

숙어 *a couple of* 두 사람의, 둘의

Please wait a *couple of* days.

2, 3일 기다려 주십시오.

courage *courage*

[kə́:ridʒ 커:리쥐]

명 용기

He lost *courage*.

그는 용기를 잃었다.

숙어 *have the courage to* …할 용기가 있다

course *course*

[kɔ:rs 코:스]

명 1. 진로, 코스, 진행

Tell me the short *course*.

빨리 가는 코스를 말해 달라.

명 2. 과정, 학과

My brother has finished his high school *course*.

형은 고등학교 과정을 마쳤다.

숙어 *of course* 물론

Of course, I will do my best.
물론 최선을 다하겠습니다.

cousin *cousin*

[kʌ́zn 커즌]
▶ 복수 cousins [kʌ́znz 커즌즈]
명 사촌
He is my *cousin*.
그는 나의 사촌이다.
※ 남녀 구별없이 쓰인다.

cover *cover*

[kʌ́vər 커버]
♣ 3단현 covers, 과거 · 과거분사 covered, 현재분사 covering
타 1. 덮다, 씌우다
Mountain were *covered* with snow.
산들은 눈으로 덮여 있었다.

타 2. 숨기다
You must not *cover* up your mistakes.
잘못을 숨겨서는 안된다.
명 뚜껑, 덮개, 커버; (책의) 표지
She put a *cover* on the pot.
그녀는 항아리에 뚜껑을 닫았다.
a book *cover* 책 표지

cow *cow*

[kau 카우]
명 암소, 젖소 (반 ox 수소)
milk a *cow* 우유를 짜다
A *cow* is a useful animal.
소는 유익한 동물이다.
Milk comes from *cows*.
우유는 젖소에서 나온다.

cowboy *cowboy*

[káubɔi 카우보이]
명 목동, 카우보이

crayon *crayon*

[kréiən 크레이언]
명 크레용

cream *cream*

[kri:m 크림:]

명 1. 크림, 크림과자

명 2. 화장 크림

creep *creep*

[kri:p 크리:프]

자 기다, 살금살금 움직이다

A baby learns to *creep* before it learns to walk.

아기는 걷기보다 기는 것부터 먼저 배운다.

crocodile *crocodile*

[krάkʌdail 크라커다일]

명 악어

cross *cross*

[krɔ(:)s 크로:스]

♣ 3단현 crosses, 과거 · 과거분사 crossed, 현재분사 crossing

타자 1. 가로 지르다

Don't *cross* the street on a red light.

빨간 불일 때에는 길을 건너지 말아라.

타자 2. 교차하다

cross one's arms 팔짱을 끼다

명 십자가, 십자로

Jesus Christ died on the *cross*.

예수 그리스도는 십자가 위에서 죽었습니다.

the Red *Cross* 적십자

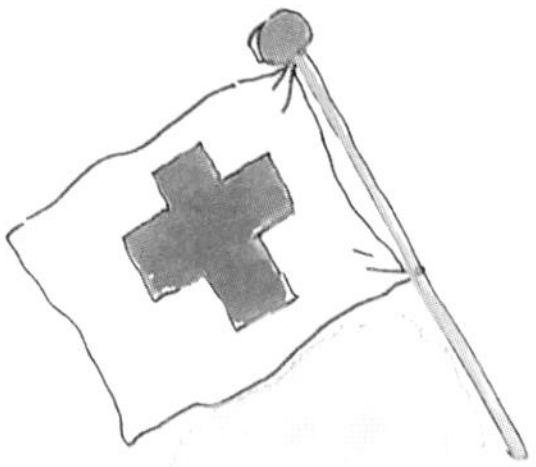

crossing *crossing*

[krɔ́(:)siŋ 크로:싱]

명 횡단; 교차점; 횡단보도

숙어 *No crossing.* 횡단금지.

crow *crow*

[krow 크로우]

명 까마귀

crowd *crowd*

[kraud 크라우드]

명 군중, 다수

There were big *crowds* of people in the theater.

극장 안은 많은 군중으로 가득 차 있었다.

자타 모여들다, (꽉) 들어차게 하다

Many people *crowded* around him.

많은 사람들이 그의 둘레에 모여들었다.

crown *crown*

[kraun 크라운]

명 왕관, 왕위

The king is wearing a *crown.*

왕이 왕관을 쓰고 있습니다.

타 왕관을 씌우다, 꼭대기에 올려놓다.

He was *crowned* king.

그는 왕위에 올랐다.

cry *cry*

[krai 크라이]

♣ 3단현 cries, 과거 · 과거분사 cried, 현재분사 crying

타자 1. (소리내어) 울다

The baby began to *cry.*

아기가 울기 시작했다.

타자 2. 외치다, 큰 소리를 지르다

He *cried* loud.

그는 크게 외쳤다.

명 고함소리, 우는 소리

We heard the *cry* for help.

우리는 도와달라고 외치는 소리를 들었다.

숙어 *cry out* 큰 소리를 지르다

cucumber *cucumber*

[kjú:kəmbər 큐:컴버]

명 오이

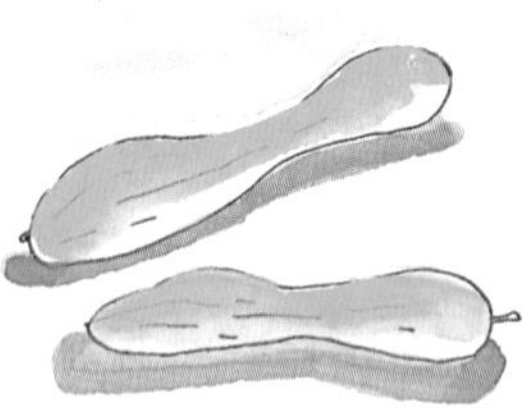

cunning *cunning*

[kʌ́niŋ 커닝]

형 교활한, 간사한, 잔꾀가 많은

cup *cup*

[kʌp 컵]

▶ 복수 cups [kʌps 컵스]

명 1. (커피 · 홍차 등의) 잔

We drink coffee out of a *cup.*
우리는 커피를 잔으로 마신다.

명 2. …한 잔
I had a *cup* of tea.
나는 한 잔의 홍차를 마셨다.

명 3. 우승컵
We won the *cup.*
우리는 우승컵을 탔다.

curtain *curtain*

[kə́:rtən 커:튼]

명 커튼, (무대의) 막
The boy hid himself behind the *curtain.*
그 소년은 커튼 뒤에 숨었다.
The *curtain* is going up.
막이 오르고 있다.

curve *curve*

[kər:v 커:브]

명 굽은 곳, 커브, 곡선
타자 구부리다, 구부러지다

custom *custom*

[kʌ́stəm 커스텀]

명 습관, 관습
It was their *custom* to get up early in the morning.
아침 일찍 일어나는 것이 그들의 습관이었다.

cut *cut*

[kʌt 컷]

타 1. 자르다, 썰다
I can *cut* the apple with a knife.
나는 칼로 사과를 자를 수 있다.

타 2. (머리털 등을) 깎다
I had my hair *cut* today.
나는 오늘 머리를 깎았습니다.

타 3. 베어 상처를 내다
I *cut* my finger with a knife.
나는 칼에 손가락을 베었다.

자 베어지다

숙어 *cut down* 베어 넘어뜨리다

𝒟, d

D

dad *dad*

[dæd 대드]

▶ 복수 dads [dædz 대즈]

명 아빠 (반 mom 엄마)

Good morning, *Dad!*

아빠, 안녕히 주무셨어요!

daily *daily*

[déili 데일리]

형 매일의, 일상의

the *daily* newspaper 일간 신문

부 날마다, 나날이

Accidents happen *daily.*

사고는 매일 일어난다.

daisy *daisy*

[déizi 데이지]

명 들국화

dance *dance*

[dæns 댄스]

♣ 3단현 dances, 과거 · 과거분사 danced, 현재분사 dancing

타자 춤추다, 무용하다

She like *dancing.*

그녀는 춤추기를 좋아한다.

명 춤, 댄스, 무도회

a folk dance 민속춤, 포크 댄스

dancer *dancer*

[dǽnsər 댄서]

명 춤추는 사람, 무용가

dancing *dancing*

[dǽnsiŋ 댄싱]

명 춤, 무용

danger *danger*

[déindʒər 데인줘]

명 위험

Keep out of *danger.*

위험하니 가까이 가지 마시오.

Her life is in *danger.*

그녀의 생명은 위태롭습니다.

dangerous *dangerous*

[déindʒərəs 데인줘러스]

형 위험한 (반 safe 안전한)

a *dangerous* man 위험한 사람

This tiger is *dangerous.*

이 호랑이는 위험하다.

dark *dark*

[dɑːrk 다:크]

♣ 비교급 darker, 최상급 darkest

형 1. 어두운 (반 light 밝은)

It is getting *dark.*

어두워지고 있다.

형 2. 검은, 거무스름한

My sister has *dark* hair.

나의 누이는 머리가 검다.

형 3. 침울한, 암담한

명 어둠, 해질녘

Let's go home before *dark.*

해가 지기 전에 집으로 가자.

숙어 *a dark horse* 뜻밖의 힘을 가진 경쟁상대

date *date*

[deit 데이트]

명 1. 날짜, 연월일

The *date* of his birth is August 10, 1959.

그의 생년월일은 1959년 8월 10일입니다.

명 2. 데이트, (이성끼리의) 만날 약속

I have a *date* with her.

나는 그녀와 만날 약속을 했다.

타 날짜를 적다

I forgot to *date* the letter.

나는 편지에 날짜 적는 것을 잊었다.

daughter *daughter*

[dɔ́ːtər 도:터]

명 딸 (반 son 아들)

She has two *daughters.*

그녀는 딸이 둘 있다.

dawn *dawn*

[dɔːn 돈:]

명 새벽

I got up at *dawn* to study my books.

나는 공부를 하기 위해서 새벽에 일어났다.

숙어 *from dawn till dark* 새벽부터 해질때까지

He worked *from dawn till dark.*

그는 새벽부터 해질 때까지 일했다.

자 날이 새다, 동이 트다

day *day*

[dei 데이]

▶ 복수 days [deiz 데이즈]

명 1. 날, 하루

every *day* 매일

one *day* 어느 날

some *day* 언젠가

There are seven *days* in a week.

일주일에는 7일이 있다.

What *day* is today?

오늘은 무슨 요일입니까?

명 2. 낮 (반 night 밤)

The sun shines in the *day.*

낮에는 해가 비친다.

명 3. 《복수형으로》 시대

in my school *days* 나의 학창 시절에

in the old *days* 옛날에는

명 4. (특정한) 날, 기념일

New Year's *Day* 설날

숙어 ① *the day before yesterday* 그저께

② *the day after tomorrow* 모레

③ *all day* (*long*) 하루종일

④ *day by* (또는 *after*) *day* 나날이

It is getting cold *day by day.*

나날이 추워지고 있다.

⑤ *every day* 매일

dead *dead*

[ded 데드]

형 1. 죽은 (빈 alive, living 살아 있는)

The fishes is *dead.*

그 물고기들은 죽었습니다.

형 2. 퇴폐한, 쓰이지 않게 된

숙어 *a dead ball* 【야구】 사구, 데드 볼

부 완전히, 아주

I am *dead* tired.

나는 완전히 지쳐 있다.

dear *dear*

[diər 디어]

♣ 비교급 dearer, 최상급 dearest

형 1. 소중한, 귀여운

Jane is a *dear* friend of mine.

제인은 나의 소중한 친구이다.

형 2. (편지의 첫머리에서) 친애하는, …님

Dear Sam. 친애하는 샘

형 3. 값이 비싼

명 (호칭으로) 여보, 당신

Yes, *dear.* 그래요, 당신.

감 어머나, 아이구

Oh, *dear!* 어머나!

death *death*

[deθ 데쓰]

명 죽음, 사망

Death may come at any moment.

죽음은 언제 올지 모른다

숙어 *~to death* (…한 결과로) 죽다

He waw burnt to *death.*

그는 타 죽었다.

December *December*

[disémbər 디셈버]

명 12월 (약어는 Dec.)

We have Christmas in *December.*

12월에는 성탄절이 있다.

Dec. 16 12월 16일

(December (the) sixteenth

라고 읽는다)

decide *decide*

[disáid 디싸이드]

♣3단현 decides, 과거 · 과거분사 decided, 현재분사 deciding

타자 결정하다, 정하다, 결심하다

Tom *decided* to be a teacher.

톰은 선생님이 되기로 결심했다.

decision *decision*

[disíʒən 디씨전]

명 결정, 결심

Tom and Sam made the right *decision.*

톰과 샘은 올바른 결정을 했다.

decoration *decoration*

[dekəréiʃən 데커레이션]

명 장식 ; 훈장

deep *deep*

[di:p 딥:]

♣비교급 deeper, 최상급 deepest

형 1. 깊은 (반 shallow 얕은)

The river is very *deep.*

그 강은 매우 깊다.

It is seven feet *deep.*

그것은 깊이가 7피트입니다.

형 2. (감정이나 생각이) 깊은

He has *deep* thoughts.

그는 깊은 생각을 가지고 있다.

형 3. 색깔이 짙은

a *deep* blue 짙은 청색

deer *deer*

[diər 디어]

※ 단수와 복수가 같다.

명 사슴

This wood has many *deer* there.

이 숲에는 많은 사슴이 있다.

defend *defend*

[difénd 디펜드]

타 지키다, 수비하다, 방어하다

delicious *delicious*

[dilíʃəs 딜리셔스]

형 맛있는

I had *delicious* fruit.

나는 맛있는 과일을 먹었다.

democracy *democracy*

[dimákrəsi 디마크러시]

명 민주주의, 민주 국가

dentist *dentist*

[déntist 덴티스트]

▶ 복수 dentists [déntists 덴티스츠]

명 치과의사

Smith is a good *dentist.*

스미스는 좋은 치과 의사다.

department store
department store

[dipá:rtmənt stɔ:r 디파:트먼트 스토:]

명 백화점

depend *depend*

[dipénd 디펜드]

자 1. …에 의지하다, 의존하다

I can *depend* on him.

나는 그에게 안심하고 의지할 수 있다.

자 2. …에 달려있다, …에 좌우되다

That *depends* on the weather.

그것은 날씨 여하에 달려 있다.

desert *desert*

[dézərt 데저트] ★발음주의

명 사막

형 사막과 같은, 무인의

a *desert* island 무인도

design *design*

[dizáin 디자인]

명 계획, 설계, 도안

He was not able to carry out his *design*.

그는 그의 계획을 실현할 수가 없었다.

타 계획하다, 설계하다.

desk *desk*

[desk 데스크]

명 책상

The cat is sitting on the *desk.*

고양이가 책상 위에 앉아 있다.

D

destroy *destroy*

[distrɔ́i 디스트로이]

타 1. 부수다, 파괴하다

Many houses were *destroyed* by the fire.

그 화재로 많은 집이 파괴되었다.

타 2. 죽이다

D

devil *devil*

[dévl 데블]

명 악마

diamond *diamond*

[dáiəmənd 다이어먼드]

명 다이아몬드, 금강석

a *diamond* ring 다이아몬드 반지

diary *diary*

[dáiəri 다이어리]

명 일기, 일기장

A lot of students keep their *diaries.*

많은 학생들이 일기를 쓴다.

숙어 *keep a diary* 일기를 쓰다

I *keep a diary* in English.

나는 영어로 일기를 쓰고 있다.

dictionary *dictionary*

[díkʃəneri 딕셔네리]

명 사전

an English-Korean *dictionary*

영한사전

a Korean-English *dictionary*

한영사전

This book is an English *dictionary.*

이 책은 영어 사전이다.

die *die*

[dai 다이]

♣ 3단현 dies, 과거 · 과거분사 died, 현재분사 dying

자 1. 죽다 (반 live 살다)

My brother *died* two years ago.

형은 2년 전에 죽었다.

2. 시들다, 사라져 없어지다

The wind *died* away.

바람이 멎었다.

숙어 ① *die of~* (병 등으로) 죽다

He *died of* cancer.

그는 암으로 죽었다.

② *died from~* (부상 등의 원인으로) 죽다

He *died from* hard work.

그는 과로로 죽었다.

different *different*

[dífərənt 디퍼런트]

1. 다른, 딴(~from)

My ideas are *different from* yours.

나의 생각은 네 생각과 다르다.

Dogs are *different* from cats.

개와 고양이는 다르다.

2. 종류가 다른, 가지각색의

There are *different* kinds of flowers in this garden.

이 정원에는 가지각색의 꽃이 있다.

difficult *difficult*

[dífikəlt 디피컬트]

1. 곤란한, 어려운 (easy 쉬운)

The problem is very *difficult.*

문제가 매우 어렵다.

This homework is *difficult.*

이 숙제는 어렵다.

2. 까다로운

He is a very *difficult* person.

그는 매우 까다로운 사람이다.

diligent *diligent*

[dílidʒənt 딜리전트]

부지런한

Tom is a *diligent* boy.

톰은 부지런한 소년입니다.

D

He is *diligent* in his study.
그는 공부에 열심입니다.

dinner *dinner*

[dínər 디너]
명 정찬, 주요한 식사 (보통 저녁식사를 말함), 만찬회
They had an early *dinner.*
그들은 일찍 저녁 식사를 했다.
I asked him to *dinner.*
나는 그를 만찬회에 초대했다.

dipper *dipper*

[dípər 디퍼]
명 국자
the Big *Dipper* 북두칠성

direct *direct*

[dirékt 디렉트, dairékt 다이렉트]
형 똑바른, 솔직한, 직접의
a *direct* road 똑바른 길
a *direct* question 솔직한 질문
부 똑바로, 직접
He went *direct* to America.
그는 미국으로 직행하였다.
타 지도하다, 감독하다, 지시하다

direction *direction*

[dirékʃən 디렉션]
명 1. 방향
명 2. 지도, 감독

dirty *dirty*

[də́:rti 더:티]
♣ 비교급 dirtier, 최상급 dirtiest
형 더러운, 불결한 (반 clean 깨끗한)
His face are *dirty.*
그의 얼굴은 더럽다.

Wash your *dirty* hands.
더러운 손을 씻어라.

discover *discover*

[diskʌ́vər 디스커버]
타 발견하다, 알게되다 (=find)
Columbus *discovered* America.
콜럼버스는 아메리카를 발견했다.

disease *disease*

[dizí:z 디지:즈]

명 병, 질병

dish *dish*

[diʃ 디쉬]

▶ 복수 dishes [díʃiz 디쉬즈]

명 1. 접시

A *dish* is round.

접시는 둥글다.

I am washing *dishes.*

나는 접시들을 닦고 있다.

명 2. (접시에 담은) 요리

There is a delicious *dish* on the table.

테이블 위에 맛있는 요리가 있습니다.

dislike *dislike*

[disláik 디스라이크]

타 싫어하다

display *display*

[displéi 디스플레이]

타 전시하다, 드러내어 보이다, (용기 등을) 나타내다

명 1. 전람, 전시

명 2. 나타냄, 드러내어 보임

distance *distance*

[dístəns 디스턴스]

명 1. 거리, 간격

What is the *distance* from here to the city hall?

여기서 시청까지는 얼마나 됩니까?

명 2. 먼 데, 떨어져 있는 지점

They came from a *distance.*

그들은 먼 데서 왔다.

숙어 ① *at a distance* 상당히 떨어진 곳에

② *in the distance* 멀리에

We saw a rainbow *in the distance.*

멀리에 무지개가 보였다.

do *do*

[du: 두:]

♣ 3단현 does, 과거 did, 과거분사 done, 현재분사 doing

타 …을 하다, 행하다

D

I have nothing to *do.*
나는 할 일이 없다.
I *did* it as you said.
네가 말한 대로 했다.
We have *done* it.
우리는 해냈다.
What are you *doing* now?
너는 지금 무엇을 하고 있니?

자 1. 쓸모가 있다, …에 충분하다
That will *do.*
그거면 됐어.

자 2. 살아나가다, 잘 되어가다
How *do* you *do?* 안녕하세요? (처음 만난 사람에게) 처음 뵙겠습니다.

숙어 ① *do with~* …을 처리하다, 끝마치다
② *do without* …없이 해나가다
I cannot *do without* this book.
이 책 없이는 해 나갈 수 없다.
③ *do away with* 제거하다, 폐지하다

조 1. 의문문을 만든다.
Do you like English?
너는 영어를 좋아하니?

조 2. 부정문을 만든다.
We *don't* work on Sunday.
우리는 일요일에는 일하지 않는다.

조 3. 강조하기 위한 문장을 만든다.
I *do* want to go there.
꼭 거기 가고 싶다.

조 4. 부사 등을 앞에 내놓을 때는 주어 앞에 둔다
Never *did* I see such a tall building.
이렇게 높은 빌딩은 본 적이 없다.

doctor *doctor*

[dáktər 닥터]

명 1. 의사
We go to see the *doctor* when we are sick.
우리는 아플 때 의사를 보러 간다.
I went to consult the *doctor.*
나는 의사의 진찰을 받으러 갔다.

명 2. 박사 (사람 이름 앞에 붙여 존댓말로 쓸 때는 Dr.라고 쓴다)

Dr. Jones. 존스 박사

does *does*

강하게 [dʌz 더즈], 약하게 [dəz 더즈]

do의 3인칭 단수 현재형

doesn't *doesn't*

[dʌ́znt 더즌트]

do의 부정형, does not 의 단축형

He *doesn't* play tennis every day.

그는 매일 테니스를 치지는 않는다.

dog *dog*

[dɔ(ː)g 도ː그]

명 개

A *dog* is an animal.

개는 짐승이다.

Dogs are generally wise.

개는 대체로 영리하다.

doll *doll*

[dɑl 달]

명 인형

My father gave me a nice *doll.*

아버지께서 나에게 귀여운 인형을 주셨습니다.

This is my *doll.*

이것은 내 인형이다.

dollar *dollar*

[dɑ́lər 달러]

명 달러 (1달러=100센트, 기호는 $)

eight *dollars* = $8, 8달러

dolphin *dolphin*

[dɑ́lfin 달핀]

명 돌고래

D

done *done*

[dʌn 던]

do의 과거분사형

donkey *donkey*

[dáŋki 당키]

명 1. 당나귀

명 2. 멍청이

don't *don't*

[dount 도운트]

do의 부정형, do not의 단축형

door *door*

[dɔ:r 도:]

명 1. 문

Open the *door.*

문을 여시오.

She is at the back *door.*

그녀는 뒷문에 있다.

명 2. 현관, 출입구

There is someone at the *door.*

현관에 누군가 와 있다.

숙어 ① *next door* (*to~*) (…의) 바로 이웃집에

He lives a *next door to* us.

그는 우리 바로 이웃집에 살고 있다.

② *from door to door* 집집마다

double *double*

[dʌ́bl 더블]

형 1. 2배의

형 2. 2인용의

a *double* bed 2인용 침대

형 3. 이중의, 짝의

명 1. 갑절, 2배

Six is the *double* of three.

6은 3의 두 배이다.

명 2. 《복수형으로》 (테니스 등의) 더블즈

dove *dove*

[dʌv 더브]

명 비둘기 (=pigeon)

down *down*

[daun 다운]

부 1. 아래로 (반 up 위로)

Come *down*.

내려 오시오.

Sit *down*.

앉으시오.

부 2. (값이) 떨어져서

Fruit prices are *down* this month.

이 번 달에는 과일 값이 떨어졌다.

부 3. (세력이) 줄어

전 아래쪽으로, …을 내려가서

I ran *down* the hill.

나는 언덕을 뛰어 내려갔다.

숙어 *up and down* 아래위로, 앞뒤로 이리저리

He were walking *up and down* the street.

그는 거리를 이리저리 걸어 다니고 있었다.

dragon *dragon*

[drǽgən 드래건]

명 용

drama *drama*

[drάːmə 드라:머]

명 극, 희곡, 극본

draw *draw*

[drɔː 드로:]

♣ 3단현 draws, 과거 drew, 과거분사 drawn, 현재분사 drawing

타 1. 그리다, (선을) 긋다

Draw a line.

선을 그려라.

He *draws* pictures very well.

그는 그림을 매우 잘 그린다.

타 2. 끌다, 끌어 당기다

Draw the curtain over the window.

창문에 커튼을 치시오.

타 3. 끌어 내다, 인출하다.

Father *drew* some money from the bank.

아버지는 은행에서 얼마간의 돈을 찾았다.

D

※ draw는 연필이나 펜 등으로 그림을 그리는 것이고, paint는 물감으로 그림을 그리는 것을 말한다.

dreadful *dreadful*

[drédfəl 드레드펄]

형 (대단히) 무서운

dream *dream*

[driːm 드림:]

명 꿈

She awoke from a *dream.*

그녀는 꿈에서 깨어났다.

타자 1. 꿈을 꾸다, 공상하다

He *dreamed* a strange *dream.*

그는 이상한 꿈을 꾸었다.

타자 2. 《부정어와 함께》 꿈에도 생각지 않다

dress *dress*

[dres 드레스]

명 1. (여자용의 위아래가 붙은 옷) 드레스

an evening *dress* 야회복

명 2. 복장, 부인복

This *dress* is new.

이 옷은 새 것입니다.

타 옷을 입히다

Mary *dressed* her little sister.

메리는 여동생에게 옷을 입혔다.

drink *drink*

[driŋk 드링크]

♣ 3단현 drinks, 과거 drank, 과거분사 drunk, 현재분사 drinking

타 마시다

I *drank* a lot of water.

나는 물을 많이 마셨다.

자 음료를 마시다, 술을 마시다

He don't *drink.*

그는 술을 마시지 않는다.

명 1. 음료, 술, 마실 것

This is a good *drink.*

이것은 좋은 음료이다.

명 2. 한잔

Give me a *drink* of water.

물 한잔 주세요.

drive *drive*

[draiv 드라이브]

♣ 3단현 drives, 과거 drove, 과거분사 driven, 현재분사 driving

타 1. 운전하다

He can *drive* a car.

그는 자동차를 운전할 줄 안다.

타 2. 몰다, 쫓다

He is *driving* the horse.

그는 말을 몰고 있다.

명 드라이브, 차로 달리기

He took me for a *drive.*

그는 나를 드라이브시켜 주었다.

driver *driver*

[dráivər 드라이버]

명 운전사, 운전기사

drop *drop*

[drɑp 드랍]

자 1. 떨어지다, 내리다

Snow *drops* down from the sky.

눈이 하늘에서 내려온다.

자 2. 넘어지다

She *dropped* to the ground.

그녀는 땅에 넘어졌다.

타 1. …을 떨어뜨리다

She *dropped* her bag.

그녀는 가방을 떨어뜨렸다.

타 2. …을 내려놓다

Please *drop* me at the corner.

저 모퉁이에서 나를 내려 주세요.

명 (물) 방울, 한 방울

숙어 *drop in* 들르다

I *dropped in* at the bookstore.

나는 그 서점에 들렀다.

drum *drum*

[drʌm 드럼]

명 북, 드럼

dry *dry*

[drai 드라이]

♣ 비교급 drier, 최상급 driest

형 1. 마른 (반 wet 젖은)

The *dry* weather lasted.
가뭄 날씨가 계속되었다.

I am very *dry* with singing.
노래를 불러서 목이 몹시 마르다.

형 2. 무미 건조한, 지루한

타 말리다

She *dried* her clothes by the fire.
그녀는 옷을 불에 말렸다.

자 (물이) 마르다

The well *dried* up.
우물이 아주 말라버렸다.

duck *duck*

[dʌk 덕]

명 오리

dull *dull*

[dʌl 덜]

♣ 비교급 duller, 최상급 dullest

형 1. (칼날 · 아픔 등이)무딘 (반 sharp 날카로운), 흐린, 음침한

The weather is *dull*.
날씨가 음침하다.

a *dull* knife 무딘 칼

형 2. 머리가 둔한, 나른한, 지루한

a *dull* boy 머리가 둔한 소년

a *dull* book 지루한 책

during *during*

[djúəriŋ 듀어링]

전 …동안(에), …중(에)

He was in Korea *during* the war.
그는 전쟁 중 한국에 있었다.

dust *dust*

[dʌst 더스트]

명 먼지, 티끌

The desk is covered with thick *dust*.
책상에 먼지가 잔뜩 끼어 있다.

The bus left a cloud of *dust* behind it.
버스는 먼지를 일으키고 떠났다.

duty *duty*

[dʒúːti 듀:티]

명 1. 의무, 책임, 본분

It is your *duty* to obey the rules.

규칙을 따르는 것은 너의 의무다.

명 2. 《복수형으로》 임무, 직무

A teacher's *duties* are to teach pupils.

교사의 임무는 학생을 가르치는 것이다.

숙어 ① *be on duty* 근무중이다, 당번이다

They *were on duty* then.

그때 그들은 근무중이었다.

② *be off duty* 비번이다, 근무중이 아니다

I *am off duty* at present.

나는 지금 비번이다.

dying *dying*

[dáiiŋ 다이잉]

자 die (죽다)의 현재분사형

형 죽어가는

dynasty *dynasty*

[dáinəsti 다이너스티]

명 왕조, 왕가

ℰ, e

E

each *each*

[iːtʃ 이:취]

형 각각의, 각자의

※ each 다음에 오는 명사는 단수형이다.

Each man has his own name.
사람은 각자 자신의 이름을 가지고 있다.

숙어 *each time* 그 때마다, (…할) 때마다

Each time he came, he gave me a present.
그는 올 때마다 나에게 선물을 주었다.

대 각자, 각각

Each of the students has his own dictionary.
학생들은 각자 자기 사전을 가지고 있다.

숙어 *each other* 서로 (주로 둘일 경우에 쓰며, 셋 이상일 경우에는 on another를 쓴다.)

eagle *eagle*

[íːgl 이:글]

명 독수리

ear *ear*

[iər 이어]

명 귀

Everyone has two *ears*.
모든 사람들은 귀가 두 개다.

A rabbit has long *ears*.
토끼는 긴 귀가 있습니다.

숙어 *lend one ear to* …에 귀를 기울이다

early *early*

[ə́:rli 얼:리]

♣ 비교급 earlier, 최상급 earliest

형 이른 (=fast 빠른, late 늦은)

He gets up *early* in the morning.

그는 아침에 일찍 일어난다.

부 일찍이, 초기에

He came *earlier* than usual.

그는 평소보다 일찍 왔다.

숙어 *keep early hours* 일찍 자고 일찍 일어나다

Sang-ho always *keep early hours*.

상호는 언제나 일찍 자고 일찍 일어난다.

earn *earn*

[əːrn 언:]

동 벌다, 얻다

earth *earth*

[əːrθ 어:쓰]

명 1. 《the를 붙여서》 지구

The *earth* is round.

지구는 둥글다.

The *earth* is our world.

지구는 우리의 세상이다.

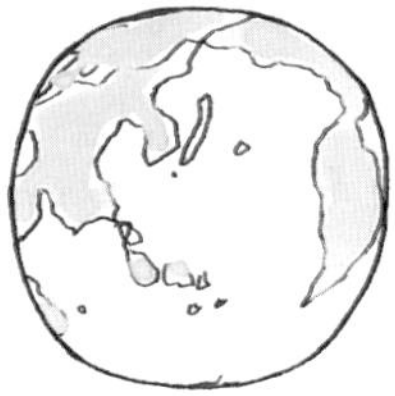

명 2. 흙, 땅

A plant grows in the *earth*.

식물은 흙 속에서 자란다.

I dug the *earth*.

나는 땅을 팠다.

숙어 *on earth* 지상에서, 세계에서

She is the most beautiful lady *on earth*.

그녀는 세계에서 제일 아름다운 숙녀이다.

easily *easily*

[íːz(i)li 이:질리]

부 쉽게, 수월하게

I found the place *easily*.

나는 그 장소를 쉽게 찾았다.

east *east*

[iːst 이:스트]

명 1. 동쪽, 동부

The sun rises in the *east*.
해는 동쪽에서 뜬다.

명 2. 《the East로서》 동양
형 동쪽의
east Asia 동아시아
부 동쪽으로
숙어 ① *to the east of* ~ …의 동쪽에
② *in the east of* ~ …의 동부에
동 (east), 서 (west), 남 (south), 북 (north)

E

easy *easy*

[í:zi 이:지]
♣ 비교급 easier, 최상급 easiest
형 1.쉬운, 용이한 (반 difficult 어려운)
This is an *easy* book.
이것은 쉬운 책이다.
형 2.안락한, 마음 편한
I lives an *easy* life in the country.
나는 시골에서 편안한 생활을 하고 있다.
숙어 *an easy chair* 안락 의자
She is sitting on an *easy* chair.
그녀는 안락 의자에 앉아 있다.

eat *eat*

[i:t 이:트]
♣ 3단현 eats, 과거 ate, 과거분사 eaten, 현재분사 eating
타 먹다, 식사하다

I like to *eat*.
나는 먹기를 좋아한다.
I did not *eat* breakfast today.
나는 오늘 아침밥을 안 먹었다.
Have you anything *to* eat?
뭐 좀 먹을 것이 있습니까?
숙어 *eat out* 외식하다
We *ate out* last night.
우리는 어젯밤 외식을 했다.

edge *edge*

[edʒ 에쥐]
명 가장자리, (칼 등의) 날

the *edge* of the table
책상의 가장자리

education *education*

[edʒukéiʃən 에쥬케이션]

명 교육

egg *egg*

[eg 에그]

▶복수 eggs [egz 에그즈]

명 (새의) 알, 달걀

I like boiled *eggs*.
나는 삶은 달걀을 좋아한다.
This hen lays many *eggs*.
이 암탉은 알을 많이 낳는다.
An *egg* is a food.
달걀은 음식이다.

eight *eight*

[eit 에잇]

형 8의, 8개의

Five and three is *eight*.
5 더하기 3은 8이다.

명 8, 8시, 여덟 살

either *either*

[íːðər 이:더]

형 1. 어느 하나의

You may have *either* of the book.
이 책 가운데 어느 것이나 하나 가져도 좋다.

형 2. 어느 한쪽의, 각각의

I don't like *either* team.
나는 어느 팀도 좋아하지 않는다.

대 어느 쪽이든지

Either of your parents may go.
너의 부모 중 어느 분이 가든지 좋다.

부 《부정문에서 not ~either의 형태로》 ~도 또 … 않다

If you don't go, I shall not go *either*.
네가 가지 않는다면 나도 안 간다.

elbow *elbow*

[élbou 엘보우]

명 팔꿈치

elder *elder*

[éldər 엘더]

형 《old의 비교급》 손위의

an *elder* brother 형

an *elder* sister 언니

elementary *elementary*

[eliméntəri 엘리멘터리]

형 초보의, 기초의

an *elmentary* school 초등학교 (=primary school)

elephant *elephant*

[élifənt 엘리펀트]

▶ 복수 elephants [élifənts 엘리펀츠]

명 코끼리

elevator *elevater*

[éliveitər 엘리베이터]

명 《미》 엘리베이터, 승강기 (영국에서는 lift라고 함)

eleven *eleven*

[ilévən 일레븐]

명 11 ; 11시, 열 한 살

형 11의 ; 11세의

I'm *eleven* (years old).

나는 11살이다

else *else*

[els 엘스]

부 그 밖에, 다른

What *else* do you want to eat?

그 밖에 또 무엇을 먹고 싶니?

I want to see someone *else*.

다른 사람을 만나고 싶다.

※ else는 some-, any-, no-가 붙은 말이나, who, what 등의 의문사 다음에 위치한다.

emperor *emperor*

[émpərər 엠퍼러]

명 황제, 제왕

E

empire *empire*

[émpaiər 엠파이어]

명 제국

the British *Empire* 대영 제국

end *end*

[end 엔드]

명 끝, 마지막

Tom house is at the *end* of this street.

톰의 집은 이 거리의 끝에 있다.

This is the *end* of the story.

이것이 이 이야기의 끝이다.

숙어 (1) *at the end of~* …의 끝에

(2) *in the end* 마침내, 마지막에는, 결국 (=at last)

He did not come *in the end*.

그는 결국 오지 않았다.

(3) *from beginning to end* 처음부터 끝까지

타자 끝내다, 끝나다

We have *ended* the game.

우리는 시합을 끝냈다.

The class *ended* at 3:00.

수업이 세 시에 끝났다.

The party *ended* at ten.

파티는 10시에 끝났다.

enemy *enemy*

[énimi 에니미]

명 적, 적군, 적국

The soldiers fought with the *enemy*.

병사들은 적군과 싸웠다.

engine *engine*

[éndʒin 엔쥔]

▶ 복수 engines [éndʒinz 엔쥔즈]

명 1. 엔진, 기관

a steam *engine* 증기 기관

명 2. 기관차

An *engine* pulls railroad cars.

기관차는 객차를 끈다.

a fire *engine* 소방차

engine company 소방서

engineer *engineer*

[endʒiníər 엔지니어]

명 기사

He is an electric *engineer*.

그는 전기 기사이다.

England *England*

[íŋglənd 잉글런드]

명 1. 영국

She was born in *England*.

그녀는 영국에서 태어났다.

명 2. 잉글랜드 (영국의 대브리튼 섬에서 스코틀랜드와 웨일즈를 제외한 부분)

English *English*

[íŋgliʃ 잉글리쉬]

명 1. 영어

Can you speak *English*?

영어를 할 줄 압니까?

명 2. 《the를 붙이고 복수 취급》 영국사람 (전체)

※ 개인을 말할 때는 an English-man이라고 함.

형 1. 영국의, 영국사람의

He is an *English* boy.

그는 영국 소년이다.

형 2. 영어의

an *English* Grammar 영문법

English grammar is not easy.

영어 문법은 쉽지 않다.

Korean students study *English* at school.

한국 학생들은 학교에서 영어를 공부한다.

enjoy *enjoy*

[indʒɔ́i 인죠이]

♣ 3단현 enjoys, 과거 · 과거분사 enjoyed, 현재분사 enjoying

타 …을 즐기다

Children *enjoy* watching TV.

어린이들은 텔레비젼 보기를 즐긴다.

I really *enjoyed* your trip.

여행은 정말 즐거웠어.

숙어 *enjoy oneself* 즐겁게 지내다, 즐기다

E

I have *enjoyed myself* very much.
대단히 즐거웠습니다.

enough *enough*

[inʌ́f 이너프]

형 《명사의 뒤나 앞에 붙여》 충분한

That is *enough*.
그것으로 충분하다.
I have *enough* food to eat.
나는 먹을 것이 충분하다.

부 《동사, 부사, 형용사의 뒤에 붙여》 충분히

I have played *enough*.
충분히 놀았습니다.

숙어 ① *be kind enough to* 친절하게도 …하다

She *was kind enough to* help me.
그녀는 친절하게도 나를 도와주었다.

② *~ enough to* 넉넉히 …할 만큼 ~하다

He studied hard *enough to* pass the test.
그는 시험에 합격할 만큼 열심히 공부했다.

enter *enter*

[éntər 엔터]

♣ 3단현 enters, 과거 · 과거분사 entered, 현재분사 entering

타자 1. …에 들어가다

I saw him *enter* the room.
나는 그가 방으로 들어가는 것을 보았다.

타자 2. …에 입학하다

When did you *enter* this school?
너는 언제 이 학교에 입학했니?
I *entered* this school last year.
나는 작년에 이 학교에 입학했다.

enterprise *enterprise*

[éntərpraiz 엔터프라이즈]

명 사업, 기업

E

equal *equal*

[í:kwəl 이:퀄]

형 같은, 평등한, 대등한

All men are *equal*.

모든 사람은 평등하다.

숙어 *be equal to~* …와 같다

Twice three *is equal to* six.

3의 두곱은 6이다.

eraser *eraser*

[iréisər 이레이서]

▶ 복수 erasers [iréisərz 이레이서즈]

명 (칠판 · 고무) 지우개

error *error*

[érər 에러]

명 잘못 (=mistake)

especially *especially*

[ispéʃəli 이스페셜리]

부 특히, 특별히(=specially)

He *especially* likes music.

그는 특히 음악을 좋아한다.

It is *especially* cold this morning.

오늘 아침은 특히 춥다.

etiquette *etiquette*

[étiket 에티켓]

명 예식, 예의범절, 에티켓

eve *eve*

[i:v 이:브]

명 (명절 등의) 전날밤

Christmas *Eve* 크리스마스 전날밤

even *even*

[í:vən 이:븐(번)]

부 …조차도, …마저도

Even a child can do it.

어린아이라도 그것은 할 수 있다.

숙어 *even if* (또는 *though*)~ 비록 …할지라도

Even if you don't like it, you most do it.

비록 좋아하지 않더라도 너는 그것을 해야 한다.

evening *evening*

[í:vniŋ 이:브닝]

명 저녁, 밤

yesterday *evening* 어제 저녁(밤)
this *evening* 오늘 저녁(밤)
tomorrow *evening* 내일 저녁(밤)
Good *evening*!
안녕하세요!(저녁인사)

숙어 ① *in the evening* 저녁에, 밤에
I like to watch TV *in the evening.*
나는 저녁에 텔리비전 보는 것을 좋아한다.

② *on the evening of* …의 밤에

③ *toward evening* 저녁 무렵에
It began to snow *toward evening.*
저녁 무렵에 눈이 내리기 시작했다.

ever *ever*

[évər 에버]

부 1. 《의문문 · 부정문에서》 이제까지, 이전에
Have you *ever* seen a kangaroo?
당신은 전에 캥거루를 본 적이 있습니까?

부 2. 《긍정문에서》 언제나
He studied as hard as *ever.*
그는 여느 때와 마찬가지로 열심히 공부했다.

숙어 ① *ever after* 그후 죽
She lived happily *ever after.*
그녀는 그후 죽 행복하게 살았다.

② *for ever* (=*forever*) 영원히, 언제까지나
I wish to be young *for ever.*
나는 언제까지나 젊고 싶다.

every *every*

[évri 에브리]

형 1. 모든, 온갖
Every student was kind to me.
모든 학생이 나에게 친절했다.

E

※ every 다음에 오는 명사는 반드시 단수형.

형 2. …마다, 매 …

every day 매일

every third day 사흘마다

every week 매주

once *every* three years 3년마다 한 번 씩

I go to school *every* day.

나는 매일 학교에 갑니다.

형 3. 《부정문에 써서》 모두가 …이라고는 할 수 없다(부분 부정)

Every man cannot be a musician.

누구나가 다 음악가일 수는 없다.

숙어 ① *every time~* …할 때마다

Every time I called on him, he was not.

방문할 때마다 그는 외출하고 없었다.

② *every moment* 시시 각각으로

③ *every now and then* 때때로, 이따금

everybody *everybody*

[évribɑdi 에브리바디]

대 모두, 누구나 다 (=everyone)

Everybody likes it.

모두가 그것을 좋아한다.

everyday *everyday*

[évridei 에브리데이]

형 매일의, 일상적인 (=daily)

※ every day라고 떼어 쓰면 '매일'이란 뜻의 부사구가 된다.

everyone *everyone*

[évriwʌn 에브리원]

대 누구나 다 (=everybody)

Everyone has a book.

누구나 다 책을 가지고 있다.

everything *everything*

[évriθiŋ 에브리씽]

대 무엇이든지 다, 모든 것

He knows *everything.*

그는 무엇이든지 다 알고 있다.

Not *everything* here is mine.

여기 모든 것이 내것은 아니다.

exactly *exactly*

[igzǽktli 이그잭틀리]

부 정확히

I left home *exactly* at eight.

나는 정확히 8시에 집을 떠났다.

examination *examination*

[igzæminéiʃən 이그재미네이션]

명 시험

We had an *examination* in mathematics yesterday.

우리는 어제 수학 시험이 있었다.

I passed the *examination*.

나는 시험에 합격하였다.

Everybody hopes to pass the *examination*.

모두가 시험에 합격하기를 원한다.

example *example*

[igzǽmpl 이그잼플]

명 1. 예, 보기, 본보기

Can you give me an *example*?

예를 하나 들 수 있습니까?

He gave them a good *example*.

그는 그들에게 좋은 본을 보여 주었다.

명 2. 모범

숙어 *for example* 예를 들면

excellent *excellent*

[éksələnt 엑설런트]

형 훌륭한, 우수한

He is an *excellent* pupil.

그는 우수한 학생입니다.

It was an *excellent* dinner.

아주 훌륭한 저녁이었다.

숙어 *be excellent in~* …에 뛰어나 있다

She *is excellent in* English.

그녀는 영어에 뛰어나 있다.

except *except*

[iksépt 익셉트]

전 …을 제외하고, …이외는

All *except* one pupil are present.

한 학생을 제외하고 다 출석하였다.

E

숙어 *except for~* …을 제외하면

Your letter is very good *except for* a few mistakes.

네 편지는 조금 틀린 데가 있기는 하지만 대단히 좋다.

excite *excite*

[iksáit 익싸이트]

타 흥분시키다, 자극하다

He is *excite.*

그는 흥분해 있다.

E

excuse *excuse*

[ikskjú:z 익스큐:즈]

♣ 3단현 excuse, 과거 · 과거분사 excused, 현재분사 excusing

타 용서하다

Excuse me.

실례합니다.

Excuse me for hitting you.

너를 친 것을 용서해라.

숙어 *Excuse me, but~* 실례하지만

Excuse me, but what time is it now?

실례하지만, 지금 몇 시입니까?

명 변명, 핑계, 사과

No *excuse!* 변명하지 마라!

exercise *exercise*

[éksərsaiz 엑서사이즈]

명 1. 연습

I have done *exercises* on the piano.

나는 피아노 연습을 했습니다.

명 2. 운동

It is good to take *exercise.*

운동하는 것은 좋은 일이다.

expect *expect*

[ikspékt 익스펙트]

타 …을 기대하다, 생각하다, …해주기 바라다

I am *expecting* a letter from her.

나는 그녀의 편지를 기다리고 있다.

expensive *expensive*

[ikspénsiv 익스펜시브]

형 값비싼, 비용이 드는(반 cheap 싼)

She always wears *expensive* clothes.

그녀는 항상 값비싼 옷을 입는다.

This is too *expensive.*

이것은 너무 비싸다.

explain *explain*

[ikspléin 익스플레인]

타 설명하다

He *explained* the meaning of the word.

그는 그 말의 뜻을 설명하였다.

explorer *explorer*

[iksplɔ́:rər 익스플로:러]

명 탐험가

express *express*

[iksprés 익스프레스]

♣ 3단현 express, 과거 · 과거분사 expressed, 현재분사 expressing

타 (말 · 감정 · 행동 등을) 표현하다, 나타내다

He never *expresses* his feelings.

그는 결코 감정을 나타내지 않는다.

형 급행의, 특별한

I took the *express* train.

나는 급행열차를 탔습니다.

명 (열차 · 버스 등의) 급행

He went to Pusan by *express.*

그는 급행으로 부산에 갔습니다.

extra *extra*

[ékstrə 엑스트러]

형 여분의

extra news 호외

eye *eye*

[ai 아이]

▶ 복수 eyes [aiz 아이즈]

명 눈, 시력

We see with our *eyes.*

우리는 눈으로 본다.

E

She has dark *eyes.*
그녀는 검은 눈을 가지고 있다.
People have two *eyes.*
사람은 눈이 두 개 있다.

숙어 ① *look ~ in the eye* …을 똑바로 쳐다보다
② *keep an eye on* …에서 눈을 떼지 않다

eyebrow *eyebrow*

[áibrau 아이브라우]
명 눈썹

𝒻, 𝒻

face *face*

[feis 페이스]

▶ 복수 faces [féisiz 페이시즈]

명 1. 얼굴, 용모

She has a pretty *face*.

그녀는 얼굴이 예쁘다.

명 2. 표면

the *face* of the earth

지구의 표면

숙어 *face to face* 얼굴을 맞대고, 대면하여

I sat *face to face* with her.

나는 그녀와 마주 보고 앉았다.

타재 …을 향하다, …에 직면하다

Her house *faces* the sea.

그녀의 집은 바다를 향하고 있다.

fact *fact*

[fækt 팩트]

▶ 복수 facts [fækts 팩츠]

명 사실, 실제

It is a *fact* that he has succeeded.

그가 성공했다는 것은 사실이다.

숙어 *as a matter of fact* 실은, 사실은

As a matter of fact, he is a liar.

사실은 그는 거짓말쟁이다.

F

factory *factory*

[fǽktəri 팩터리]

명 공장

My brother works in that toy *factory*.

나의 형은 저 장난감 공장에서 일한다.

fail *fail*

[feil 페일]

♣ 3단현 fails, 과거 · 과거분사

failed, 현재분사 failing

자 실패하다 (반 succeed 성공하다)

He *failed* in the examination.

그는 시험에 실패했다.

숙어 *without fail* 틀림없이, 꼭

Come back by five *without fail.*

틀림없이 5시까지 돌아와라.

fair *fair*

[fɛər 페어]

♣ 비교급 fairer, 최상급 fairest

형 1. 공평한, 공정한

We must play a *fair* game.

우리는 공정한 경기를 해야 합니다.

형 2. (날씨가) 맑은

The weather was *fair* that day.

그날은 날씨가 좋았다.

형 3. 아리따운, 고운(=beautiful)

She is a *fair* lady.

그녀는 아름다운 숙녀입니다.

fall *fall*

[fɔ:l 폴:]

♣ 3단현 falls, 과거 fell, 과거분사 fallen, 현재분사 falling

자 1. 떨어지다, 내리다

A persimmon *fell* to the ground.

감이 땅에 떨어졌다.

The snow is *falling.*

눈이 내리고 있다.

자 2. 넘어지다

Don't *fall* down.

넘어지지 마라.

자 3. …(상태로) 되다

She *fell* asleep.

그녀는 잠들었다.

숙어 ① *fall off~* …에서 떨어지다

② *fall on~* …이 되다

명 1. 낙하, 떨어짐

He took a *fall* from his horse.

그는 말에서 떨어졌다.

명 2. 《미》 가을(=autumn)

It is cool and pleasant in the *fall.*

가을은 서늘하고 기분 좋다.

명 3. 《복수형으로》 폭포

Niagara *Falls* 나이애가라 폭포

false *false*

[fɔ:ls 폴:스]

형 잘못된, 거짓의, 가짜의(반 true 참된)

It was *false* news.

그것은 오보였습니다.

family *family*

[fǽmili 패밀리]

▶ 복수 families [fǽmiliz 패밀리즈]

명 가족

This is my *family*.

이것은 나의 가족이다.

My *family* is a large one.

우리 가족은 대가족입니다.

형 가정의, 집의

family life 가정 생활

a *family* name 성

※ 가족 전체를 하나의 집합체로 보는 경우는 단수로 취급하고, 가족의 한사람 한사람을 나타내는 경우는 복수로 취급한다.

예) have a large *family* 가족이 많다.

many *families* 세대(가구)가 많다

famous *famous*

[féiməs 페이머스]

형 유명한

He became *famous*.

그는 유명해졌다.

She is *famous* as a pianist.

그녀는 피아니스트로서 유명하다.

숙어 *be famous for~* …으로 유명하다.

The park *is famous for* its tulips.

그 공원은 튤립으로 유명하다.

far *far*

[fɑːr 파ː]

♣ 비교급 farther 또는 further, 최상급 farthest 또는 furthest

부 1. 《장소 · 거리가》 멀리에 (반 near 가까이에)

How *far* is it from here to the park.

여기서 공원까지 얼마나 됩니까?

부 2. 《시간 · 정도가》 훨씬, 한결

It is *far* better to go there by sea.

거기는 배로 가는 것이 더 좋습

F

니다.

숙어 ① *far away* 멀리 떨어져서

My mother went *far away.*

어머니는 멀리 가셨다.

② *so far* 지금까지는

③ *as far as* …까지, …하는 한에서는, …까지는

We went *as far as* Pusan.

우리는 부산까지 갔습니다.

As far as I know, he is nice man.

내가 아는 한 그는 좋은 사람이다.

형 먼, 멀리 있는

She came from a *far* country.

그녀는 먼 나라에서 왔다.

farm *farm*

[fɑ:rm 팜:]

명 농장, 농원

He has a *farm.*

그는 농장을 가지고 있다.

Mr. Kim is working on a *farm.*

김씨는 농장에서 일하고 있다.

a fruit *farm* 과수원

farmer *farmer*

[fɑ́:rmər 파:머]

명 농부, 농장 주인

He became a *farmer.*

그는 농부가 되었다.

I am a *farmer.*

나는 농부이다.

fast *fast*

[fæst 패스트]

♣ 비교급 faster, 최상급 fastest

형 1. 빠른 (반 slow 느린)

My watch is three minutes *fast.*

내 시계는 3분 빠르다.

형 2. 단단한(반 loose 느슨한)

The door is *fast.*

문은 단단히 잠겨 있다.

부 1. 빨리 (반 slowly 천천히)

He is a *fast* runner.

그는 빨리 달린다.

부 2. 푹, 단단히

The baby was *fast* asleep.

아기는 푹 자고 있었다.

Tie the rope *fast*.

밧줄을 단단히 매어라.

숙어 *as fast as one can* 될 수 있는 대로 빨리

fasten *fasten*

[fǽsn 패슨] ★ 발음주의(t는 발음하지 않음)

타자 잠그다, 동여매다, 붙들다

Fasten your coat.

코트 단추를 잠궈라.

fat *fat*

[fæt 팻]

형 살찐, 뚱뚱한 (반 thin 마른)

Pig are *fat*.

돼지는 뚱뚱하다.

He is too *fat*.

그는 너무 뚱뚱하다.

father *father*

[fɑ́:ðər 파:더]

명 1. 아버지 (=dad 아빠)

That gentleman is Mike's *father*.

저 신사는 마이크의 아버지이다.

명 2. 《Father로》 (카톨릭 교회의) 신부

fault *fault*

[fɔ:lt 폴:트]

명 결점, 단점, 잘못, 과실

I am sorry, it is my *fault*.

미안해, 내 잘못이야.

a man of many *faults* 결점이 많은 사람

숙어 *find fault with* 흠잡다, 비난하다

favor *favor*

[féivər 페이버]

▶ 복수 favors [féivərz 페이버즈]

명 호의, 친절한 행위, 부탁

F

Will you do me a *favor* please?
내 부탁을 들어 줄래요?

숙어 *in favor of* …을 찬성하고, …을 편들고
I am *in favor of* your plan.
나는 너의 계획에 찬성한다.

favorite *favorite*

[féivərit 페이버릿]
형 마음에 드는, 가장 좋아하는
This is my *favorite* foods.
이것은 내가 가장 좋아하는 음식이다.
명 인기 있는 사람, 마음에 드는 자
That singer is a great *favorite* with the schoolgirls.
그 가수는 여학생들에게 매우 인기가 있다.

fear *fear*

[fiər 피어]
명 두려움, 걱정, 불안
He did not *fear* anything.
그는 아무것도 두려워하지 않았다.
She cried for *fear*.
그녀는 두려워서 고함을 질렀다.
타자 1. 두려워하다, 무서워하다
She has a *fear* of cat.
그녀는 고양이를 무서워한다.

타자 2. 걱정하다
She *fears* that it will rain.
그녀는 비가 오지나 않을까 걱정하고 있다.

February *February*

[fébrueri 페브루에리]
명 2월 (약어는 Feb.)

feed *feed*

[fi:d 피:드]
♣ 3단현 feeds, 과거 · 과거분사 fed, 현재분사 feeding
타 1. 먹을 것을 주다, 부양하다
He is *feeding* the dog.
그는 개에게 먹을 것을 주고 있

다.

He *feeds* a large family.

그는 대가족을 부양하고 있다.

타 2. 기르다, 키우다

She *fed* her baby on milk.

그녀는 아기를 우유로 키웠다.

자 (동물이) …을 먹다

Cattle *feed* chiefly on grass.

소는 주로 풀을 먹는다.

명 사료, 먹이

feel *feel*

[fiːl 필:]

♣3단현 feels, 과거 · 과거분사 felt, 현재분사 feeling

타 1. 느끼다

I *felt* the house shake last night.

나는 어젯밤 집이 흔들리는 것을 느꼈다.

타 2. 만져보다 (=touch)

She *felt* his forehead.

그녀는 그의 이마를 만져보았다.

자 …의 느낌이 나다, …한 기분이 들다

They began to *feel* uneasy.

그들은 불안을 느끼기 시작했다.

I *feel* good today.

나는 오늘 기분이 좋다.

I don't *feel* like working tonight.

오늘밤은 공부할 기분이 아니다.

숙어 ① *feel for* …을 손으로 더듬어 찾다, …에 동정하다

② *feel like ~ing* …하고 싶은 마음이 들다

She *felt* like crying.

그녀는 울고 싶었다.

③ *feel sure* 확실히 (반드시) …이라고 생각하다

I *feel sure* that she will come back.

나는 그녀가 반드시 돌아오리라고 생각합니다.

feeling *feeling*

[fíːliŋ 필:링]

※ feel(느끼다)의 현재분사

명 1. 느낌, 감각

It gives me a funny *feeling.*

그것은 나에게 이상한 느낌을 준다.

명 2. 《복수형으로》 감정

Do not hurt your father's *feelings.*

당신 아버지의 감정을 해치지 마세요.

feet *feet*

[fi:t 피:트]

※ foot(발)의 복수형

명 1. 발

His *feet* were cold.

그의 발은 차가웠다.

명 2. 피트

My brother is five *feet* six inches tall.

내 형은 키가 5피트 6인치이다.

fell *fell*

[fel 펠]

자 fall(떨어지다)의 과거형

female *female*

[fí:meil 피:메일]

▶ 복수 females [fí:meilz 피:메일즈]

형 여자의, 암컷의

명 여자, 여성, 암컷 (반 male 남성)

fence *fence*

[fens 펜스]

명 울타리, 담

There is a *fence* around the house.

그 집 둘레에는 울타리가 있다.

타 둘러막다, 울타리를 두르다

festival *festival*

[féstivəl 페스티벌]

명 축제, 축전, 축제일

few *few*

[fju: 퓨:]

♣ 비교급 fewer, 최상급 fewest

형 1. 《a few로》 소수의, 조금 있는(반 many 많은)

She has a *few* apples.

그녀는 사과를 조금 가지고 있다.

형 2. 《a를 붙이지 않고 부정적으로》 조금밖에 없는, 거의 없는

Few students were there.
거기에는 학생이 거의 없었다.

숙어 ① *quite a few* 상당히 많은
② *not a few* 적지 않은, 꽤 많은

Not a few students went there.
꽤 많은 학생이 거기 갔었다.

③ *in a few days* 며칠후면

field *field*

[fi:ld 필:드]

명 1. 벌판, 밭, 들

A farmer works in a *field.*
농부가 밭에서 일한다.

The children are playing in the green *field.*
어린이들은 풀밭에서 놀고 있다.

명 2. 경기장, 필드

This is our football *field.*
이것은 우리 축구장입니다.

명 3. 분야, 방면

What is your *field* of study?
당신의 연구 분야는(전공은) 무엇입니까?

fifteen *fifteen*

[fiftí:n 핍틴:]

명 15, 15살

Ten and five is *fifteen.*
10 더하기 5는 15이다.

형 15의

fifty *fifty*

[fífti 핍티]

형 50의

fifty years ago 50년 전에

명 50, 50살

Ten times five is *fifty.*
10 곱하기 5는 50이다.

fight *fight*

[fait 파이트]

♣ 3단현 fights, 과거·과거분사 fought, 현재분사 fighting

타자 1. 싸우다

Two boys are *fighting.*
두 소년이 싸우고 있다.

F

They *fought* for their country.

그들은 조국을 위해 싸웠다.

타자 2. 다투다

They will *fight* for the prize.

그들은 상을 타려고 겨룰 것이다.

명 싸움, 투지

Children always have small *fights.*

어린이들은 언제나 시시한 싸움을 한다.

※ fight는 폭력을 써서 싸우는 것이고, quarrel은 말로 싸우는 것이다.

F

fill *fill*

[fil 필]

타 채우다, 가득하게 하다

She *filled* the bottle with water.

그녀는 병에 물을 가득 채웠다.

The room is *filled* with students.

방은 학생들로 가득했다.

I am *filled* with hope.

나는 희망에 가득 차 있다.

자 가득 차다, 가득해 지다

Her eyes *filled* with tears.

그녀의 눈에는 눈물이 가득했다.

숙어 ① *fill in* (구멍 등을) 메우다, (서류 등의 여백에) 기입하다

Fill in the blanks.

빈자리를 메우시오.

② *fill up* …을 가득 채우다

film *film*

[film 필름]

명 필름, 영화

a roll of *film* 필름 한 통

What is your favorite *film?*

가장 좋아하는 영화가 무엇이냐?

finally *finally*

[fáinəli 파이널리]

부 1. 최후에

부 2. 마침내

She was looking at me for a long time and *finally* opened her mouth.

그녀는 나를 오랫동안 보고 있더니 마침내 입을 열었다.

find *find*

[faind 파인드]

♣ 3단현 finds, 과거 · 과거분사 found, 현재분사 finding

타 1. 찾아내다, 발견하다

I *found* the key under the table.

나는 그 열쇠를 테이블 밑에서 찾아냈다.

타 2. 알다, 알게 되다

I *found* the story very interesting.

나는 그 이야기가 대단히 재미있다는 것을 알았다.

숙어 *find out* 알아내다, 발견하다

I *found out* my mistakes.

나는 내 잘못을 알아내었다.

fine *fine*

[fain 파인]

♣ 비교급 finer, 최상급 finest

형 1. 훌륭한 (=nice), 썩 좋은 (=very good)

He is a *fine* singer.

그는 훌륭한 가수다.

This is a *fine* movie.

이것은 좋은 영화이다.

형 2. 아름다운 (=beautiful)

The music is *fine.*

그 음악은 아름답다.

형 3. (날씨가) 맑은 (=clear)

The weather was *fine* yesterday.

어제는 날씨가 좋았다.

형 4. 건강한, 병이 없는 (=well)

finger *finger*

[fíŋgər 핑거]

▶ 복수 fingers [fíŋgərz 핑거즈]

명 손가락

I have five *fingers* on one hand.

한 손에 다섯 손가락이 있다.

She wears a ring on her *finger.*

그녀는 손가락에 반지를 끼고 있습니다.

He has short *fingers.*

그는 손가락이 짧다.

finish *finish*

[fíniʃ 피니쉬]

♣ 3단현 finishes, 과거 · 과거분사 finished, 현재분사 finishing

타 1. …끝내다, …을 끝마치다 (=end, 반 begin …을 시작하다)

F

I have *finished* your homework.

나는 숙제를 끝마쳤습니다.

타 2. 완성하다

This bridge will be *finished* in a month.

이 다리는 한 달이면 완성될 것이다.

fire *fire*

[faiər 파이어]

▶ 복수 fires [faiərz 파이어즈]

명 1. 불

Animals are afraid of *fire.*

동물들은 불을 무서워한다.

명 2. 화재

Last night a *fire* broke out near my house.

어젯밤에 우리 집 근처에서 화재가 일어났습니다.

명 3. 모닥불, 난롯불

숙어 ① *on fire* 불타고

The building was *on fire.*

그 건물은 불타고 있었다.

② *catch fire* 불이 붙다

His house *caught fire* last night.

그의 집은 어젯밤 불이 붙었다.

fireman *fireman*

[fáiərmən 파이어먼]

명 소방수, 소방관

first *first*

[fə:rst 퍼:스트]

형 1. 첫째로, 제1의, 최초의 (반 last 최후의)

He was' *first* in the race.

그는 그 경주에서 첫째였다.

This is my *first* visit to French.

이번이 나의 첫번째 프랑스 방문이다.

형 2. 주요한, 일류의

He is the *first* inventor.

그는 일류가는 발명가입니다.

부 첫째로, 최초로, 처음으로

You must study English *first.*

F

당신은 먼저 영어를 공부해야 한다.

숙어 ① *in the first place* 우선 첫째로

In the first place, you must be healthy.

우선 첫째로, 너는 건강해야 한다.

② *for the first time* 처음으로

③ *first of all* 제일 먼저

First of all wash your hands.

제일 먼저 손을 씻어라.

④ *at first* 처음에는

At first I thought he was an American.

나는 처음에 그를 미국인으로 생각했다.

fish *fish*

[fiʃ 피쉬]

명 1. 물고기

Fish live in the water.

물고기는 물 속에 살고 있다.

명 2. 어육 (a를 붙이지 않고 단수형으로)

I like *fish* better than meat.

나는 육류보다 어육을 더 좋아한다.

타자 낚시질하다

He went *fishing* yesterday.

그는 어제 낚시질하러 갔습니다.

fisherman *fisherman*

[fíʃərmən 피셔먼]

명 어부

five *five*

[faiv 파이브]

명 다섯, 5, 나섯 살

Two and three is *five.*

2 더하기 3은 5이다.

형 5의

fix *fix*

[fiks 픽스]

♣ 3단현 fixes, 과거 · 과거분사 fixed, 현재분사 fixing

F

타 1. 고치다, 수리하다

He *fixed* the bicycle.

그가 자전거를 고쳤다.

타 2. 정하다, 결정하다

The price is *fixed* at one dollar.

값은 1달러로 정해져 있다.

flag *flag*

[flæg 플래그]

▶ 복수 flags[flægz 플래그즈]

명 기

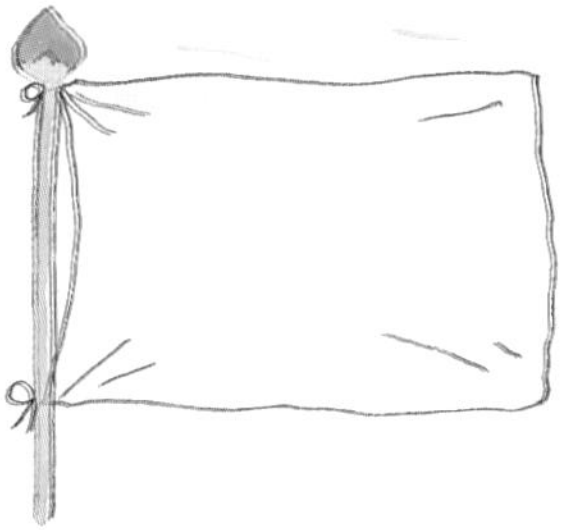

flight *flight*

[flait 플라이트]

명 비행, 날기

Did you have a good *flight*?

비행기 여행은 즐거우셨습니까?

floor *floor*

[flɔ:r 플로:]

명 1. 마루, 바닥

I cleaned the *floor* with a vacuum-cleaner.

나는 진공 청소기로 마루를 청소했다.

The cat sleeps on the *floor*.

고양이는 바닥에서 잔다.

명 2. (건물의) 층

My school is three *floor* building.

나의 학교는 3층 건물이다.

the second *floor* 2층

flow *flow*

[flou 플로우]

자 흐르다

Tears *flowed* from her eyes.

눈물이 그녀의 눈에서 흘렀다.

flower *flower*

[fláuər 플라워]

▶ 복수 flowers [fláuərz 플라워즈]

명 꽃, 화초

a *flower* bed 화단

a *flower* garden 화원

a *flower* shop 꽃가게

She like wild *flowers*.

그녀는 야생화를 좋아한다.

There are many *flowers* in the garden.

정원에는 많은 꽃이 있다.

※ flower는 보고 즐기는 꽃을 말하고, blossom은 열매가 열리는 꽃을 말한다.

fly *fly*

[flai 플라이]

♣ 3단현 flies, 과거 flew, 과거분사 flown, 현재분사 flying

자 날다

One pigeon *flew* away.

비둘기 한 마리가 날아갔다.

The birds are *flying* high.

새들이 높이 날고 있다.

타 날리다

The children are *flying* kites.

아이들이 연을 날리고 있다.

명 【곤충】 파리

fog *fog*

[fɔ:g 포:그]

명 안개

follow *follow*

[fálou 팔로우]

타 1. …을 따라가다(오다), 뒤따르다

Please *follow* me.

나를 따라 오세요.

Spring *follows* winter.

봄은 겨울 다음에 온다.

타 2. (길을) 따라가다

Follow this road.

이 길을 따라 가거라.

숙어 *as follows* 다음과 같다

The members of our team are *as follows.*

우리 팀의 멤버는 다음과 같다.

food *food*

[fu:d 푸:드]

▶ 복수 foods [fu:dz 푸:즈]

명 음식, 먹을 것, 식료품

natural *food* 자연식품

food and drink 음식물

Everybody has to eat *food* everyday.

누구나 매일 음식을 먹어야 한다.

Mother is setting *food* on the table.

어머니께서 식탁에 먹을 것을 차리고 계십니다.

fool *fool*

[fu:l 풀:]

명 바보

I was a *fool.*

나는 바보였다.

April 1 is *Fool's* Day.

4월 1일은 만우절이다.

숙어 *make a fool of~* …을 바보 취급하다.

foot *foot*

[fut 풋]

▶ 복수 feet [fi:t 피:트]

명 1. 발

People have two *feet.*

사람은 발이 두 개다.

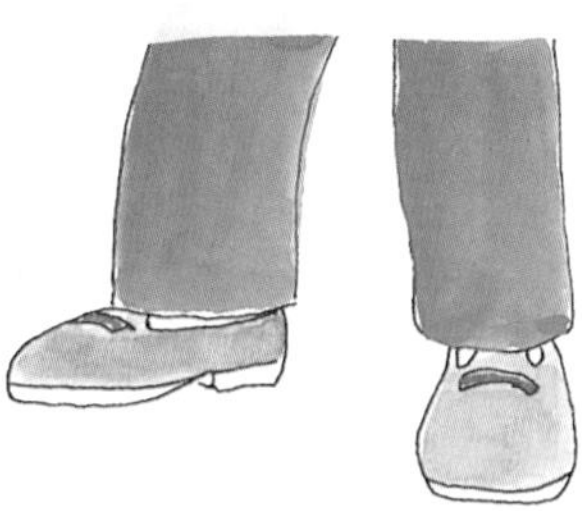

명 2. 피트 (길이의 단위)

명 3. (산의) 기슭, 아래쪽

His house is at the *foot* of the hill.

그의 집은 산기슭에 있습니다.

숙어 *on foot* 걸어서, 도보로

I go to school *on foot.*

나는 걸어서 통학합니다.

football *football*

[fútbɔ:l 풋볼:]

명 축구, 축구공

I am very fond of playing *football.*

나는 축구를 무척 좋아합니다.

Football is a sports.

축구는 운동이다.

for *for*

[fɔ:*r* 포:]

전 1. …을 위하여

I bought a present *for* you.

나는 너를 위하여 신물을 샀다.

전 2. …대신에

I wrote a letter *for* him.

나는 그를 대신하여 편지를 써주었다.

전 3. …동안

We studied *for* an hour.

우리는 한 시간 동안 공부했다.

전 4. …을 향하여

He started *for* Hawaii yesterday.

그는 어제 하와이를 향하여 출발했다.

전 5. 《대가를 나타내어》 …에

I bought this pencil *for* two hundred won.

나는 이 연필을 200원에 샀다.

전 6. …으로서는, …에 비해서는

It is warm *for* December.

12월 치고는 따뜻하다.

My mother looks young *for* her age.

우리 어머니는 나이에 비해서 젊어 보인다.

접 왜냐하면, …이니까

I am thirsty, *for* it is very hot.

나는 목마르다, 왜냐하면 하도 더워서이다.

숙어 ① *for example* 예를 들면

② *for ever* 영구히

③ *for oneself* 혼자 힘으로

He built this house for himself. 그는 혼자 힘으로 그 집을 세웠다.

④ *for the first time* 처음으로

force *force*

[fɔ:*r*s 포:스]

명 1. 힘

I had to use *force* to open the box.

나는 그 상자를 여는데 힘을 써야만 했다.

명 2. 군대, 부대

the air *force* 공군

타 억지로 …시키다, 강제로 …시키다

I *forced* the door open.

나는 문을 억지로 열었다.

숙어 *be forced to* 할 수 없이 …하다.

I *was forced to* do so.

나는 할 수 없이 그렇게 했다.

forehead *forehead*

[fɔ́:rid 포:리드] ★ 발음 주의

명 이마

foreign *foreign*

[fɔ́:rin 포:린] ★ 발음 주의

형 외국의 (반 home 본국의)

English is a *foreign* language.

영어는 외국어이다.

America is a *foreign* country.

미국은 외국이다.

foreigner *foreigner*

[fɔ́:rinər 포:리너]

명 외국 사람, 외국인

forest *forest*

[fɔ́:rist 포:리스트]

명 숲, 삼림

forget *forget*

[fərgét 퍼겟]

♣3단현 forgets, 과거 forgot, 과거분사 forgot 또는 forgotten, 현재분사 forgetting

타 자 1.잊다 (반 remember 기억하다)

I'll *never* forget you.

나는 너를 결코 잊지 않겠다.

I *forget* your name.

이름을 잊어버렸습니다.

타 자 2. 태만하다, 게을리하다

They *forgot* their duties.

그들은 직무를 태만히 하였다.

forgive *forgive*

[fərgív 퍼기브]

♣3단현 forgives, 과거 forgave, 과거분사 forgiven, 현재분사 forgiving

타 용서하다

Forgive me!

용서해 주세요!

Forgive me, if I am wrong.

내가 잘못했다면 용서해라.

fork *fork*

[fɔːrk 포:크]

▶ 복수 forks [fɔːrks 포:크스]

명 포크

Americans eat with a knife and *fork*.

미국인들은 칼과 포크로 먹는다.

Bring me a *fork*, please.

포크를 갖다 주세요.

form *form*

[fɔːrm 폼:]

명 1. 형태, 폼, 모습

His batting *form* is excellent.

그의 타격 자세는 훌륭하다.

명 2. 형식, 방식

He knows the *forms* of speech.

그는 연설 방식을 알고 있다.

명 3. 《영》 학년, 학급

타·자 모양을 이루다, 형성하다

Try to *form* good habits.

좋은 습관을 들이도록 노력해라.

fortune *fortune*

[fɔ́ːrtʃən 포:쳔]

명 1. 운, 행운 (반 misfortune 불운)

I had the good *fortune* to see it.

나는 운 좋게 그것을 보았다.

명 2. 재산, 부

His father is a man of *fortune*.

그의 아버지는 재산가다.

명 3. 《Fortune으로》 운명의 여신

Fortune smiled on him.

운명의 여신이 그에게 미소하였다.

forty *forty*

[fɔ́ːrti 포:티]

▶ 복수 forties[fɔ́ːrtiz 포:티즈]

명 마흔, 40, 사십, 40세

형 40의

Twenty and twenty is *forty.*

20 더하기 20은 40이다

※ four(4),fourteen(14), forty(40)

forward *forward*

[fɔ́:rwərd 포:워드]

부 앞으로, 앞에(반 backward 뒤로)

Birds fly *forward.*

새들은 앞으로 난다.

He went *forward.*

그는 전진하였다.

숙어 *look forward to~* …을 손꼽아 기다리다, 기대하다

I am *looking forward to* your next visit.

또 오시기를 손꼽아 기다리고 있습니다.

fountain *fountain*

[fáuntin 파운틴]

명 분수, 샘

I found a *fountain* in the park.

나는 공원에서 분수를 보았다.

숙어 *a fountain pen* 만년필

four *four*

[fɔ:r 포:]

명 넷, 4, 4세

Three and one is *four.*

3 더하기 1은 4이다.

형 4의

four seasons 4계절

fox *fox*

[fáks 팍스]

명 여우

free *free*

[fri: 프리:]

♣ 비교급 freer, 최상급 freest

형 1. 자유스러운, 독립의, 해방된

Lincoln set the slaves *free.*

링컨은 노예를 해방하였다.

형 2. 한가한 (반 busy 바쁜)

Are you *free* today?

당신은 오늘 한가하십니까?

형 3. 무료의, 공짜의

Children *Free.* 어린이는 무료.

타 재 자유롭게 하다. 해방하다

I freed the bird from the cage.

나는 새를 새장에서 놓아주었다.

freedom *freedom*

[frí:dəm 프리:덤]

명 자유, 해방

freedom of speech 언론의 자유

fresh *fresh*

[freʃ 프레쉬]

형 1. 신선한, 새로운

These fruits are all *fresh.*

이 과일은 모두 신선합니다.

형 2. 상쾌한

The air is not *fresh* in some cities.

어떤 도시에서의 공기는 상쾌하지 않다.

형 3. 생기 있는, 원기 왕성한

She looks *fresh.*

그녀는 생기 있어 보인다.

Friday *Friday*

[fráidi 프라이디]

명 금요일 (약어는 Fri.)

on *Friday* evening 금요일 저녁에

Friday is the 6th day of the week.

금요일은 주의 6번째 날입니다.

friend *friend*

[frend 프렌드]

▶ 복수 friends [frendz 프렌즈]

명 친구, 벗 (반 enemy 적)

Minsu is a *friend* of mine.
민수는 나의 친구입니다.
I has a lot of *friends*.
나는 친구가 많다.
A *friend* in need is a *friend* indeed.
필요할 때 친구가 진짜 친구다.

숙어 *make a friends with~* …와 친하게 지내다, 친해지다
I have made *friends* with Tom.
나는 톰과 친한 사이가 되었다.

friendship *friendship*

[fréndʃip 프렌드쉽]

명 우정
I hope our *friendship* will last forever.
우리들의 우정이 영원히 계속되기 바란다.

frog *frog*

[frɔ:g 프로:그]

명 개구리
Frogs like to eat flies.
개구리는 파리 먹기를 좋아한다.

from *from*

강하게 [frɑm 프람], 약하게 [frəm 프럼]

전 1. …에서, …로부터 (반 to …까지)
John moved *from* a small house to a big house.
존은 작은 집에서 큰 집으로 이사했다.

전 2. …에서 온, …출신의
This is a letter *from* Inho.
이것은 인호에게서 온 편지이다.

전 3. 《원료 · 재료》 …에서, …으로
Wine is made *from* grapes.
포도주는 포도로 만들어집니다.

전 4. … 때문에, …로 인하여
Jane is tired *from* too much rope jumping.
제인은 줄넘기를 너무 많이 했기 때문에 지쳤다.

숙어 (1) *from now* 지금부터

(2) *from time to time* 때때로, 종종

She comes to see me *from time to time.*

그녀는 종종 놀러 옵니다.

(3) *from~ through…* ~부터 …까지(시간에 쓴다)

We go to school *from* Monday *through* (to) Saturday.

우리는 월요일부터 토요일까지 학교에 간다.

(4) *from morning till night* 아침부터 밤까지

(5) *from~ to …* ~부터 …까지 (시간이나 장소에 쓴다)

How far is it *from* here *to* the school?

여기에서 학교까지는 거리가 얼마입니까?

front *front*

[frʌnt 프런트]

명 정면, 앞, 전방 (반 back 뒤)

Let's meet at the *front* gate.

앞문에서 만나자.

He was sitting in *front* of me.

그는 내 앞에 앉아 있었다.

형 정면의, 앞의

the *front* yard 앞마당

He came in through the *front* door.

그는 현관으로 들어왔습니다.

숙어 *in front of* …의 앞에 (장소에 쓴다)

There is a big tree *in front of* his house.

그의 집 앞에 큰 나무가 있다.

fruit *fruit*

[fru:t 프루:트]

▶ 복수 fruits [fru:ts 프루:츠]

명 과일

Fruit is good for health.

과일은 건강에 좋다.

I like *fruit* very much.

나는 과일을 매우 좋아합니다.

Apples, grapes, strawberries and bananas are all *fruits.*

사과, 포도, 딸기, 바나나는 모두 과일이다.

full *full*

[ful 풀]

형 가득찬, 가득한 (반 empty 빈)

The bus was *full* of students.

버스가 학생들로 가득 찼다.

a *full* moon 보름달

숙어 ① *be full of ~* …으로 가득 차 있다

The box *is full of* apples.

그 상자는 사과로 가득 차 있습니다.

② *in full* 생략하지 않고, 전부

fun *fun*

[fʌn 펀]

명 재미, 장난, 즐거움

I had *fun.*

재미 있었어요.

It is *fun* to skate on the ice.

얼음 위에서 스케이팅하는 것은 재미있다.

숙어 ① *have fun* 재미있게 놀다

We *had* a lot of *fun* at the party.

파티에서 우리는 재미있게 놀았다.

② *make fun of~* …을 놀리다

He used to *make fun of* me.

그는 늘 나를 놀리곤 했다.

③ *for fun* 농담으로, 장난으로

funny *funny*

[fʌ́ni 퍼니]

형 우스운, 재미있는, 익살맞은

a *funny* story 우스운 이야기

He is *funny*.

그는 재미있다.

He is a *funny* fellow.

그는 익살스러운 녀석이다.

furniture *furniture*

[fə́:rnitʃər 퍼:니춰]

명 가구

She have good *furniture*.

그녀는 좋은 가구를 가지고 있다.

future *future*

[fjú:tʃər 퓨:쳐]

명 미래, 장래

You have a bright *future*.

너에게는 밝은 미래가 있다.

숙어 ① *in future* 이제부터는, 금후는

You must be more careful *in future*.

이제부터는 더 조심하지 않으면 안된다.

② *in the future* 미래에, 장래에

What will you be *in the future?*

너는 장래에 어떤 사람이 될꺼니?

G, g

gain *gain*

[gein 게인]

♣ 3단현 gains, 과거 · 과거분사 gained, 현재분사 gaining

타 1. 얻다, 획득하다 (반 lose 잃다)

We finally *gained* victory.

마침내 우리가 승리를 획득했다.

타 2. (시계가) 더 가다, 빠르다

This clock *gains* five minute a day.

이 시계는 하루에 5분 더 간다.

명 이익, 벌이 (반 loss 손실)

gallery *gallery*

[gǽləri 갤러리]

명 1. 복도, 화랑, 미술관

We saw many pictures in the gallery.

우리는 미술관에서 많은 그림을 보았다.

명 2. 관람석

game *game*

[geim 게임]

명 게임, 경기, 시합, 놀이

Let's play some *games*.

게임을 하자.

The *game* is up.

게임은 끝났다.

We played the *game* of table tennis.

우리는 탁구 시합을 하였다.

We won (lost) the *game*.

우리는 시합에 이겼다.

garden *garden*

[gɑ́:rdn 가:든]

▶ 복수 gardens [gɑ́:rdnz 가:든즈]

명 뜰, 정원

a flower *garden* 화원

a vegetable *garden* 야채밭

a public *garden* 공원

We grow flowers on our *garden*.

우리는 정원에 꽃을 가꾸고 있습니다.

gas *gas*

[gæs 개스]

명 가스, 기체

※ 고체는 solid, 액체는 liquid라고 한다.

The air is a *gas.*

공기는 기체이다.

Turn off the *gas.*

가스의 불을 꺼라.

gasoline *gasoline*

[gǽsoli:n 개솔린:]

명 휘발유

gate *gate*

[geit 게이트]

▶ 복수 gates [geits 게이츠]

명 (대) 문

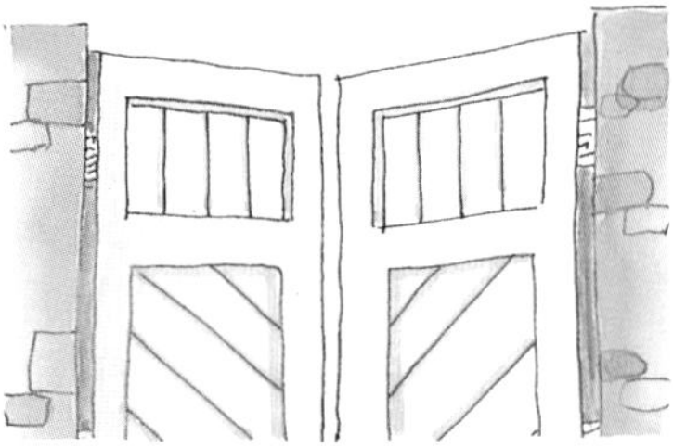

He entered through the *gate.*

그는 문으로 들어왔다.

gather *gather*

[gǽðər 개더]

타 모으다, 따다

She is *gathering* apples.

그녀는 사과를 따고 있다.

자 모이다

general *general*

[dʒénərəl 제너럴]

형 전체의, 일반의

a *general* hospital 종합병원

a *general* election 총선거

명 장군, 육군대장

I have seen a three-star *general.*

별 셋의 장군을 보았다.

숙어 *in general* 일반적으로

He like sports *in general.*

그는 일반적으로 스포츠를 좋아한다.

gentle *gentle*

[dʒéntl 젠틀]

형 1. 점잖은, 상냥한

She has a *gentle* heart.

그녀는 상냥한 마음씨를 가졌다.

형 2. 부드러운, 조용한

G

gentleman *gentleman*

[dʒéntlmən 젠틀먼]

▶ 복수 gentlemen [dʒéntlmən 젠틀먼]

명 신사

He is a *gentleman.*

그는 신사입니다.

Ladies and *gentlemen!*

신사 숙녀 여러분!

gently *gently*

[dʒéntli 젠틀리]

부 상냥하게, 조용히, 점잖게

A *gently* rain was falling.

조용히 비가 내리고 있었다.

get *get*

[get 겟]

♣ 3단현 gets, 과거 got, 과거분사 got 또는 gotten, 현재분사 getting

타 1. 얻다, 손에 넣다

Where did you *get* the money?

그 돈 어디서 났느냐?

타 2. 사다

I will *get* a new book.

나는 새 책을 사겠다.

타 3. 《get+명사+과거분사》 시키다

I *got* my hair cut.

나는 머리를 깎았다.

자 1. 도착하다

He will *get* here tomorrow.

그는 내일 여기에 도착할 것이다.

자 2. 《get+형용사》 …이 되다

I *got* quite tired.

나는 매우 피곤해졌다.

It is *getting* dark.

어두워지고 있다.

숙어 ① *get up* 일어나다, 일어서다

Get up early tomorrow morning.

내일 아침에 일찍 일어나거라.

② *get away* 도망가다, 떠나다

③ *get along* 살아가다, 해나가다

④ *get on* (말, 탈것에) 타다

I *get on* the train at Seoul Station.

나는 서울역에서 기차를 탄다.

⑤ *get back* 돌아오다, 되찾다

When did you *get back?*

너는 언제 돌아왔니?

⑥ *get into* …안으로 들어가다

We *got into* a car.

우리는 차에 탔다.

⑦ *get to* …에 도착하다

I *got to* home at seven.

나는 7시에 집에 도착하였다.

⑧ *get off* (말, 탈것에서) 내리다

I *get off* the subway at Seoul Station.

서울역에서 지하철을 내린다.

ghost *ghost*

[goust 고우스트]

명 유령

giant *giant*

[dʒáiənt 자이언트]

명 1. 거인

A boy was caught by the *giant.*

한 소년이 거인에게 잡혔다.

명 2. 위인

형 거대한

gift *gift*

[gift 기프트]

명 1. 선물 (=present)

Mother gave me a birthday *gift.*

어머니께서 생일 선물을 주셨다.

명 2. (타고 난) 재능

giraffe *giraffe*

[dʒilǽf 쥐래프]

명 기린

girl *girl*

[gəːrl 걸:]

▶ 복수 girls [gəːrlz 걸:즈]

명 소녀, 여자 아이

Ann is an American *girl.*

앤은 미국 소녀이다.

give *give*

[giv 기브]

♣ 3단현 gives, 과거 gave, 과거분사 given, 현재분사 giving

G

타 1. 주다, 공급하다

Give a dog a bone.

개에게 뼈를 주어라.

I *gave* him an orange.

나는 그에게 오렌지를 주었습니다.

He *gave* me this book.

그는 나에게 이 책을 주었다.

타 2. 지불하다, 치르다

I *gave* two dollar for this book.

나는 이 책값으로 2달러를 지불하였습니다.

타 3. 바치다

He *gave* his life for his country.

그는 조국을 위하여 일생을 바쳤습니다.

숙어 *give up* 그만두다, 단념하다

I didn't *give up* hope.

나는 희망을 버리지 않았다.

glad *glad*

[glæd 글래드]

♣ 비교급 gladder, 최상급 gladdest

형 즐거운, 기쁜 (반 sad 슬픈)

I am *glad* to see you.

만나서 기쁘다.

glass *glass*

[glæs 글래스]

▶ 복수 glasses [glǽsiz 글래시즈]

명 1. 유리

Windows are made from *glass.*

창은 유리로 만들어 진다.

명 2. (유리) 컵, 잔

Give me a *glass* of water.

물 한 잔 주십시오.

명 3. 《복수형으로》 안경

glove *glove*

[glʌv 글러브]

▶ 복수 gloves [glʌvz 글러브즈]

명 1. 장갑

I wear my *gloves* in winter.

나는 겨울에 장갑을 낀다.

She took off her *gloves.*

그녀는 장갑을 벗었다.

He put on his *gloves.*

그는 장갑을 끼었다.

명 2. (야구, 권투 등의) 글러브

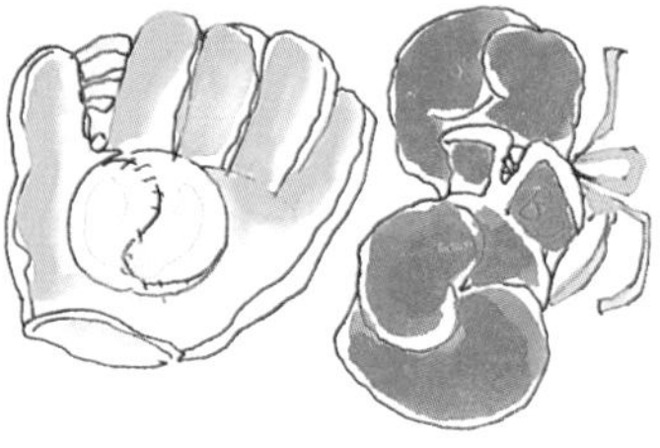

go *go*

[gou 고우]

♣ 3단현 goes, 과거 went, 과거분사 gone, 현재분사 going

자 1. 가다, 나아가다 (반 come 오다)

I *go* to school by bicycle.

나는 자전거로 통학합니다.

She has *gone* to French.

그녀는 프랑스로 가버렸다.

I *go* to bed at ten.

나는 열 시에 잔다.

자 2. …으로 되다, 진행되다

Foods *gocs* bad quickly in hot weather.

더운 날씨에서는 음식이 빨리 상한다.

자 3. 움직이다, 활동하다

The car *goes* by electricity.

그 차는 전기로 움직인다.

숙어 (1) *be going to~* …하려고 하고 있다, …할 작정이다, …할 것이다

We *are going to* go to the concert.

우리는 그 음악회에 갈 예정이다.

It *is going to* snow soon.
곧 눈이 올 것이다.

② *go after~* …의 뒤를 쫓아가다

He *went after* her.
그는 그녀를 쫓아갔다.

③ *go across~* …을 가로질러 가다, 건너다

She *went across* the street.
그녀는 거리를 건너 갔다.

④ *go about* 돌아다니다, 퍼지다

⑤ *go away* 떠나다, 가버리다

She *went away.*
그녀는 떠났다.

⑥ *go on* 나아가다, 계속하다

Please *go on.*
계속해 주십시오.

⑦ *go by* 통과하다, 지나가다

Many years *went by.*
여러 해가 지났다.

⑧ *go out* 외출하다, (불 등이) 꺼지다

He has *gone out* to America.
그는 미국으로 떠나가 버렸다.

⑨ *go along* 나아가다, 해 나가다

⑩ *go back* 돌아가다

⑪ *go down* 내려가다, 떨어지다

The prices *went down.*
물가가 떨어졌다.

⑫ *go without~* …없이 지내다

⑬ *go round* 돌다

The earth *goes round* and round.
지구는 회전한다.

⑭ *go up* 올라가다

⑮ *go through~* …을 통과하다, …을 경험하다

⑯ *go to bed* 잠자리에 들다

goat *goat*

[gout 고우트]
명 염소

G

god *god*

[gɑd 갓]

▶ 복수 gods [gɑdz 갓즈]

명 《God로》 신, 하나님

I believe in *God.*

나는 하나님을 믿는다.

God only know.

하나님만이 안다.

Oh my *God!*

오 하나님!

gold *gold*

[gould 고울드]

명 1. 금, 황금

Gold is soft and yellow.

금은 연하고 노랗다.

a *gold* coin 금화

명 2. 금빛, 황금색

goldfish *goldfish*

[góuldfiʃ 고울드피쉬]

명 금붕어

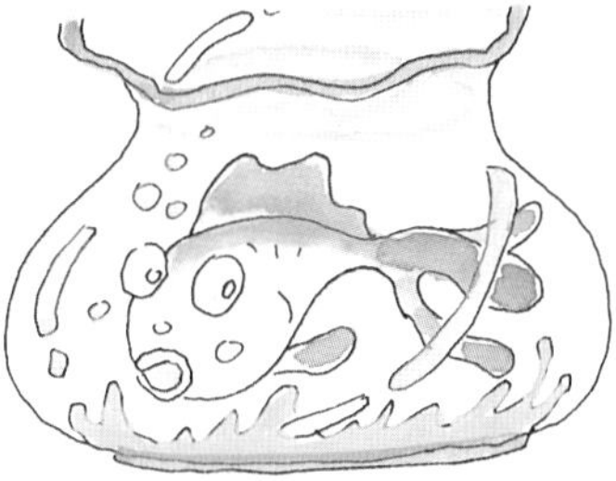

good *good*

[gud 굿]

♣ 비교급 better, 최상급 best

형 1. 좋은, 착한, 훌륭한 (반 bad 나쁜)

That's a *good* idea.

그것 좋은 생각이야.

This is a *good* dictionary.

이것은 좋은 사전이다.

형 2. 잘하는, 유능한

He is a *good* football player.

그는 축구를 잘한다.

형 3. 친절한, 상냥한 (=kind)

Be *good* to others.

남에게 친절해라.

형 4. 맛있는

It smells *good.*

맛있는 냄새가 난다.

형 5. 즐거운, 유쾌한

We had a very *good* time on the park.

우리는 숲속에서 매우 즐겁게 지냈다.

형 6. 충분한

숙어 ① *as good as~* …과 다름없는

She is *as good as* dead.

그녀는 죽은 거나 다름없다.

② *a good deal of* (양이) 이주 많은

③ *be good for* …에 유익하다, …에 적합하다

This book will *be good for*

me.
이 책은 나에게 유익할 것이다.

④ *be good at~* …을 잘하다

Jane *is good at* swimming.
제인은 수영을 잘한다.

⑤ *a good many* 꽤 많은, 많은 수의

⑥ *for the good of~* …을 위하여

※ 인사말

· Good morning!
안녕하십니까! (아침인사)

· Good afternoon!
안녕하십니까! (오후인사)

· Good evening!
안녕하십니까! (저녁이나 밤인사)

· Good night!
안녕히 주무세요! (밤에 잠잘 때나 작별할 때의 인사)

goodby, goodbye

goodby, goodbye

[gudbái 굿바이]

감 안녕

Goodby, Sam. 샘 안녕.
Goodby till tomorrow.
내일 또 만나자.

명 작별 인사

I must say *goodby*.
저는 이제 작별 인사를 해야겠습니다.

goose

goose

[gu:s 구:스]

▶ 복수 geese [gi:s 기:스]

명 거위

A *goose* is a bird.
거위는 새다.

grade

grade

[greid 그레이드]

명 1. 학년

the sixth *grade* 6학년

명 2. 등급, 계급

social *grade* 사회적 지위

gram

gram

[græm 그램]

명 그램 (무게의 단위로 g로 줄여 쓴다)

grammar *grammar*

[grǽmər 그래머]

명 문법

English *grammar* 영문법

grandchild *grandchild*

[grǽndtʃaild 그랜드촤일드]

명 손자, 손녀

grandfather *grandfather*

[grǽndfɑ:ðər 그랜드파:더]

명 할아버지

My *grandfather* lives in Pusan.

나의 할아버지는 부산에 살고 계신다.

grandmother *grandmother*

[grǽndmʌðər 그랜드머더]

명 할머니

My *grandmother* is seventy years old.

나의 할머니는 70세입니다.

grape *grape*

[greip 그레이프]

명 포도, 포도나무

grass *grass*

[græs 그래스]

명 1. 풀, 잔디

Grass is green in summer.

풀은 여름에 푸르다.

명 2. 풀밭, 잔디밭

Keep off the *grass*.

《게시》 잔디밭에 들어가지 마시오.

gray *gray*

[grei 그레이]

형 1. 회색의, 잿빛의

My grandmother has *gray* hair.

나의 할머니 머리는 회색이다.

형 2. 우울한, 음산한

G

명 회색, 잿빛

He was dressed in *gray.*

그는 회색 옷을 입고 있었습니다.

great *great*

[greit 그레이트]

형 1. 위대한, 훌륭한

He became a *great* author.

그는 위대한 작가가 되었다.

형 2. 큰, 거대한

An elephant os a *great* animal.

코끼리는 큰 동물입니다.

형 3. 굉장한, 멋진

That's a *great* idea.

그것 굉장한 생각이다.

숙어 ① *a great deal of* (양이) 많은

② *a great many* 매우 많은

③ *a great number of* (수가) 매우 많은

green *green*

[gri:n 그린:]

형 1. 녹색의

The leaves are *green.*

잎은 녹색입니다.

형 2. 익지 않은

She ate *green* fruit.

그녀는 익지 않은 과일을 먹었다.

명 1. 녹색

I like *green* the best.

나는 녹색을 제일 좋아한다.

명 2. 《복수형으로》 야채

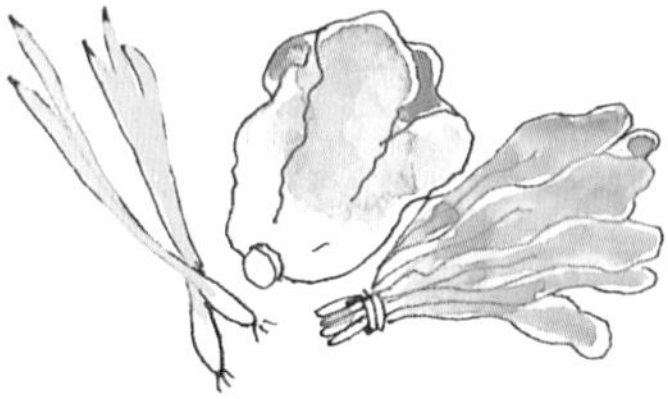

greeting *greeting*

[grí:tiŋ 그리:팅]

명 1. 인사, 환영

exchange *greetings* 인사를 나누다

명 2. 《복수형으로》 인사말

New Year's *greetings* 새해 인사

ground *ground*

[graund 그라운드]

명 1. 지면, 땅

The girls are sitting on the *ground.*

그 소녀들은 땅에 앉아 있다.

G

2.《종종 복수형으로》 운동장

a baseball *ground* 야구장

a picnic *ground* 소풍 장소

숙어 *the ground floor* 《영》 1층

※ 《미》 the first floor (1층)

group *group*

[gru:p 그룹:]

▶ 복수 groups [gru:ps 그룹:스]

무리, 집단, 그룹

A *group* of girls were playing in the garden.

한 무리의 소녀들이 뜰에서 놀고 있었다.

grow *grow*

[grou 그로우]

♣ 3단현 grows, 과거 grew, 과거분사 grown, 현재분사 growing

1. 자라다, 성장하다

Trees *grow* well here.

여기는 나무가 잘 자란다.

This tree is still *growing*.

이 나무는 아직도 성장 중이다.

2. …으로 되다

It *grew* dark.

어두워졌다.

재배하다, 가꾸다

He *grows* roses in his garden.

그는 정원에 장미를 재배한다.

숙어 *grow up* 성장하다, 어른이 되다

Jim *grew up* to become a teacher.

짐은 자라서 선생님이 되었다.

guess *guess*

G

[ges 게스]

추측하다, 알아 맞히다

Guess what!

뭔지 알아 맞춰봐.

Make a *guess* when you don't know the answer.

답을 모르면 추측을 해라.

추측

guest *guest*

[gest 게스트]

손님

We had *guests* for party.

파티에 손님들을 초대하였다.

guide *guide*

[gaid 가이드]

타 안내하다, 인도하다

A little boy was *guiding* an old man.

작은 소년이 노인을 안내하고 있었다.

명 안내자, 안내, 가이드

I hired a *guide.*

나는 안내자를 고용하였다.

G

guitar *guitar*

[gitáːr 기타:]

명 기타

The singer played the *guitar.*

가수가 기타를 연주했다.

gun *gun*

[gʌn 건]

명 총

He shot a sparrow with his *gun.*

그는 총으로 참새를 쏘았다.

H, h

habit *habit*

[hǽbit 해빗]

명 습관, 버릇

It is a good *habit* to get up early.

일찍 일어나는 것은 좋은 습관이다.

Habit is second nature.

《속담》 습관은 제2의 천성이다.

had *had*

강하게 [hæd 해드], 약하게 [həd 허드]

타 have(가지고 있다)의 과거 · 과거 분사형

숙어 ① *had to* …을 해야만 했다

She *had to* work last Sunday.

그녀는 지난 일요일에 일을 해야만 했었다.

② *had rather* 차라리 …하는 편이 낫다

I *had rather* work than play.

나는 놀기보다 차라리 공부하는 편이 낫다.

③ *had better* …하는 편이 낫다

You *had better* go right away.

당신은 곧 가는 편이 낫다.

hadn't *hadn't*

[hǽdnt 해든트]

had not의 단축형

hair *hair*

[hɛər 헤어]

명 털, 머리카락

My *hair* is long.

나의 머리카락은 길다.

Jin-su has short *hair.*

진수는 머리카락이 짧다.

H

half *half*

[hæf 해프]

▶ 복수 halves [hævz 해브즈]

명 절반, 2분의 1, 30분

Two is a *half* of four.

2는 4의 반이다.

I get up at *half* past six.

나는 6시 반에 일어난다.

부 반쯤, 반만큼

숙어 *in half* 절반으로

She cut the apple *in half.*

그녀는 사과를 절반으로 잘랐다.

hall *hall*

[hɔːl 홀ː]

명 1. 회관, 강당, 공회당

a city *hall* 시청

명 2. 넓은 방, 홀

There is no one in the *hall.*

홀에는 아무도 없다.

명 3. 현관

ham *ham*

[hæm 햄]

명 햄

hamburger *hamburger*

[hǽmbəːrgər 햄버ː거]

명 햄버거

They sell *hamburgers* at the store.

저 상점에서는 햄버거를 판다.

hammer *hammer*

[hǽmər 해머]

명 망치

hand *hand*

[hænd 핸드]

명 1. 손

We have two *hands.*

우리는 손이 둘 있다.

명 2. (시계의) 바늘

the minute *hand* 분침

the hour *hand* 시침

H

명 3. 편, 쪽

on one's right *hand* 우측에

숙어 ① *at hand* 바로 가까이에, 곁에

The examinations are near *at hand.*

곧 시험이다.

② *at first hand* 직접, 손수

③ *hand in hand* 손에 손을 잡고

I walked *hand in hand* with her.

그녀와 손을 잡고 걸었다.

④ *shake hands with* …와 악수하다

Father *shook hands with* the tcachcr.

아버지는 그 선생님과 악수하셨다.

⑤ *by hand* 손으로

The doll is made *by hand.*

이 인형은 손으로 만들었다.

handbag *handbag*

[hǽndbæg 핸드백]

명 핸드백, 손가방

handkerchief

handkerchief

[hǽŋkərtʃif 행커취프]

명 손수건

handle *handle*

[hǽndl 핸들]

명 손잡이, 자루, 핸들

A hammer has a long *handle.*

망치는 긴 손잡이가 있다.

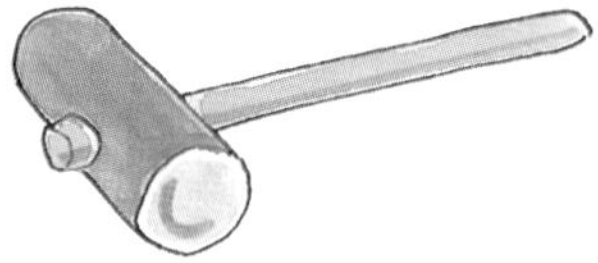

동 다루다

My brother *handles* a car very well.

나의 형은 차를 잘 다룬다.

handshake *handshake*

[hǽndʃeik 핸드셰이크]

명 악수

H

handsome *handsome*

[hǽnsəm 핸섬]

♣비교급 handsomer, 최상급 handsomest

형 잘 생긴, 멋진

He is a *handsome* young man.

그는 미남 청년이다.

※ handsome은 일반적으로 남자에게 사용하고, 여자에게는 pretty, beautiful을 사용한다.

hang *hang*

[hæŋ 행]

♣3단현 hangs, 과거·과거분사 hung, 현재분사 hanging

타 걸다, 매달다

Hang up your coat.

코트를 걸어 놓아라.

자 걸려 있다

The pictures were *hanging* on the wall.

그림이 벽에 걸려 있었다.

H

happen *happen*

[hǽpən 해펀]

♣3단현 happens, 과거·과거분사 happened, 현재분사 happening

자 1. 생기다, 일어나다

What *happened*?

무슨 일이냐?

Nothing *happened.*

아무 일도 생기지 않았다.

자 2. 《It을 주어로》 우연히 …하다

It *happened* that I was there.

우연히 나는 거기에 있었다.

happiness *happiness*

[hǽpinis 해피니스]

명 행복

happy *happy*

[hǽpi 해피]

♣비교급 happier, 최상급 happiest

형 행복한, 기쁜

Happy new year!

새해 복 많이 받으세요.

I am *happy* to see you.
당신을 만나서 기쁘다.
Happy birthday to you!
생일을 축하합니다.

harbor *harbor*

[há:rbər 하:버]
명 항구
The ship is in the *harber.*
그 배는 항구에 정박해 있다.

hard *hard*

[ha:rd 하:드]
♣비교급 harder, 최상급 hardest
형 1. 딱딱한 (반 soft 부드러운)
This bread is very *hard.*
이 빵은 아주 딱딱하다.
형 2. 어려운, 곤란한 (반 easy 쉬운)
This question is *hard* to answer.
이 질문은 대답하기가 어렵다.
형 3. 열심인
He is a *hard* worker.
그는 노력가입니다.
부 열심히
Tom is working *hard.*
톰은 열심히 일하고있다.

hardly *hardly*

[há:rdli 하:들리]
부 거의 …않다 (=scarcely)
I *hardly* had time to eat lunch.
나는 점심을 먹을 시간이 거의 없다.
숙어 *hardly~ when* …하자마자

harm *harm*

[ha:rm 함:]
♣3단현 harms, 과거 · 과거분사 harmed, 현재분사 harming
타 해치다, 상하게 하다
Smoking *harms* your health.
담배 피우는 것은 건강을 해친다.
명 해, 손해
Wine will do you *harm.*
술은 몸에 해롭다.

harmonica *harmonica*

[ha:rmánikə 하:마니커]
명 하모니카

harvest *harvest*

[ha:rvist 하:비스트]

H

명 수확, 수확물

There was a good *harvest* that year.

그 해는 풍작이었다.

has *has*

강하게 [hæz 해즈], 약하게 [həz 허즈]

동 have(가지고 있다)의 3인칭 단수 현재형

He *has* a cat in his arms.

그는 고양이를 팔에 안고 있다.

Jim *has* a new bicycle.

짐은 새 자전거를 가지고 있다.

hasn't *hasn't*

[hǽznt 해즌트]

has not(가지고 있지 않다)의 단축형

hat *hat*

[hæt 햇]

▶ 복수 hats [hæts 햇츠]

명 (테 있는) 모자

I don't like to wear a *hat*.

나는 모자 쓰기를 좋아하지 않는다.

She always wears a black *hat*.

그녀는 언제나 검은 모자를 쓴다.

hate *hate*

[heit 헤이트]

동 미워하다, 싫어하다 (반 love 사랑하다)

Some people *hate* animals.

어떤 사람들은 동물들을 싫어한다.

have *have*

[hæv 해브]

♣ 3단현 has, 과거·과거분사 had, 현재분사 having

동 1. 가지고 있다

I *have* a football.

나는 축구공을 가지고 있다.

She *has* blue eyes.

그녀는 파란 눈을 갖고 있다.

I *have* a cat.

나는 고양이를 가지고 있다 (기른다).

2. 먹다, 마시다

When do you *have* lunch?

몇 시에 점심을 먹습니까?

3. 《have+물건+과거분사로》 …시키다, …하게 하다, 당하다

I *had* my car washed.

나는 차를 세차시켰다.

4. 《have+사람+동사로》 …시키다

I *had* her close the door.

나는 그녀를 시켜서 문을 닫았다.

《have+과거분사=현재완료형》

1. <완료> 이미 …해버렸다

I *have* already *written* the letter.

나는 편지를 다 썼다.

2. <경험> …한 적이 있다

Have you ever *seen* a tiger?

호랑이를 본 적이 있습니까?

3. <계속> 지금까지 죽 …해왔다.

I *have been* here for ten years.

나는 10년간 죽 여기서 살아 왔다.

숙어 ① *have to* …해야 한다

I *have to* go now.

지금 가야 한다.

② *have on* 입고(쓰고, 신고)있다.

He *has* shoes *on*.

그는 구두를 신고 있다.

③ *have been in~* …에 간 적이 있다.

I *have been in* England.

나는 영국에 간 적이 있다.

④ *have been to~* …에 갔다 왔다

⑤ *have a good time* 즐거운 시간을 보내다

I *had a good time* this evening.

오늘 저녁은 즐거웠다.

⑥ *have gone to~* …에 가버렸다

⑦ *do not have to* …할 필요가 없다

haven't *haven't*

[hǽvnt 해븐트]

have not(가지고 있지 않다)의 단축형

he *he*

[hi: 히:]

♣복수 they(그들은), 소유격 his (그의), 목적격 him(그를)

대 그는, 그가

He is a schoolboy.

그는 남학생이다.

He likes basketball.

그는 농구를 좋아한다.

head *head*

[hed 헤드]

명 1. 머리

She has pretty ribbon on her *head*.

그녀는 예쁜 리본을 머리에 달고 있습니다.

Nam-su has a cap on his *head*.

남수는 머리에 모자를 쓰고 있다.

Watch your *head*.

《게시》 머리 조심.

명 2. 수석, 우두머리

He is at the *head* of the class.

그는 학급에서 수석이다.

숙어 *from head to foot* 머리부터 발끝까지

headache *headache*

[hédeik 헤데이크]

명 두통

I have a bad *headache* today.

나는 오늘 심한 두통이 난다.

headphone *headphone*

[hédfoun 헤드포운]

명 헤드폰, 머리에 쓰는 수신기

health *health*

[helθ 헬쓰]

명 건강

He is in good *health*.

그는 건강이 좋다.

She is in bad *health*.

그녀는 건강이 나쁘다.

H

hear *hear*

[hiər 히어]

♣ 3단현 hears, 과거 · 과거분사 heard, 현재분사 hearing

타 자 듣다, 들리다

The old man is hard of *hearing.*

그 노인은 잘 듣지를 못한다.

I *heard* the dog bark.

나는 그 개가 짖는 것을 들었다.

I *hear* Jane is sick in bed.

제인이 아파서 누워있다고 들었다.

숙어 ① *hear about~* …에 관하여 듣다

Did you *hear about* Shane?

쉐인에 관한 소식 들었니?

② *hear of~* …의 소식을 듣다

Have you ever *heard of* Ted?

테드의 소식을 들은 적이 있습니까?

③ *hear from~* …에게서 소식을 듣다

Have you *heard from* Tom recently?

최근에 톰에게서 편지 왔니?

hearing *hearing*

[híəriŋ 히어링]

명 듣기, 청각

heart *heart*

[hɑːrt 하:트]

▶ 복수 hearts [hɑːrts 하:츠]

명 1. 심장, 마음

She has a kind *heart.*

그녀는 친절한 마음씨를 가지고 있다.

명 2. 중심

in the *heart* of the city

시의 중심에

숙어 ① *learn by heart* 암기하다

Learn this lesson *by heart.*

이 과를 암기하여라.

② *at heart* 속마음은, 사실은

He is a kind man *at heart.*

그는 속마음은 친절한 사람이다.

heat *heat*

[hiːt 히:트]

명 열, 더위 (반 cold 추위)

The sun gives us light and *heat.*

H

태양은 우리에게 빛과 열을 준다.

타 데우다, 뜨겁게 하다

We *heat* some foods before we eat them.

우리는 어떤 음식은 먹기 전에 데운다.

heaven *heaven*

[hévən 헤번]

명 1. 하늘, 공중 (=sky)

The stars shine in the *heavens.*

별은 하늘에서 빛난다.

명 2. 《Heaven으로》 신, 하나님 (=God)

Heaven helps those who help themselves.

《속담》 하늘은 스스로 돕는 자를 돕는다.

heavy *heavy*

[hévi 헤비]

♣ 비교급 heavier, 최상급 heaviest

형 1. 무거운 (반 light 가벼운)

The elephant is *heavy.*

코끼리는 무겁다.

형 2. 심한, 많은

A *heavy* storm came up.

심한 폭풍이 닥쳐 왔다.

There was a *heavy* rain last night.

어젯밤에 많은 비가 왔다.

heel *heel*

[hi:l 힐:]

▶ 복수 heels [hi:lz 힐:즈]

명 뒤꿈치, (신의) 뒤축

height *height*

[hait 하이트]

명 높이

What is the *height* of Mt. Tobong?

도봉산의 높이는 얼마지?

hello *hello*

[helóu 헬로우]

1. (전화에서) 여보세요

Hello, may I speak to Brown?

여보세요, 브라운 좀 바꿔주세요?

2. 안녕(하세요), 야, 여보게

Hello, Jerry. How are you?

야, 제리. 안녕?

The students say, "Hcllo" to their teachers.

학생들은 자기 선생님께 "안녕하세요"라고 인사한다.

help *help*

[help 헬프]

♣ 3단현 helps, 과거 · 과거분사 helped, 현재분사 helping

돕다, 거들다

Sam *helped* his sister to carry the packages.

샘은 누이가 짐 나르는 것을 도와 주었습니다.

Somebody *help!*

누가 좀 도와주세요!

명 도움, 원조

So *help* me God!

내게 신의 은총이 있기를!

숙어 ① *help oneself to* …을 마음대로 먹다

Please *help yourself to* anything you like.

좋아하시는 것을 마음대로 드십시오.

② *cannot help ~ing* …하지 않을 수 없다

I *could not help* laughing.

나는 웃지 않을 수 없었다.

③ *May I help you?* 무엇을 도와 드릴까요?

hen *hen*

[hen 헨]

명 암탉

※ 수탉은 《미》 rooster, 《영》 cock이다.

H

Hen lay eggs.
암탉은 알을 낳는다.

her *her*

[həːr 허:]

대 1. 《she의 소유격》 그녀의

This is *her* bag.
이것은 그녀의 가방이다.
Her name is Jane.
그녀의 이름은 제인이다.

대 2. 《she의 목적격》 그녀를, 그녀에게

I went to play ping-pong with *her*.
그녀와 탁구를 치고 싶다.
I gave *her* a watch.
나는 그녀에게 시계를 주었다.
I like *her*.
나는 그녀를 좋아한다.

here *here*

[hiər 히어]

부 여기서, 여기에 (반 there 저기에)

Here is your book.
여기에 네 책이 있다.
Come *here!*
이리 오너라.

I am *here*.
나 여기 있어.

숙어 *here and there* 여기 저기에

We found butterfly *here and there*.
우리는 여기 저기에서 나비를 발견하였다.

hers *hers*

[həːrz 허:즈]

대 《she의 소유대명사》 그녀의 것

This bag is *hers*.
이 가방은 그녀의 것이다.

※ his(그의 것), mine(나의 것), yours(너의 것), ours(우리의 것), theirs(그들의 것)

herself *herself*

[həːrsélf 허:쎌프]

대 1. 《강조용법》 그녀 자신

H

She *herself* wrote the letter.
그녀 자신이 이 편지를 썼다.
대 2. 《재귀용법》 그녀 자신을
She introduced *herself.*
그녀는 자신을 소개했다.
숙어 ① *by herself* 그녀 혼자서
She lives *by herself.*
그녀는 혼자 살고 있다.
② *for herself* 그녀 혼자 힘으로

he's *he's*

[hi:z 히:즈]
he is, he has의 단축형

hi *hi*

[hai 하이]
감 야, 안녕
Hi, Jane. 안녕 제인
※ Hi는 Hello보다 스스럼없는 인사다.

hide *hide*

[haid 하이드]
♣ 3단현 hides, 과거 hid, 과거분사 hid 또는 hidden, 현재분사 hiding
타 감추다
He *hides* the money in the book.
그는 돈을 책 속에 감춘다.
자 숨다
She *hid* behind a big tree.
그녀는 큰 나무 뒤에 숨었다.

high *high*

[hai 하이]
♣ 비교급 higher, 최상급 highest
형 높은 (반 low 낮은)
a *high* mountain 높은 산
The roof of the house was *high.*
그 집의 지붕이 높았다.
Mt. Everest is the *highest* mountain in the world.
에베레스트산은 세계에서 가장 높은 산이다.
The car was running at a *high* speed.
차가 높은 속도로 달리고 있다.
숙어 *a high school* 《미》 하이스쿨
a junior *high school* 중학교
a senior *high school* 고등학교

H

highway *highway*

[háiwei 하이웨이]

명 간선도로, 큰길

Cars drive fast on *highways.*

차들이 큰길에서는 빨리 달린다.

※ 우리 나라의 '고속도로'는 《미》에서는 expressway, 《영》에서는 motorway 등으로 말한다.

hiking *hiking*

[háikiŋ 하이킹]

명 하이킹, 도보 여행

I went *hiking* last Sunday.

나는 지난 일요일에 하이킹을 갔다.

hill *hill*

[hil 힐]

▶ 복수 hills [hilz 힐즈]

명 언덕

My house stands on a *hill.*

우리 집은 언덕 위에 있다.

him *him*

[him 힘]

대 《he의 목적격》 그를, 그에게

I love *him.*

나는 그를 사랑한다.

I know *him* very well.

나는 그를 잘 안다.

People call *him* Jim.

사람들은 그를 짐이라고 부른다.

※ I love he.(×)

I love him.(○)

himself *himself*

[himsélf 힘셀프]

대 1. 《강조용법》 그 자신

He did it *himself.*

그 자신이 그것을 했다.

대 2. 《재귀용법》 그 자신을(에게)

Sam looked at *himself* in the mirror.

샘은 거울 속의 자신을 보았다.

숙어 ① *by himself* 그이 혼자서

② *for himself* 그이 혼자 힘으로

He bought a house *for himself.*

그는 혼자 힘으로 집을 샀다.

his *his*

[hiz 히즈]

예 1. 《he의 소유격》 그의

This is *his* book.

이것은 그의 책이다.

예 2. 《he의 소유대명사》 그의 것

This book is *his*.

이 책은 그의 것이다.

history *history*

[hístəri 히스터리]

명 역사, 경력, 연혁

This book tells the *history* of Korea.

이 책에는 한국 역사가 쓰여 있다.

Korea has a long *history*.

한국은 긴 역사를 가지고 있다.

hit *hit*

[hit 힛]

♣ 3단현 hits, 과거 · 과거분사 hit, 현재분사 hitting

타 치다, 때리다

He *hit* a home run.

그는 홈런을 쳤다.

Somebody *hit* me on the head.

누군가 내 머리를 때렸다.

명 대인기, 명중, 【야구】 히트

The song made a great *hit*.

그 노래는 대인기를 끌었다.

hobby *hobby*

[hábi 하비]

명 취미, 도락

My *hobby* is collecting insects.

나의 취미는 곤충 채집입니다.

hockey *hockey*

[háki 하키]

명 【경기】 하키

hold *hold*

[hould 호울드]

♣ 3단현 holds, 과거 · 과거분사 held, 현재분사 holding

타 잡다, 들다, 쥐다

He is *holding* a bag in his right hand.

그는 오른손에 가방을 들고 있습니다.

숙어 ① *hold on* 붙잡고 있다

② *hold out* 내밀다

③ *hold up* 가로막다, 방해하다

hole *hole*

[houl 호울]

명 구멍

There are *holes* in my socks.

나의 양말에 구멍이 나 있다.

holiday *holiday*

[hálədei 할러데이]

명 1. 공휴일 (일요일은 포함하지 않음)

August 15 is a national *holiday.*

8월 15일은 국가적 공휴일이다.

명 2. 《복수형으로》 휴가

The summer *holidays* are over.

여름 휴가(방학)는 끝났다.

home *home*

[houm 호움]

▶ 복수 homes [houmz 호움즈]

명 1. 집

My *home* is in pusan.

우리 집은 부산에 있다.

명 2. 가정

There is no place like *home.*

가정보다 더 좋은 곳은 없다.

명 3. 고향

He left *home* and went to Seoul.

그는 고향을 떠나 서울로 갔다.

부 집에, 집으로

I want to come *home.*

나는 집에 가고 싶다.

숙어 ① *at home* 집에

Is Tom *at home?*

톰은 집에 있습니까?

② *get home* 집에 도착하다

③ *on one's way home* 집으로 돌아오는 길에

I saw Jim *on my way home.*

나는 돌아오는 길에 짐을 만났다.

hometown *hometown*

[hóumtaun 호움타운]

명 고향의 도시

※ 태어난 곳은 도시나 마을이나 hometown이다.

homework *homework*

[hóumwəːrk 호움워:크]

명 숙제

Have you finished your *homework?*

숙제는 끝마쳤습니까?

We have no *homework* today.

오늘은 숙제가 없습니다.

honest *honest*

[ánist 아니스트]

형 정직한 (반 dishonest 부정직한)

Jim is an *honest* boy.

짐은 정직한 소년이다.

honey *honey*

[hʌ́ni 허니]

명 벌꿀

hook *hook*

[huk 훅]

▶ 복수 hooks [huks 훅스]

명 갈고리, 낚싯바늘

hop *hop*

[hɑp 합]

자 (한발로) 뛰다

I can *hop* on one foot.

나는 한 발로 뛸 수 있다.

hope *hope*

[houp 호우프]

타자 바라다, 희망하다

We *hope* it will be a fine day tomorrow.

내일 날씨가 좋기를 바랍니다.

I *hope* to see you next week.

다음주에 만나기를 희망합니다.

명 희망, 기대, 가망

While there is life, there is *hope.*
살아 있는 한 희망은 있다.

horse *horse*

[hɔ:rs 호:스]

명 말

A *horse* can run fast.
말은 빨리 달릴 수 있다.
Jack can ride a *horse.*
잭은 말을 탈 줄 안다.

hospital *hospital*

[háspitl 하스피틀]

명 병원

Doctors and nurses work in a *hospital.*
의사와 간호사들은 병원에서 일한다.

숙어 ① *be in hospital* 입원하고 있다
My mother *is in hospital* now.
어머니는 지금 입원중입니다.

② *go to (the) hospital* 입원하다
Jim *went to (the) hospital* yesterday.
짐은 어제 입원했습니다.

hot *hot*

[hαt 핫]

♣ 비교급 hotter, 최상급 hottest

형 더운, 뜨거운

It is very *hot* today.
오늘은 매우 덥다.

Tea is made with very *hot* water.
차는 아주 뜨거운 물로 만든다.
Strike the iron while it is *hot.*
《속담》 쇠는 달았을 때 두들겨라. (기회를 놓치지 마라)

hotel *hotel*

[houtél 호우텔]

명 호텔

People stay in a *hotel* when they travel.
사람들은 여행을 할 때 호텔에 머문다.

hour *hour*

[auər 아우어]

1. 1시간

One *hour* is sixty minute long.

한 시간은 60분이다.

She was sitting on the bench for *hours*.

그녀는 몇 시간이고 벤치에 앉아 있었다.

2. 시각

Sam got up at an early *hour*.

샘은 이른 시각에 일어났다.

숙어 ① *keep early hours* 일찍 자고 일찍 일어나다

② *by the hour* 시간제로

③ *for hours* 몇 시간 동안이나

She slept *for hours*.

그녀는 몇 시간 동안 잤다.

house *house*

[haus 하우스]

1. 집, 주택

He lives in a large *house*.

그는 큰 집에 산다.

Our *house* is near the school

우리 집은 학교 근처에 있다.

2. 건물

an opera *house* 오페라 극장

how *how*

[hau 하우]

1. 어떻게, 어떤 방법으로

How do you spell your name?

너의 이름을 어떻게 쓰느냐?

2. 얼마나, 얼마만큼

How many books do you have?

책을 얼마나 많이 가지고 있니?

How tall is he?

그의 키는 얼마니?

How old are you?

몇 살이니?

3. 《감탄문》 참, 참으로

How kind he is!

그는 참 친절하기도 하다.

숙어 ① *How about~?* …은 어떻습니까?

② *How are you?* 안녕하십니까?

③ *How do you like~?* …을 어떻게 생각합니까?

however *however*

[hauévər 하우에버]

접 그러나, 그렇지만

Jack likes fruit, *however,* he doesn't eat much fruit.

잭은 과일을 좋아한다. 그러나, 과일을 많이 먹지는 않는다.

부 아무리 …일지라도

However tall he is, he can't reach the ceiling.

그가 아무리 커도 천장에 닿을 수는 없다.

hug *hug*

[hʌg 허그]

타 꼭 껴안다

The mother *hugged* the baby.

어머니는 그 아기를 꼭 껴안았다.

자 달라붙다

huge *huge*

[hju:dʒ 휴:쥐]

♣ 비교급 huger, 최상급 hugest

형 거대한 (반 tiny 작은)

The city has a lot of *huge* building.

그 도시에는 거대한 건물이 많이 있다.

human *human*

[hjú:mən 휴:먼]

형 인간의, 사람의

the *human* race 인류

humor *humor*

[hjú:mər 휴:머]

명 1. 유머

He has a sense of *humor.*

그는 유머 감각이 있다.

명 2. 기분, 성미

Every man has his *humor.*

《속담》 사람마다 성미가 다 다르다.

숙어 ① *in good humor* 기분이 좋아서

② *out of humor* 기분이 나빠서

hundred *hundred*

[hʌ́ndrəd 헌드러드]

명 100, 백

He lived to be a *hundred.*

그는 100살까지 살았다.

형 100의, 백의

a *hundred* years 백년

숙어 *hundred of~* 수백의

There were *hundreds of* children in the park.

수백명의 어린이들이 공원에 있었다.

hungry *hungry*

[hʌ́ŋgri 헝그리]

♣ 비교급 hungrier, 최상급 hungriest

형 배고픈, 허기진, 굶주린

I am very *hungry.*

나는 매우 배고프다.

They were *hungry* all day.

그들은 하루 종일 굶었다.

hunt *hunt*

[hʌnt 헌트]

타 사냥하다

They *hunted* deer.

그들은 사슴 사냥을 하였다.

자 사냥하다, 찾다 (~for 또는 after)

All the summer, ants *hunt for* food.

여름 내내 개미는 먹이를 찾아다닌다.

hunter *hunter*

[hʌ́ntər 헌터]

명 사냥꾼

hurry *hurry*

[hə́:ri 허:리]

♣ 3단현 hurries, 과거 · 과거분사 hurried, 현재분사 hurrying

자 서두르다

You have to *hurry* because you are late.

늦었으니 서둘러야 한다.

명 서두름, 급함

숙어 ① *in a hurry* 급히, 허둥지둥

He went away *in a hurry.*

그는 허둥지둥 가버렸다.

② *hurry up* 서두르다 (주로 명령문에서)

Hurry up, Jim! 짐, 빨리 해!

hurt *hurt*

[hə:rt 허:트]

♣ 3단현 hurts, 과거 · 과거분사 hurt, 현재분사 hurting

타 1. 다치게 하다, 아프게 하다

타 2. (감정을) 상하다

You *hurt* my feelings.

너는 내 기분을 상하게 했어.

자 아프다

My right arm still *hurts*.

내 오른팔이 아직 아프다.

명 상처

숙어 *get hurt* 다치다, 부상당하다

I *got hurt* in the leg.

나는 다리에 부상을 입었다.

husband *husband*

[hʌ́zbənd 허즈번드]

명 남편 (반 wife 아내)

They are *husband* and wife.

그들은 부부입니다.

hut *hut*

[hʌt 헛]

명 오두막

I, i

I *I*

[ai 아이]

대 나는, 내가

※ my(나의), me(나를, 나에게), mine(나의 것), I는 항상 대문자로 쓴다.

I am a girl.
나는 소녀 입니다.
I am a student.
나는 학생입니다.

I like apples.
나는 사과를 좋아한다.
John and *I* are schoolboys.
존과 나는 남학생입니다.

ice *ice*

[ais 아이스]

명 얼음

Ice is cold and hard.
얼음은 차고 단단하다.

ice cream *ice cream*

[áis kri:m 아이스 크림:]

명 아이스 크림

Children like *ice cream* very much.
어린이들은 아이스 크림을 아주 좋아한다.

I'd *I'd*

[aid 아이드]

I would, I should, I had의 단축형

idea *idea*

[aidí:ə 아이디:어]

명 생각, 의견

That's a very good *idea.*
그것은 매우 좋은 생각이다.
We have the same *idea.*
우리는 의견이 같다.
I have no *idea* what to buy.

무엇을 사야할지 생각이 나지 않는다.

idle *idle*

[áidl 아이들]

형 1. 게으른

He is an *idle* boy.

그는 게으른 소년이다.

형 2. 한가한

I spent an *idle* week there.

나는 거기서 한가한 1주일을 보냈다.

if *if*

[if 이프]

접 1. 만일 …이라면

If it rains tomorrow, I will stay home.

만일 내일 비가 오면, 나는 집에 있을 거야.

접 2. 비록 …일지라도

If he is young, he is clever.

그는 젊지만 현명하다.

접 3. …인지 아닌지

I wonder *if* he will come.

그가 올지 안 올지 의문이다.

숙어 ① *if necessary* 만약 필요하다면

② *even if~* 비록 …할지라도

I will go, *even if* it rains.

설사 비가 오더라도 나는 가겠다.

③ *if possible* 가능하면

④ *as if~* 마치 …와 같이

ill *ill*

[il 일]

형 1. 병든, 아픈 (반 well 건강한)

My mother is *ill* in bed.

어머니는 병으로 누워 계신다.

She got *ill* last month.

그녀는 지난 달에 병이 났다.

형 2. 나쁜 (반 good 좋은)

숙어 ① *fall ill* 병들다

Grandfather *fell ill* and died.

할아버지는 병들어 돌아 가셨다.

② *speak ill of ~* …을 나쁘게 말하다

I'll *I'll*

[ail 아일]

I will, I shall의 단축형

I'm *I'm*

[aim 아임]

I am(나는 …이다)의 단축형

I'm sorry. 미안합니다.

image *image*

[ímidʒ 이미쥐]

명 상, 영상

imagination *imagination*

[imædʒnéiʃən 이매쥐네이션]

명 상상, 상상력

imagine *imagine*

[imǽdʒin 이매쥔]

타자 상상하다, …라고 생각하다

I *imagined* Tom to be my true friend.

나는 톰을 진정한 친구라고 생각하였다.

Just *imagine!* 좀 생각해 봐!

imitation *imitation*

[imitéiʃən 이미테이션]

명 모방 ; 모조품

import *import*

[impɔ́:rt 임포:트]

타 수입하다 (반 export 수출하다)

Korea *imports* much oil from abroad.

한국은 외국에서 많은 석유를 수입하고 있다.

명 [ímpɔ:rt 임포:트] 수입, 수입품

importance *importance*

[impɔ́:rtəns 임포:턴스]

명 중요, 중요성, 유력

I know the *importance* of good health.

나는 건강의 중요성을 안다.

숙어 *of importance* 중요한

important *important*

[impɔ́:rtənt 임포:턴트]

형 중요한, 귀중한

Seoul is a very *important* city.

서울은 아주 중요한 도시이다.

I

impossible *impossible*

[impásəbl 임파서블]

형 불가능한 (반 possible 가능한)

Going to the moon was *impossible* in the old days.

달에 가는 것은 옛날엔 불가능한 것이었다.

improve *improve*

[imprú:v 임프루:브]

타 개량하다, 개선하다

You must *improve* your reading.

너는 읽기를 개선하도록 하지 않으면 안된다.

자 좋아지다, 진보하다

His health has *improved.*

그의 건강이 좋아졌다.

in *in*

[in 인]

전 1. 《장소》 안에, …에

My father is *in* the room.

아버지는 방안에 계신다.

전 2. 《시간》 …에, …지나면

I met her *in* the afternoon.

오후에 그녀를 만났다.

He will come back *in* a month.

한 달이 지나면 그는 돌아 올 것이다.

전 3. 《복장》 …을 입고

She was dressed *in* yellow.

그녀는 노란 옷을 입고 있었다.

전 4. 《상태》 …하여, …이 되어

My mother is *in* good health.

어머니는 건강이 좋으시다.

전 5. 《방법》 …으로

Write your name *in* pen.

이름을 펜으로 써라.

They are speaking *in* English.

그들은 영어로 이야기하고 있다.

부 안에, 안으로 (반 out 밖에)

Come *in!* 들어오시오.

Is your mother *in?*

어머니는 집에 계시니?

숙어 ① *in fact* 사실은

She is clever, *in fact.*

사실 그녀는 영리하다.

② *in front of* …앞에

③ *in order to* …하기 위하여

inch *inch*

[intʃ 인취]

명 인치 (길이의 단위로 약 2.5cm)

There are twelve *inches* to a foot.

1피트는 12인치다.

include *include*

[inklúːd 인클루ː드]

타 포함하다

increase *increase*

[inkríːs 인크리ː스]

타자 증가하다, (수 · 양 등이) 불어나다

The population *increases*.

인구가 증가하다.

명 [ínkriːs 인크리ː스] 증가, 증대

indeed *indeed*

[indíːd 인디ː드]

부 1. 정말로, 참으로

I am very happy *indeed*.

나는 정말 행복합니다.

It's very cold, *indeed*.

참, 춥군요.

부 2. 과연

I may, *indeed*, be wrong.

과연 내가 잘못인지도 모른다.

숙어 *indeed~, but* 정말 …이지만

Indeed this is fine, *but* it is expensive.

이것은 정말 좋은데, 값이 비싸요.

independence

independence

[indipéndəns 인디펜던스]

명 독립, 자립

Independence Day 미국의 독립 기념일 (7월 4일)

She lives a life of *independence*.

그녀는 독립하여 생활한다.

indoor *indoor*

[índɔːr 인도ː]

형 실내의 (반 outdoor 야외의)

Table tennis is an *indoor* sport.
탁구는 실내 경기다.

industry *industry*

[índəstri 인더스트리]
명 1. 산업, 공업
heavy *industries* 중공업
the car *industry* 자동차 산업
명 2. 근면
Industry brings success.
근면은 성공을 가져 온다.

information *information*

[infərméiʃən 인퍼메이션]
명 1. 정보, 보도
He make money by selling *information.*
그는 정보를 파는 것으로 돈을 번다.
명 2. 지식, 견문
Jack is a man of wide *information.*
잭은 견문이 넓은 사람이다.
명 3. 안내소
There is an *information* desk in the building.
그 건물에는 안내소가 있다.

initial *initial*

[iníʃəl 이니셜]
명 (이름의) 첫글자, 머리글자
형 처음의

ink *ink*

[iŋk 잉크]
명 잉크
I need blue *ink.*
파란 잉크가 필요하다.

insect *insect*

[ínsekt 인섹트]
▶ 복수 insects[ínsekts 인섹츠]
명 곤충
Dragonflies and ants are *insects.*
잠자리나 개미는 곤충이다.
Some *insects* have wings.
어떤 곤충들은 날개가 있다.

I

inside *inside*

[insáid 인싸이드]

명 내부, 안쪽 (반 outside 바깥)

All of the students are *inside* the classroom now.

모든 학생들이 지금 교실 안에 있다.

부 안에

There are some children *inside* the room.

방에는 몇 명의 어린이가 있다.

형 내부의

an *inside* pocket 안주머니

전 …의 안쪽에

The hens were put *inside* the fence.

닭이 우리 안에 넣어졌다.

instant *instant*

[ínstənt 인스턴트]

명 즉시, 순간

In an *instant* he was on his feet.

순식간에 그는 일어섰다.

형 즉석의, 즉시의

instant coffee 인스턴트 커피

숙어 *the instant~* …하자마자

instead *instead*

[instéd 인스테드]

부 그 대신에

She danced, Jane *instead.*

그녀는 제인 대신에 춤을 추었다.

숙어 *instead of~* …대신에

I used a pen *instead of* a pencil.

나는 연필 대신에 펜을 썼다.

instrument *instrument*

[ínstrumənt 인스트루먼트]

명 기구, 기계, 악기

I

intend *intend*

[inténd 인텐드]

타 …할 작정이다

I *intend* to go there.

나는 그곳에 갈 작정이다.

interest *interest*

[íntərist 인터리스트]

명 흥미, 관심

He has an *interest* in movie.

그는 영화에 흥미를 가지고 있다.

타 흥미를 갖게 하다

The movie *interested* me very much.

그 영화는 매우 재미있었다.

숙어 *be interested in~* …에 흥미를 가지고 있다

He *is interested in* the study of music.

그는 음악 공부에 흥미를 가지고 있다.

interesting *interesting*

[íntəristiŋ 인터리스팅]

형 재미있는, 흥미있는

Give me an *interesting* book.

재미있는 책을 주시오.

That is an *interesting* book.

그것은 재미있는 책이다.

international *international*

[intərnǽʃənəl 인터내셔널]

형 국제적인, 국제간의

English is an *international* language.

영어는 국제어입니다.

interview *interview*

[íntərvju: 인터뷰:]

명 회견, 면접, 인터뷰

into *into*

[íntu: 인투:]

전 1. 《동작 · 운동을 나타내어》 …안으로, 속으로 (반 out of …에서 밖으로)

Jim jumped *into* the swimming pool.

짐은 수영장으로 뛰어들었다.

전 2. 《변화를 나타내어》 …으로(바꾸다, 바뀌다)

We turn flour *into* bread.

밀가루로 빵을 만든다.

introduce *introduce*

[intrədjúːs 인트러듀:스]

타 1. 소개하다

May I *introduced* my sister to you?

제 누이동생을 소개합니다.

타 2. 이끌어 들이다

숙어 *introduce oneself* 자기 소개를 하다

May I *introduce myself?*

제 소개를 하겠습니다.

invent *invent*

[invént 인벤트]

타 발명하다

Who *invented* lamp?

누가 전등을 발명했니?

invention *invention*

[invénʃən 인벤션]

명 발명, 발명품

It was a wonderful *invention* indeed.

그것은 정말 놀라운 발명이었다.

inventor *inventor*

[invéntər 인벤터]

명 발명가

Edison is a great *inventor.*

에디슨은 위대한 발명가다.

invite *invite*

[inváit 인바이트]

타 초대하다, 부르다, 권하다

I *invited* Jane to a birthday party.

나는 제인을 생일 파티에 초대했다.

He *invited* us.

그는 우리를 초대했다.

Thank you very much for *inviting* us.

우리를 초대해 주셔서 대단히 고맙습니다.

iron *iron*

[áiərn 아이언]

명 1. 철, 쇠

an *iron* bridge 철교

Many machines are made of *iron.*

많은 기계는 쇠로 만들어진다.

명 2. 다리미

We can *iron* our clothes with an *iron.*

우리는 다리미로 다리미질을 할 수 있다.

is *is*

[iz 이즈]

♣ 과거 was, 과거분사 been, 현재분사 being

《be의 3인칭 단수형 현재》

자 1. …이다

She *is* a teacher.

그녀는 선생님입니다.

자 2. …에 있다, …이 있다

He *is* in America.

그는 미국에 있다.

There *is* a book on that desk.

책상 위에 책이 있다.

조 1. 《be+~ing로 진행형》…하고 있다

Ann *is* play*ing* the piano.

앤은 피아노를 치고 있다.

조 2. 《be+과거분사로 피동형》 …당하다

He *is* lov*ed* by everybody.

그는 모든 사람에게 사랑을 받고 있다.

island *island*

[áilənd 아일런드]

▶ 복수 islands [áiləndz 아일런즈]

명 섬

Chejudo is an *island.*

제주도는 섬이다.

isn't *isn't*

[íznt 이즌트]

is not의 단축형(아니다, 없다)

This *isn't* his bag.

이것은 그의 가방이 아니다.

it *it*

[it 잇]

▶ 복수 they [ðei 데이]

대 1. 그것은, 그것이

It is on the desk.

그것은 책상 위에 있다.

대 2. 그것을, 그것에

Father bought a book and gave *it* to me.

아버지는 책을 사서 그것을 나에게 주셨다.

I

대 3. 《시간 · 장소 · 날씨 · 계절 · 거리 등을 나타낼 때 주어로서》 ※ 우리말로 번역하지 않음

What time is *it?*

몇 시입니까?

It is six o'clock.

6시입니다.

It is summer.

지금은 여름이다.

It is about two mile to the school.

학교까지는 약 2마일이다.

It is Sunday today.

오늘은 일요일입니다.

대 4. 《형식주어 또는 형식목적어로서》 …하는 것은(을)

It is not easy to speak English.

영어를 말하기는 쉽지 않다.

대 5. 《글의 일부를 강조할 때》 …인 것은

It was he that broke the window.

창문을 부순 것은 그 사람이었다.

item *item*

[áitəm 아이텀]

명 항목, 조항, 기사

its *its*

[its 이츠]

대 《it의 소유격》 그것의

The pen is in *its* case.

펜이 그 통 안에 있다.

it's *it's*

[its 이츠]

it is, it has의 단축형 (그것은 …이다)

It's Saturday today.

오늘은 토요일입니다.

itself *itself*

[itsélf 잇쎌프]

▶ 복수 themselves[ðəmsélvz 뎀쎌브즈]

대 그 자신(을)

The dog looked *itself* in the

water.
개는 물 속에 비친 자기 자신을 보았다.

숙어 ① *of itself* 저절로, 혼자서
② *by itself* 그것만으로, 홀로

I've *I've*

[aiv 아이브]
I have의 단축형
I've a book in my hand.
손에 책을 쥐고 있습니다.

ivory *ivory*

[áivəri 아이버리]
명 상아

J, j

jacket *jacket*

[dʒǽkit 재킷]

명 재킷, (짧은) 상의

Linda is wearing a red *jacket.*
린다는 빨간 재킷을 입고 있다.

a life *jacket* 구명조끼

jam *jam*

[dʒæm 잼]

명 잼

strawberry *jam* 딸기 잼

January *January*

[dʒǽnjueri 재뉴에리]

명 1월 (약어는 Jan.)

January is the beginning of the year.
1월은 그 해의 시작이다.

There are thirty-one days in *January.*
1월에는 31일이 있다.

Japan *Japan*

[dʒəpǽn 저팬]

명 일본

jar *jar*

[dʒɑːr 자:]

명 (입이 큰) 병, 단지

jaw *jaw*

[dʒɔː 죠:]

명 턱

the lower *jaw* 아래 턱

jealous *jealous*

[dʒéləs 젤러스]

형 질투 많은, 샘 많은

She was *jealous* of my success.
그녀는 나의 성공을 질투했다.

jeans *jeans*

[dʒi:nz 진:즈]

명 진 바지

Jesus *Jesus*

[dʒí:zəs 지:저스]

명 예수 (=Jesus Christ 예수 그리스도)

jet *jet*

[dʒet 젯]

▶ 복수 jets [dʒets 제츠]

명 분출, 제트비행기

타자 분출하다

jet plane *jet plane*

[dʒét pléin 젯 플레인]

명 제트 비행기

jewel *jewel*

[dʒú:əl 쥬:얼]

명 보석, 보물

A diamond is a *jewel.*

다이아몬드는 보석이다.

job *job*

[dʒab 잡]

▶ 복수 jobs [dʒabz 잡즈]

명 일, 직업

a hard job 어려운 일

People get their *jobs* after school.

사람들은 학교를 마치고 직업을 가진다.

join *join*

[dʒɔin 죠인]

♣ 3단현 joins, 과거 · 과거분사 joined, 현재분사 joining

타 1. 연결하다, 결합하다 (반 part 나누다)

Join the two pieces of paper together with glue.

풀로 그 종이 두 장을 붙여라.

타 2. 참가하다

join the club 클럽에 가입하다

자 합치다

joke *joke*

[dʒouk 죠우크]

▶ 복수 jokes [dʒouks 죠우크스]

명 농담, 익살

He often makes good *jokes.*

그는 가끔 재미있는 농담을 합니다.

J

A good *joke* makes people laugh.
좋은 농담은 사람들을 웃게 만든다.

joy *joy*

[dʒɔi 죠이]

명 기쁨 (반 sorrow 슬픔)

People are filled with *joy* on Christmas.
사람들은 크리스마스에 기쁨으로 가득 찬다.

숙어 *for joy* 기뻐서

Tom jumped for *joy* when he opened the present.
톰은 선물을 풀어보고 기뻐서 뛰었다.

joyful *joyful*

[dʒɔ́ifəl 죠이펄]

형 즐거운, 기쁜

He looked up with a *joyful* look.
그는 즐거운 표정으로 쳐다보았다.

judge *judge*

[dʒʌdʒ 저쥐]

♣3단현 judges, 과거 · 과거분사 judged, 현재분사 judging

타 재판하다, 판단하다

You cannot *judge* a person by his or her look.
사람을 외모로 판단할 수는 없다.

God will *judge* all men.
신은 모든 사람을 심판한다.

명 재판관, 심판, 판사

He is a famous *judge.*
그는 유명한 재판관이다.

juice *juice*

[dʒu:s 쥬:스]

명 주스, (과일 · 고기 등의) 즙
grape *juice* 포도 주스
orange *juice* 오렌지 주스
I like pineapple *juice*.
나는 파인애플 주스를 좋아한다.

July *July*
[dʒuːlái 쥴:라이]
명 7월 (약어는 Jul.)
July 2 7월 2일
(July (the) seconds로 읽는다)
It is very hot in *July*.
7월은 매우 덥다.
Our summer vacation begins in *July*.
우리 여름 휴가는 7월에 시작한다.

jump *jump*
[dʒʌmp 점프]
♣ 3단현 jumps, 과거 · 과거분사 jumped, 현재분사 jumping
재 뛰다, 뛰어오르다
They *jumped* into the water.
그들은 물 속으로 뛰어 들었다.

The rabbit can *jump* high.
토끼는 높이 뛰어오를 수 있다.
명 점프, 뛰어오르기
the broad *jump* 멀리 뛰기
the long *jump* 넓이 뛰기
the high *jump* 높이 뛰기

June *June*
[dʒuːn 쥰:]
명 6월 (약어는 Jun.)
June 4 6월 4일
(June (the) fourth로 읽는다)
There are 30 days in *June*.
6월에는 30일이 있다.

jungle *jungle*
[dʒʌ́ŋgl 정글]
명 밀림, 정글

J

junior *junior*

[dʒú:njər 쥬:녀]

▶ 복수 juniors [dʒú:njərz 쥬:녀즈]

명 손아랫사람, 후배

He is my *junior* by five years.

그는 나보다 다섯 살 아래이다.

형 1. 손아래의, 연소한, 후배의

a *junior* high school 중학교 (우리나라에서는 middle school)

형 2. 2세의, 아우의

John Brown *Jr.* 존 브라운 2세

just *just*

[dʒʌst 저스트]

부 1. 꼭, 바로, 정확히

What you said is *just* right.

네가 말한 것은 꼭 맞는다.

It is *just* twelve o'clock.

지금 정각 12시다.

부 2. 다만, 단지

Give me *just* a little.

조금만 주세요.

부 3. (명령법과 함께) 좀, 조금

Just a moment, please.

잠깐만 기다려 주세요.

Just look at it.

그것 좀 봐요.

형 올바른, 공평한, 정당한, 정의의

He is a *just* man.

그는 정의의 사람이다.

J

K, k

kangaroo *kangaroo*

[kæŋgərúː 캥거루ː]

명 캥거루

keep *keep*

[kiːp 키ː프]

타 1. 지니다, 가지고 있다

She *keeps* all his letter.

그녀는 그의 편지를 모두 간직하고 있다.

I *keep* my ring in a jewel case.

나는 반지를 보석 상자 안에 넣어 둡니다.

타 2. (어떤 상태로) 하여 두다

Keep the door open.

문을 열어 두어라.

타 3. (약속 · 규칙 등을) 지키다

Jack *kept* his promise.

잭은 약속을 지켰다.

Keep the rules.

규칙을 지키시오.

타 4. 기르다

He *keeps* a lot of cows.

그는 많은 소를 기르고 있다.

자 계속하다, 줄곧 …하고 있다

It *kept* snowing all day.

하루 종일 눈이 왔다.

숙어 ① *keep from~* …에 가까이 가지 않다, …하지 않고 두다

② *keep on ~ing* 계속하여 …을 하다

She *kept on* crying.

그녀는 계속해서 울었다.

③ *keep to~* …을 굳게 지키다

Keep to the right.

《게시》 우측 통행.

④ *keep off* 가까이 하지 않다

K

keeper *keeper*

[kíːpər 키:퍼]

명 지키는 사람, 수위, 경비,

【경기】 골키퍼

kept *kept*

[kept 켑트]

타자 keep(지니다)의 과거 · 과거분사형

kettle *kettle*

[kétl 케틀]

▶ 복수 kettles [kétlz 케틀즈]

명 주전자, 냄비

key *key*

[kiː 키:]

▶ 복수 keys [kiːz 키:즈]

명 1. 열쇠

I have three different *keys*.

나는 세 개의 다른 열쇠가 있다.

명 2. (피아노 · 오르간 등의) 건반

She is hitting the *keys* of her piano.

그녀는 피아노의 건반을 두드리고 있습니다.

명 3. (문제를 푸는) 실마리

He found the *key* to success.

그는 성공에의 실마리를 잡았다.

kick *kick*

[kik 킥]

타 차다

kick a ball 공을 차다

The soccer players *kick* the ball with their feet.

축구 선수는 발로 공을 찬다.

숙어 *kick off* 축구 경기를 시작하다

kid[1] *kid*

[kid 키드]

타 놀리다, 농담하다

You are *kidding!*

놀리지 마라.

Just *kidding.*

농담이야.

kid² *kid*

[kid 키드]

명 1. 새끼 염소

명 2. 아이 (=child)

Mr. and Mrs. James have two *kids.*

제임스 부부는 아이가 둘 있다.

kill *kill*

[kil 킬]

♣ 3단현 kills, 과거 · 과거분사 killed, 현재분사 killing

타 죽이다

A cat *killed* a rat.

고양이가 쥐를 죽였다.

숙어 *kill oneself* 자살하다

Animals don't *kill themselves.*

동물은 자살하지 않는다.

kind¹ *kind*

[kaind 카인드]

♣ 비교급 kinder, 최상급 kindest

형 친절한, 온화한

John is a very *kind* boy.

존은 매우 친절한 소년이다.

You are very *kind.*

대단히 친절하군요.

kind² *kind*

[kaind 카인드]

▶ 복수 kinds [kaindz 카인즈]

명 종류

What *kind* of flowers do you like best?

어떤 종류의 꽃을 가장 좋아 합니까?

숙어 *a kind of~* 일종의, …의 일종

A monkey is *a kind of* animal.

원숭이는 동물의 일종이다.

king *king*

[kiŋ 킹]

명 왕, 국왕 (반 queen 여왕)

King Arthur 아더왕

K

The lion is the *king* of animals.
사자는 동물의 왕이다.

숙어 ① *the king's palace* 왕궁
② *the King's English* 표준 영어

kiss *kiss*

[kis 키스]
▶ 복수 kisses [kísiz 키시즈]
명 키스, 입맞춤
I gave her hand a *kiss.*
나는 그녀의 손에 입맞추었다.
타 키스하다, 입맞추다
My mother *kissed* me on the cheek.
어머니는 나의 볼에 키스하셨다.

kitchen *kitchen*

[kítʃin 키친]
명 부엌
My family eat foot at the table in the *kitchen.*
우리 가족은 부엌에 있는 식탁에서 음식을 먹는다.
Mother is dishes in the *kitchen.*
어머니는 부엌에서 설거지를 하고 계신다.

kite *kite*

[kait 카이트]
명 1. 연
The boy was flying a *kite.*
그 소년은 연을 날리고 있었다.
명 2. 솔개

knee *knee*

[ni: 니:]
▶ 복수 knees [ni:z 니:즈]
명 무릎
I kicked him on the *knee.*
나는 그의 무릎을 쳤다.
I skinned my *knee.*
나는 무릎을 다쳤다.

숙어 *on one's knees* 무릎을 꿇고

K

She prayed *on her* knees.

그녀는 무릎을 꿇고 기도했다.

knew *knew*

[nju: 뉴:]

타 know(알다)의 과거형

knife *knife*

[naif 나이프]

▶ 복수 knives [naivz 나이브즈]

명 나이프, 칼

Americans eat with a *knife* and fork.

미국인들은 칼과 포크로 먹는다.

Knives come in many different sizes.

칼은 여러 가지 크기가 있다

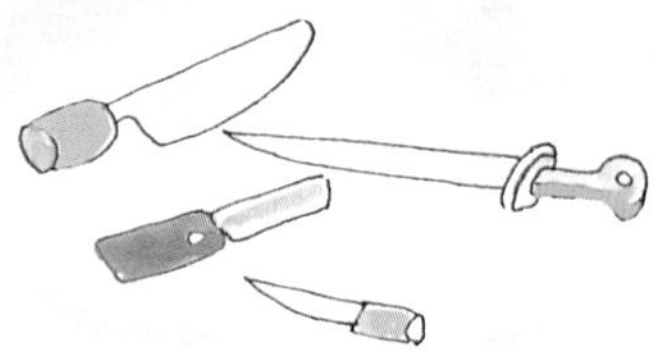

knit *knit*

[nit 닛]

타 …을 짜다, 뜨다

She is *knitting* sweater.

그녀는 스웨터를 짜고 있다.

자 뜨개질하다

knock *knock*

[nɑk 낙]

타자 1. 똑똑 두드리다, 노크하다

She *knocked* at the door.

그녀는 문을 두드렸다.

타자 2. 치다

He *knocked* the ball with a bat.

그는 배트로 공을 쳤다.

숙어 ① *knock down* 때려 눕히다

I *knocked* him *down.*

나는 그를 때려눕혔다.

② *knock out* 【권투】 녹아웃시키다

know *know*

[nou 노우]

♣ 3단현 knows, 과거 knew, 과거분사 known, 현재분사 knowing

타 1. 알다, 알고 있다

I *know* the answer.

나는 답을 안다.

Do you *know* how to drive a car?

당신은 차를 운전할 줄 아십니까?

K

I *knew* that he was right.

나는 그가 옳다는 것을 알고 있었다.

타 2. 알아차리다

He *knew* me at once.

그는 곧 나라는 것을 알아차렸다.

숙어 ① *know about~* …에 관해서 알고 있다

② *know of~* …의 일을 알고 있다

③ *as far as I know* 내가 알고 있는 한에서는

He is honest *as far as I know.*

내가 알고 있는 한에서는 그는 정직합니다.

④ *be known to~* …에 알려져 있다

He *is known to* everybody.

그는 모든 사람에게 알려져 있다.

knowledge *knowledge*

[nálidʒ 날리쥐]

명 지식, 학문

He has a good *knowledge* of English.

그는 영어를 잘 알고 있다.

known *known*

[noun 노운]

타 know(알다)의 과거분사형

Korea *Korea*

[kəríːə 커리:어]

명 한국

We live in *Korea.*

우리는 한국에 산다.

Korea is in Asia.

한국은 아시아에 있다.

※ 공식명칭은 the Republic of Korea (대한민국)

Korean *Korean*

[kəríːən 커리:언]

명 한국사람, 한국말

I am *Korean.* 나는 한국인이다.

She is a *Korean.*

그녀는 한국 사람이다.

형 한국의, 한국인의, 한국말의

Can you speak *Korean?*

당신은 한국말을 할 줄 압니까?

K

𝓛, 𝓁

label *label*

[léibl 레이블]

명 꼬리표, 상표

laboratory *laboratory*

[lǽbərətɔ:ri 래버러토:리]

명 실험실, 연구소

lace *lace*

[leis 레이스]

▶ 복수 laces [léisiz 레이시즈]

명 레이스, (구두 등의) 끈

shoe *laces* 구두끈

L

ladder *ladder*

[lǽdər 래더]

명 사다리

He climbed up the *ladder.*

그는 사다리를 올라갔다.

lady *lady*

[léidi 레이디]

▶ 복수 ladies [léidiz 레이디즈]

명 1. 부인, 숙녀 (반 gentleman 신사)

Who is this *lady?*

이 부인은 누구입니까?

명 2. …의 부인

Lady James 제임스 부인

명 3. (명사에 붙여서) 여자…, 부인…

a *lady* doctor 여의사

lake *lake*

[leik 레이크]

명 호수

There are some water birds on the *lake.*

호수에는 물새들이 있다.

This *lake* is very big.
이 호수는 아주 크다.

lamp *lamp*

[læmp 램프]

명 등, 남포

a street *lamp* 가로등
This *lamp* is bright.
이 등은 밝다.

land *land*

[lænd 랜드]

명 땅, 육지, 나라

Every country has a *land.*
모든 나라는 땅을 가지고 있다.

타자 착륙하다, 상륙하다

The plane *landed* at the airport.
비행기가 공항에 착륙하였다.

The sailors *landed* at Pusan.
선원들은 부산에 상륙하였다.

language *language*

[læŋgwidʒ 랭귀쥐]

명 말, 언어, 국어

We speak the Korean *language.*
우리는 한국말로 말한다.
We are learning a new *language.*
우리는 새로운 언어를 배우고 있다.
a foreign *language* 외국어
Many students like to learn foreign *languages.*
많은 학생들은 외국어 배우기를 좋아한다.
How many *languages* do you speak?
당신은 몇 나라 말을 하십니까?
I can speak two *languages.*
나는 2개 국어를 말할 줄 압니다.

L

large *large*

[lɑ:rdʒ 라:쥐]

♣ 비교급 larger, 최상급 largest

형 큰, 넓은, 많은 (반 small 작은)

The elephant is very *large.*

그 코끼리는 매우 크다.

There were a *large* number of ants.

많은 개미가 있었습니다.

This shirt is too *large* for me.

이 셔츠는 나에게 너무 크다.

last *last*

[læst 래스트]

형 1. 최후의 (반 first 최초의)

Z is the *last* letter of the English alphabet.

Z는 영어 알파벳의 마지막 글자이다.

형 2. 바로 전의, 지난

We had some rain *last* night.

지난 밤 비가 좀 왔었다.

I met him *last* Tuesday.

나는 지난 화요일에 그를 만났다.

부 1. 최후에

She arrived *last*.

그녀는 맨 끝에 도착했다.

부 2. 이전에

It is two years since I saw you *last*.

당신을 본 지 2년이 되었습니다.

명 최후, 마지막

숙어 *at last* 마침내, 결국

The dog died *at last*.

그 개는 결국 죽어버렸다.

Winter vacation has come *at last*.

마침내 겨울방학이 왔다.

late *late*

[leit 레이트]

♣ 비교급 later 또는 latter, 최상급 latest 또는 last

형 1. 늦은 (반 early 이른)

I was *late* for school.

나는 학교에 늦었다.

Don't be *late.*
늦지 마라.
형 2. 최근의
This bicycle is a *late* model.
이 자전거는 최신 모델이다.
부 늦게
He came into the classroom five minutes *late.*
그는 5분 늦게 교실에 들어왔다.
숙어 *of late* 요사이, 최근

lately *lately*

[léitli 레이틀리]
부 요즈음, 최근 (=of late)
I have not seen him *lately.*
요즈음 나는 그를 보지 못했다.

later *later*

[léitər 레이터]
형 《late(늦은)의 비교급》 훨씬 늦은
부 뒤에, 후에, 나중에
See you *later.*
나중에 보자.
숙어 *sooner or later* 조만간
You will know the scores *sooner or later.*
조만간 점수를 알게 될 것이다.

laugh *laugh*

[læf 래프]
자 (소리내어) 웃다
They *laughed* merrily.
그들은 즐겁게 웃었다.

숙어 *laugh at~* …을 보고(듣고) 웃다, …을 비웃다
The girls *laughed at* the boy.
소녀들은 그 소년을 비웃었다.

laughter *laughter*

[lǽftər 랩터]
명 웃음(소리)

law *law*

[lɔː 로:]
명 법률, 법칙, 규칙
Everybody si equal under the *law.*
모든 사람이 법 아래 평등하다.

lawn *lawn*

[lɔːn 론:]
명 잔디

L

Keep off the *lawn.*
《게시》 잔디밭에 들어가지 마시오.

숙어 *lawn tennis* 정구, 테니스

lay[1] *lay*

[lei 레이]

자 lie(눕다)의 과거형

lay[2] *lay*

[lei 레이]

♣ 3단현 lays, 과거 · 과거분사 laid, 현재분사 laying

타 1. 놓다, 눕히다

He *laid* a book on the desk.
그는 책을 책상 위에 놓았다.

She *laid* the baby on the bed.
그녀는 아기를 침대 위에 눕혔다.

타 2. 알을 낳다

Hen *lay* eggs.
암탉은 달걀을 낳는다.

lazy *lazy*

[léizi 레이지]

♣ 비교급 lazier, 최상급 laziest

형 게으른

The *lazy* students failed in the examination.
그 게으른 학생들은 시험에 실패했다.

Don't be so *lazy.*
그렇게 게으름 피우지 마라.

lead *lead*

[li:d 리:드]

♣ 3단현 leads, 과거 · 과거분사 led, 현재분사 leading

타 1. 이끌다, 안내하다

She *led* me to a office.
그녀는 나를 사무실로 안내했다.

L

타 2. (…에게)…을 시키다

Our teacher *led* us to study history.

선생님은 우리에게 역사 공부를 시켰다.

자 …에 이르다

All loads *lead* to Rome.

모든 길은 로마로 통한다.

leader *leader*

[líːdər 리ː더]

▶ 복수 leaders [líːdərz 리ː더즈]

명 지도자

He acted as our *leader.*

그는 우리의 지도자를 맡았다.

leaf *leaf*

[liːf 리ː프]

▶ 복수 leaves [liːvz 리ː브즈]

명 나뭇잎

A tree has a lot of *leaves.*

나무는 많은 나뭇잎이 있다.

The *leaves* of some trees turn red in fall.

어떤 나무의 잎은 가을이 되면 붉게 물든다.

lean *lean*

[liːn 린ː]

♣ 3단현 leans, 과거 · 과거분사 leaned 또는 leant《영》, 현재분사 leaning

자 기대다, 의지하다

He was *leaning* against the wall.

그는 벽에 기대고 있었다.

leap *leap*

[liːp 리ː프]

♣ 3단현 leaps, 과거 · 과거분사 leapt 또는 leaped, 현재분사 leaping

자 뛰다, 뛰어넘다

I *leapt* across the brook.

나는 시내를 뛰어 넘었다.

learn *learn*

[ləːrn 런ː]

♣ 3단현 learns, 과거 · 과거분사 learned 또는 learnt, 현재분사 learning

타 자 배우다

I am *learning* English.

나는 영어를 배우고 있다.

숙어 *learn by heart* 암기하다

learned *learned*

[lə́:rnid 러:니드] ★발음주의

형 학식이 있는, 박식한

a *learned* man 학자

learning *learning*

[lə́:rniŋ 러:닝]

명 학문, 공부

My brother likes *learning.*

형은 학문을 좋아한다.

타 learn(배우다)의 현재분사형

leather *leather*

[léðər 레더]

명 가죽

The gloves are made of *leather.*

이 장갑은 가죽으로 만들어진 것이다.

L

leave *leave*

[li:v 리:브]

♣3단현 leaves, 과거·과거분사 left, 현재분사 leaving

타 1. 떠나다, 출발하다

I *leaves* for school at seven-thirty.

나는 7시 30분에 학교로 떠난다.

타 2. 두고 가다, 잊어버리고 가다

She *left* her gloves on the desk.

그녀는 장갑을 책상 위에 두고 갔다.

타 3. 그만두다

Why did you *leave* the baseball club?

너는 왜 야구부를 그만두었니?

타 4. 그대로 두다

Don't *leave* the door open.

문을 연 채로 두지 마시오.

자 떠나가다

We *leave* for New York next week.

우리는 다음 주에 뉴욕으로 떠난다.

숙어 *leave~ behind* …을 잊어버리고 두고 가다

She *left* her bag *behind* in the car.

그녀는 차 안에 가방을 두고 왔다.

left[1] *left*

[left 렙트]

형 왼쪽의 (반 right 오른쪽의)

The building is on the *left* side of the street.

그 건물은 거리의 왼쪽 편에 있다.

명 왼쪽, 좌측

Turn to the *left.*

왼쪽으로 도시오.

숙어 *Keep left* 《게시》 좌측통행.

left[2] *left*

[left 렙트]

타자 leave(떠나다)의 과거 · 과거분사형

She left for Paris.

그녀는 파리로 떠났다.

leg *leg*

[leg 레그]

▶ 복수 legs [legz 레그즈]

명 다리

Tigers have four *legs.*

호랑이는 다리가 넷이다.

People have two *legs.*

사람은 다리가 둘이다.

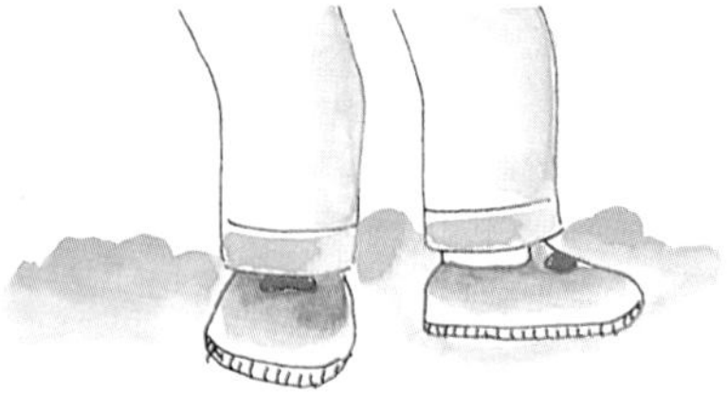

lend *lend*

[lend 렌드]

♣ 3단현 lends, 과거 · 과거분사 lent, 현재분사 lending

타 빌려주다 (반 borrow 빌려가다)

Will you *lend* me your book?

책을 빌려 주시겠어요?

lens *lens*

[lenz 렌즈]

▶ 복수 lenses [lénziz 렌지즈]

명 렌즈

lent *lent*

[lent 렌트]

타 lend(빌려주다)의 과거 · 과거분사형

less *less*

[les 레스]

타 《little(적은, 작은)의 비교급》 더 적은 (반 more 더 많은)

L

Seven is *less* than nine.

7은 9보다 적다.

부 더 적게

She is *less* beautiful than her sister.

그녀는 동생보다 예쁘지 않다.

숙어 *more or less* 많든 적든

lesson *lesson*

[lésn 레슨]

▶ 복수 lessons[lésnz 레슨즈]

명 1. (교과서의) 과

Lesson one 제 1과

Let's read *Lesson* six together.

6과를 함께 읽읍시다.

명 2. 《복수형으로》 수업

We are taking *lessons* in music.

우리는 음악 수업을 받고 있습니다.

명 3. 교훈

It is a good *lesson* to me.

그것은 나에게 좋은 교훈이 된다.

let *let*

[let 렛]

♣ 3단현 lets, 과거 · 과거분사 let, 현재분사 letting

타 시키다, 허락하다

Father *let* Jane go to the zoo.

아버지는 제인이 동물원에 가도록 허락하셨다.

Let's speak English.

영어로 말합시다.

let's *let's*

[lets 레츠]

let us (…하자)의 단축형

Let's go home.

집에 가자.

letter *letter*

[létər 레터]

명 1. 편지

Minsoo received a *letter* from his friend in the U.S.

민수는 미국에 있는 친구로부터 편지를 받았다.

I am writing a *letter* to my friend.

나는 친구에게 편지를 쓰고 있는 중입니다.

L

명 2. 글자, 문자

a capital *letter* 대문자

a small *letter* 소문자

A is a *letter*, part of the alphabet.

A는 알파벳의 일부분인 한 글자이다.

liberty *liberty*

[líbərti 리버티]

명 자유

Lincoln gave the slaves *liberty*.

링컨은 노예들에게 자유를 주었다.

the Statue of *Liberty*

자유의 여신상

library *library*

[láibreri 라이브레리]

명 도서관, 도서실

There are a lot of books in the *library*.

도서관에는 책이 많다.

lie[1] *lie*

[lai 라이]

♣ 3단현 lies, 과거 lay, 과거분사 lain, 현재분사 lying

자 드러눕다

He *lay* down on the bed.

그는 침대에 누웠다.

숙어 ① *lie down* 드러눕다, 쉬다
② *lie on one's back* 반듯이 눕다

lie[2] *lie*

[lai 라이]

♣ 3단현 lies, 과거 · 과거분사 lied, 현재분사 lying

타자 거짓말하다

He often *lies.*

그는 가끔 거짓말을 한다.

명 거짓말 (반 truth 진실)

The child told many *lies.*

그 아이는 거짓말을 많이 했다.

숙어 *tell a lie* 거짓말하다

Don't *tell a lie.*

거짓말하지 마라.

life *life*

[laif 라이프]

▶ 복수 lives [laivz 라이브즈]

명 1. 생명, 목숨 (반 death 죽음)

While there is *life,* there is hope.

생명이 있는 동안에는 희망이 있다.

명 2. 생활

She is living a very happy *life.*

그녀는 매우 행복한 생활을 하고 있다.

명 3. 인생

Art is long and *life* is short.

예술은 길고 인생은 짧다.

숙어 *all one's life* 한평생, 지금까지 죽

lift *lift*

[lift 립트]

♣ 3단현 lifts, 과거 · 과거분사 lifted, 현재분사 lifting

타자 들어올리다

He is *lifting* a heavy bag.

그는 무거운 가방을 들어 올리고 있다.

명 《영》 승강기, 《미》 엘리베이터, 태워주기

light[1] *light*

[lait 라이트]

명 (불) 빛, 등불

moon *light* 달빛

There was an electric *light* outdoors.

바깥에는 전등이 켜져 있었다.

형 밝은 (반 dark 어두운)

Days are *light* and nights are dark.

낮은 밝고, 밤은 어둡다.

타 1. 비추다, 밝게 하다

Lamps *light* up the street.

등불이 거리를 비추었습니다.

타 2. 등불을 켜다

light[2] *light*

[lait 라이트]

♣ 비교급 lighter, 최상급 lightest

형 가벼운 (반 heavy 무거운)

The pig is heavy and the mouse is *light.*

돼지는 무겁고 생쥐는 가볍다.

a *light* meal 가벼운 식사

숙어 *make light of~* …을 대수롭지 않게 여기다

They *made light of* him.

그들은 그를 업신여겼다.

lighter *lighter*

[láitər 라이터]

▶복수 lighters [láitərz 라이터즈]

명 (담배에 불붙이는) 라이터

lighthouse *lighthouse*

[láithaus 라잇하우스]

명 등대

He is a *lighthouse* keeper.

그는 등대지기입니다.

like[1] *like*

[laik 라이크]

타자 1. 좋아하다

I *like* to play tennis.

나는 테니스 치기를 좋아한다.

I *like* dogs.

나는 개를 좋아한다.

타자 2. …하고 싶다

I *like* to take a trip.

나는 여행을 하고 싶다.

숙어 *should like to* …하고 싶다 (**like**보다 정중한 표현법이다)

I *should like to* go home.

나는 집으로 가고 싶다.

L

like[2] *like*

[laik 라이크]

형 …와 같은, 닮은 (반 unlike 닮지 않은)

Jane is just *like* her mother.

제인은 어머니를 꼭 닮았다.

숙어 ① *feel like ~ing* …하고 싶은 마음이다

I *felt like* crying.

울고 싶은 기분이었다.

② *look like~* …처럼 보인다

likely *likely*

[láikli 라이클리]

형 …할 것 같은

It is *likely* to snow.

눈이 올 것 같다.

She is *likely* to come today.

그녀는 오늘 올 것 같다.

lily *lily*

[lĭli 릴리]

명 백합(꽃)

He gave me a *lily*.

그는 백합꽃을 나에게 주었다.

line *line*

[lain 라인]

명 1. 선, 줄

a straight *line* 직선

Children stand in a *line* before they get on the bus.

어린이들은 버스 타기 전에 줄을 선다.

명 2. 전화선

Hold the *line*, please.

전화를 끊지 말고 기다리세요.

명 3. (비행기, 열차, 버스 등의) 노선

the Kyongbu *line* 경부선

lion *lion*

[láiən 라이언]

명 【동물】 사자

The *lion* is the king of all animals.

사자는 동물의 왕이다.

lip *lip*

[lip 립]

▶ 복수 lips [lips 립스]

명 입술

list *list*

[list 리스트]

명 표, 목록, 명단

타 명부에 올리다. …표로 만들다

His name is on the *list* of the graduate.

그의 이름은 졸업생 명부에 올라 있다.

listen *listen*

[lísn 리슨]

♣ 3단현 listens, 과거 · 과거분사 listened, 현재분사 listening

자 듣다, …에 귀를 기울이다(~to)

Listen carefully and answer my question.

잘 듣고 내 물음에 답하라.

I *listened,* but I heard nothing.

나는 귀를 기울였으나 아무 소리도 들리지 않았다.

Ann likes to *listen* to the music.

앤은 음악 듣기를 좋아한다.

little *little*

[lítl 리틀]

♣ 비교급 less, 최상급 least

형 1. 작은 (=small, 반 big 큰)

a *little* brother 남동생

Kay is a *little* girl.

케이는 작은 소녀입니다.

형 2. 《a little로》 조금의, 약간의

I can speak *a little* English.

나는 영어를 조금 할 줄 안다.

형 3. 《a가 없이 부정》 조금밖에 없는

There is *little* water in the bottle.

병 속에는 물이 조금밖에 없다.

부 1. 거의 …않다

She slept very *little* last night.

그녀는 어젯밤 거의 자지 못했다.

부 2. 조금은

Mary is a *little* taller than her mother.

메리는 어머니보다 키가 조금 크다.

숙어 ① *little by little* 조금씩
② *not a little* 적지 않게

※ little에 a를 써서 a little이라고 하면 긍정적인 뜻이지만 a를 쓰지 않고 little이라고만 하면 부정의 뜻이 된다.

L

live *live*

[liv 리브]

♣ 3단현 lives, 과거 · 과거분사 lived, 현재분사 living

자 1. 살다 (반 die 죽다)

Where do you *live?*

어디에 살고 있습니까?

I *live* on 2nd Street Chongno.

나는 종로 2가에서 산다.

자 2. 살아 있다

He *lived* a happy life.

그는 행복하게 살았다.

자 3. 살아가다, 생존하다

We are *living* happily.

우리는 행복하게 살고 있습니다.

숙어 *live on~* …을 먹고 살다

The Americans *live on* bread.

미국 사람은 빵을 먹고 산다.

living room *living room*

[líviŋ ru(:)m 리빙 룸:]

명 거실 (영국에서는 sitting room)

Our family watch TV in the *living room.*

가족은 거실에서 TV를 본다.

lobby *lobby*

[lɑ́bi 라비]

▶ 복수 lobbies [lɑ́biz 라비즈]

명 현관, 홀, 로비

lock *lock*

[lɑk 락]

명 자물쇠, 잠그는 장치

Many doors have *locks* on them.

많은 문에 자물쇠가 있다.

타 잠그다

Lock the door with the key.

열쇠로 문을 잠가라.

자 잠겨지다

log *log*

[lɔ:g 로:그]

명 통나무

Lincoln was born in a cabin made of *logs.*

링컨은 통나무집에서 태어났다.

London *London*

[lʌ́ndən 런던]

명 런던 (영국의 수도)

London is the capital of England.

런던은 영국의 수도이다.

lonely *lonely*

[lóunli 로운리]

형 외로운, 고독한

Many old people are *lonely.*

많은 노인들이 외롭다.

He lived a *lonely* life.

그는 고독한 일생을 보냈다.

long *long*

[lɔːŋ 롱:]

♣ 비교급 longer, 최상급 longest

형 긴 (반 short 짧은), 길이가 …인

The giraffe has a *long* neck.

기린은 긴 목을 가지고 있다.

This bridge is 9 feet *long.*

이 다리는 길이가 9피트입니다.

부 오랫동안

How *long* have you stayed in Pusan?

부산에서 얼마나 오랫동안 있었니?

숙어 ① *as long as~* …하는 동안은, …하는 한에서는

I will help him *as long as* I live.

나는 살아있는 동안은 그를 도울 것이다.

② *no longer* 이젠 …아닌

It is *no longer* hot.

이젠 덥지 않습니다.

③ *so long as~* …하는 한

④ *So long!* 안녕!

look *look*

[luk 룩]

♣ 3단현 looks, 과거 · 과거분사 looked, 현재분사 looking

자 1. (look at~) …을 지켜보다, 바라보다

Look at me. 나를 보아라.

Look! A bus is coming.

보십시오. 버스가 옵니다.

자 2. …으로 보이다

You *look* very beautiful this morning.

너는 오늘 아침에 매우 아름다워 보인다.

명 1. 보기, 표정

She gave him a sharp *look*.

그녀는 그를 날카롭게 쏘아 보았다.

a sad *look* 슬픈 표정

명 2. 《복수형으로》 인상, 용모

She has good *looks*.

그녀는 용모가 단정하다.

숙어 ① *look after~* …을 돌보다

He *looks after* cows.

그는 소를 돌보고 있다.

② *look like~* …처럼 보이다, 닮다

She *looks like* her mother.

그녀는 자기 어머니를 닮았다.

③ *look about~* (…의) 주위를 둘러보다

④ *look at~* …을 보다

He *looked at* the sea.

그는 바다를 보았다.

⑤ *look for~* …을 찾다

I am *looking for* the book.

책을 찾고 있다.

⑥ *look out* 내다보다, 바라보다

⑦ *look up* 쳐다보다

They *looked up* at the moon.

그들은 달을 쳐다보았다.

⑧ *look back* 뒤돌아 보다

lose *lose*

[lu:z 루:즈]

♣ 3단현 loses, 과거 · 과거분사 lost, 현재분사 losing

타 1. …을 잃다

I am *lost* my bag.

나는 가방을 잃었다.

타 2. …에 지다

They *lost* the game.

그들은 시합에 졌다.

타 3. 길을 잃다

I *lost* my way in the mountains.

나는 산 속에서 길을 잃었다.

lost *lost*

[lɔ:st 로:스트]

타 lose(잃다)의 과거 · 과거분사형

형 잃어버린, 길 잃은

I found my *lost* purse.

나는 잃어버린 지갑을 찾았다.

a *lost* child 길 잃은 아이

lot *lot*

[lɑt 랏]

▶ 복수 lots [lɑts 라츠]

명 많음 (수나 양에 모두 쓰인다)

숙어 ① *a lot of* (또는 lots of) 많은

I has *a lot of* (*lots of*) friends at school.

나는 학교에 친구가 많다.

There are *a lot of* (*lots of*) flowers in the garden.

정원에는 많은 꽃들이 있다.

② *a lot* 많이

Thanks *a lot.*

대단히 감사합니다.

Jane has *a lot* more.

제인이 훨씬 더 많이 가졌다.

loud *loud*

[laud 라우드]

♣ 비교급 louder, 최상급 loudest

형 소리가 큰, 시끄러운

He likes *loud* music.

그는 시끄러운 음악을 좋아한다.

a *loud* voice 큰 목소리

부 큰소리로

Don't speak so *loud.*

그렇게 큰소리로 말하지 마라.

love *love*

[lʌv 러브]

명 사랑, 애정, 좋아함

Love is blind.

사랑은 눈을 멀게 한다.

the first *love* 첫사랑

I *love* you, Tim.

팀, 사랑해.

타 사랑하다, 좋아하다

The *love* each other very much.

그들은 서로 대단히 사랑한다.

Mother *loves* her baby.

어머니는 아기를 사랑합니다.

He has a great *love* of movie.

그는 영화를 매우 좋아한다.

숙어 *fall in love with* …를 사랑하다, …에게 반하다

lovely *lovely*

[lʌ́vli 러블리]

형 사랑스러운, 아름다운, 아주 즐거운

You look *lovely.*
너는 사랑스럽구나.
She is a *lovely* lady.
그녀는 아름다운 부인이다.
We had a *lovely* time.
우리는 아주 즐거웠다.

lover *lover*

[lʌ́vər 러버]

명 애인, 애호가

He is a *lover* of music.
그는 음악 애호가이다.

low *low*

[lou 로우]

♣ 비교급 lower, 최상급 lowest

형 1. 낮은 (반 high 높은)

She spoke to me in a *low* voice.
그녀는 낮은 소리로 나에게 말했다.

형 2. 싼

You can buy things at the market at a *low* price.
시장에서 물건을 싼 값에 살 수 있다.

형 3. 기운 없는

He was in *low* spirits.
그는 기운이 없었다.

부 낮게, 싸게

The plane is flying *low.*
비행기가 낮게 날고 있다.

luck *luck*

[lʌk 럭]

명 운, 행운

I wish you *luck.*
네게 행운이 있기를 바란다.
He had good *luck.*
그는 운에 좋았다.
Good *luck* to you!
행운을 빕니다!
We had bad *luck.*
우리는 운에 나빴다.
He had the *luck* to pass the examination.
그는 다행히도 시험에 합격하였다.

lucky *lucky*

[lʌ́ki 러키]

형 운이 좋은, 행운의 (반 unlucky

운이 나쁜)

Sam is a *lucky* boy.

샘은 운이 좋은 소년이다.

Seven is a *lucky* number.

7은 행운의 숫자이다.

lunch *lunch*

[lʌntʃ 런취]

▶ 복수 lunches [lʌ́ntʃiz 런취즈]

명 점심

eat (have, take) *lunch* 점심을 먹다

I take my *lunch* at noon.

나는 정오에 점심을 먹는다.

People have *lunch* in the middle of the day.

사람들은 점심을 하루 중간에 먹는다.

lying[1] *lying*

[láiiŋ 라이잉]

자 lie(드러눕다)의 현재분사형

The cat is *lying* on the floor.

고양이가 마루에 누워 있다.

형 드러누운

lying[2] *lying*

[láiiŋ 라이잉]

자 lie[2](거짓말하다)의 현재분사형

The boy is *lying.*

그 소년은 거짓말을 하고 있다.

형 거짓말의

M, m

ma'am *ma'am*

[mæm 맴]

명 아주머니, 부인, 마님

※ madam의 단축형으로 하인이 여주인에게 점원이 여자 손님 등에 쓰는 말이다.

Yes, *ma'am.*

네, 부인.

machine *machine*

[məʃíːn 머쉰:]

명 기계

My mother has a sewing *machine.*

어머니는 재봉틀을 가지고 있다.

A washing *machine* washes clothes for people.

세탁기는 사람 대신 옷을 세탁한다.

This *machine* works well.

이 기계는 잘 작동한다.

mad *mad*

[mæd 매드]

♣ 비교급 madder, 최상급 maddest

형 1. 미친, 발광한, 화난

A *mad* dog is coming.

미친 개가 온다.

She has gone *mad.*

그녀는 발광했다.

Why are you *mad* at me?

왜 내게 화가 났니?

형 2. 열중한

He is *mad* about basketball.

그는 농구에 열중하고 있다.

madam *madam*

[mǽdəm 매덤]

명 아주머니, 부인

made *made*

[meid 메이드]

타자 make(만들다)의 과거 · 과거분사형

magazine *magazine*

[mæ̀gəzíːn 매거진:]

명 잡지

a weekly *magazine* 주간지
a monthly *magazine* 월간지
She takes (in) this *magazine.*
그녀는 이 잡지를 보고 있다.

magic *magic*

[mǽdʒik 매직]
명 마법, 마술, 요술

형 마법의, 마술의
He had a *magic* lamp.
그는 마술 램프를 가지고 있었다.

magnet *magnet*

[mǽgnit 매그닛]
명 자석

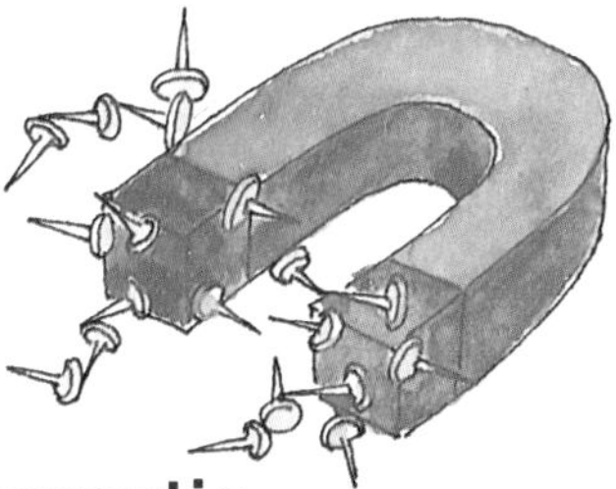

magnetic *magnetic*

[mægnétik 매그네틱]
형 1. 자석의
형 2. 마음을 끄는, 매력있는

maid *maid*

[meid 메이드]
명 1. 하녀
명 2. 소녀, 처녀
She is an old *maid.*
그녀는 노처녀이다.

mail *mail*

[meil 메일]
▶ 복수 mails [meilz 메일즈]
명 우편, 우편물(영국에서는 post)
I had a lot of *mail* this morning.
오늘 아침 내게 많은 우편물이 왔다.

타 우편으로 보내다, …을 우송하다
I *mailed* the letter this morning.
그 편지를 오늘 아침에 우송했다.
숙어 *by mail* 우편으로

I sent the letter *by* air*mail.*
나는 그 편지를 항공 우편으로 보냈다.

mailbox *mailbox*

[méilbaks 메일박스]
명 《미》 우체통, 포스트
《영》 우편물 받는 통(=letter box)

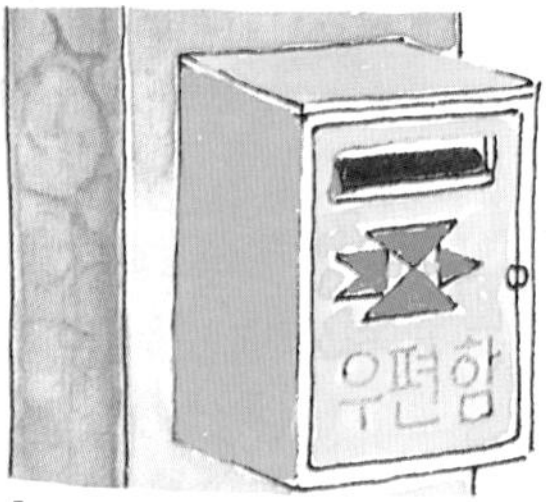

main *main*

[mein 메인]
형 주된, 주요한
the *main* office 본점, 본사
This is the *main* street of this town.
이것이 이 도시의 번화가이다.

make *make*

[meik 메이크]
♣ 3단현 makes, 과거 · 과거분사 made, 현재분사 making
타 1. 만들다
I *made* good lunch yesterday.
나는 어제 맛있는 점심을 만들었다.
She has *made* her dress.
그녀는 옷을 만들었다.

타 2. 사귀다
Jack *made* some new friends.
잭은 몇 명의 새 친구를 사귀었다.
타 3. …이 되다
She will *make* a good teacher.
그녀는 좋은 선생님이 될 것이다.
Two and two *make* four.
2 더하기 2는 4다.
타 4. 《make+목적어+명사(또는 형용사)로》 ~을 …으로 만들다
They *made* him captain.
그들은 그를 주장으로 삼았다.
I *made* her happy.
나는 그녀를 행복하게 하였다.
타 5. 《make+목적어+동사의 원형으로》 ~을 …하게 하다, 시키다
He *made* me work.
그는 내게 일을 시켰다.
숙어 ① *make~ from* …으로 ~을 만들다

M

Wine is *made from* grapes.
포도주는 포도로 만들어진다.

② *make~ of* …으로 ~을 만들다

This desk is *made of* wood.
이 책상은 나무로 만들었다.

※ 원료가 본질적으로 변할 때에는 from, 변하지 않을 때에는 of를 쓴다.

③ *make the best of~* …을 최대한으로 이용하다

④ *make up one's mind to (do)* …할 결심을 하다

He *made up his mind to go* to French.
그는 프랑스에 갈 결심을 하였다.

maker *maker*

[méikər 메이커]

명 만드는 사람, 제조인

a toy *maker* 장난감 제조업자

makeup *makeup*

[méikʌp 메이컵]

명 분장, 메이크업

male *male*

[meil 메일]

명 남성, 수컷 (반 female 여성, 암컷)

형 남성의, 수컷의

man *man*

[mæn 맨]

▶ 복수 men [men 멘]

명 1. 남자 (반 woman 여자)

Father is a *man* and mother is a woman.
아버지는 남자이고 어머니는 여자이다.

명 2. 인간, 사람

Man cannot live by bread alone.
인간은 빵만으론 살 수 없다.

All *men* are equal.
사람은 모두 평등하다.

명 3. 《복수형으로》 부하, 제자, 종업원

M

He has a lot of *men*.

그는 많은 부하를 거느리고 있다.

숙어 *like a man* 남자답게

He died *like a man*.

그는 남자답게 죽었다.

manager *manager*

[mǽnidʒər 매니쥐]

명 1. 지배인, 경영자

명 2. 감독, 우두머리

manner *manner*

[mǽnər 매너]

명 1. 방법, 방식, 모양, 태도

He spoke in a gentle *manner*.

그는 점잖게 말했다.

명 2. 《복수형으로》 예의 범절, 몸가짐

many *many*

[méni 메니]

♣ 비교급 more, 최상급 most

형 많은, 다수의 (반 few 적은)

He has *many* books.

그는 많은 책을 가지고 있다.

명 다수의 사람, 많은 물건

Many of my friends came to my birthday party.

많은 친구들이 나의 생일 파티에 왔었다.

숙어 ① *a good many* 꽤 많은

There were *a good many* people in the zoo.

동물원에는 꽤 많은 사람이 있었다.

② *How many…?* 몇 개의, 몇 명의

How many brothers have you?

형제가 몇이나 됩니까?

③ *as many~ as* …만큼 많은

Take *as many* grapes *as* you like.

먹고 싶은 대로 포도를 먹어라.

※ many는 셀 수 있는 것에 쓴다. much(많은)은 셀 수 없는 것에 쓴다. a lot (of)는 어느 경우에나 쓴다.

map *map*

[mæp 맵]

명 (한장의) 지도 (지도책은 atlas)

I can see where I live on the *map*.

나는 지도에서 내가 어디에 사는

M

지를 볼 수 있다.

a *map* of the world 세계지도

a road *map* 도로지도

maple *maple*

[méipl 메이플]

명 단풍(잎), 단풍나무

March *March*

[maːrtʃ 마:취]

명 3월 (약어는 Mar.)

March 1 3월 1일

(March (the) first로 읽는다.)

There are thirty-one days in *March*.

3월에는 31일이 있다.

mark *mark*

[maːrk 마:크]

명 1. 표, 기호, 마크, 흔적

trade *mark* 상표

question *mark* 물음표

명 2. 성적, 점수

I got full *marks* for French examination.

나는 프랑스어 시험에서 만점을 받았다.

명 3. 표적, 목적, 과녁

He hit his *mark*.

그는 목적을 달성하였다.

타 …에 표를 하다, 점수를 매기다

I *marked* the world in red.

나는 그 단어에 빨간색으로 표를 했다.

market *market*

[máːrkit 마:킷]

▶ 복수 markets [máːrkits 마:킷츠]

명 1. 시장

People sell and buy things in a *market*.

사람들은 시장에서 물건을 팔고 산다.

명 2. 시세, 판로, 수요

marry *marry*

[mǽri 매리]

타 1. 결혼하다

Jack *married* Ann.

잭은 앤과 결혼했다.

M

Will you *marry* me?

나와 결혼해 주시겠습니까?

타 2. 결혼시키다

Sam *married* his daughter to a doctor.

샘은 그의 딸을 의사에게 시집보냈다.

숙어 *be* (또는 *get*) *married* 결혼하다, 결혼하고 있다

They were (또는 *get*) *married* ten years ago.

그들은 10년 전에 결혼하였다.

mask *mask*

[mæsk 매스크]

명 탈, 가면

He wears a *mask*.

그는 가면을 쓰고 있다.

master *master*

[mǽstər 매스터]

명 1. 주인, 고용주, 가축을 키우는 사람

My father is the *master* of our house.

아버지께서 우리 집의 주인이시다.

That dog likes his *master*.

저 개는 주인을 좋아한다.

명 2. 장, 선장, 《영》 남자 선생

I want to be a station*master*.

나는 역장이 되고 싶다.

He is the *master* of a ship.

그는 선장이다.

He is a English *master*.

그는 영어 선생이다.

타 습득하다, 숙달하다

I want to *master* English some day.

나는 언젠가는 영어를 숙달하기를 원한다.

match[1] *match*

[mætʃ 매취]

▶ 복수 matches [mǽtʃiz 매취즈]

명 성냥

Here is a box of *matches*.

여기에 성냥 한 갑이 있다.

strike a *match* 성냥을 켜다

match[2] *match*

[mætʃ 매취]

명 1. 시합

We watched the boxing *match* on television.

우리는 텔레비전에서 권투 시합을 보았다.

명 2. 좋은 상대, 호적수

He is not a *match* for you in tennis.

정구에 있어서 그는 당신의 상대가 아니다.

타 …에 어울리다, …와 조화하다

The cap and shirt are a good *match.*

그 모자와 셔츠는 잘 어울린다.

Betty's stockings *matches* the color of her dress.

베티의 스타킹은 드레스의 색깔과 잘 어울린다.

mathematics *mathematics*

[meθimǽtiks 매씨매틱스]

명 수학

※ 복수형이지만 단수로 취급한다.

matter *matter*

[mǽtər 매터]

명 1. 일, 사항, 문제

It's only a little *matter.*

그것은 사소한 문제에 불과하다.

a *matter* of life and death

생사의 문제

명 2. 《the를 붙여서》 곤란, 어려움, 고장

Is anything the *matter* with you?

무슨 일이 있니?

자 중요하다, 문제가 되다

It does not *matter.*

그런 것은 문제가 되지 않는다.

숙어 ① *as a matter of fact* 사실은, 실제는

② *a matter of course* 당연한 일

May *May*

[meɪ 메이]

명 5월

May 5 5월 5일

(*May* (the) fifth라고 읽는다)
There are thirty-one days in *May*.
5월에는 31일이 있다.
Buds open in *May*.
5월에는 싹이 튼다.

may *may*

[mei 메이]
♣ 과거 might
조 1. 《허가》 …해도 좋다
You *may* go out.
밖에 나가도 좋다.
You *may* go home now.
이제 집에 가도 좋다.
You *may* watch television.
텔레비전을 봐도 좋다.

조 2. 《추측》 …일지도 모른다
The bus *may* be late.
버스가 늦을지도 모른다.
It *may* be true.
그것은 정말일지도 모른다.
You *may* be right.
네가 옳을지도 모른다.

조 3. 《가정법》 …할 수도 있다 (반 cannot …할 수가 없다)
You *may* call him a fool, but you cannot call him a bad man.
그를 바보라고 말할 수는 있으나 악인이라고는 말할 수 없다.
조 4. 《양보》 가령 …일지라도
조 5. 《목적》 …하기 위하여
조 6. 《기원》 …하기를, 바라건대
May you succeed!
성공하기를!
May you be happy!
행복하기를!
숙어 ① *may well~* …하는 것도 당연하다
② *may as well~* …하는 편이 좋다
You *may as well* go with her.
당신은 그녀와 같이 가는 편이 좋다.
③ *May I help you?* 도와 드릴까요?

maybe *maybe*

[méibi: 메이비:]
부 아마, 어쩌면, …할지도 모른다
Maybe we will have rain.
비가 내릴지도 모른다.
Maybe we'll see Tom tomorrow.

M

내일 톰을 만나게 될지도 모른다.
Maybe you will succeed next time.
아마 다음 번에는 성공할 것이다.

mayor *mayor*

[méiər 메이어, mεər 메어]
명 시장(市長)

me *me*

[mi: 미:]
대 《I의 목적격》 나를, 나에게
Look at *me*. 나를 봐라.
Will you go with *me*?
나하고 가지 않겠니?
He knows *me*.
그는 나를 알고 있다.

meal *meal*

[mi:l 밀:]
▶ 복수 meals [mi:lz 밀:즈]
명 식사

People have three *meals* a day.
사람들은 하루에 세 번 식사를 한다.
※ breakfast(아침밥), lunch(점심), supper(저녁밥), dinner(정찬)

mean *mean*

[mi:n 민:]
♣ 3단현 means, 과거·과거분사 meat, 현재분사 meaning
타 1. …을 뜻하다, 의미하다
What do you *mean* by this world?
이 말은 무슨 뜻이니?
I didn't *mean* to hurt you.
너를 다치게 할 뜻은 아니었다.
타 2. …할 예정이다
He *mean* to start tomorrow.
그는 내일 출발할 예정이다.
형 비열한, 인색한, 비천한
He is *mean* about money.
그는 돈에 인색하다.
It is *mean* to tell a lie.
거짓말하는 것은 비열한 짓이다.

means *means*

[mi:nz 민:즈]
명 방법, 수단
There are no *means* of getting there.
거기에 갈 방법이 없다.
Some think that the strongest *means* is money.

M

어떤 사람들은 가장 강한 수단은 돈이라고 생각한다.

숙어 ① *by all means* 기어이, 꼭

② *by means of~* …에 의하여

③ *by no means* 결코 …아니다

meat *meat*

[mi:t 미:트]

명 식용고기, 식육(생선은 포함되지 않음)

Not everyone likes to eat *meat.*

모든 사람이 고기 먹는 것을 좋아하지는 않는다.

※ beef(쇠고기), pork(돼지고기), fish(생선), chicken(닭고기)

medal *medal*

[médl 메들]

명 메달, 훈장, 기장

He won a gold *medal.*

그는 금메달을 획득하였다.

meet *meet*

[mi:t 미:트]

♣ 3단현 meets, 과거 · 과거분사 met, 현재분사 meeting

타 1. 만나다

I am glad to *meet* you.

만나서 반갑다.

We will *meet* again.

우리는 다시 만날 것이다.

I *met* him yesterday.

나는 어제 그를 만났다.

타 2. 마중하다

I went to the airport to *meet* him.

그를 마중하러 공항에 갔었다.

자 마주치다, 모이다, 회합하다

They will *meet* at his house.

그들은 그의 집에서 모입니다.

숙어 *meet with~* …를 만나다, …와 우연히 마주치다

meeting *meeting*

[mí:tiŋ 미:팅]

명 회, 모임

Our club had a *meeting* yesterday.
우리 클럽은 어제 모임을 가졌다.

melon *melon*

[mélən 멜런]
명 멜론, 참외

member *member*

[mémbər 멤버]
명 (단체의) 일원, 회원
He is a regular *member* of our football team.
그는 우리 축구팀의 정규 선수다.

memory *memory*

[méməri 메머리]
▶ 복수 memories [méməriz 메머리즈]
명 1. 기억, 기억력
He has a good(poor) *memory.*
그는 기억력이 좋다(나쁘다).
명 2. 추억
He lives on our *memories.*
그는 우리들의 추억 속에서 살고 있다.
숙어 *in memory of~* …을 기념하여

men *men*

[men 멘]
명 man(사람, 남자)의 복수형

mend *mend*

[mend 멘드]
타 고치다, 수선하다
I had my dress *mended.*
나는 나의 옷을 수선하게 하였다.
He *mended* his manners.
그는 태도를 고쳤다.
자 고쳐지다, 좋게 되다

mention *mention*

[ménʃən 멘션]
타 …에 대해 말하다, 언급하다
I *mentioned* the plan to him.
나는 그 계획을 그에게 말했다.
Don't *mention* it.
천만에 말씀입니다.
명 언급, 진술

mermaid *mermaid*

[mə́r:meid 머:메이드]

명 인어, 《미》 여자 수영 선수

merrily *merrily*

[mérəli 메럴리]

부 즐겁게, 유쾌하게

Row you boat *merrily.*

즐겁게 배를 저어라.

He laughed *merrily* upon hearing my story.

그는 내 이야기를 듣자 유쾌하게 웃었다.

merry *merry*

[méri 메리]

♣ 비교급 merrier, 최상급 merriest

형 즐거운, 유쾌한, 명랑한

I wish you a *merry* Christmas.

즐거운 성탄을 기원한다.

They had a *merry* time at the Christmas party.

그들은 크리스마스 파티에서 즐거운 시간을 가졌다.

Merry Christmas and Happy New Year.

즐거운 성탄과 행복한 새해를 빕니다.

met *met*

[met 멧]

타자 meet(만나다)의 과거 · 과거분사형

meter *meter*

[mí:tər 미:터]

명 1. 미터 (길이의 단위)

The bridge is about 300 *meters* long.

그 다리의 길이는 약 300 미터이다.

명 2. (가스, 택시 등의) 미터, 계량기

method *method*

[méθəd 메써드]

명 방법, 방식

The teacher uses a new teaching *method.*

그 선생님은 새로운 교육 방법을 쓰신다.

mice *mice*

[mais 마이스]

명 mouse(생쥐)의 복수형

microscope *microscope*

[máikrəskoup 마이크러스코우프]

명 현미경

middle *middle*

[mídl 미들]

형 가운데의, 중앙의

My mother has cut her *middle* finger.

어머니는 가운데 손가락을 베었다.

We will start about the *middle* of this month.

우리는 이 달 중순경에 출발할 것이다.

숙어 *in the middle of~* …의 한가운데에

The island is *in the middle of* the lake.

그 섬은 호수 한가운데에 있다.

The nose is *in the middle of* the face.

코는 얼굴 한가운데에 있다.

midnight *midnight*

[mídnait 미드나이트]

명 한밤중

Everything is still at *midnight.*

한밤중에는 만물이 고요하다.

might[1] *might*

[mait 마이트]

조 may의 과거형

might[2] *might*

[mait 마이트]

명 힘

He fought with all his *might.*

그는 온 힘을 다하여 싸웠다.

mile *mile*

[mail 마일]

명 마일 (길이의 단위로 1마일은 약 1,609m)

The river is twenty *miles* long.

그 강의 길이는 20 마일이다.

milk *milk*

[milk 밀크]

명 우유, 밀크

Milk comes from cows.
우유는 소에게서 나온다.
She drink *milk* every day.
그녀는 매일 우유를 마신다.

Butter and cheese is made from *milk*.
버터와 치즈는 우유로 만든다.

million *million*

[míljən 밀련]

명 백만

One *million* is written 1,000,000.
백만은 1,000,000으로 쓴다.
two *million(s)* of people
200만 명

형 백만의

About nine *million* people live in Seoul.
약 9백만 명이 서울에 살고 있다.

숙어 *millions of* 수백만의, 매우 많은

Millions of people were killed in World War Ⅱ.
제 2차 대전으로 수많은 사람들이 죽었다.

mind *mind*

[maind 마인드]

명 1. 마음, 정신, 지성, 두뇌

You think with your *mind*.
자기 마음으로 생각한다.
He is sound of *mind* and body.
그는 정신과 육체가 다 건전하다.
She has an intelligent *mind*.
그녀는 지적인 두뇌의 소유자이다.

명 2. 기억(=memory)

Keep this in *mind*.
이것을 기억해 두어라.

명 3. 생각, 의견

She has changed her *mind*.
그녀는 생각을 바꾸었다.

숙어 *make up one's mind* 결심하다

I *made up my mind* to leave school.
나는 학교를 그만두기로 결심했다.

타 1. 조심하다, 주의하다

Mind your step.

《게시》 발걸음 조심.

타 2. 《의문문 · 부정문에서》 …을 싫어하다, …에 신경을 쓰다

Don't *mind* me.

내게 신경 쓰지 마라.

자 걱정하다

Never *mind.*

걱정하지 마라.

mine *mine*

[main 마인]

대 《I의 소유대명사》 내것

This book is *mine.*

이 책은 내것이다.

miner *miner*

[máinər 마이너]

명 광부

minute *minute*

[mínit 미닛]

▶ 복수 minutes [mínits 미니츠]

명 1. (시간의) 분

One *minute* has sixty seconds.

1분은 60초이다.

One hour has sixty *minutes.*

1시간은 60분이다.

It is ten *minutes* past five.

5시 10분입니다.

명 2. 잠깐 동안, 잠시

Please wait a *minute.*

잠깐만 기다려 주세요.

숙어 *in a minute* 곧, 즉시

I will be back *in a minute.*

곧 되돌아오겠다.

mirror *mirror*

[mírər 미러]

명 거울

My room has one small *mirror.*

내 방에는 한 개의 작은 거울이 있다.

My mother is looking in the *mirror.*

어머니께서 거울을 보고 있습니다.

Miss *Miss*

[mis 미스]

명 …양 (미혼 여성의 이름 앞에 붙이는 존칭), …씨, …선생

Miss Jones will go with us next Sunday.

존스양은 다음 일요일에 우리들과 함께 갈 것이다.

Julie is *Miss* Jones's first name.

쥴리가 존스 선생님의 이름이다.

miss *miss*

[mis 미스]

♣ 3단현 misses, 과거 · 과거분사 missed, 현재분사 missing

타 1. 놓치다, …하지 못하다

I *missed* my bus today.

나는 오늘 버스를 놓쳤다.

타 2. …이 없어서 쓸쓸하다, 보고 싶다

I *miss* my mother when she is away.

나는 어머니가 안 계시면 쓸쓸하다.

I will *miss* you.

보고 싶을꺼야.

명 실패, 빗나감

mistake *mistake*

[mistéik 미스테이크]

♣ 3단현 mistakes, 과거 mistook, 과거분사 mistaken, 현재분사 mistaking

타자 오해하다, …을 ~으로 잘못알다 (~for)

She *mistook* me for my brother.

그녀는 나를 나의 형(동생)으로 잘못 봤다.

He *mistook* my question.

그는 나의 질문을 오해했다.

명 잘못, 틀림, 실수

There was one spelling *mistake.*

철자 틀린 것이 하나 있었다.

She make too many *mistakes.*

그녀는 실수를 너무 많이 한다.

숙어 ① *make a mistake* 틀리다

I *made* three *mistakes* in the history test.

나는 역사 시험에서 세 개 틀렸다.

② *by mistake* 잘못하여, 실

수로
He took my book *by mistake.*
그는 실수로 나의 책을 가지고 갔다.

mix *mix*

[miks 믹스]
타 섞다, 혼합하다
He is *mixing* wine with water.
그는 포도주를 물과 혼합하고 있다.
자 섞이다, 혼합되다

model *model*

[mádl 마들]
명 1. 모형, 모델
This is the *model* of our house.
이것은 우리 집의 모형이다.
We can see new car *models.*
우리는 새로운 자동차 모델을 볼 수 있다.

명 2. 모범, 본보기

modern *modern*

[mádərn 마던]
형 현대의, 근대의
modern times 현대
modern language 현대어
Computer is *modern* invention.
컴퓨터는 현대의 발명품이다.
I like *modern* music.
나는 현대 음악을 좋아한다.

mom *mom*

[mam 맘]
명 (어린이 말) 엄마 (반 dad 아빠)
Mom is wearing a violet dress.
엄마가 보라색 드레스를 입고 있다.

moment *moment*

[móumənt 모우먼트]
▶ 복수 moments [móumənts 모우먼츠]
명 순간, 찰나
Wait a *moment,* please.
잠깐 기다려 주십시오.
A *moment* is a very short time.
순간은 매우 짧은 시간이다.
숙어 ① *in a moment* 곧, 즉시

Father will come *in a moment.*
아버지는 곧 오실 것이다.
② *for a moment* 잠시 동안

mommy *mommy*

[mámi 마미]
명 (어린이 말) 엄마

Monday *Monday*

[mʌ́ndi 먼디]
명 월요일 (약어는 Mon.)
Monday comes after Sunday.
월요일은 일요일 다음 날이다.
last *Monday* 지난 월요일에
on *Monday* 월요일에
See you on *Monday.*
월요일에 만나자.

money *money*

[mʌ́ni 머니]
명 돈, 화폐, 금전

We use *money* to buy things.
우리는 물건을 사는데 돈을 사용한다.
How much *money* do you have now?
지금 돈이 얼마나 있습니까?
No, I have no *money.*
아니오, 가지고 있는 돈이 없습니다.
He has made much *money.*
그는 돈을 많이 벌었다.
Money is not everything.
돈이 전부는 아니다.
Time is *money.*
《속담》 시간은 돈이다.

monkey *monkey*

[mʌ́ŋki 멍키]
▶ 복수 monkeys [mʌ́ŋkiz 멍키즈]
명 원숭이
A *monkey* is a wise animal.
원숭이는 영리한 동물이다.
Monkeys live in trees.
원숭이들은 나무에서 산다.

month *month*

[mʌnθ 먼쓰]

명 (달력의) 달

this *month* 이 달

next *month* 다음달

last *month* 지난달

There are twelve *months* in a year.

일년에는 열 두 달이 있다.

He will come next *month*.

그는 다음달에 올 것이다.

"What day of the *month* is today?"

오늘은 며칠입니까?

"It is the 13th of August."

8월 13일입니다.

moon *moon*

[mu:n 문:]

명 (천체의) 달

full *moon* 보름달

half *moon* 반달

The *moon* came up.

달이 떴다.

The *moon* goes around the earth.

달은 지구 주위를 돈다.

moonlight *moonlight*

[múnlait 문:라이트]

명 달빛

more *more*

[mɔ:r 모:]

부 1. 《much의 비교급》 보다 많이, 더욱 더

Please be *more* careful.

좀 더 주의하십시오.

부 2. 게다가, 또다시

She tried once *more*.

그녀는 또 한 번 해보았다.

형 1. 《many의 비교급》 (수가) 보다 더 많은

형 2. 《much의 비교급》 (양이) 보다 더 많은

She has *more* books than I.

그녀는 나보다 더 많은 책을 가지고 있다.

He has *more* money than she.

그는 그녀보다 많은 돈을 가지고 있다.

숙어 ① *more and more* 더욱 더, 점점 더

② *the more~ the more…* ~하면 할수록 더욱…

The more I read this book, *the more* it became interesting.

이 책은 읽으면 읽을수록 더욱 재미있어진다.

③ *more than* …이상

④ *no more* 이 이상 …하지 않다

morning *morning*

[mɔ́ːrniŋ 모:닝]

명 아침, 오전

this *morning* 오늘 아침

yesterday *morning* 어제 아침

every *morning* 매일 아침

He came back on Sunday *morning*.

그는 일요일 아침에 돌아왔다.

most *most*

[moust 모우스트]

부 1. 《much의 최상급》 가장, 제일

Baseball is the *most* popular sport in Korea.

야구는 한국에서 가장 인기있는 스포츠다.

부 2. 《a most로서》 매우, 대단히 (=very)

It is a *most* beautiful flower.

그것은 매우 아름다운 꽃이다.

형 1. 《many, much의 최상급》 가장 많은

He has *the* most money.

그가 돈을 제일 많이 가지고 있다.

형 2. 《the를 붙이지 않고》 대부분의

Most people like books.

대부분의 사람들은 책을 좋아한다.

Most children like ice cream.

대부분의 어린이들은 아이스 크림을 좋아한다.

명 1. 《the를 붙여서》 최대수(양), 최대한도

명 2. 《the를 붙이지 않고》 대부분

They spend *most* of their time fishing.

그들은 대부분의 시간을 낚시질 하는 데 보낸다.

숙어 ① *at (the) most* 기껏해야, 많아야

He is twenty years old *at most.*

그는 많아야 스무 살 정도다.

② *most of all* 특히, 무엇보다도

I like this flower *most of all.*

나는 특히 이 꽃을 좋아한다.

mother *mother*

[mʌ́ðər 머더]

명 어머니 (반 father 아버지)

mother country 모국

mother tongue 모국어

My *mother* works hard.

어머니는 열심히 일하신다.

Korean is my *mother* tongue.

한국어는 나의 모국어이다.

motion *motion*

[móuʃən 모우션]

명 운동, 동작

It is in *motion.*

그것은 움직이고 있다.

mount *mount*

[maunt 마운트]

타 오르다, 타다

He *mounted* the mountain.

그는 산에 올라 갔다.

He *mounted* a horse.

그는 말을 탔다.

mountain *mountain*

[máuntin 마운틴]

명 1. 산

My father like to climb mountains.

아버지는 산 오르기를 좋아하신다.

명 2. 《the …Mountains로》 산맥

the Rocky Mountains

로키 산맥

mouse *mouse*

[maus 마우스]

▶ 복수 mice [mais 마이스]

명 생쥐 (큰 쥐는 rat)

Mice like cheese very much.

쥐들은 치즈를 매우 좋아한다.

Cats catch *mice.*

고양이는 쥐를 잡는다.

mouth *mouth*

[mauθ 마우쓰]

▶ 복수 mouths [maudz 마우드즈]

명 1. 입

We eat with our *mouths.*

우리들은 입으로 먹는다.

Shut your *mouth,* Jack!

잭, 입을 다물어라.

명 2. (강 · 터널의) 출입구

the *mouth* of the river

강의 어귀

the *mouth* of the cave

동굴 입구

move *move*

[mu:v 무:브]

♣ 3단현 moves, 과거 · 과거분사 moved, 현재분사 moving

타 1. 움직이다, 옮기다

I *moved* the desk.

나는 책상을 움직였다.

타 2. 감동시키다

The story *moved* them.

그 이야기는 그들을 감동시켰다.

The movie was very *moving.*

그 영화는 매우 감동적이었다.

자 움직이다, 이사하다, 옮기다

Don't *move;* let me take a picture.

움직이지 마라; 사진을 찍게.

He *moved* to a new house.

그는 새 집으로 이사했다.

movie *movie*

[mú:vi 무:비]

▶ 복수 movies [mú:viz 무:비즈]

명 영화 (영국에서는 cinema가 흔히 쓰인다)

I go to the *movies* once a month.

나는 한 달에 한 번 영화 보러 간다.

a *movie* star 영화배우

Mr. *Mr.*

[místər 미스터]

명 …님, 씨, 군, 선생 (Mister의 약어)

Good morning, *Mr.* Kim.

김 선생님, 안녕하세요.

Mr. Brown is the president of the company.

브라운씨는 그 회사의 사장이다.

Mrs. *Mrs.*

[mísiz 미시즈]

명 …부인, 씨, 선생 (Mistress의 약어)

Thank you, *Mrs.* Cho.

조 선생님, 감사합니다.

Mrs. White teaches us English.

화이트 부인은 우리에게 영어를 가르치고 있다.

※ Mrs.는 결혼한 여성으로 남편의 성명 앞에 붙인다.

much *much*

[mʌtʃ 머취]

♣ 비교급 more, 최상급 most

형 (양이) 많은, 다량의 (반 little 소량의)

We have *much* rain in July.

7월에는 비가 많이 온다.

He has *much* money.

그는 돈을 많이 가지고 있다.

She drank too *much* water.

그녀는 물을 너무 마셨다.

명 다량, 많음

How *much* is this bag?

이 가방은 얼마입니까?

부 1. 《동사와 함께 써서》 매우, 대단히

Thank you very *much*.

대단히 감사합니다.

I like movie very *much*.

나는 영화를 매우 좋아한다.

부 2. 《비교급·최상급을 강조하여》 훨씬

He is *much* older than I.

그는 나보다 훨씬 나이가 많다.

Bill is *much* taller than you.
빌은 너보다 훨씬 키가 크다.

숙어 ① *as much as* …만큼

Take *as much as* you want.
원하는 만큼 가지세요.

② *as much as possible* 가능한 한

③ *How much…?* (양 · 값이) 얼마; 어느 정도

How much did you pay for this pen?
이 펜을 얼마에 샀니?

mud *mud*

[mʌd 머드]

명 진흙, 진창

music *music*

[mjú:zik 뮤:직]

명 음악

Music is pretty sound.
음악은 아름다운 소리이다.

I like listening to *music.*
나는 음악을 듣는 것을 좋아한다.

musician *musician*

[mju(:)zíʃən 뮤:지션]

명 음악가

He is a famous *musician.*
그는 유명한 음악가이다.

must *must*

[mʌst 머스트]

※ 과거는 had to, 미래는 will(shall) have to, 그러나 간접화법에서는 must를 과거에 사용한다.

조 1.《의무 · 명령 · 필요 등을 나타내어》…하여야 한다 (반 need not …할 필요 없다)

I *must* go to house.
나는 집에 가야 한다.

You *must* stay home.
집에 있지 않으면 안 된다.

조 2.《부정형으로 금지를 나타내어》…해서는 안 된다

You *must* not use bad words.
나쁜 말을 써서는 안 된다.

조 3.《추측을 나타내어》…임에 틀림없다

You *must* be right.
네가 틀림없이 맞을 것이다.
He *must* have forgotten it.
그는 그것을 잊었음에 틀림없다.

my *my*

[mai 마이]
대 《I의 소유격》 나의
This is *my* father.
이분은 나의 아버지입니다.
This is *my* bicycle.
이것은 나의 자전거이다.
You may use *my* pencil.
내 연필을 써도 좋다.

myself *myself*

[maisélf 마이셀프]
▶ 복수 ourselves [auərsélvz 아우어셀브즈]
대 1. 나 자신, 자기 자신
I *myself* did it all.
내 자신이 그것 전부를 했다.
대 2. 나 자신을
I can see *myself* in the mirror.
나는 거울 속의 나 자신을 볼 수 있다.

숙어 ① *for myself* 스스로, 혼자 힘으로
I did it *for myself*.
나는 혼자 힘으로 그것을 했다.
② *by myself* 홀로, 혼자서
I came here *by myself*.
나는 혼자서 이곳에 왔다.

mystery *mystery*

[místəri 미스터리]
명 신비, 비밀, 불가사의한 것

N

N, n

nail *nail*

[neil 네일]

명 손톱

name *name*

[neim 네임]

명 이름, 성명

My *name* is Jin-su Kim.

나의 이름은 김진수이다.

What's your *name*?

네 이름은 뭐니?

Every man has a *name*.

모든 사람은 이름이 있다.

타 …라고 이름짓다

We *named* the dog Spot.

우리는 그 개를 스포트라고 이름지었다.

There was a girl *named* Ann.

앤이라는 이름의 소녀가 있었다.

숙어 ① *the first* (또는 *given*) *name* (성에 대하여) 이름, 세례명

② *the last* (또는 *family*) *name* 성

③ *by name* 이름으로

napkin *napkin*

[nǽpkin 냅킨]

명 냅킨

narrow *narrow*

[nǽrou 내로우]

♣ 비교급 narrower, 최상급 narrowest

형 좁은, 가느다란

This street is *narrow*.

이 거리는 좁다.

nation *nation*

[néiʃən 네이션]

명 국민(전체), 나라, 국가

the Korea *nation* 한국 국민
the United *Nations* 유엔, 국제 연합

natural *natural*

[nætʃərəl 내춰럴]

형 1. 자연의, 타고난

Natural food is good for us.
자연 식품이 몸에 좋다.

He is a *natural* musician.
그는 타고난 음악가이다.

형 2. 당연한

It is *natural*.
그것은 당연하다.

It is *natural* to feel happy with good friends.
좋은 친구와 함께 있을 때 행복을 느끼는 것은 당연하다.

navy *navy*

[néivi 네이비]

명 해군 (반 army 육군)

army and *navy* 육해군

near *near*

[niər 니어]

♣ 비교급 nearer, 최상급 nearest

부 가까이 (반 far 멀리)

The cat was sitting *near* the dog.
고양이가 개 가까이에 앉아 있었다.

He lives quite *near* to his school.
그는 학교 바로 가까이에 산다.

형 가까운

in the *near* future
가까운 장래에

전 …의 가까이에

My house is *near* the school.
나의 집은 학교 가까이에 있다.

Jack lives *near* my house.
잭은 우리 집 가까이에 산다.

N

숙어 ① *near at hand* 바로 가까이

Summer is *near at hand.*

여름이 바싹 다가왔다.

② *near by* 가까이에, 근처에

There is a school *near by.*

바로 가까이에 학교가 있다.

③ *far and near* 도처에, 여기 저기에

nearly *nearly*

[níərli 니얼리]

부 거의 (=almost)

Is is *nearly* nine o'clock now.

이제 거의 아홉 시가 다 되었다.

necessary *necessary*

[nésəseri 네서세리]

형 필요한

Air is *necessary* for life.

공기는 생명에 필요하다.

Sleep is *necessary* to all animals.

수면은 모든 동물에게 필요하다.

숙어 *if necessary* 만약 필요하다면

neck *neck*

[nek 넥]

명 목

She put the gold chain around her *neck.*

그녀는 목에 금목걸이를 했다.

The giraffe has a long *neck.*

기린은 긴 목을 가지고 있다.

necklace *necklace*

[néklis 네클리스]

명 목걸이

necktie *necktie*

[néktai 넥타이]

명 넥타이

Men tie their *neckties* around their necks.

남자들은 목에 넥타이를 맨다.

How many *neckties* does your father have?

아버지는 넥타이가 몇 개 있습니까?

N

need *need*

[ni:d 니:드]

♣ 3단현 needs, 과거 · 과거분사 needed, 현재분사 needing

타 …이 필요하다

He *needs* your help.

그는 당신의 도움이 필요하다.

You *need* rest.

당신이 휴식이 필요하다.

I *need* a new bicycle.

나는 새 자전거가 필요하다.

조 …할 필요가 있다

You *need* not buy the cake.

너는 과자를 살 필요가 없다.

We *need* to help him.

우리는 그를 도와줄 필요가 있다.

명 필요

I have *need* for money.

나는 돈이 필요하다.

숙어 ① *be in need* 곤경에 빠져 있다

A friend *in need* is a friend indeed.

《속담》 곤란할 때의 친구가 참다운 친구다.

② *be in need of~* …이 필요하다

They are *in need of* food.

그들은 식량이 필요하다.

needle *needle*

[ní:dl 니:들]

명 바늘

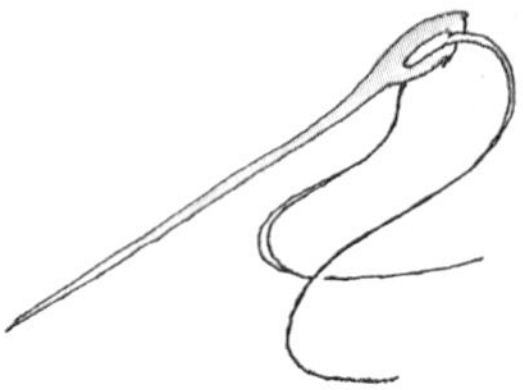

neither *neither*

[ní:ðər 니:더]

형 어느 쪽도 …아닌

I have read *neither* book.

나는 어느 쪽의 책도 읽지 않았다.

대 어느 쪽도 …아니다

Neither of the sisters can't play the tennis.

그 자매 중의 어느 쪽도 테니스를 칠 줄 모른다.

부 1. 《neither~ nor… 로서》 ~도 아니고 …도 아니다

Tom likes *neither* this *nor* that.

톰은 이것도 저것도 다 좋아하지 않는다.

I know *neither* his father *nor* his mother.

나는 그의 아버지도 어머니도 모른다.

N

부 2. 《부정문 뒤에서》 …도 또한 …하지 않다

My sister can't swim and *neither* can I.

나의 언니는 수영할 줄 모르며 나도 또한 수영할 줄 모른다.

nest *nest*

[nest 네스트]

명 새의 보금자리, 둥지

There is a bird's *nest.*

저기 새의 둥지가 있다.

Birds make *nests.*

새들은 보금자리를 짓는다.

never *never*

[névər 네버]

부 1. 결코 …하지 않다

He *never* tells a lie.

그는 결코 거짓말을 하지 않는다.

The sun *never* rises in the west.

해가 서쪽에서 뜨는 일은 결코 없다.

He *never* eats bread.

그는 결코 빵을 먹지 않는다.

부 2. 한 번도 …않다

I have *never* been to Paris.

나는 파리에 가 본 적이 없다.

I have *never* seen a tiger.

나는 호랑이를 본 적이 없다.

※ never는 be동사 및 shall, will 따위 조동사의 뒤에 오며, 일반 동사의 앞에 위치한다.

new *new*

[nju: 뉴:]

♣ 비교급 newer, 최상급 newest

형 새로운 (반 old 낡은)

I have *new* bicycle.

나는 새 자전거가 있다.

Everything is *new* to me.

모든 것이 나에게는 새롭다.

숙어 ① *New Year* 신년, 새해

A happy *New Year.*

새해에 복 많이 받으세요.

② *New Year's Day* 설날

What do you do on *New Year's Day.*

설날에 무엇을 하느냐?

news *news*

[njuːz 뉴:즈]

명 뉴스, 소식(단수로 취급)

Any *news*?
소식이 있니?
home *news* 국내 뉴스
foreign *news* 해외 뉴스
the nine o'clock *news*
9시 뉴스
There is bad *news* to you.
네게 나쁜 소식이 있다.
I heard the *news* over the radio.
나는 그 뉴스를 라디오로 들었다.
No *news* is good *news*.
《속담》 무소식이 희소식이다.

newspaper *newspaper*

[njúːzpeipər 뉴:즈페이퍼]

명 신문

a morning *newspaper*
조간 신문
an evening *newspaper*
석간 신문
a daily *newspaper* 일간 신문
I am reading the *newspaper*.
나는 신문을 읽고 있다.
People read news in the *newspaper*.
사람들은 신문에서 소식을 읽는다.

next *next*

[nekst 넥스트]

형 1. 다음의

next month 다음 달에
I shall go there next *week*.
나는 다음 주에 그 곳에 갈 예정이다.
She goes to Japan *next* Sunday.
그녀는 다음 일요일에 일본에 간다.

※ next 앞에는 the나 전치사 on, in 등은 붙지 않는다.

형 2. 옆의 (~to)

Jane was sitting *next to* me.
제인은 나의 옆에 앉아 있었다.

부 다음에

N

What shall I do *next?*
다음에는 무엇을 할까요?
전 …의 다음(옆)에
our house stands *next* (to) the church.
우리 집은 교회 옆에 있다.

nice *nice*

[nais 나이스]
♣ 비교급 nicer, 최상급 nicest
형 1. 좋은, 멋진 (=good)
He is a *nice* man.
그는 좋은 사람이다.
Nice people are friendly and kind.
좋은 사람들은 다정하고 친절하다.

He sang a *nice* song.
그는 멋진 노래를 불렀다.
형 2. 친절한 (=kind)
She is a *nice* girl.
그녀는 친절한 소녀이다.

nickname *nickname*

[níkneim 닉네임]
명 별명
His *nickname* was Monkey.
그의 별명은 '원숭이'였다.

night *night*

[nait 나이트]
▶ 복수 nights [naits 나이츠]
명 밤
last *night* 어젯밤
tomorrow *night* 내일 밤
every *night* 매일 밤
Nights are dark.
밤은 어둡다.
The moon shines at *night.*
달은 밤에 비춘다.

숙어 ① *all night (long)* 밤새도록
The store is open *all night.*
그 가게는 밤새도록 영업한다.
② *at night* 밤에
You don't see the sun *at night*.
밤에는 해를 못 본다.
③ *from morning till night* 아침부터 밤까지

They worked *from morning till night*.
그들은 아침부터 밤까지 일하였다.

④ *night and day* 밤낮없이 계속

⑤ *have a good night* 잘 자다

⑥ *Good night!* 안녕히 주무세요!

nine *nine*

[nain 나인]

명 9, 아홉 시, 아홉 살

Tom was *nine.*
톰은 아홉 살이었다.

형 9의

Three and six is *mine.*
3 더하기 6은 9이다.

숙어 *in nine cases out of ten* 십중팔구

nineteen *nineteen*

[naintí:n 나인틴:]

명 19, 19세

형 19의

ninety *ninety*

[náinti 나인티]

명 1. 90, 90세

명 2. 《복수형으로서》 90대, 90년대

형 90의

Forty and fifty is *ninety.*
40 더하기 50은 90이다.

no *no*

[nou 노우]

부 1. 아니 (반 yes 그래)

※ 우리말에서 '예'라고 할 경우에도 대답의 내용이 부정일 경우에는 언제나 no를 사용한다

Are you an American?
당신은 미국 사람입니까?
No, I am not.
아니오, 미국 사람이 아닙니다.
Aren't you an American?
당신은 미국 사람이 아닙니까?
No, I am not.
예, 미국 사람이 아닙니다.

부 2. 《비교급의 앞에만 써서》 조금도 …않다

He is *no* better.
그는 조금도 나아지지 않았다.

형 1. 《명사 앞에만 써서》 하나의 …도 없다

No student was in the room.
어떤 학생도 방 안에 없었다.
The boy has *no* girlfriends.
그 소년에게는 한 명의 여자 친구도 없다.

N

N

부 2. 조금도 …아닌

I have *no* money.

나는 돈이 조금도 없다.

형 3. 《게시》…금지

No smoking. 금연.

No parking. 주차 금지.

숙어 ① *no longer~* 이미 …아니다

Jim is *no longer* a child.

짐은 이미 어린애가 아니다.

② *no more* 더 …하지 않다

She will come *no more.*

그녀는 이제 더 오지 않을 것이다.

③ *no more than~* 단지 …뿐 (=only)

I had *no more than* five hundred won.

나는 단지 500원밖에 없었다.

nobody *nobody*

[nóubadi 노우바디]

대 아무도 …않다

Nobody came late.

아무도 늦게 오지 않았다.

I found *nobody* in the classroom.

교실에는 아무도 없었다.

nod *nod*

[nad 나드]

자 끄덕이다, 꾸벅꾸벅 졸다

타 (고개를) 꾸벅하다

Nod your head.

머리를 끄덕여라.

Ann *noded* her head and said, "Yes".

앤은 머리를 끄덕이며 "예"라고 했다.

noise *noise*

[nɔiz 노이즈]

명 소음, 잡음, 소리

What is that *noise?*

저 소리는 무엇입니까?

Don't make any *noise.*

떠들지 마라, 시끄럽다.

Stop making *noise* and go to sleep.

그만 떠들고 어서 자거라.

none *none*

[nʌn 넌]

대 아무도 …않다, 조금도 …않다

None of the students was

seen.
학생은 아무도 보이지 않았다.
There were *none* in the room.
방에는 아무도 없었다.

noon *noon*

[nu:n 눈:]

명 오정, 정오

We have lunch at *noon.*
우리는 오정에 점심을 먹는다.
Noon is twelve o'clock.
정오는 12시이다.

nor *nor*

[nɔ:r 노:]

접 《neither~ nor…로》 ~도 않고 …도 않다

Neither Tom *nor* Jane came to play.
톰도 제인도 놀러 오지 않았다.
She can neither read *nor* write English.
그녀는 영어를 읽을 줄도 쓸 줄도 모른다.

north *north*

[nɔ:rθ 노:쓰]

명 《the를 붙여서》 북, 북쪽 (반 south 남)

north, south, east and west
동서남북 (우리말과 어순이 다르다)

형 북쪽의

the *North* Star 북극성

숙어 ① *in the north of~* …의 북부에

② *on the north of~* …의 북부에 접하여

Yangju-gun is *on the north of* Seoul.
양주군은 서울의 북부에 접해 있다.

nose *nose*

[nouz 노우즈]

명 코

We smell with our *nose.*
우리는 코로 냄새를 맡는다.

He has a long *nose.*
그는 코가 높다.

N

She has a short *nose*.
그녀는 코가 낮다.
My *nose* in on the middle of my face.
내 코는 얼굴 가운데에 있다.

not *not*

[nɑt 낫]
부 《동사 · 조동사와 함께 써서》 …아니다
He is *not* an Americans.
그는 미국인이 아니다.
I do *not* like coffee.
나는 커피를 좋아하지 않는다.
It is *not* a book.
그것은 책이 아니다.
Jill *cannot* swim.
질은 수영을 할 줄 모른다.
숙어 ① *not always~* 반드시 …인 것은 아니다
② *not~ but…* ~이 아니라 …이다
He is *not* a teacher *but* a doctor.
그는 교사가 아니고 의사이다.
③ *not only~ but (also)…* ~뿐 아니라 …도 또한 …이다
④ *not~ at all* 조금도 …아니다
⑤ *not so~ as* …처럼 ~않다

note *note*

[nout 노우트]
명 메모, 기록
타 적어두다, 메모하다
Note down my words.
내 말을 적어두어라.
Jack always takes *notes* of everything that is said in class.
잭은 수업에서 들은 것은 모두 메모한다.

notebook *notebook*

[nóutbuk 노우트북]
명 공책, 수첩
I bought two *notebook.*
나는 공책 두 권을 샀다.

nothing *nothing*

[nʌ́θiŋ 너씽]
대 아무것도 …아니다
I want *nothing.*
나는 아무것도 원하지 않는다.
I have *nothing.*

나는 아무것도 가지고 있지 않다.

I know *nothing* about it.

나는 그것에 대해 아무것도 모른다.

He said *nothing* to me.

그는 나에게 아무 말도 하지 않았다.

숙어 ① *for nothing* 거저

I got this pencil *for nothing.*

나는 이 연필을 거저 받았다.

② *nothing but~* …밖에 아무것도 아니다, …에 불과하다

notice *notice*

[nóutis 노우티스]

명 1. 주의, 주목 (=attention)

명 2. 게시

The *notice* on the wall says "No smoking".

벽에 붙은 게시에는 "금연"이라고 써 있다.

숙어 ① *take notice of* …에 주의하다, 마음에 두다

He *took* no *notice of* me.

그는 나에게 관심을 두지 않았다.

② *without notice* 무단으로, 통지 없이

타 1. 알아차리다

He *notice* me.

그는 나를 알아보았다.

타 2. 주의하다

novel *novel*

[nάvəl 나벌]

명 소설

a historical *novel* 역사 소설

November *November*

[noubémbər 노벰버]

명 11월 (약어는 Nov.)

There are thirty days in *November.*

11월에는 30일이 있다.

He was born on the first of *November.*

그는 11월 1일에 태어났다.

now *now*

[nau 나우]

부 1. 지금, 현재

What are you doing *now?*

지금 무엇을 하고 있니?

N

I am reading *now.*

나는 지금 책을 읽고 있다.

부 2. 자, 그런데

Now, let's go. 자, 가자.

Now Jack, what are you making today?

그런데 잭, 오늘은 무엇을 만들고 있니?

부 3. 지금 곧, 즉시

Go back home *now.*

지금 곧 집에 가거라.

명 지금, 현재

Now is the time to study.

지금은 공부할 시간이다.

숙어 ① *now and then* 때때로, 가끔

② *just now* 바로 지금, 방금

She went out *just now.*

그녀는 방금 외출했다.

③ *by now* 지금쯤은

number *number*

[nʌ́mbər 넘버]

명 1. 수, 숫자

The *number* of boys in our class is twenty.

우리 학급의 남학생의 수는 20명이다.

명 2. 번호

What is your *number?*

네 번호는 뭐냐?

Give me your telephone *number.*

네 전화번호를 달라.

숙어 ① *a number of~* 다수의, 얼마간의

I have read *a number of* pages.

나는 많은 페이지를 읽었다.

② *numbers of* 많은 (=many)

We can see *number of* stars at night.

밤에는 많은 별들을 볼 수 있다.

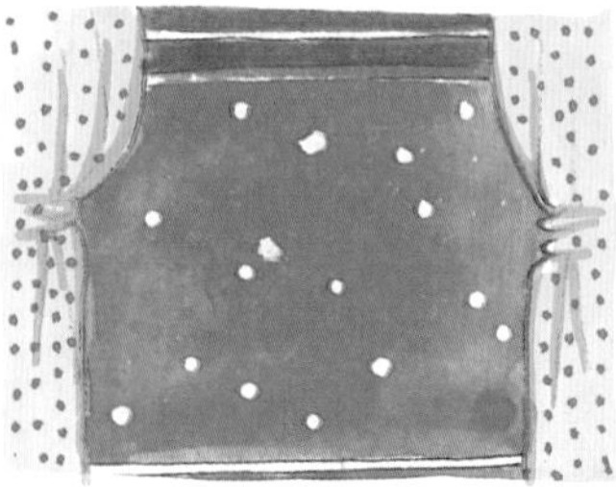

③ *a small number of* 소수의

④ *a great number of~* 대단히 많은…

nurse *nurse*

[nəːrs 너:스]

명 1. 간호사

A *nurse* helps to take care of sick people.

간호사는 아픈 사람을 돌본다.

She is a *nurse.*

그녀는 간호사이다.

명 2. 유모, 보모

nut *nut*

[nʌt 넛]

명 견과, 호두

nymph *nymph*

[nimf 님프]

▶ 복수 nymphs [nimfs 님프스]

명 요정

O, o

O

observe *observe*

[əbzə́:rv 어브저:브]

타 1. 관찰하다

I like to *observe* things.

나는 사물을 관찰하기 좋아한다.

타 2. 지키다, 따르다

We should *observe* the rules of the game.

경기의 규칙은 지켜야 할 것이다.

ocean *ocean*

[óuʃən 오우션]

명 대양, 대해

the Pacific Ocean 태평양

the Atlantic Ocean 대서양

the Indian Ocean 인도양

o'clock *o'clock*

[əklάk 어클락]

명 《of the clock의 단축형》 …시

We will meet again at five *o'clock*.

우리는 5시에 다시 만날 것이다.

"What time is it now?"

"It is just seven *o'clock*."

지금 몇 시 입니까? 정각 7시 입니다.

October *October*

[aktóubər 악토우버]

명 10월 (약어는 Oct.)

There are thirty-one days in *October*.

10월에는 31일이 있다.

October comes after September.

10월은 9월 다음에 온다.

of *of*

[av 아브, ʌv 어브]

전 1. 《소속 · 소유》 …의

the capital *of* Korea

한국의 수도

a friend *of* mine 나의 친구

I am a number *of* the soccer club.

나는 축구부원이다.

전 2. 《관계》 …에 대(관)하여

I have never heard *of* your

family.
나는 너의 가족에 대하여 들은 적이 없다.

전 3. 《부분》 …중에서
Jim is the tallest *of* the four.
짐은 4명 중에서 제일 키가 크다.

전 4. 《재료》 …로 만든, …의
This bridge is made *of* wood.
이 다리는 나무로 만들어졌다.

전 5. 《동격》 …이라는
He lives in the city *of* New York.
그는 뉴욕이라는 도시에 살고 있다.

전 6. 《원인》 …으로, … 때문에
The man died *of* hunger.
그 사람은 굶어 죽었다.

전 7. 《대상》 …의, …을, …에의
a teacher *of* English 영어교사

전 8. 《분량 · 그릇》 …이 들어 있는
a glass *of* water 물 한 컵

전 9. 《거리 · 분리》 …부터
The park is two miles north *of* town.
그 공원은 마을에서 2마일 북쪽에 있다.

전 10. 《행위자》 …의, …에 의하여
It is very kind *of* you to say so.
그렇게 말씀해 주시니 매우 친절하십니다.

숙어 ① *of course* 물론
Of course I like her.
물론 나는 그녀를 좋아한다.
② *out of~* …로부터, …의밖에
He came *out of* his house.
그는 집으로부터 나왔다.

off *off*

[ɔ:f 오:프]

부 1. 떨어져서, 떠나서
She went *off*.
그녀는 떠나버렸다.
The bird flew *off*.
새들이 날아갔다.

부 2. 벗겨져, 떨어져
Take *off* your coat.
코트를 벗으십시오.

He got *off* the train at Seoul Station.

그는 서울역에서 기차를 내렸다.

전 …에서 떨어져서, …로부터

Keep *off* the grass.

잔디를 밟지 마시오.

형 한산한

on *off* season 한산한 시기

숙어 *put off* 연기하다

Don't *put off* till tomorrow what you can do today.

《속담》 오늘 일을 내일로 미루지 마라.

offer *offer*

[ɔ́:fər 오:퍼]

♣ 3단현 offers, 과거 · 과거분사 offered, 현재분사 offering

타자 1. 제공하다, 내놓다

I *offered* her a chair.

나는 그녀에게 의자를 권했다.

She *offered* me a glass of juice.

그녀는 나에게 주스 한잔을 내놓았다.

타자 2. 제의하다, 말하고 나서다

He *offered* to help us.

그는 우리들을 도와 주겠다고 제의했다.

He *offered* to give me a gift.

그는 나에게 선물을 주겠다고 말했다.

office *office*

[ɔ́:fis 오:피스]

▶ 복수 offices [ɔ́:fisiz 오:피시즈]

명 1. 사무실, 회사

Father's *office* is in Yongsan.

아버지의 회사는 용산에 있다.

His *office* closes at six.

그의 회사는 6시에 끝난다.

명 2. 관청

a post *office* 우체국

officer *officer*

[ɔ́:fisər 오:피서]

명 장교, 관리

His father was an *officer*.

그의 아버지는 장교였다.

often *often*

[ɔ́:fn 오:픈]

♣ 비교급 oftener, 최상급 oftenest

부 자주, 번번히, 종종

We meet each other very *often.*

우리는 서로 매우 자주 만난다.

Jack is *often* late for school.

잭은 학교에 자주 지각한다.

He *often* writes to me.

그는 종종 나에게 편지한다.

She *often* comes to see me.

그녀는 자주 나를 만나러 온다.

oh *oh*

[ou 오우]

감 오!, 어머나!

Oh, my God!

오, 하나님 맙소사!

oil *oil*

[ɔil 오일]

명 기름, 석유

cooking *oil* 식용유

He put *oil* in his car.

그는 자동차에 기름을 넣었다.

okay *okay*

[oukéi 오우케이]

형 부 좋아, 됐어 (약어는 OK 또는 O.K.)

That's *okay.* 그건 됐어.

Everything is *okay.*

모든 일이 잘 됐어.

old *old*

[ould 오울드]

♣ 비교급 older, 최상급 oldest

형 1. 늙은 (반 young 젊은)

This *old* man has three sons.

이 노인은 아들이 셋이다.

His grandfather is *old.*

그의 할아버지는 늙으셨다.

형 2. …살의, 손위의

How *old* are you?

너는 몇 살이니?

I am thirteen years *old.*

나는 13살이야.

형 3. 헌, 낡은, 옛부터의

My father's coat is very *old.*

아버지의 코트는 아주 오래 되었다.

He is an *old* friend of mine.

그는 나의 오랜 친구다.

on *on*

[ɑn 안, ɔːn 온ː]

전 1. 《위치》 …의 위에

There is a book *on* the desk.

책상 위에 책이 있다.

The cat was sleeping *on* the floor.

고양이가 마루 위에서 자고 있다.

전 2. 《접촉》 …을 몸에 걸치고

Put *on* your clothes.

옷을 입어라.

She put a ring *on* her finger.

그녀는 손가락에 반지를 꼈다.

전 3. 《특정한 날》 …에

She go to church *on* Sunday.

그녀는 일요일에 교회에 간다.

전 4. 《방향》 …에, …의 곁에

London is *on* the Thames.

런던은 템즈강 가에 있다.

전 5. 《목적》 …하기 위하여

My father went to Pusan *on* business.

아버지는 사업차 부산에 가셨다.

전 6. 《주제》 …에 관하여

Here is a book *on* flowers.

여기에 꽃에 관한 책이 있다.

전 7. 《방법 · 상태》 …상태로, …하고

My mother is *on* a trip.

어머니는 여행 중이시다.

The house is *on* fire.

그 집은 불타고 있다.

전 8. …하자마자 (~doing)

On hear*ing* the news, he started for home.

그 소식을 듣자마자 그는 집으로

출발하였다.

부 1. 위에(로)

He jumped *on* to the stage.

그는 무대로 뛰어 올라갔다.

부 2. 《동사+on으로》 계속하여

He walked *on.*

그는 계속 걸었다.

부 3. 몸에 붙여(지녀)

She has a new hat *on.*

그녀는 그 모자를 쓰고 있다.

숙어 ① *and so on~* …등등, …따위

I bought pencils, notebooks, *and so on.*

나는 연필, 공책 등을 샀다.

② *from~ on…* …부터 죽

from that day *on* 그 날부터 죽

once *once*

[wʌns 원스]

부 1. 한 번, 1회

Try it *once* more.

한 번 더 해봐라.

I have seen an elephant *once.*

나는 코끼리를 한 번 본 적이 있다.

부 2. 이전에, 예전에

He *once* lived in America.

그는 이전에 미국에 살았었다.

숙어 ① *once upon a time* 옛날옛날

② *once for all* 한 번만, 딱 잘라

접 한 번 …한다면

명 한 번, 1회

숙어 ① *at once* 곧, 즉시, 동시에

Stop it *at once.*

그것을 당장 그만둬라.

② *all at once* 돌연, 갑자기

one *one*

[wʌn 원]

명 하나, 1

One and six is seven.

하나 더하기 여섯은 일곱이다.

형 1. 하나의

※ a, an보다 수를 강조한다.

There is *one* pencil on the desk.

책상 위에 연필이 하나 있다.

Do *one* at a time.
한 번에 하나씩 해라.
My daughter is *one* year old.
나의 딸은 한 살이다.

형 2. 어느…
One day he called on me.
어느 날 그는 나를 찾아왔다.

대 1. 《앞에 나온 명사의 반복을 피해서》 것
I don't like this bag. Show me a better *one* (=*bag*).
이 가방이 마음에 들지 않아요. 보다 나은 것을 보여주세요.

대 2. 《one of로》 …중의 하나
I know *one of* the students.
그 학생들 중의 한 명을 나는 알고 있다.

숙어 ① *one after another* 차례로, 잇따라
They ran away from me *one after another.*
그들은 나에게서 차례로 달아났다.

② *one by one* 하나씩
Please come into the room *one by one.*
한 사람씩 방으로 들어오세요.

③ *one another* 서로

④ *one~ the other…* 한쪽은~ 다른 한쪽은…

oneself *oneself*

[wʌnsélf 원셀프]

대 《재귀대명사》 자기 자신

숙어 ① *by oneself* 홀로
② *for oneself* 자기 힘으로
③ *of oneself* 저절로

※ 인칭에 따라서 myself, yourself, himself, herself, itself, ourselves, yourselves, themselves로 된다.

only *only*

[óunli 오운리]

부 단지 …뿐, 겨우…
We can see *only* one tree on the garden.
정원에는 나무가 단지 하나밖에 없다.

She came to see me *only* today.
그녀는 겨우 오늘 나를 만나러 왔을 따름이다.

형 단 하나의
She has an *only* daughter.
그녀는 외동딸이 있다.

숙어 ① *not only ~but (also)…* ~뿐만 아니라 …도 또한

She can speak *not only* English *but (also)* French.

그녀는 영어뿐만 아니라, 프랑스어도 말할 줄 안다.

② *have only to (do)* 다만 …하기만 하면 된다

open *open*

[óupən 오우펀]

♣3단현 opens, 과거 · 과거분사 opened, 현재분사 opening

타 열다, 펴다 (반 close 닫다)

Open the window.

창문을 열어라.

Open your English book to (on) page 15.

영어 책의 15페이지를 펴라.

자 열리다

The window *opened.*

문이 열렸다.

형 1. 열린

The door is *open.*

그 문은 열려 있다.

Don't leave the gate *open.*

문을 열어 놓지 마라.

형 2. 넓은

An *open* lake appeared before us.

넓은 호수가 우리들 앞에 나타났다.

opinion *opinion*

[əpínjən 어피넌]

명 의견, 견해, 생각

What is your *opinion?*

네 의견이 무엇이냐?

I am of your *opinion.*

나도 너와 같은 의견이다.

In my *opinion* she is wrong.

내 생각에는 그가 잘못이다.

or *or*

[ɔ:r 오:, ər 어]

접 1. 또는, 혹은

Do you like a dog *or* a cat?

너는 개를 좋아하느냐 고양이를 좋아하느냐?

O

I want to be a singer *or* a announcer.
나는 가수나 아나운서가 되고 싶다.

접 2. 《명령문 뒤에서》 그렇지 않으면

Take a taxi, *or* you will be late for office.
택시를 타라, 그렇지 않으면 회사에 늦는다.

숙어 *either~ or…* …이든 또는 ~이든

orange *orange*

[ɔ́ːrindʒ 오:린쥐]

명 오렌지, 오렌지 나무, 오렌지색

I like *oranges.*
나는 오렌지를 좋아한다.
Give me three *oranges,* please. 오렌지 세 개 주세요.

형 오렌지의, 오렌지색의

orchard *orchard*

[ɔ́ːrtʃərd 오:춰드]

명 과수원

orchestra *orchestra*

[ɔ́ːrkistrə 오:키스트러]

명 오케스트라, 관현악단

The *orchestra* is playing now.
그 오케스트라는 지금 연주 중이다.

order *order*

[ɔ́ːrdər 오:더]

♣ 3단현 orders, 과거 · 과거분사 ordered, 현재분사 ordering

타 1. 명령하다

Mother *ordered* me to stay at home.
어머니는 나에게 집에 있으라고 명령하였다.

타 2. 주문하다

I *ordered* ice coffee.
나는 냉커피를 주문하였다.

명 1. 《복수형으로》 명령, 지시

Soldiers must obey *orders.*
군인은 명령에 복종해야 한다.

명 2. 주문, 주문품

May I take your *order,* please?
(식당에서) 주문을 받을 까요?

명 3. 순서, 질서

Everything is in *order.*

모든 것이 순서대로 되어 있다.

social *order* 사회 질서

숙어 ① *in order to…* …하기 위하여

She studied hard *in order to* pass the examination.

그녀는 시험에 합격하기 위해 열심히 공부했다.

② *out of order* 고장이 나서

My bicycle is *out of order.*

내 자전거는 고장났다.

organ *organ*

[ɔ́:rgən 오:건]

명 오르간

She plays the *organ* every day.

그녀는 날마다 오르간을 친다.

original *original*

[ərídʒənəl 어리줘널]

형 1. 최초의, 처음의, 원시의

형 2. 독창적인

Her idea is quite *original.*

그녀의 생각은 아주 독창적이다.

ostrich *ostrich*

[ɔ́:stritʃ 오:스트리취]

명 타조

other *other*

[ʌ́ðər 어더]

형 다른

Show me some *other* hat.

나에게 다른 모자를 몇 개 보여주세요.

Other children went out.

다른 어린이들은 밖으로 나갔다.

명 다른 사람 (물건)

Be kind to *others.*

다른 사람에게 친절하여라.

숙어 ① *every other day* 하루 걸러

O

I meet her *every other day.*
나는 그녀를 하루 걸러 만난다.

② *each other* 서로

O

Tom and Jane looked at *each other.*
톰과 제인은 서로 쳐다보았다.
They loved *each other.*
그들은 서로 사랑했다.

③ *one after the other* 번갈아, 잇따라

otherwise *otherwise*

[ʌ́ðərwaiz 어더와이즈]

부 1. 그렇지 않으면
Hurry up; *otherwise* you will be late.
서둘러라, 그렇지 않으면 늦을 것이다.

부 2. 달리, 다른 방법으로, 그외는
The teacher says it is okay but I think *otherwise.*
선생님은 괜찮다고 말씀하시지만 나는 달리 생각한다.

ought *ought*

[ɔ:t 오:트]

조 《~to …로》 …하여야 한다
Brothers and sisters *ought to* love each other.
형제와 자매는 서로 사랑하여야 한다.
You *ought* to work harder.
너는 더 열심히 일해야 한다.

our *our*

[auər 아우어]

대 《we의 소유격》 우리들의
We like *our* school.
우리는 우리의 학교를 좋아한다.
She is *our* English teacher.
그녀는 우리의 영어 선생님이다.

ours *ours*

[auərz 아우어즈]

대 《we의 소유대명사》 우리들의 것
Ours is a large family.
우리 집은 대가족이다.

ourselves *ourselves*

[auərsélvz 아우어쎌브즈]

대 1. 《myself의 복수형》 우리들 자신이

대 2. 우리들 자신을
We have to look at *ourselves.*

우리는 우리 자신들을 돌아봐야 한다.

숙어 *for ourselves* 우리들 스스로

out *out*

[aut 아웃]

부 1. 밖에, 밖으로

He came *out* of the room.

그는 방에서 나왔다.

My father is *out* now.

아버지는 지금 외출 중이시다.

부 2. 나타나서, 드러나서

The sun will soon be *out*.

해가 곧 떠오를 것이다.

부 3. 꺼져서

The light went *out*.

불이 나갔다.

He put *out* the fire.

그는 불을 껐다.

부 4. 전혀, 아주

He was tired *out*.

그는 아주 지쳤다.

부 5. 【야구】 아웃되어

숙어 *out of* …로 부터, …을 사용하여, …중에서

The teacher went *out of* the classroom.

선생님은 교실에서 나가셨다.

A lot of children ran *out of* the room.

많은 어린이들이 방 밖으로 뛰어 나갔다.

We can make many things *out of* paper.

우리는 종이로 여러 가지 물건을 만들 수 있다.

Five *out of* ten students were late.

10명의 학생 중에서 5명이 지각했다.

Only two *out of* ten men were safe.

열 사람 중에서 두 사람만이 무사하였다.

outside *outside*

[autsáid 아웃싸이드]

명 바깥쪽 (반 inside 안쪽)

from the *outside* 바깥쪽에서

The *outside* of the box is painted red.

상자 바깥쪽은 붉은 칠로 되어 있다.

형 바깥쪽의, 밖의

O

전 …의 밖에

She is standing *outside* the door.

그녀는 문밖에 서 있다.

부 밖으로, 밖에

Let's go *outside.*

밖으로 나가자.

It is very cold *outside.*

밖은 매우 춥다.

over *over*

[óuvər 오우버]

전 1. …의 위에 (반 under …의 아래에)

The bird was flying *over* the lake.

새가 호수 위를 날고 있었다.

There is a bridge *over* the river.

강 위에 다리가 걸려 있다.

전 2. …을 넘어서

The rabbit ran *over* the hill.

토끼가 언덕을 넘어 뛰었다.

He jumped *over* the wall.

그는 담을 뛰어 넘었다.

전 3. …이상 (=more than)

over a month 한달 이상

She stayed here *over* a week.

그녀는 1주일 이상 이곳에 머물렀다.

전 4. …에 대해서

We talked *over* the plan.

우리는 그 계획에 대해서 이야기했다.

전 5. 온통, 도처에

He traveled all *over* the world.

그는 온 세계를 여행하였다.

부 1. 넘어서, 저편으로

She went *over* to French.

그녀는 멀리 프랑스로 갔다.

부 2. 끝나서

The time is *over.*

한정된 시간이 끝났다.

School is *over* at two.

학교는 2시에 끝난다.

숙어 ① *over again* 다시 한 번

Do it *over again.*

그것을 다시 한 번 하시오.

② *over and over again*

몇 번이고 되풀이하여

He sang the song *over and over again.*

그는 그 노래를 몇 번이고 되풀이하여 불렀다.

overcoat *overcoat*

[óuvərkout 오우버코우트]

명 외투, 오버

owl *owl*

[aul 아울]

명 부엉이

own *own*

[oun 오운]

형 1. 자기자신의

I will give you my *own* money.

나는 돈을 너에게 주겠다.

Jane is cleaning her *own* room.

제인은 자신의 방을 청소하고 있다.

형 2. 특유의, 독특한

The mountain has it's *own* beauty.

그 산은 특유의 아름다움이 있다.

타동사 소유하다, 고백하다

owner *owner*

[óunər 오우너]

명 소유자, 임자

a house *owner* 집 주인

ox *ox*

[ɑks 악스]

▶ 복수 oxen [ɑ́ksn 악슨]

명 수소 (명 cow 암소)

P, p

pace *pace*

[peis 페이스]

명 한 걸음, 보조

She walked at a quick *pace.*

그녀는 빠른 걸음으로 걸었다.

pacific *pacific*

[pəsífik 퍼씨픽]

형 평화로운

We want all countries to enjoy *pacific* relations.

모든 국가가 평화로운 관계를 갖기를 바란다.

명 《the를 붙여서》 태평양 (=the Pacific Ocean)

The *Pacific* (Ocean) is the largest ocean in the world.

태평양은 세계에서 가장 넓은 바다이다.

package *package*

[pǽkidʒ 패키쥐]

명 짐, 소포

page *page*

[peidʒ 페이쥐]

▶복수 pages [péidʒiz 페이쥐즈]

명 (책의) 페이지, 면, 쪽

Open your book to *page* 30.

책의 30페이지를 펴라.

paid *paid*

[peid 페이드]

타자 pay(지불하다)의 과거 · 과거분사형

pail *pail*

[peil 페일]

명 물통, 양동이 (=bucket)

What is in the *pail?*

양동이 속에 무엇이 있느냐?

pain *pain*

[pein 페인]

명 아픔, 고통, 수고, 노력

I feel a *pain* in my foot.

발이 아프다.

No *pains,* no gains.

《속담》 노력 없이는 소득도 없다.

숙어 *take pains* 애쓰다, 수고하다

paint *paint*

[peint 페인트]

♣ 3단현 paints, 과거 · 과거분사 painted, 현재분사 painting

타 1. (그림물감으로) 그리다

She can *paint* her picture very well.

그녀는 자기 그림을 아주 잘 그릴 수 있다.

타 2. (페인트를) 칠하다

I will *paint* the wall.

벽에 페인트를 칠하겠다.

명 1. 그림물감

She has three different *paints.*

그녀는 세 가지 다른 물감을 가지고 있다.

oil *paints* 유화 물감

water *paints* 수채화 물감

명 2. 페인트

Do you have white *paint?*

흰 페인트를 가지고 있습니까?

Wet (또는 Fresh) *paint.*

《게시》 칠 주의. 페인트 주의.

painter *painter*

[péintər 페인터]

명 화가, 칠장이

painting *painting*

[péintiŋ 페인팅]

명 1. 그림

an oil *painting* 유화

명 2. 페인트 칠하기

pair *pair*

[pɛər 페어]

명 한 쌍, 한 짝, 한 벌

※ 두 개나 두 가지가 합해서 하나가 될 때에 a pair of…를 쓴다.

He want a *pair of* shoes.

그는 한 켤레의 구두를 원한다.

I bought a *pair of* socks.

나는 양말 한 켤레를 샀다.

P

pajamas *pajamas*

[pədʒɑ́:məz 퍼쟈:머즈]

명 파자마, 잠옷

a pair of *pajamas* 잠옷 한 벌

palace *palace*

[pǽlis 팰리스]

명 궁전

Tŏksu *Palace* 덕수궁

Buckingham *Palace* (영국의) 버킹엄 궁전

pamphlet *pamphlet*

[pǽmflit 팸플릿]

명 팜플렛, 소책자

pan *pan*

[pæn 팬]

명 납작한 냄비

a flying *pan* 프라이팬

pants *pants*

[pænts 팬츠]

명 바지, 《영》 아이들의 속바지

Mary bought a new pair of white *pants*.

메리는 흰색 새 바지를 하나 샀다.

I wear *pants*.

나는 바지를 입는다.

papa *papa*

[pɑ́:pə 파:퍼]

명 (어린이 말) 아빠 (반 mama 엄마)

paper *paper*

[péipər 페이퍼]

▶ 복수 papers [péipərz 페이퍼즈]

명 1. 종이

A book is made of *paper*.

책은 종이로 만든다.

Give me a piece of *paper*.

종이 한 장 주세요.

명 2. 신문 (=newspaper)

What *paper* do you take in?

당신은 어떤 신문을 구독하고 있습니까?

명 3. 답안지, (복수형으로) 서류

parade *parade*

[pəréid 퍼레이드]

명 행렬, 행진

paradise *paradise*

[pǽrədais 패러다이스]

명 천국, 낙원

pardon *pardon*

[pá:rdn 파:든]

♣ 3단현 pardons, 과거 · 과거분사 pardoned, 현재분사 pardoning

타 용서하다

Pardon me for saying so.

그렇게 말한 것을 용서해라.

숙어 *Pardon me.*

① (문장의 끝을 내리면) 죄송합니다.

② (문장의 끝을 올리면) 다시 말씀해주십시오.

명 용서

숙어 *I beg your pardon.*

① (문장 끝을 올리면) 죄송하지만 다시 말씀해 주십시오.

② (문장 끝을 내리면) 죄송합니다.

parent *parent*

[pέərənt 페어런트]

명 부모 중 한 분, (복수형으로) 부모, 양친

I live with my *parents.*

나는 부모님과 함께 산다.

My *parents* are very old.

나의 부모님은 매우 연세가 많으시다.

park *park*

[pa:rk 파:크]

명 공원, 주차장

a national *park* 국립 공원

Children like to play in the *park.*

어린이들은 공원에서 놀기를 좋아한다.

There is a large *parking* lot.

거기에 커다란 주차장이 있다.

타 주차하다

My father *parks* his car in the garage.
아버지는 차를 차고에 주차하신다.

parking *parking*

[pá:rkiŋ 파:킹]
명 주차
숙어 *No parking.*
《게시》 주차금지.

parrot *parrot*

[pǽrət 패럿]
명 앵무새

part *part*

[pa:rt 파:트]
명 1. 부분, 일부 (반 whole 전체)
Ann cut the cake into three *parts.*앤은 케이크를 세 조각으로 잘랐다.

I spent the greater *part* of my money.
나는 돈의 대부분을 써버렸다.
명 2. (연극 등의) 역, 역할, (일 등의) 몫
He played the *part* of the king.
그는 왕의 역을 하였다.
숙어 ① *take part in* …에 참가하다
I *took part in* the birthday party.
나는 생일 파티에 참가하였다.
② *play a part* 역할을 하다
He *played an* important *part.*
그는 중요한 역할을 했다.
③ *part of* …의 일부
자 헤어지다
타 가르다
There road *parts* there.
그 길은 거기에서 갈라진다.

partner *partner*

[pá:rtnər 파:트너]
명 동료, 동업자, 파트너, 짝

party *party*

[pá:rti 파:티]
▶ 복수 parties [pá:rtiz 파:티즈]
명 1. 파티, 사교적 모임

They came to her birthday *party.*
그들은 그녀의 생일 파티에 왔다.
People have fun at a *party.*
사람들은 파티에서 즐긴다.

명 2. 일행
Mr. Smith and his *party* went there.
스미스씨 일행은 그곳으로 갔다.

명 3. 정당

숙어 *give a party* 파티를 열다
He *gave a party* for his friends.
그는 친구를 위하여 파티를 열었다.

pass *pass*

[pæs 패스]

♣ 3단현 passes, 과거 · 과거분사 passed, 현재분사 passing

자 1. 지나가다, 통과하다
Please call if you are *passing.*
지나는 길에 들러 주세요.
He *passes* all the tests he takes.
그는 치르는 시험을 다 통과한다.

자 2. 지나다, 경과하다
Five days have *passed.*
5일이 지났다.
Three years *passed* since then.
그때로부터 3년이 지났다.

타 1. 지나가다
A bicycle *passed* me.
자전거가 나의 옆을 지나갔다.

타 2. 합격하다 (반 fail 실패하다)
He *passed* the entrance exam.
그는 입학 시험에 합격했다.

타 3. …을 건네주다
Please *pass* me the salt.
(식탁에서) 소금을 집어 주세요.

타 4. 지내다
We *passed* a night in the mountain.
우리는 산에서 하룻밤을 지냈다.

숙어 (1) *pass away* 죽다 (=die)
My grandfather *passed away* yesterday.
나의 할아버지는 어제 돌아가셨다.

(2) *pass by* 옆을 지나가다
A car *passed by* me.
자동차가 나의 옆을 지나갔다.

passenger *passenger*

[pǽsəndʒər 패선쥐]

명 승객, 여객

There are many *passengers* in the train.

기차 속에는 많은 승객이 있다.

a *passenger* plane 여객기

past *past*

[pæst 패스트]

전 …을 지나서, 넘어서

It is half *past* nine.

9시 반이다.

He is *past* forty now.

그는 지금 40세가 넘었다.

형 지나간, 과거의

They have been in Pusan for the *past* three years.

그들은 3년간 부산에 있다.

명 과거 (반 future 미래, present 현재)

I know nothing of his *past.*

나는 그의 과거에 대해 아무것도 모른다.

부 옆을 지나서

Many boys went *past.*

많은 소년들이 지나갔다.

pasture *pasture*

[pǽstʃər 패스춰]

명 목초, 목장

in the green *pasture*

푸른 목장에서

patient *patient*

[péiʃənt 페이션트]

형 참을성 있는

명 《patients로》 병자, 환자

The doctor is looking after his *patients.*

의사가 환자를 돌보고 있다.

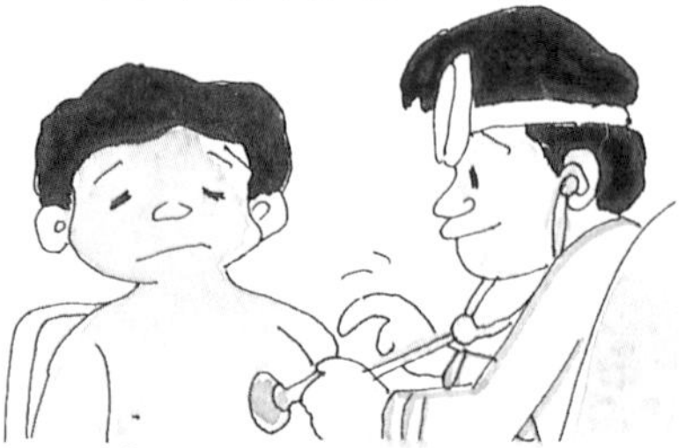

patriot *patriot*

[péitriət 페이트리어트]

명 애국자

pattern *pattern*

[pǽtərn 패턴]

명 본, 모형, 모양, 무늬

a paper *pattern* 종이 본

pay *pay*

[pei 페이]

♣ 3단현 pays, 과거 · 과거분사 paid, 현재분사 paying

타 1. (돈을) 지불하다

I *paid* him two dollars.

나는 그에게 2달러를 지불했다.

타 2. (주의를) 기울이다

A good student *pays* attention to his teacher at school.

좋은 학생은 학교에서 선생님에게 주의를 기울인다.

자 치르다

Jack is *paying* for his book.

잭은 책값을 치르고 있다.

명 지불, 임금, 급료

숙어 *pay for* 대가를 지불하다

You must *pay for* the food with money at the store.

가게에서는 돈으로 식료품 값을 지불해야 한다.

pea *pea*

[pi: 피:]

명 완두콩

I like to eat *peas.*

나는 완두콩을 먹기 좋아한다.

peace *peace*

[pi:s 피:스]

명 평화 (반 war 전쟁)

the Nobel *Peace* Prize

노벨 평화상

People say they love *peace.*

사람들은 평화를 사랑한다고 말한다.

The dove is the symbol of *peace.*

비둘기는 평화의 상징이다.

숙어 ① *be at peace with~* …와의 사이가 좋다

② *make peace with~* …와 화해하다

I *made peace with* the friend.

나는 친구와 화해했다.

P

peach *peach*

[piːtʃ 피:취]

▶ 복수 peaches [píːtʃz 피:취즈]

명 복숭아 (나무)

Mother put the *peachs* in her basket.

어머니는 바구니 속에 복숭아를 넣었다.

peacock *peacock*

[píːkɑk 피:칵]

명 (수컷의) 공작 (암컷은 peahen)

peanut *peanut*

[píːnʌt 피:넛]

▶ 복수 peanuts [píːnʌts 피:넛츠]

명 땅콩

peanut butter 땅콩 버터

pear *pear*

[pεər 페어]

▶ 복수 pears [pεərz 페어즈]

명 서양배

These *pears* are sweet.

이 배들은 달다.

peal *peal*

[pəːrl 펄:]

명 진주

pen *pen*

[pen 펜]

명 펜 (만년필, 볼펜, 싸인펜 등을 말한다)

I am writing with a *pen.*

나는 펜으로 쓰고 있다.

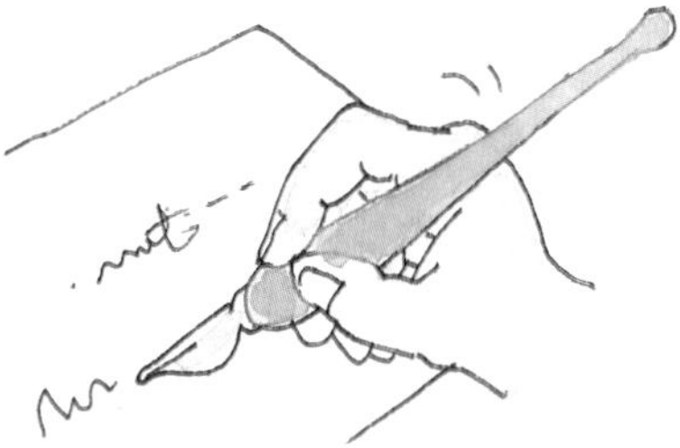

I filled my fountain *pen* with ink.

만년필에 잉크를 넣었다.

pencil *pencil*

[pénsl 펜슬]

명 연필

I write with a *pencil.*

나는 연필로 글을 쓴다.

a colored *pencil* 색연필

penguin *penguin*

[péŋgwin 펭귄]

명 펭귄

pen pal *pen pal*

[pén pæl 펜 팰]

명 펜팔, 편지 친구(=pen friend)

people *people*

[pí:pl 피:플]

명 1. 사람들

a lot of *people* 많은 사람들

People say that he is very good man.

그는 매우 좋은 사람이라고들 한다.

명 2. 《복수형으로》 국민, 민족

The Korean *people* are very polite.

한국 국민은 매우 예의 바르다.

명 3. 인민, 민중

government of the *people,* by the *people,* for the *people*

국민의, 국민에 의한, 국민을 위한 정치 (미국 제 16대 대통령 링컨의 말)

perfect *perfect*

[pə́:rfikt 퍼:픽트]

형 1. 완전한

a *perfect* game 【야구】 퍼펙트 게임, 완전 경기

형 2. 【문법】 완료의

the present (past · future) *perfect* tense 현재(과거 · 미래) 완료 시제

perhaps *perhaps*

[pərhǽps 퍼햅스]

부 아마, 어쩌면

Perhaps it will rain today but I am not sure.

아마 오늘 비가 오겠지만 확실하지는 않다.

P

period *period*

[píəriəd 피어리어드]

명 1. 기간, 시기, 시대

She stayed there for a short *period.*

그녀는 잠시 동안 그곳에 머물렀다.

명 2. (학교의) 수업 시간

We have six *periods* every day.

우리는 매일 6교시의 수업이 있다.

명 3. 마침표, 종지부

You ought to put a *period* at the end of each sentence.

각 문장 끝에 마침표를 찍어야 한다.

person *person*

[pə́:rsn 퍼:슨]

▶ 복수 persons [pə́:rsnz 퍼:슨즈]

명 사람, 개인

three *persons* 세 사람

He is an important *person.*

그는 중요한 사람이다.

숙어 *in person* 몸소

The king went there *in person.*

왕은 그곳에 몸소 갔다.

personal *personal*

[pə́:rsnəl 퍼:스널]

형 개인의, 사적인, 본인의

a *personal* computer 퍼스널 컴퓨터 (PC로 줄여씀)

phone *phone*

[foun 포운]

명 전화 (=telephone)

Give me a *phone* call when you arrive at your house.

집에 도착하면 전화해라.

타 전화를 걸다

Will you *phone* me?

전화 걸어 주시겠어요?

숙어 *speak on the phone* 전화로 이야기하다

My mother is *speaking* with

my father *on the phone.*
어머니는 전화로 아버지와 이야기하고 있다.

photo *photo*

[fóutou 포우토우]

명 사진 (photograph를 줄인 것)

I had my *photo* taken by my friend.
친구가 나의 사진을 찍어 주었다.

photograph *photograph*

[fóutəgræf 포우터그래프]

명 사진 (=picture)

My hobby is taking *photographs.*
내 취미는 사진을 찍는 것이다.

physical *physical*

[fízikəl 피지컬]

형 1. 육체의, 신체의 (반 mental 정신의)

physical education 체육

a *physical* examination 신체검사

형 2. 물리학의

physical science 물리학

pianist *pianist*

[piǽnist 피애니스트]

명 피아니스트

She is a famous *pianist.*
그녀는 유명한 피아니스트다.

piano *piano*

[piǽnou 피애노우]

명 피아노

a grand *piano* 그랜드 피아노

My mother can play the *piano.*
어머니는 피아노를 치실 줄 안다.

My sister plays the *piano.*
내 동생은 피아노를 잘 친다.

pick *pick*

[pik 픽]

♣ 3단현 picks, 과거 · 과거분사

picked, 현재분사 picking

타 1. 따다, 꺾다

She *picked* flowers in the garden.

그녀는 정원의 꽃을 꺾었다.

The farmer *picks* only the red apple of the tree.

농부가 나무에서 붉은 사과만 딴다.

타 2. 쑤시다, 후비다

He is *picking* his ear.

그는 귀를 후비고 있다.

타 3. 고르다

You can *pick* any book.

어느 책을 골라도 좋다.

타 4. 줍다, 집다

He *picked* up a book in the street.

그는 거리에서 책을 주웠다.

Mary *picked* up her notebook.

메리는 공책을 집어들었다.

picnic *picnic*

[píknik 피크닉]

명 소풍, 피크닉

The students are going on a *picnic* this Friday.

학생들은 이번 금요일에 소풍 간다.

I went on a *picnic* yesterday.

나는 어제 피크닉 갔다.

picture *picture*

[píktʃər 픽춰]

▶ 복수 pictures [píktʃərs 픽춰스]

명 1. 그림, 회화

He like to draw *pictures*.

그는 그림 그리기를 좋아한다.

The *picture* hangs on the wall.

그 그림은 벽에 걸려 있다.

명 2. 사진 (=photograph)

This is a *picture* of my parents.

이것은 나의 부모님 사진입니다.

명 3. 영화

Let's go to the *pictures*.

영화 구경하러 가자.

숙어 *take a picture* 사진을 찍다

pie *pie*

[pai 파이]

▶ 복수 pies [paiz 파이즈]

명 파이

bake a *pie* 파이를 굽다

Mother baked many apple *pies.*

어머니는 사과 파이를 많이 만드셨다.

piece *piece*

[pi:s 피:스]

명 한 쪽, 한 조각

※a piece of로 하여 셀 수 없는 물건을 세는데 사용하며, 보통 복수형은 없다.

Minho picked up a *piece* of bread.

민호가 빵 한 쪽을 집어들었다.

The girl ate a *piece* of apple.

그 소녀는 한 조각의 사과를 먹었다.

The mirror broke into *pieces.*

거울은 산산조각이 났다.

pig *pig*

[pig 피그]

명 돼지

My father keeps *pigs.*

아버지는 돼지를 치고 있습니다.

※ 새끼 돼지는 piglet, 돼지고기는 pork이다.

pigeon *pigeon*

[pídʒən 피줜]

명 비둘기 (=dove)

The *pigeon* is the symbol of peace.

비둘기는 평화의 상징이다.

Two *pigeons* flew away.

두 마리 비둘기가 날아갔다.

pilot *pilot*

[páilət 파일럿]

명 (비행기의) 조종사, 파일럿

A Korean *pilot* flew that plane.

한국 조종사가 그 비행기를 조종하였다.

pin *pin*

[pin 핀]

♣ 3단현 pins, 과거 · 과거분사 pinned, 현재분사 pinning

명 핀

a safety *pin* 안전 핀

타 핀으로 꽂다

I *pinned* up her picture on the wall.

나는 그녀의 사진을 핀으로 벽에 꽂았다.

pine *pine*

[pain 파인]

▶ 복수 pines [painz 파인즈]

명 소나무

pineapple *pineapple*

[páinæpl 파이내플]

명 파인애플

ping-pong *ping-pong*

[píŋpaŋ 핑팡]

명 탁구, 핑퐁 (=table tennis)

The two girls are playing *ping-pong.*

두 소녀가 탁구를 치고 있다.

pink *pink*

[piŋk 핑크]

명 1. 핑크색, 분홍색

My mother wears *pink* sweater.

어머니는 핑크색 스웨터를 입고 계신다.

명 2. 패랭이꽃

pipe *pipe*

[paip 파이프]

명 1. 관, 파이프

Water comes to our houses through *pipes.*

수도관을 통하여 물이 우리들의 집에 온다.

명 2. (담배) 파이프

smoke a *pipe* 파이프 담배를 피우다

He has a *pipe* in his mouth.

그는 파이프를 입에 물고 있다.

pistol *pistol*

[pístl 피스틀]

명 권총, 피스톨

pitch *pitch*

[pitʃ 피취]

♣ 3단현 pitches, 과거 · 과거분사 pitched, 현재분사 pitching

명 (야구 등의)투구, (소리의)높이

타 던지다, (천막을) 치다

pitch a ball 공을 던지다

pitch a tent 텐트를 치다

pitcher *pitcher*

[pítʃər 피춰]

명 1. (야구) 투수, 피처

명 2. 주전자

She put *pitcher* on the table.

그녀는 주전자를 테이블 위에 놓았다.

place *place*

[pleis 플레이스]

명 1. 장소, 곳

There are a lot *places* to see in Rome.

로마에는 구경할 곳이 많다.

명 2. 자리, 좌석

Go back to your *place* and sit down.

네 자리로 돌아가서 앉아라.

숙어 ① *take place* 일어나다, 거행되다

When will the concert *took place?*

그 음악회는 언제 있습니까?

② *take the place of* …을 대신하다

I will *take the place of* Mr. Brown.

내가 브라운씨를 대신하겠다.

③ *from place to place* 여기저기로, 이곳 저곳으로

타 놓다, 두다

Place the bottle on the shelf.

병을 선반 위에 얹어 놓아라.

plain *plain*

[plein 플레인]

♣ 비교급 plainer, 최상급 plainest

형 명백한, 뚜렷한, 알기 쉬운, 간소

한, 솔직한

a *plain* fact 명백한 사실

plain English 쉬운 영어

plain food 간소한 음식

명 평지, 평야

plan *plan*

[plæn 플랜]

♣ 3단현 plans, 과거 · 과거분사 planned, 현재분사 planning

명 1. 계획

I have some *plans.*

나는 몇 가지 계획이 있다.

If you make a *plan* before you begin to do something, you can do it better.

무엇을 시작하기 전에 계획을 하면 더 잘 할 수 있다.

명 2. 설계도

This is the *plan* for our new building.

이것이 우리 새 건물의 설계도이다.

타 계획하다

She is *planning* a party.

그녀는 파티를 계획하고 있다.

plane *plane*

[plein 플레인]

명 비행기 (airplane을 줄인 말)

He traveled by *plane.*

그는 비행기로 여행하였다.

Planes carry people and things.

비행기는 사람과 물건을 나른다.

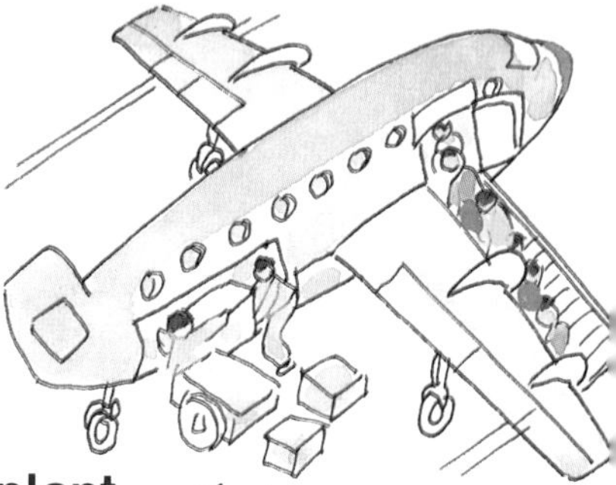

plant *plant*

[plænt, 플랜트]

▶ 복수 plants [plænts 플랜츠]

명 1. 식물, 초목

※ 동물은 animal, 광물은 mineral

wild *plants* 야생 식물

Plants have roots.

식물은 뿌리가 있다.

명 2. 공장

My father works in a car *plant.*

아버지는 자동차 공장에서 일하고 계십니다.

타 심다, 뿌리다

You have to *plant* a seed to grow a flower.

꽃을 기르려면 씨를 뿌려야 한다.

plate *plate*

[pleit 플레이트]

명 1. (평평하고 둥근) 접시

She put a *plate* of fish on the table.

그녀는 생선 한 접시를 식탁 위에 놓았다.

명 2. (금속 · 유리의) 판

a number *plate* (차의) 번호판

platform *platform*

[plǽtfɔːrm 플랫폼:]

명 (역의) 승강대, 연단, 교단

He bought a *platform* ticket.

그는 역의 입장권을 샀다.

Teacher is standing on the *platform.*

선생님께서 교단에 서 계신다.

play *play*

[plei 플레이]

♣ 3단현 plays, 과거 · 과거분사 played, 현재분사 playing

자 1. 놀다 (반 work 일하다)

Students *played* in the ground after school.

학생들이 수업 후에 운동장에서 놀았다.

자 2. 행동하다

He always *plays* fair.

그는 언제나 공명정대하게 행동한다.

타 1. 운동하다, …하며 놀다

They are *playing* table tennis.

그들은 탁구를 하고 있다.

타 2. (악기를) 연주하다

She *plays* the piano very well.

그녀는 피아노를 아주 잘 연주한다.

타 3. (연극 · 역할을) 연기하다

He *played* the part of Hamlet.

그는 햄릿의 역을 했다.

[명] 1. 연극

She went to see the *play* yesterday.

그녀는 어제 연극을 보러 갔다.

[명] 2. 놀이

They are *playing* house.

그들은 소꿉놀이를 하고 있다.

[명] 3. 경기

fair *play* 정정당당한 경기

player *player*

[pléiər 플레이어]

[명] 1. 경기자, 선수

He is a basketball *player.*

그는 농구 선수이다.

[명] 2. 연주자

She is a skillful *player* on the violin.

그녀는 훌륭한 바이올린 연주자이다.

[명] 3. (연극) 배우

playground *playground*

[pléigraund 플레이그라운드]

[명] 운동장, 놀이터

Many students are playing on the *playground.*

많은 학생들이 운동장에서 놀고 있다.

pleasant *pleasant*

[pléznt 플레즌트]

[형] 즐거운, 기분 좋은, 유쾌한

We had a *pleasant* time.

우리는 즐겁게 시간을 보냈다.

Some flowers have a *pleasant* smell.

어떤 꽃은 좋은 냄새가 난다.

It was a *pleasant* time.

유쾌한 시간이었다.

please *please*

[pli:z 플리:즈]

[타][자] 1. 제발, 부디, 좀, 어서

Stand up, *please.*

일어서 주십시오.

Please close the window.

창문을 좀 닫아주십시오.

타자 2. 기쁘게 하다, 만족시키다

Music *pleases* people.

음악은 사람을 기쁘게 한다.

I am very *pleased* to see you.

만나 뵙게 되어 매우 기쁩니다.

He is easy to *please.*

그는 비위를 맞추기가 쉽다.

타자 3. 좋아하다

Do as you *please.*

좋을 대로 하렴.

숙어 ① *if you please* 제발

Come on, *if you please.*

이리 오세요.

② *be pleased at* …을 기뻐하다

She *was* very *pleased at* the present.

그녀는 그 선물을 받고 매우 기뻐했다.

③ *be pleased to* (*do*) 기꺼이 …하다

I shall *be pleased to* help you.

기꺼이 너를 도와 주겠다.

④ *be pleased with~* …이 마음에 들다

pleasure *pleasure*

[pléʒər 플레줘]

명 기쁨, 즐거움

숙어 ① *take pleasure in* …을 즐기다

② *for pleasure* 재미로, 즐기려고

I travel for *pleasure.*

나는 즐기려고 여행을 한다.

③ *with pleasure* 기꺼이

I will do so *with pleasure.*

기꺼이 그렇게 하겠습니다.

plenty *plenty*

[plénti 플렌티]

명 풍부, 넉넉함, 많음

숙어 ① *in plenty* 풍부하게, 넉넉하게, 충분히

He lives *in plenty.*

그는 풍족하게 살고 있습니다.

② *plenty of* 많은

There is *plenty of* time.

시간이 많이 있다.

There is *plenty of* money in the safe.

금고 속에는 돈이 많이 있다.

plus *plus*

[plʌs 플러스]

전 …을 더한 (반 minus …을 뺀)

Five *plus* three equals eight.

5 더하기 3은 8이다.(5+3=8)

형 더하는, 플러스의

P.M. p.m. *P.M. p.m.*

[pí:ém 피:엠]

명 오후 (오전은 A.M., a.m.)

※ 라틴 말의 post meridiem의 줄임말

7 30 *p.m.* 오후 7시 30분

(seven thirty p.m.이라고 읽는다)

She took the 5 30 *p.m.* train for Pusan.

그녀는 오후 5시 30분발 부산행 열차를 탔다.

pocket *pocket*

[pákit 파킷]

명 1. 호주머니, 포켓

The man took a money out of his *pocket*.

그 남자는 호주머니에서 돈을 꺼냈다.

명 2. 소형의

a *pocket* camera 소형 카메라

a *pocket* dictionary 소형 사전

poem *poem*

[póuim 포우임]

명 (한편의) 시

She writes *poems*.

그녀는 시를 쓴다.

poet *poet*

[póuit 포우잇]

명 시인

He is a famous *poet*.

그는 유명한 시인이다.

point *point*

[pɔint 포인트]

명 1. 점, 구두점, 소수점

Our team won by three *points*.

우리 팀이 3점 차이로 이겼다.

명 2. 요점

What is your *point?*

요점이 뭐냐?

명 3. (뾰족한) 끝

The *point* of this pencil is sharp.

이 연필 끝은 뾰족하다.

명 4. 지점, (시간 · 공간의) 점

the boiling *point* 끓는 점

The bus stopped at this *point.*

이 버스가 이 지점에서 정거하였다.

타 겨누다, 가리키다

He *pointed* his gun at the sparrow.

그는 참새에게 총을 겨누었다.

He *pointed* at the map.

그는 지도를 가리켰다.

숙어 *point out* 지적하다

She *pointed out* my mistake.

그녀는 나의 실수를 지적했다.

police *police*

[pəlíːs 펄리:스]

명 경찰, 경찰관들

※ police는 경찰 전부를 가리키며, 개개인의 경찰은 policeman(남자 경관), policewoman(여자 경관)이라고 한다.

a *police* box 파출소

a *police* station 경찰서

The *police* protect good people and put bad people in jail.

경찰은 좋은 사람을 보호하고, 나쁜 사람은 감옥에 넣는다.

policeman *policeman*

[pəlíːsmən 펄리:스먼]

명 (남자) 경찰관

Two *policeman* are watching over the people.

두 경찰관이 사람들을 지켜보고 있다.

The *policeman* ran after the thief.

경찰관은 도둑을 추격하였다.

policewoman *policewoman*

[pəlíːsúmən 펄리:스우먼]

명 (여자) 경찰관

There is two *policewoman* standing on the corner.

여자 경찰관 두명이 모퉁이에 서 있다.

polite *polite*

[pəláit 펄라이트]

형 공손한, 예의바른

He is always *polite* to other.

그는 언제나 남에게 공손하다.

pond *pond*

[pɑnd 판드]

명 연못, 못, 늪

A *pond* is smaller than a lake.

연못은 호수보다 작다.

There are many fish in this *pond.*

이 연못에는 물고기가 많이 있다.

pony *pony*

[póuni 포우니]

명 조랑말, 망아지

pool *pool*

[pu:l 푸울]

명 1. (수영의) 풀 (=swimming pool)

We swim in the *pool.*

우리는 풀에서 수영한다.

명 2. 물웅덩이, 연못

poor *poor*

[puər 푸어]

♣ 비교급 poorer, 최상급 poorest

형 1. 가난한 (반 rich 부유한)

He was *poor.*

그는 가난했다.

He was a *poor* poet.

그는 가난한 시인이었다.

형 2. 불쌍한, 가엾은

The *poor* girl has lost her purse.

가엾게도 그 소녀는 지갑을 잃었다.

형 3. 약한, 건강하지 못한

She has *poor* health.

그녀는 몸이 약하다.

형 4. 서투른, 잘 못하는

He is *poor* at baseball.

그는 야구가 서툴다.

She is *poor* at English.

그녀는 영어를 잘 하지 못한다.

pop *pop*

[pɑp 팝]

명 대중 음악

형 대중적인

popular *popular*

[pάpjulər 파퓰러]

형 1. 인기있는

a *popular* singer 인기 가수

He is *popular* with children.

그는 아이들에게 인기가 있다.

형 2. 대중의, 통속적인

He likes *popular* music.

그는 대중 음악을 좋아한다.

She likes *popular* novels.

그녀는 대중 소설을 좋아한다.

population *population*

[pɑpjuléiʃən 파퓰레이션]

명 인구

the *population* of the world

세계의 인구

pork *pork*

[pɔːrk 포:크]

명 돼지고기

port *port*

[pɔːrt 포:트]

명 항구, 항구 도시

숙어 ① *enter* (또는 *come into*) (*a*) *port* 입항하다

② *leave* (*a*) *port* 출항하다

The ship has *leave port.*

배가 출항했다.

position *position*

[pəzíʃən 퍼지션]

명 1. 위치, 장소

Show me the *position* of your school on this map.

이 지도에서 당신의 학교 위치를 가리켜 주세요.

명 2. 지위, 신분

My father has a very good *position* in the company.

아버지는 회사에서 대단히 좋은 지위에 있습니다.

명 3. 자세

possible *possible*

[pάsəbl 파서블]

형 1. 가능한 (반 impossible 불가능한)

All things are *possible* with God.

모든 일이 하나님의 경우에는 가능하다.

형 2. 있을 수 있는, 일어날 수 있는

It is *possible* that he went alone.

어쩌면 그는 혼자 갔을런지도 모른다.

숙어 ① *as~ as possible* 가능한 한

② *if possible* 가능하다면

post *post*

[poust 포우스트]

명 1. 《영》 우편, 우편물 (=mail 《미》)

The *post* arrived yesterday.

그 우편물은 어제 모착했다.

명 2. 《영》 우체통 (=mail box 《미》)

숙어 *by post* 《영》 우편으로

타 《영》 우편으로 보내다, 우체통에 넣다

I *posted* Teacher's letter on my way to house.

집에 가는 도중에 선생님의 편지를 부쳤다.

postage stamp

postage stamp

[póustidʒ stæmp 포우스티쥐 스탬프]

명 우표

※ 보통 간단히 stamp라고도 한다.

postcard *postcard*

[póus*t*kɑːrd 포우스트카:드]

명 《영》 관제엽서, 《미》 그림 엽서

I bought some *postcard.*

나는 관제 엽서를 몇 장 샀다.

poster *poster*

[póustər 포우스터]

▶ 복수 posters [póustərz 포우스터즈]

명 포스터, 벽보

postman *postman*

[póus*t*mən 포우스트먼]

▶ 복수 postmen [póus*t*mən 포우스트먼]

명 우체부, 우편배달부

post office *post office*

[póust ɔ́:fis 포우스트 오피:스]

명 우체국

You mail a letter at the *post office.*

우체국에서 편지를 붙인다.

Do you know where the *post office* is?

우체국이 어디에 있는지 아십니까?

pot *pot*

[pɑt 팟]

명 항아리, 단지, (깊숙한) 냄비, 포트

She has coffee *pot.*

그녀는 커피포트를 가지고 있다.

potato *potato*

[pətéitou 퍼테이토우]

▶ 복수 potatoes [pətéitouz 퍼테이토우즈]

명 감자 (고구마는 sweet potato)

Most people like *potatoes.*

대부분의 사람들은 감자를 좋아한다.

boiled *potato* 삶은 감자

baked *potato* 구운 감자

pound *pound*

[paund 파운드]

명 1. 파운드 (무게의 단위; 1파운드는 16온스로 약 454그램이며 기호는 lb)

How many *pounds* do you weigh?

체중이 몇 파운드나 됩니까?

명 2. 파운드 (영국의 화폐단위; 기호는 £)

I have Three *pounds* in my purse.

지갑에 3파운드 들어 있다.

power *power*

[páuər 파우어]

명 1. 힘, 권력

Some people think that money is *power.*

어떤 사람들은 돈이 힘이라고 생각한다.

electric *power* 전력

명 2. 능력, 재능

It is beyond my *power* to do so.

그것은 내 능력이 미치지 못한 다.

명 3. 강대국

America is a great world *power.*

미국은 세계의 강대국이다.

powerful *powerful*

[páuərfəl 파우어펄]

형 힘센, 강력한, 세력 있는

a *powerful* nation 강한 나라

practice *practice*

[prǽktis 프랙티스]

명 연습

Practice makes perfect.

연습하면 완전해진다.

타자 연습하다

I *practice* at the violin every day.

나는 매일 바이올린을 연습하고 있다.

He *practiced* a lot for the game.

그는 경기를 위해서 많이 연습했다.

praise *praise*

[preiz 프레이즈]

타 칭찬하다

She *praised* the inventor for his works.

그녀는 그 발명가의 작품을 칭찬했다.

명 칭찬

She has won high *praise.*

그녀는 대단한 칭찬을 받았다.

pray *pray*

[prei 프레이]

♣ 3단현 prays, 과거 · 과거분사 prayed, 현재분사 praying

타자 기도하다, 빌다

Mother *prays* to God for my health.

어머니는 내 건강을 위해 하나님께 기도하신다.

pray for pardon 용서를 빌다

prepare *prepare*

[pripέər 프리페어]

타자 준비하다

My mother is *preparing* breakfast.

어머니는 아침을 준비하고 계신다.

Jim is *preparing* for the examination.
짐은 시험 준비를 하고 있다.
Have you *prepared* your lesson?
학과의 예습을 끝냈습니까?

present[1] *present*

[préznt 프레즌트]
명 선물
Father gave me a birthday *present.*
아버지께서 나에게 생일 선물을 주셨다.
She received a lot of *presents* from her friends.
그녀는 친구들로부터 많은 선물을 받았다.
타 선물로 주다, 선사하다
I *present* books to her.
나는 그녀에게 책을 선물로 주었다.

present[2] *present*

[préznt 프레즌트]
형 1. 출석한 (반 absent 결석한)
Everybody was *present* at the meeting.
모두가 모임에 출석했다.
Present, sir. 예.
(출석을 부를 때의 대답이다)
형 2. 현재의
명 현재, 지금
숙어 ① *for the present* 당분간
It will not snow *for the present.*
당분간 눈은 오지 않을 것이다.
② *the present day* (또는 time) 현대
③ *at the present time* 현재는

president *president*

[prézədənt 프레저던트]
명 1. 대통령
He was elected *president* of the Korea.
그는 한국 대통령으로 당선되었다.
명 2. 회장, 총재, 사장, 총장
Jack wants to be the *president* of the new club.
잭은 새 클럽의 회장이 되고 싶어 한다.

press *press*

[pres 프레스]

타 1. …을 누르다, 밀다, 압박하다

He is *pressing* the bell.

그는 벨을 누르고 있다.

타 2. (옷 등을) 다리다

She is *pressing* her dress.

그녀는 자기 드레스를 다리고 있다.

명 1. 《the press로》 신문, 출판물

a daily *press* 일간 신문

freedom of the *press* 출판의 자유

명 2. 인쇄기, 압착기

pressure *pressure*

[préʃər 프레셔]

명 압력, 압박, 압축

blood *pressure* 혈압

pretty *pretty*

[príti 프리티]

♣ 비교급 prettier, 최상급 prettiest

형 예쁜, 귀여운

Mary has a *pretty* doll.

메리는 예쁜 인형을 가지고 있다.

Jane is a *pretty* girl.

제인은 귀여운 소녀이다.

Flowers was really *pretty*.

꽃들은 진짜 예뻤다.

부 상당히, 꽤

It's *pretty* cold today.

오늘은 상당히 춥다.

He plays baseball *pretty* well.

그는 야구를 꽤 잘한다.

price *price*

[prais 프라이스]

명 값, 가격

What is the *price* of this book?

이 책 값은 얼마입니까?

The *prices* are not always the same.

가격이 언제나 같지는 않다.

pride *pride*

[praid 프라이드]

명 자존심, 긍지, 자랑, 프라이드

He takes *pride* in his work.

그는 자기 일에 긍지를 가지고 있다.

숙어 *pride oneself on* …을 자랑하다

He *prides himself on* his dog.

그는 자기 개를 자랑한다.

prince *prince*

[prins 프린스]

명 왕자

the Crown *Prince* 황태자

princess *princess*

[prínsis 프린시스]

명 공주

The *princess* lives in that palace.

공주는 저 궁전에 살고 있다.

principal *principal*

[prínsipəl 프린시펄]

명 교장, 학장

He is the *principal* of our school.

그는 우리 학교의 교장입니다.

형 으뜸가는, 주요한

print *print*

[print 프린트]

명 인쇄, 프린트

finger *prints* 지문

타 인쇄하다

They are *printing* the book.

그들은 그 책을 인쇄 중이다.

prize *prize*

[praiz 프라이즈]

명 상, 상품, 상금

the Nobel *prize* 노벨상

She won the first *prize*.

그녀는 1등상을 받았다.

The *prize* was a big cup.

상품은 큰 컵이었다.

probably *probably*

[prábəbli 프라버블리]

부 아마, 대개는

It will *probably* rain.

아마 비가 올 것 같다.

problem *problem*

[prábləm 프라블럼]

명 문제, 의문

What is your *problem?*

문제가 뭐니?

No *problem.*

문제 없다. 즉, 괜찮다.

a social *problem* 사회 문제

It is a difficult *problem.*

그것은 어려운 문제이다.

※ question은 질문이나 시험의 문제이고, problem은 해결이 쉽지 않은 문제이다.

produce *produce*

[prədjú:s 프러듀:스]

타 1. 생산하다, 만들어내다, 제조하다

Much wool is *produced* in Australia.

많은 양털이 오스트레일리어에서 산출된다.

타 2. 연출하다, 제작하다

He *produced* many drama.

그는 많은 극을 연출했다.

He *produces* cartoon film.

그는 만화영화를 제작하고 있다.

명 [prádju:s 프라듀:스] 농작물, 생산품

product *product*

[prádəkt 프라덕트]

명 1. 제품, 작품

industrial *products* 공산품

명 2. 생산물

farm *products* 농산물

professor *professor*

[prəfésər 프러페서]

명 대학 교수

program *program*

[próugræm 프로우그램]

명 (연극 · 방송의) 프로그램, 상영 목록

They are reading the TV *program.*

그들은 TV의 프로그램을 읽고 있다.

progress *progress*

[prágres 프라그레스]

명 전진, 진행, 진보

자 전진하다, 나아가다, 진보하다

project *project*

[prádʒekt 프라젝트]

명 계획, 사업

타 계획하다, 영사하다

project a slide into a screen

슬라이드를 스크린에 영사하다

자 돌출하다

promise *promise*

[prámis 프라미스]

명 약속

He always keeps her *promise.*

그는 항상 약속을 지킨다.

타 약속하다

She *promised* to come without fail.

그녀는 꼭 오겠다고 약속했다.

propose *propose*

[prəpóuz 프러포우즈]

♣ 3단현 proposes, 과거 · 과거분사 proposed, 현재분사 proposing

타 제안하다, 신청하다

He *proposed* the plan.

그는 그 계획을 제안했다.

자 구혼하다, 프로포즈하다

protect *protect*

[prətékt 프러텍트]

타 보호하다, 방어하다

proud *proud*

[praud 프라우드]

♣ 비교급 prouder, 최상급 proudest

형 자랑스럽게 생각하는, 뽐내는

His parents are *proud* of him.

그의 부모님은 그를 자랑스럽게 여긴다.

He is *proud* that he is good at tennis.

그는 정구를 잘 한다고 뽐내고 있다.

proverb *proverb*

[právə(:)rb 프라버:브]

명 속담, 격언

public *public*

[pʌ́blik 퍼블릭]

형 공중의, 공공의

public relations 선전 활동(약어는 P.R.)

명 공중, 사회

숙어 *in public* 대중 앞에서, 공공연히

publish *publish*

[pʌ́bliʃ 퍼블리쉬]

타 1. 출판하다

a *publishing* company 출판사

They *published* the story book.

그들은 소설책을 출판했다.

타 2. 발표하다, 공표하다
He *published* the news.
그는 그 뉴스를 발표했다.

pull *pull*

[pul 풀]

♣ 3단현 pulls, 과거 · 과거분사 pulled, 현재분사 pulling

타자 당기다, 끌다 (반 push 밀다)

Tom likes to *pull* his dog's tail.
톰은 자기 개의 꼬리를 잡아당기기를 좋아한다.

숙어 ① *Pull.* 《게시》 당기시오.
② *pull out* …을 뽑다

pumpkin *pumpkin*

[pʌ́mpkin 펌프킨]

명 호박

pupil *pupil*

[pjú:pil 퓨:필]

명 학생, 제자

※ pupil은 초등학생 · 중학생을 말하며, 그 이상은 student이다.

How many *pupils* are there in your class?
너의 반에는 학생이 몇 명 있니?
There are forty *pupils* in our class.
우리 반에는 학생이 40명 있다.

puppy *puppy*

[pʌ́pi 퍼피]

명 강아지

purpose *purpose*

[pə́:rpəs 퍼:퍼스]

명 목적

What is your *purpose* in life?
네 인생의 목적은 무엇이니?
What is the *purpose* of studying.
공부하는 목적은 무엇입니까?

숙어 ① *for the purpose of~* …할 목적으로
② *on purpose* 일부러, 고의로

He spilt the water *on purpose.*
그는 일부러 물을 엎질렀다.

purse *purse*

[pə:rs 퍼:스]

명 지갑 (동전을 넣는)

※ 지폐를 넣는 지갑은 wallet

I have lost my *purse.*

나는 지갑을 잃었다.

push *push*

[puʃ 푸쉬]

♣ 3단현 pushes, 과거 · 과거분사 pushed, 현재분사 pushing

타 밀다, 누르다 (반 pull 당기다)

They *pushed* the cart.

그들은 수레를 밀었다.

Push the door open.

문을 밀어서 여십시오.

Push the bell.

벨을 누르세요.

숙어 *Push.* 《게시》 미시오.

put *put*

[put 풋]

♣ 3단현 puts, 과거 · 과거분사 put, 현재분사 putting

타 …을 두다, 놓다, 넣다

I *put* a vase on the table.

나는 꽃병을 식탁 위에 놓았다.

Put your book in the box.

책을 그 상자 안에 넣어라.

숙어 ① *put down* 내려놓다

She *put* her cup *down.*

그녀는 컵을 내려놓았다.

② *put aside* 치우다

Put the bag *aside.*

가방을 치우세요.

③ *put back* 제자리에 갖다 놓다

Put the chair *back.*

의자를 제자리에 갖다 놓으세요.

④ *put off* 연기하다, 미루다

Never *put off* till tomorrow what you can do today.

오늘 할 수 있는 일을 내일까지 미루지 마라.

⑤ *put out* 끄다

She *put out* the lights.

그녀는 불을 껐다.

⑥ *put up* 세우다

The pupils are *putting up* a tent.

학생들이 천막을 치고 있다.

⑦ *put on* 입다, 쓰다, 신다

The little boy *put on* his clothes by himself.

어린 소년이 혼자서 옷을 입었다.

puzzle *puzzle*

[pʌ́zl 퍼즐]

명 수수께끼, 난문제

pyramid *pyramid*

[pírəmid 피러미드]

명 피라미드

※ 고대 이집트에서 왕을 묻는 묘를 말함.

We can see the *pyramids* in Egypt.

우리는 이집트에서 피라미드를 볼 수 있다.

Q, q

quality *quality*

[kwáləti 콸러티]

명 질 (반 quantity 양), 품질, 성질

The paper is of good *quality.*

이 종이는 질이 좋다.

My brother has many good *qualities.*

나의 형은 많은 장점을 가지고 있다.

quantity *quantity*

[kwántəti 콴터티]

명 양 (반 quality 질), 수량

a large *quantity* of rain

다량의 비

quarrel *quarrel*

[kwɔ́:rəl 쿼:럴]

자 싸우다, 다투다

I *quarreled* with him over the book.

나는 책 때문에 그와 다투었다.

명 말다툼, 싸움

Jim and Sam had a *quarrel.*

짐과 샘은 서로 싸웠다.

quarter *quarter*

[kwɔ́:rtər 쿼:터]

명 1. 4분의 1

※ 2분의 1은 half

There is a *quarter* of an apple left.

사과의 4분의 1이 남아 있다.

명 2. 15분 (1시간의 4분의 1)

It is a *quarter* past five.

5시 15분이다.

A *quarter* of an hour is fifteen minutes.

한 시간의 4분의 1은 15분이다.

queen *queen*

[kwi:n 퀸:]

명 여왕, 왕비

The *Queen* of England is Elizabeth Ⅱ. 영국 여왕은 엘리자베스 2세이다.

※ Ⅱ는 the Second로 읽는다

Q

She is a nice *queen.*
그녀는 좋은 여왕이다.

queer *queer*

[kwiər 퀴어]
형 이상한, 기묘한
She wears a *queer* dress.
그녀는 이상한 옷을 입고 있다.

question *question*

[kwéstʃən 퀘스춴]
명 물음, 질문
May I ask you a *question?*
질문 하나 해도 될까요?
I asked the father a *question.*
나는 아버지께 질문을 하였다.
Answer my *question* in English.
내 질문을 영어로 답해라.

quick *quick*

[kwik 퀵]
♣ 비교급 quicker, 최상급 quickest
형 빠른
A tiger is a *quick* animal.
호랑이는 빠른 동물이다.

Be *quick!* 빨리해.
※ quick은 동작이 빠르다는 뜻이고, fast는 속도가 빠르다는 뜻이고, early는 시간이 빠르다는 뜻이다.

quickly *quickly*

[kwíkli 퀴클리]
부 빨리, 급히 (반 slowly 느리게)
Stand up *quickly.*
빨리 일어서라.
She walked *quickly.*
그녀는 빨리 걸었다.

quiet *quiet*

[kwáiət 콰이어트]
♣ 비교급 quieter, 최상급 quietest
형 조용한 (반 noisy 시끄러운)
Be *quiet!* 조용히 하시오.
Children are not *quiet.*
어린이들은 조용하지가 않다.

The night was *quiet.*
그날 밤은 조용했다.

quietly *quietly*

[kwáiətli 콰이어틀리]

부 조용히

She spoke *quietly.*
그녀는 조용히 이야기했다.

quit *quit*

[kwit 큇]

♣ 3단현 quits, 과거 · 과거분사 quit 또는 quitted, 현재분사 quitting

타자 사직하다, 그만두다

She *quit* playing tennis.
그녀는 정구를 그만두었다.

quite *quite*

[kwait 콰이트]

부 아주, 대단히

Jim is *quite* smart.
짐은 아주 똑똑하다.

It is *quite* dark this evening.
오늘 밤은 아주 어둡다.

The students are *quite* all right.
학생들은 아주 잘 있다.

I *quite* forgot it.
나는 아주 그것을 잊었다.

숙어 *not quite* 충분히 …은 아니다

She is *not quite* well.
그녀는 아직 완전히 건강하지는 않다.

quiz *quiz*

[kwiz 퀴즈]

▶ 복수 quizzes [kwíziz 퀴지즈]

명 질문, 퀴즈

Q

R, r

R

rabbit *rabbit*

[rǽbit 래빗]

명 (집) 토끼

※ 산토끼는 hare이다

The *rabbit* runs fast.

토끼는 빨리 뛴다.

He keeps a *rabbit.*

그는 토끼를 기르고 있다.

race[1] *race*

[reis 레이스]

명 경주

a boat *race* 보트 경주

a marathon *race* 마라톤 경주

I like to watch a car *race.*

나는 자동차 경주 보기를 좋아한다.

타 경주하다

I *raced* with my friend.

나는 친구와 경주했다.

race[2] *race*

[reis 레이스]

명 인종, 민족

the human *race* 인류

the white (black, brown) *race* 백(흑, 황)인종

racket *racket*

[rǽkit 래킷]

명 (테니스 등의) 라켓

We play tennis with a *racket* and a ball.

우리들은 라켓과 공으로 테니스를 한다.

radio *radio*

[réidiou 레이디오우]

명 라디오

I like to listen to music on my *radios.*

나는 라디오로 음악 듣기를 좋아

한다.

I have a *radio*.

나는 라디오를 가지고 있다.

a *radio* station 라디오 방송국

railroad *railroad*

[réilroud 레일로우드]

명 《미》 철도 (= 《영》 railway)

I traveled on the *railroad*.

나는 철도(편으)로 여행하였다.

railway *railway*

[réilwei 레일웨이]

명 《영》 철도 (= 《미》 railroad)

a *railway* station 철도역

rain *rain*

[rein 레인]

명 비

It looks like *rain*.

비가 올 것 같다.

We have a lot of *rain* in summer.

여름에 많은 비가 온다.

We had much *rain* this year.

올해는 비가 많이 왔다.

자 비가 오다

It has been *raining* since yesterday.

어제부터 줄곧 비가 오고 있다.

It began to *rain*.

비가 오기 시작했다.

숙어 *rain or shine* 날씨에 관계없이

rainbow *rainbow*

[réinbou 레인보우]

명 무지개

A *rainbow* has seven colors.

무지개는 일곱 빛깔이 있다.

raincoat *raincoat*

[réinkout 레인코우트]

명 비옷, 레인코트

He wears his *raincoat*.

그는 레인코트를 입고 있다.

rainy *rainy*

[réini 레이니]

♣ 비교급 rainier, 최상급 rainiest
형 비가 오는, 비가 많은
a *rainy* day 비 오는 날
the *rainy* season 장마철
It was *rainy* yesterday.
어제는 비가 왔다.

raise *raise*
[reiz 레이즈]
♣ 3단현 raises, 과거 · 과거분사 raised, 현재분사 raising
타 1. …을 위로 올리다, 들다
If you know the answer, *raise* your hand.
답을 알고 있으면 손을 들어라.
타 2. …을 기르다, 재배하다
We *raise* rabbits.
우리는 토끼를 기른다.
The farmer *raises* a lot of vegetables.
그 농부는 많은 야채를 재배하고 있다.

ran *ran*
[ræn 랜]
자 run(달리다)의 과거형

rapid *rapid*
[rǽpid 래피드]
형 빠른, 급한 (=quick)
She is a *rapid* speaker.
그녀는 말이 빠르다.

rat *rat*
[ræt 랫]
명 쥐
The *rat* is afraid of the cat.
쥐는 고양이를 무서워한다.

rate *rate*
[reit 레이트]
명 비율, 등급, 요금, 값
I bought this shoes at a high *rate*.
나는 이 구두를 비싼 값으로 샀다.

rather *rather*
[rǽðər 래더]
부 1. 차라리, 오히려
I want a grape *rather* than a melon.
나는 참외보다 포도가 더 좋다.

부 2. 얼마간, 다소

It is *rather* cold today.

오늘은 다소 춥다.

숙어 *would rather~* 차라리 …하겠다

I *would rather* go than stay here alone.

여기에 나 혼자 있는 것보다는 차라리 가겠다.

reach *reach*

[ri:tʃ 리:취]

♣ 3단현 reaches, 과거 · 과거분사 reached, 현재분사 reaching

타 …에 다다르다, 도착하다

The train *reached* Seoul Station at noon.

기차는 정오에 서울역에 도착했다.

자 …에 닿다, 손을 뻗쳐서 잡다

Mary tried to *reach* her hand to pick up the book.

책을 집으려고 메리는 손을 뻗치려 했다.

read[1] *read*

[ri:d 리:드]

♣ 3단현 reads, 과거 · 과거분사 read [red 레드], 현재분사 reading

타자 읽다, 독서하다

My father *reads* the newspaper every day.

아버지는 매일 신문을 읽으신다.

He is *reading* a book.

그는 독서하고 있다.

자 글을 읽다, 읽어서 알다

My little sister cannot *read*.

내 동생은 글을 읽지 못한다.

read[2] *read*

[red 레드]

타자 read[1](읽다)의 과거 · 과거분사형

reader *reader*

[rí:dər 리:더]

명 독자; 독본; 독서가

reading *reading*

[rí:diŋ 리:딩]

명 1. 독서

R

He likes *reading.*
그는 독서를 좋아한다.

명 2. 읽을거리

ready *ready*

[rédi 레디]
♣ 비교급 readier, 최상급 readiest
형 1. 준비가 된
Are you *ready?*
준비되었니?
Supper is *ready,* Father.
아버지, 저녁이 준비됐어요.
형 2. 자진하여 …하는, 기꺼이 …하는
She was always *ready* to help old people.
그녀는 언제나 자진하여 노인들을 도왔다.
형 3. 바로 …하려고 하는

real *real*

[rí:əl 리:얼]
형 1. 진짜의
This is a *real* gold.
이것은 진짜 금이다.

형 2. 실제의, 현실의
real life 실생활

reality *reality*

[ri(:)ǽliti 리:앨리티]
명 현실, 사실
숙어 *in reality* 실제로, 사실은

really *really*

[rí:əli 리:얼리]
부 1. 정말로, 참으로
Can I have this *really?*
이것을 정말로 가져도 되니?
That is a *really* nice bag.
그것은 정말 멋진 가방이구나.
The book is *really* interesting.
이 책은 참으로 재미있다.
부 2. 실제로, 사실은
I *really* do not want to see her again.
사실은 그녀를 다시 만나고 싶지 않아.

reason *reason*

[rí:zn 리:즌]

명 이유, 까닭

Tell me the *reason.*

그 이유를 말해줘.

I have no *reason.*

이유는 없다.

This is the *reason* for my late.

이런 이유로 내가 지각했어.

receive *receive*

[risí:v 리씨:브]

타자 1. 받다

I *received* your letter today.

오늘 네 편지를 받았다.

She *received* a prize.

그녀는 상을 받았다.

타자 2. 맞이하다

My teacher *received* my mother in his office.

선생님은 나의 어머니를 그의 사무실에서 맞이하셨다.

receiver *receiver*

[risí:vər 리씨:버]

명 1. 받는 사람, 수령인

명 2. (전화의) 수화기, 수신기

She put the *receiver* to her ear.

그녀는 수화기를 귀에 대었다.

recently *recently*

[rí:sntli 리:슨틀리]

부 최근에, 요즈음

He has *recently* started to study English.

그는 최근에 영어 공부를 시작했다.

I have not seen her *recently.*

요즈음 나는 그녀를 보지 못했다.

reception *reception*

[risépʃən 리셉션]

명 받아들임, 환영(회)

reception roon 응접실

recital *recital*

[risáitl 리싸이틀]

명 독주회, 독창회

R

record *record*

[rékɔːrd 레코:드]

명 1. 레코드, 음반

I bought a pop *record* yesterday.

나는 어제 팝송 레코드 한 장을 샀다.

명 2. 기록

the world *record* 세계기록

break the *record* 기록을 깨다

set a new *record* 신기록을 세우다

타 1. 기록하다

I gave *recorded* everything in the diary.

나는 이 일기장에 무엇이든 기록해 두었다.

타 2. 녹음하다

We *recorded* her talk on tape.

우리는 그녀의 이야기를 테이프에 녹음했다.

recorder *recorder*

[rikɔ́ːrdər 리코:더]

명 1. 녹음기, 등록기

명 2. 기록자, 등록자

recover *recover*

[rikʌ́vər 리커버]

타자 회복하다, 도로 찾다

He *recovered* his health.

그는 건강을 회복하였다.

She *recovered* from her illness.

그녀는 병이 나았다.

recreation *recreation*

[rekriéiʃən 레크리에이션]

명 오락, 레크레이션

red *red*

[red 레드]

♣ 비교급 redder, 최상급 reddest

형 빨간, 붉은

This is a *red* rose.

이것은 붉은 장미다.

She is wearing a *red* skirt.

그녀는 빨간 치마를 입고 있다.

He cheeks were *red.*

그의 뺨은 붉었다.

명 빨강, 붉은 색

She wore sweater in *red.*

그녀는 빨강 스웨터를 입고 있었다.

숙어 *the Red Cross* 적십자(사)

referee *referee*

[refərí: 레퍼리:]

명 (축구 · 유도 등의)심판, 레퍼리

regular *regular*

[régjulər 레귤러]

형 1. 규칙적인, 정기적인

Six o'clock is my mother *regular* hour of rising.

6시가 어머니께서 언제나 일어나는 시간이다.

We gave a *regular* meeting.

우리는 정기적인 모임을 가진다.

Today is a *regular* holiday.

오늘은 정기 휴일이다.

형 2. 정규의

a *regular* player 정규 선수

a *regular* member 정회원

relation *relation*

[riléiʃən 릴레이션]

명 1. 관계

human *relations* 인간 관계

명 2. 친척

Is the girl a *relation* of yours?

이 소녀는 너의 친척이니?

relative *relative*

[rélətiv 렐러티브]

형 관계있는

a *relative* pronoun 【문법】 관계 대명사

relay *relay*

[rí:lei 릴:레이]

명 1. 릴레이 경주 (=relay race)

명 2. 중계, 교대, 인계

religion *religion*

[rilídʒən 릴리줜]

명 종교

I have no *religion.*

나는 종교를 가지고 있지 않다.

remain *remain*

[riméin 리메인]

자 남다, 머무르다

The gentleman did not *remain* long.
그 신사는 오래 머무르지 않았다.

remember *remember*

[rimémbər 리멤버]

타자 1. 기억하다 (반 forget 잊다)

Do you *remember* me?
너 나 기억나니?

I *remember* your face.
나는 너의 얼굴을 기억하고 있다.

타자 2. …을 생각해 내다

I suddenly *remembered* my homework.
나는 갑자기 숙제가 생각났다.

타자 3. 안부를 전하다

Please *remember* me to your mother.
어머니께 내 안부를 전해주세요.

타자 4. 외우고 있다

Remember what your father taught you.
아버지께서 가르친 것을 외어 두어라.

remove *remove*

[rimú:v 리무:브]

타 (모자 · 옷 등을) 벗다, 제거하다, 치우다

He *removed* his hat.
그는 모자를 벗었다.

자 옮기다, 이사하다

repair *repair*

[ripέər 리페어]

♣ 3단현 repairs, 과거 · 과거분사 repaired, 현재분사 repairing

타 수선하다, 고치다

repair a car 차를 수리하다

Repair this television.
이 텔레비젼을 고쳐 주세요.

명 수선, 수리

The car is under *repair.*
차는 수리 중이다.

repeat *repeat*

[ripí:t 리피:트]

타자 되풀이하다, 반복하다

Don't *repeat* such an error.
그런 잘못을 되풀이하지 말아라.
Repeat it three times.
그것을 세 번 반복해라.

reply *reply*

[ripláі 리플라이]
타자 대답하다 (반 ask 묻다)
※ answer(대답하다)보다 딱딱한 말이다
I *replied* to the mother's question.
나는 어머니의 질문에 대답했다.
I *replied* to her letter.
나는 그녀의 편지에 답장을 했다.
명 대답, 답장
숙어 *in reply to~* …에 답하여

report *report*

[ripɔ́:rt 리포:트]
명 보고, 보도, 리포트
the weather *report* 일기 예보

타자 보고하다, 알리다
The soldier *reported* the accident.
그 병사는 사고를 보고했다.

reporter *reporter*

[ripɔ́:tər 리포:터]
명 보도기자, 통신원, 리포터

republic *republic*

[ripʌ́blik 리퍼블릭]
명 공화국
the *Republic* of Korea
대한 민국

research *research*

[risə́:rtʃ 리써:취]
명 연구, 조사
자 연구하다, 조사하다
research into a matter thoroughly 문제를 철저하게 조사하다

respect *respect*

[rispékt 리스펙트]
♣ 3단현 respects, 과거 · 과거분사 respected, 현재분사 respecting
타 존경하다
Teacher is *respected* by students.
선생님은 학생들의 존경을 받고 있다.
명 존경, 경의
I have a great *respect* for my father.

R

나는 아버지를 대단히 존경하고 있다.

숙어 *in this respect* 이런 점에서

responsibility

responsibility

[rispɑnsəbíliti 리스판서빌리티]

명 책임, 의무

rest

rest

R

[rest 레스트]

♣ 3단현 rests, 과거 · 과거분사 rested, 현재분사 resting

명 1. 휴식

You need some *rest.*

너는 휴식이 필요하다.

명 2. 나머지, 그 밖의 사람(사물)

the *rest* of the students

그 밖의 학생들

자 1. 쉬다, 휴식하다

He is sitting and *resting.*

그는 앉아서 쉬고 있다.

Let's have a *rest* here.

여기서 잠깐 쉬자.

자 2. 기대다, 의지하다

restaurant

restaurant

[réstərənt 레스터런트]

명 레스토랑, 식당

result

result

[rizʌ́lt 리절트]

명 결과, 성적

the *result* of the examination

시험 성적

My hard work brought better *results.*

나는 열심히 공부했으므로 좋은 성적을 얻었다.

return

return

[ritə́:rn 리턴:]

자 돌아가다, 돌아오다

He *returned* home yesterday.

그는 어제 귀가했다.

타 돌려주다

He *returned* the book to the library.

그는 도서관에 그 책을 돌려 주었다.

명 1. 돌아옴

the *return* of health 건강 회복

명 2. 돌려줌, 반환

review *review*

[rivjúː 리뷰ː]

타 복습하다

명 1. 복습

I made a *review* the last lesson.

나는 지난 번 학과의 복습을 했다.

명 2. 비평

rhythm *rhythm*

[ríðəm 리듬]

명 리듬, 율동

ribbon *ribbon*

[ríbən 리번]

명 리본

She wears a *ribbon* on her hair.

그녀는 머리에 리본을 매고 있다.

rice *rice*

[rais 라이스]

명 쌀, 밥, 벼

Rice is the most important food to Korean people.

한국 사람들에게는 쌀이 가장 중요한 음식이다.

I eat rice every day.

나는 날마다 밥을 먹는다.

rich *rich*

[ritʃ 리취]

♣ 비교급 richer, 최상급 richest

형 돈많은, 부유한, 풍부한 (반 poor 가난한)

You are *rich* if you have a lot of money.

돈이 많으면 부자이다.

Her father is very *rich*.

그녀의 아버지는 부자이다.

Fruits are *rich* in vitamin C.

과일은 비타민 C가 풍부하다.

ridden *ridden*

[rídn 리든]

타자 ride(타다)의 과거분사형

riddle *riddle*

[rídl 리들]

명 수수께끼

R

ride *ride*

[raid 라이드]

♣ 3단현 rides, 과거 rode, 과거분사 ridden, 현재분사 riding

타 타다

He is *riding* a bicycle.

그는 자전거를 타고 있다.

I *rode* to school in his car.

나는 그의 차를 타고 학교에 갔다.

We *rode* to zoo in a bus.

우리는 버스를 타고 동물원에 갔다.

자 타다, 타고 가다

She *rides* a horse well.

그녀는 말을 잘 탄다.

명 (탈것에) 탐, 타기, 여행

Father gave me a *ride* to school this morning.

아버지께서는 오늘 아침 나를 학교에 태워다 주셨다.

right *right*

[rait 라이트]

형 1. 오른쪽의, 우측의 (반 left 왼쪽의)

Hold up your *right* hand.

오른 손을 들어라.

The store is on the *right* side of the street.

그 가게는 길 오른편에 있다.

형 2. 옳은, 올바른 (반 wrong 틀린)

Your answer is *right*.

너의 대답이 옳다.

You are *right*.

네가 옳다.

부 1. 오른쪽으로

Turn *right*. 오른쪽으로 도시오.

부 2. 옳게, 정확하게

The ball fell *right* into the basket.

공은 정확하게 바스켓 속에 들어갔다.

명 1. 오른쪽, 우측

Keep to the *right*.

《게시》 우측통행.

명 2. 권리

Everybody has the *right* to speak.
누구나 말할 권리가 있다.

숙어 ① *All right.* 좋습니다.
② *right away* 곧, 바로
③ *right now* 바로 지금, 당장

I'm coming down *right now.*
지금 내려가요.

ring[1] *ring*

[riŋ 링]

♣ 3단현 rings, 과거 rang, 과거분사 rung, 현재분사 ringing

자 울다, 울리다

The telephone is *ringing.*
전화벨이 울리고 있다.

타 울리다

An old man *rings* the church bell every morning.
한 노인이 매일 아침 교회 종을 울린다.

ring[2] *ring*

[riŋ 링]

▶ 복수 rings [riŋz 링즈]

명 1. 반지, 고리

She wears a diamond *ring* on her finger.
그녀는 손가락에 다이아몬드 반지를 끼고 있다.

명 2. 경마장, 권투장

명 3. 원

Students made a *ring* around their teacher.
학생들이 선생님 주위에 원을 그렸다.

ripe *ripe*

[raip 라이프]

형 익은, 열매 맺은

These fruits are all *ripe.*
이 과일들은 모두 익었다.

rise *rise*

[raiz 라이즈]

♣ 3단현 rises, 과거 rose, 과거분사 risen, 현재분사 rising

자 1. 오르다, 뜨다 (반 set 지다)

R

The prices *rises* every week.
매주 물가가 오른다.
The sun *rises* in the east.
해는 동쪽에서 뜬다.

자 2. 일어나다 (=get up)
Early to bed and early to *rise* makes a man healthy.
일찍 자고 일찍 일어나는 것은 사람을 건강하게 만든다.
I will *rise* early tomorrow morning.
내일 아침은 일찍 일어날 테다.

rival *rival*

[ráivəl 라이벌]
명 경쟁 상대, 라이벌

river *river*

[rívər 리버]
명 강
People row their boats in a *river*.
사람들이 강에서 배들을 젓는다.

The Amnok *river* is the longest *(river)* in Korea.
압록강은 한국에서 가장 긴 강이다.

riverside *riverside*

[rívərsaid 리버사이드]
명 강가, 강변

road *road*

[roud 로우드]
명 길, 도로
Cars go on the *road*.
자동차는 길 위를 간다.
All *roads* lead to Rome.
《속담》 모든 길은 로마로 통한다.
(목적은 같아도 수단은 여러 가지가 있다는 뜻)

robot *robot*

[róubət 로우벗]
명 로봇, 인조 인간

A *robot* is a machine.
로봇은 기계이다.

rock *rock*

[rak 락]

명 바위, 암석, 암벽

There are a lot of *rocks* in a big mountain.
큰 산에는 바위가 많다.

The house was built on a *rock*.
그 집은 암벽 위에 세워졌다.

rocket *rocket*

[rákit 라킷]

명 로켓

They launched a *rocket*.
그들은 로켓을 쏘아 올렸다.

rode *rode*

[roud 로우드]

타자 ride(타다)의 과거형

They *rode* in a car.
그들은 자동차를 타고 갔다.

roll *roll*

[roul 로울]

♣ 3단현 rolls, 과거 · 과거분사 rolled, 현재분사 rolling

타 굴리다

The children *rolled* the snowball down the hill.
아이들은 언덕 아래로 눈덩이를 굴렸다.

자 구르다, 굴러가다

The ball *rolled* into the lake.
공이 호수 속으로 굴러 떨어졌다.

명 1. 두루마리

The paper was in a *roll*.
그 종이는 두루마리로 되어 있었다.

명 2. 출석부

The teacher calls the *roll*.
선생님께서 출석을 부르신다.

Roman *Roman*

[róumən 로우먼]

형 로마의, 로마 사람의

명 로마 사람

He is a *Roman.*

그는 로마 사람이다.

Rome *Rome*

[roum 로움]

명 로마 (이탈리아의 수도)

Rome was not built in a day.

《속담》 로마는 하루에 이루어지지 않았다.

roof *roof*

[ru:f 루:프]

명 지붕

People is sitting on a *roof.*

비둘기들이 지붕 위에 앉아 있다.

Our house has a blue *roof.*

우리 집 지붕은 파란색이다.

room *room*

[ru(:)m 룸:]

명 1. 방

a large *room* 큰 방

a small *room* 작은 방

My house has three *rooms.*

우리 집에는 방이 3개 있다.

This is my *room.*

이것이 나의 방이다.

명 2. 장소, 여지

This bed takes up too much *room.*

이 침대는 너무 많은 자리를 차지 한다.

There is no *room* for doubt.

의문의 여지가 없다.

root *root*

[ru:t 루:트]

▶ 복수 roots [ru:ts 루:츠]

명 1. 뿌리

the *roots* of the tree

그 나무의 뿌리

명 2. 근원

search for my family's *roots*

우리 가문의 근원 (뿌리)를 찾다

rope *rope*

[roup 로우프]

명 밧줄, 로프

A *rope* is made of several strings.

로프는 여러 가닥의 줄로 만들어져 있다.

rose[1] *rose*

[rouz 로우즈]

▶ 복수 roses [róuziz 로우지즈]

명 장미

She grow *roses* in her garden.

그녀는 정원에 장미를 가꾸고 있다.

A *rose* is a beautiful flower.

장미는 아름다운 꽃이다.

rose[2] *rose*

[rouz 로우즈]

자 rise(오르다)의 과거형

rough *rough*

[rʌf 러프]

♣ 3단현 rougher, 최상급 roughest

형 1. 울퉁불퉁한, 거칠거칠한 (반 smooth 부드러운)

My father has big and *rough* hands.

아버지 손은 크고 거칠다.

형 2. 사나운, 난폭한

Some teachers seem to know how to handle *rough* children.

어떤 선생님들은 난폭한 아이들을 다룰 줄 아시는 것 같다.

round *round*

[raund 라운드]

♣ 3단현 rounder, 최상급 roundest

형 1. 둥근 (반 square 네모난)

The earth is *round.*

지구는 둥글다.

I sat at a *round* table.

나는 둥근 식탁을 향하여 앉았다.

형 2. 한 바퀴 도는

I want to make a *round* trip of French.

프랑스를 일주 여행하고 싶다.

전 1. …의 주위에(를)

The earth moves *round* the sun.

지구는 태양의 주위를 돈다.

전 2. 여기저기에(를)

I looked *round* the school.

나는 학교를 둘러보았다.

부 돌아서, 빙 돌아

숙어 *all the year round* 1년 내내

He is busy *all the year round.*

그는 1년 내내 바쁘다.

명 1. 원, 고리

The girls danced in a *round.*

소녀들은 원을 그리며 춤을 추었다.

명 2. (권투 등의) 한 회전

row[1] *row*

[rou 로우]

타자 (배 등을) 젓다

Row your boat gently.

배를 부드럽게 저어라.

명 배젓기, 뱃놀이

row[2] *row*

[rou 로우]

명 줄, 열

The students are standing in a *row.*

학생들은 한 줄로 서 있다.

rub *rub*

[rʌb 러브]

타자 비비다, 스치다

She *rubbed* her hands with soap.

그녀는 비누를 손에 문질렀다.

Mother *rubs* her face with cream.

어머니는 크림으로 얼굴을 문지른다.

rubber *rubber*

[rʌ́bər 러버]

명 고무, 《영》 지우개

I wear *rubber* boots when it rains.

비가 올 때는 고무 장화를 신는다.

rule *rule*

[ru:l 룰:]

명 1. 규칙

Everybody has to respect the *rules* in the game.

누구든지 경기의 규칙을 존중해야 한다.

명 2. 지배, 통치

India was under British *rule.*

인도는 영국의 지배하에 있었다.

타 지배하다, 다스리다

In the old days, kings *ruled* the countries.

옛날엔 왕이 나를 다스렸다.

ruler *ruler*

[rú:lər 룰:러]

명 지배자, 통치자

rumor *rumor*

[rú:mər 루:머]

명 소문

It is *rumored* that she is ill.

그녀가 아프다는 소문이 있다.

타 소문내다

run *run*

[rʌn 런]

♣ 3단현 runs, 과거 ran, 과거분사 run, 현재분사 running

자 1. 달리다

He *run* very fast.

그는 매우 빨리 달린다.

He is *running* at full speed.

그는 전속력으로 달리고 있다.

자 2. 흐르다, 통하다

The river *runs* fast.

그 강물은 빨리 흐른다.

The road *runs* through the woods.

그 도로는 숲을 통과한다.

숙어 ① *run after~* …을 쫓아가다

He *run after* the dog.

그는 개를 쫓아갔다.

② *run away* (또는 *off*) 도망치다

She cried out and *ran away.*

그녀는 비명을 지르고 도망쳤다.

③ *run against~* …에 충돌하다

The car *ran against* a telephone pole.

그 차는 전봇대에 충돌했다.

④ *run over~* (차가) …을 치다

She was *run over* by a car.

그녀는 자동차에 치었다.

⑤ *run into~* …으로 뛰어들다

⑥ *run out* 뛰어 나오다

명 달리기, 연속, (야구의) 득점

숙어 *in the long run* 오랜 시일이 지나는 동안에, 결국은

runner *runner*

[rʌ́nər 러너]

명 달리는 사람, 경주자

rush *rush*

[rʌʃ 러쉬]

자 급히 달리다, 돌진하다

I *rushed* into the room.

나는 방으로 뛰어 들어갔다.

형 급한, 혼잡한

명 돌진, 돌격

I made a *rush* for a door.

나는 문을 향하여 돌진했다.

rust *rust*

[rʌst 러스트]

명 녹

자 녹슬다, 썩다

S, s

sack *sack*

[sæk 쌕]

명 자루

타 자루에 넣다

sad *sad*

[sæd 쌔드]

♣ 비교급 sadder, 최상급 saddest

형 슬픈 (반 glad 기쁜)

She looks *sad*.

그녀는 슬퍼 보인다.

I was *sad* to hear the news.

나는 그 소식을 듣고 슬펐다.

She told me a *sad* story.

그녀는 나에게 슬픈 이야기를 해 주었다.

a *sad* movie 슬픈 영화

safe *safe*

[seif 쎄이프]

♣ 비교급 safer, 최상급 safest

형 1. 안전한 (반 dangerous 위험한)

Your house is the *safe* place.

너의 집이 안전한 곳이다.

It is *safe* to play here.

여기서 놀면 안전하다.

형 2. 무사히

He arrived home *safe* and sound.

그는 무사히 귀국했다.

명 금고

My father keeps his money in a *safe*.

아버지는 돈을 금고 속에 넣어 두고 있다.

said *said*

[sed 쎄드]

타자 say(말하다)의 과거 · 과거분사형

sailor *sailor*

[séilər 쎄일러]

S

명 선원, 뱃사람, 수병

He became *sailor.*

그는 선원이 되었다.

salad *salad*

[sǽləd 쌜러드]

명 생채 요리, 샐러드

sale *sale*

[seil 쎄일]

명 판매, 세일 (특가 판매)

숙어 *for* (또는 *on*) *sale* 팔 것으로 내놓은

salesman *salesman*

[séilzmən 쎄일즈먼]

명 점원, 판매원, 세일즈맨

He is a traveling *salesman.*

그는 판매원이다.

salt *salt*

[sɔːlt 쏠ː트]

명 소금

a spoonful of *salt*

한 순갈의 소금

Salt comes from the sea.

소금은 바다에서 난다.

Pass me the *salt,* please.

소금 좀 건네 주세요.

same *same*

[seim 쎄임]

형 《the를 붙여서》 같은, 동일한 (반 different 다른)

Jack and I are in the *same* class.

잭과 나는 같은 반이다.

We are (of) the *same* age.

우리는 같은 나이이다.

He wears the *same* dress every day.

그는 매일 같은 옷을 입고 있다.

대 《the를 붙여서》 같은 것, 동일한 물건(사람)

숙어 ① *at the same time* 동시에

Brother and I came home *at the same time.*

형과 나는 동시에 집에 돌아왔다.

S

② *the same~ as…* …와 같은~, …와 같은 종류의~

This is *the same* book *as* I have.

이것은 내가 가진 것과 같은 책이다.

③ *the same~ that…* …와 같은, 동일한

sample *sample*

[sǽmpl 쌤플]

명 견본, 표본

sand *sand*

[sænd 쌘드]

명 1. 모래

Children like play in the *sand.*

아이들은 모래에서 노는 것을 좋아한다.

명 2. 모래 사장, 사막

He is lying in the *sand.*

그는 모래 사장에 누워있다.

sandwich *sandwich*

[sǽndwitʃ 쌘드위치]

명 샌드위치

I ate a *sandwich* for lunch.

나는 점심으로 샌드위치를 먹었다.

sang *sang*

[sæŋ 쌩]

타자 sing(노래하다)의 과거형

sat *sat*

[sæt 쌧]

자 sit(앉다)의 과거 · 과거 분사형

She *sat* on the chair.

그녀는 의자에 앉았다.

Saturday *Saturday*

[sǽtərdi 쌔터디]

명 토요일 (약어는 Sat.)

Saturday is the last day of the week.

토요일은 주일의 마지막 날이다.

on *Saturday* night

토요일 밤에

sauce *sauce*

[sɔːs 쏘:스]

명 양념, 소스

save *save*

[seiv 쎄이브]

♣ 3단현 saves, 과거 · 과거분사 saved, 현재분사 saving

타자 1. 구하다, 구조하다

He *saved* the boy from drowning.

그는 소년이 익사하는 것을 구조했다.

타자 2. 저축하다

Many people *save* money for their future use.

많은 사람들이 미래에 쓰기 위하여 돈을 저축한다.

타자 3. 절약하다

save a lot of time

시간을 많이 절약하다

Save as much time as you can.

가능한 한 시간을 절약하라.

saw[1] *saw*

[sɔː 쏘:]

명 톱

saw[2] *saw*

[sɔː 쏘:]

타자 see(보다)의 과거형

say *say*

[sei 쎄이]

♣ 3단현 says, 과거 · 과거분사 said, 현재분사 saying

타자 말하다

"Study harder", *said* my teacher.

더 열심히 공부하라고 선생님께서 말씀하셨다.

숙어 ① *I say* 《영국 · 구어》 = *Say* 《미국 · 구어》 이봐, 여보세요

I say, Tom, who is that girl?

이봐 톰, 저 소녀는 누구지?

② *It is said that~* …라고들 한다

It is said that she dances well.

그녀는 춤을 잘 춘다고들 한다.

③ *say hello to* …에게 안부를 전하다

Say hello to your mother.

너의 어머니께 안부 전해드려라.

④ *say to oneself* 마음속으로 생각하다

He *said to himself*, "I will do it."

그는 "나는 그것을 할테다"라고 마음 속으로 생각했다.

⑤ *that is (to say)* 즉

He came to Korea two days ago, *that is to say*, last Friday.

그는 2일 전, 즉 지난 주 금요일에 한국에 왔다.

scare *scare*

[skɛər 스케어]

타자 무섭게 하다, 겁나게 하다, 놀라다

Dark things always *scare* Jane.

어두운 것은 늘 제인을 무섭게 한다.

The robot was *scaring* Jane.

그 로봇은 제인에게 겁을 주었다.

scarf *scarf*

[skɑːrf 스카:프]

명 스카프, 목도리

Mother has three different *scarfs.*

어머니는 세 가지 다른 스카프가 있다.

scene *scene*

[siːn 씬:]

명 1. (연극 · 영화 · 소설 등의) 장면

The *scene* of the story is Pusan.

그 이야기의 무대는 부산이다.

The actor came on the *scene.*

그 배우가 그 장면에 나왔다.

명 2. (제…) 장

Act Ⅲ, *Scene* ⅱ 제 3막 2장 (Act three, Scene two라고 읽는다)

명 3. 광경, 경치

I can see a beautiful *scene* from my classroom window.

나는 교실에서 창문을 통해 아름다운 경치를 볼 수 있다.

명 4. (사건 등의) 현장, 장소

I was the only one at the *scene.*

그 현장에는 오직 나만 있었다.

school *school*

[sku:l 스쿨:]

명 1. 학교

A lot of students learn many things in *school.*

많은 학생들이 학교에서 많은 것을 배운다.

Our *school* stands on the hill.

우리 학교는 언덕 위에 있다.

an elementary *school*

초등 학교

a junior high *school* 중학교

a senior high *school* 고등학교

명 2. 수업

School begins at nine.

수업은 9시에 시작된다.

숙어 ① *after school* 방과후

I play football *after school.*

나는 방과 후에 축구를 한다.

② *go to school* 학교에 다니다

Tom *goes to school* every day.

톰은 매일 학교에 다닌다.

③ *at school* 학교에서, 수업 중에

My daughter is now *at school.*

내 딸은 지금 학교에 있다.

④ *school days* 학생 시절

He was a baseball player in his *school days.*

그는 학생 시절에 야구 선수였다.

⑤ *leave school* 퇴학하다, 졸업하다

science *science*

[sáiəns 싸이언스]

명 과학

I want to learn *science.*

나는 과학을 배우고 싶다.
science fiction 공상 과학 소설
a teacher of *science* 과학 선생

scientist *scientist*

[sáiəntist 싸이언티스트]
명 과학자
Edison was a great *scientist*.
에디슨은 위대한 과학자였다.

scissors *scissors*

[sízərz 씨저즈]
명 가위

score *score*

[skɔ:r 스코:]
명 (경기의) 득점, 스코어
At the end of the match, the *score* was 35 to 30.
그 시합의 최종점수는 35 대 30 이었다.

scream *scream*

[skri:m 스크림:]
명 비명, 외침
People heard a scary *scream* at night.
사람들은 밤에 무서운 비명 소리를 들었다.
타자 소리치다

sea *sea*

[si: 씨:]
명 바다 (반 land 육지)
People get fish from the *sea*.
사람들은 바다에서 물고기를 얻는다.

We can swim in the *sea*.
우리는 바다에서 헤엄칠 수 있다.
Large ships sail on the *sea*.
큰 배들이 바다를 항해한다.
숙어 ① *at sea* 항해중인
The ship is *at sea*.
그 배는 항해중이다.
② *by sea* 배로, 해로로
They left Korea for Hawaii *by sea*.
그들은 하와이를 향하여 배로 한국을 떠났다.

S

③ *go to sea* 선원이 되다
He wanted to *go to sea.*
그는 선원이 되고 싶어 했다.
④ *put to sea* 출항하다

seal *seal*

[si:l 씨일]
명 바다표범, 물개

seaman *seaman*

[sí:mən 씨:먼]
명 선원, 뱃사람

search *search*

[sə:rtʃ 써:취]
타자 찾다
He is *searching* for the money that he lost.
그는 잃어버린 돈을 찾고 있다.

season *season*

[sí:zn 씨:즌]
명 1. 계절
There are four seasons in a year.
1년에는 4계절이 있다.
명 2. 시기, 시즌
The rainy *season* has set in.
장마철이 시작되었다.
Fruit is cheaper in *season.*
과일은 제 철엔 더 싸다.

seat *seat*

[si:t 씨:트]
명 좌석, 자리
a front *seat* 앞좌석
a back *seat* 뒷좌석
Go back to your *seat.*
네 자리로 돌아가거라.

second[1] *second*

[sékənd 쎄컨드]
형 제2의, 두 번째의 (약어는 2nd)

the *second* floor 2층
second base 【야구】 2루
Monday is the *second* day of the week.
월요일은 일주일의 두 번째 날이다.

I lives in a room on the *second* floor.
나는 2층 방에 살고 있다.
명 제2, 두 번째
Today is the *second* of August.
오늘은 8월 2일이다.

second[2] *second*

[sékənd 쎄컨드]
명 (시간 · 각도의) 초
One minute is 60 *seconds.*
1분은 60초이다.
※ 분은 minute, 시간은 hour로 쓴다.

secret *secret*

[sí:krit 씨:크릿]
명 비밀
I have no *secret.*
나는 비밀이 없다.
He always keeps a *secret.*
그는 언제나 비밀을 지킵니다.
형 비밀의, 은밀한
It is a *secret* sign.
그것은 암호이다.
숙어 *keep~ secret* …을 비밀로 하다

see *see*

[si: 씨:]
♣ 3단현 sees, 과거 saw, 과거분사 seen, 현재분사 seeing
타 1. 보다
We *see* with our eyes.
우리는 눈으로 본다.
Have you ever *seen* a squirrel?
다람쥐를 본 적이 있니?
I *saw* her swim.
나는 그녀가 수영하는 것을 보았다.

타 2. 만나다
I am very glad to *see* you.
당신을 만나서 대단히 기쁩니다.
I have not *seen* him for a long time.
나는 오랫동안 그를 만나지 못했다.
자 보인다, 알게 되다
Do you *see?* 알았어?
I see. 그래, 알았어.
숙어 ① *see~ off* (사람을) 배웅하다
I went to the airport to *see* my uncle *off.*
아저씨를 배웅하러 공항에 갔다.

S

② *See you again!* 또 만나자.

seed *seed*

[siːd 씨:드]

명 씨

The farmer is planting vegetable *seeds.*

농부는 채소의 씨를 뿌리고 있다.

seem *seem*

S

[siːm 씸:]

자 …처럼 보이다, …인 것 같다

She *seems* (to be) happy.

그녀는 행복스럽게 보인다.

Our new teacher *seems* lonely.

새로 오신 우리 선생님은 외로워 보인다.

I *seems* to love him.

나는 그를 사랑하는 것 같다.

He *seemed* to be rich.

그는 부자인 듯 했다.

seen *seen*

[siːn 씬:]

타 자 see(보다)의 과거분사형

select *select*

[silékt 씰렉트]

타 고르다

She is *selecting* a hat.

그녀는 모자를 고르고 있다.

sell *sell*

[sel 쎌]

♣ 3단현 sells, 과거 · 과거분사 sold, 현재분사 selling

타 팔다 (반 buy 사다)

They *sell* toys at that store.

저 가게에서는 장난감을 판다.

자 팔리다

His book *sells* well.

그가 쓴 책은 잘 팔린다.

seller *seller*

[sélər 쎌러]

명 파는 사람; 팔리는 물건

a best *seller* 가장 잘 팔리는 것

send *send*

[send 쎈드]

♣ 3단현 sends, 과거 · 과거분사 sent, 현재분사 sending

타 보내다

I *sent* flowers to her.

나는 그녀에게 꽃을 보냈다.

I *sent* two letters to Mary last week.

나는 지난 주 메리에게 편지 두 통을 보냈다.

숙어 *send for~* …을 부르러 보내다

Please *send for* the doctor.

의사를 부르러 보내 주세요.

senior *senior*

[sí:njər 씨:녀]

형 손 위의, 선배의

a *senior* high school 고등 학교

명 손윗사람, 선배

He is my *senior* by two years.

그는 나보다 두 살 위이다.

sense *sense*

[sens 쎈스]

명 1. 감각

A person has five *senses.*

사람은 다섯 가지의 감각을 가지고 있다.

※ 오감(five senses): seeing(시각), hearing(청각), tasting(미각), smelling(후각), feeling(촉각)

명 2. 의미

I can't get the *sense* of this sentence.

이 문장의 의미를 모르겠다.

숙어 ① *in a sense* 어떤 의미에서는

In a sense, he is a great man.

어떤 의미에서 그는 위대한 사람이다.

② *common sense* 상식

He has *common sense.*

그는 상식이 있다.

③ *make sense* 사리에 맞다

sent *sent*

[sent 센트]

타자 send(보내다)의 과거 · 과거분사형

S

sentence *sentence*

[séntəns 센턴스]

명 문장

This is a very long *sentence.*

이것은 매우 긴 문장이다.

Long *sentences* are difficult to understand.

긴 문장은 이해하기가 어렵다.

September *September*

[septémbər 셉템버]

명 9월 (약어는 Sept.)

There are thirty days in *September.*

9월에는 30일이 있다.

serious *serious*

[síəriəs 씨어리어스]

형 진지한, 엄숙한, 중대한

I am not kidding; I am *serious.*

농담이 아니다. 진실이다.

They have a *serious* problem.

그들은 중대한 문제가 있다.

serve *serve*

[səːrv 써:브]

타자 1. (사람 · 신 등을) 섬기다, 봉사하다

He *served* his master for many years.

그는 여러 해 동안 주인을 섬겼다.

타자 2. …에게 시중들다, (음식물을) 차려내다

Dinner is *served.*

식사 준비가 다 되었습니다.

타자 3. (구기 경기에서) 서브를 넣다

service *service*

[sə́ːrvis 써:비스]

명 섬기기, 봉사, 서비스

They have good *service* in that restaurant.

그 레스토랑은 서비스가 좋다.

set *set*

[set 셋]

S

♣3단현 sets, 과거 · 과거분사 set, 현재분사 setting

타 1. 놓다, 설치하다

I *set* a vase on the table.

나는 식탁 위에 꽃병을 놓았다.

타 2. 조절하다, 맞추다

I forget to *set* the alarm clock.

자명종 맞추는 것을 잊었다.

타 3. 준비하다, 갖추다

He *set* the table last evening.

그는 어제 저녁 상을 차렸다.

자 (해 · 달이) 지다 (반 rise 뜨다)

The sun *sets* in the west.

해는 서쪽으로 진다.

숙어 ① *set in* 시작되다

The rainy season has *set in.*

장마철이 시작된다.

② *set up* 세우다

We *set up* a tent.

우리는 천막을 쳤다.

③ *set off* (또는 *out*) 출발하다

He *set off (out)* on his trip.

그는 여행을 떠났다.

명 한 벌, 한 세트

a *set* of coffee cups

커피 잔 한 세트

seven *seven*

[sévən 쎄번]

명 7, 7세, 7시

People think that *seven* is a lucky number.

사람들은 7이 행운의 숫자라고 생각한다.

I get up at *seven.*

나는 7시에 일어난다.

형 7의

There are *seven* days in a week.

1주일에는 7일이 있다.

seventeen *seventeen*

[sevəntíːn 쎄번틴:]

명 17, 17세

형 17의

Ten and seven is *seventeen.*

10 더하기 7은 17이다.

S

seventy *seventy*

[sévənti 쎄번티]

명 70, 70세

형 70의

Ten times seven makes *seventy.*

10 곱하기 7은 70이 된다.

several *several*

[sévərəl 쎄버럴]

형 몇 개의, 수개의, 수명의

※ 두 개 이상이지만 many보다는 적은 일정하지 않은 수를 가리킨다

Here are *several* bird.

여기에 몇 마리의 새가 있다.

I visited America *several* times.

나는 미국을 여러 번 방문했다.

대 몇 개, 몇 사람

Several of them were absent.

그들 중 몇 명은 결석했다.

shadow *shadow*

[ʃǽdou 섀도우]

명 그림자

shake *shake*

[ʃeik 쉐이크]

♣ 3단현 shakes, 과거 shook, 과거분사 shaken, 현재분사 shaking

타 흔들다, 뒤흔들다

People *shake* hands with when they hello to each other.

사람들은 서로 인사할 때 손을 흔든다.

The strong wind *shook* our tent.

강풍이 우리 천막을 뒤흔들었다.

자 흔들리다, 떨다

I felt the house *shake.*

나는 집이 흔들리는 것을 느꼈다.

His voice *shook* a little.

그의 목소리는 조금 떨렸다.

숙어 *shake hands with~* …와 악수하다

shall *shall*

강하게 [ʃæl 섈], 약하게 [ʃəl 셜]

S

♣ 과거 should

조 1. 《I (We) shall…로 단순미래를 나타내어》 …일(할) 것이다

I shall be sixteen years old next year.

나는 내년에 16살이 됩니다.

조 2. 《Shall I (we)…?로》 …할까요?

Shall we go to the zoo?

동물원에 갈까요?

조 3. 《You (He, She, They) shall…로》 (사람)에게 …하게 하다, 시키다

You shall have this book.

너에게 이 책을 주겠다.

조 4. 《Let's…, shall we?로》 …합시다

"*Let's* play basketball, *shall we?*" "Yes, let's."

농구를 할까? - 그래, 그러자.

shallow *shallow*

[ʃǽlou 섈로우]

형 얕은 (반 deep 깊은)

This river is *shallow.*

이 강은 얕다.

shame *shame*

[ʃeim 쉐임]

명 부끄럼, 수치

The girl blushed with *shame.*

그 소녀는 부끄러워 얼굴을 붉혔다.

숙어 ① *in shame* 부끄러워하여

② *put to shame* 창피를 주다

③ *to my shame* 부끄러운 일이지만

shape *shape*

[ʃeip 쉐입]

명 모양, 모습

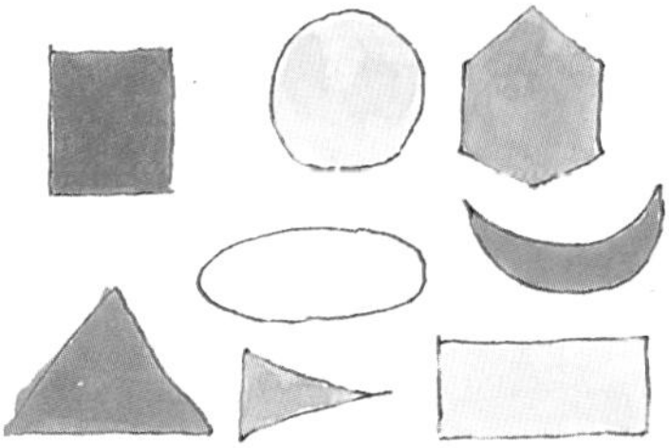

The *shape* of a ball is round.

공의 모양은 둥글다.

타자 …의 모양을 만들다

He *shaped* clay into a vase.

그는 진흙으로 꽃병을 만들었다.

shark *shark*

[ʃɑːrk 샤ː크]

명 상어

sharp *sharp*

[ʃɑːrp 샤ː프]

형 날카로운, 격렬한

부 (시간) 정각에, 꼭

she *she*

[ʃiː 쉬ː]

대 그녀는, 그녀가 (반 he 그는)

She is my sister.

그녀는 나의 여동생이다.

She has a book in her right hand.

그녀는 오른손에 책을 들고 있다.

sheep *sheep*

[ʃiːp 쉬ː프]

명 양

Sheep are gentle animals.

양은 얌전한 동물이다.

sheet *sheet*

[ʃiːt 쉬ː트]

명 1. (침대의) 시트

Who changes your bed *sheets?*

누가 너의 침대 시트를 갈아 주니?

명 2. (종이 따위의) 한 장

Suji is drawing on a *sheet* of paper.

수지는 한 장의 종이 위에 그림을 그리고 있다.

shine *shine*

[ʃain 샤인]

♣ 3단현 shines, 과거 · 과거분사 shone, 현재분사 shining

자 비치다, 빛나다

The moon *shines* at night.

달은 밤에 비칩니다.

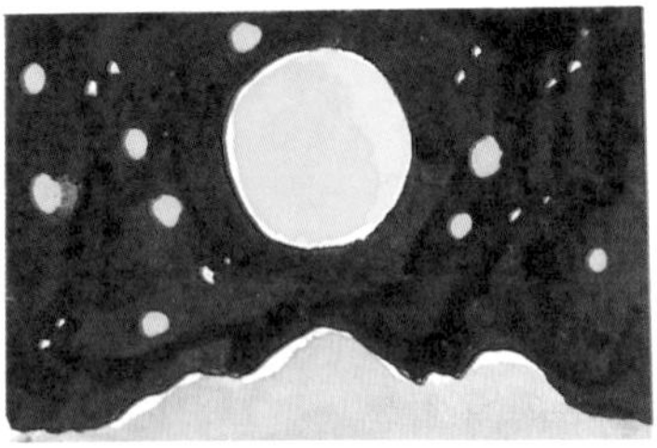

The sun always *shines* in the sky when it is not cloudy.

날씨가 흐르지 않으면 해는 하늘에서 항상 빛난다.

타 《과거 · 과거분사 shined》 …을 닦다

He *shined* his shoes.

그는 자기 구두를 닦았다.

명 빛

ship *ship*

[ʃip 쉽]

▶ 복수 ships [ʃips 쉽스]

명 (큰) 배

The *ship* sails the sea.

그 배는 바다 위를 항해한다.

He took *ship* at Pusan for America.

그는 부산에서 배를 타고 미국으로 향했다.

숙어 *by ship* 배로, 해로로

He went to Europe *by ship*.

그는 배로 유럽에 갔다.

shirt *shirt*

[ʃə:rt 셔:트]

명 와이셔츠, 셔츠

He wore a white *shirt*.

그는 흰색 셔츠를 입고 있었다.

Father is wearing a gray *shirt*.

아버지가 회색 셔츠를 입고 있다.

shock *shock*

[ʃak 샥]

명 충격, 충돌, 쇼크

The scene was *shocking*.

그 광경은 충격적이었다.

타자 충격을 주다, 충돌하다

Mrs. Smith was *shocked* by her son's death.

스미스 부인은 아들의 죽음으로 인하여 충격을 받았다.

shoe *shoe*

[ʃu: 슈:]

▶ 복수 shoes [ʃu:z 슈:즈]

명 신발, 구두

I like red *shoes*.

나는 빨간 구두를 좋아한다.

He is wearing white *shoes*.

그는 흰색 구두를 신고 있다.

I put on my *shoes.*
나는 신발을 신었다.
I took off my *shoes.*
나는 신발을 벗었다.

shoot *shoot*

[ʃu:t 슈:트]
♣ 3단현 shoots, 과거 · 과거분사 shot, 현재분사 shooting
타자 …을 쏘다
He tried to *shoot* a rabbit.
그는 토끼 한 마리를 쏘려고 하였다.
Some people like to *shoot* animals.
어떤 사람들은 동물 쏘는 것을 좋아한다.

shop *shop*

[ʃap 샵]
명 가게, 상점 (=(미국)store)
a barber*shop* 이발소
a toy *shop* 장난감가게
I bought apples at that *shop.*
나는 저 가게에서 사과를 샀다.
타자 장을 보다
I often *shop* at the department store.
나는 종종 그 백화점에서 장을 본다.

shopping *shopping*

[ʃápiŋ 샤핑]
명 물건 사기
My mother went *shopping* for food.
어머니는 식료품을 사러 가셨다.

short *short*

[ʃɔ:rt 쇼:트]
♣ 비교급 shorter, 최상급 shortest
형 1. 짧은 (반 long 긴)
This pencil is very *short.*
이 연필은 매우 짧다.
Teacher told us a *short* story.
선생님은 우리에게 짧은 이야기를 해주셨다.
형 2. 키가 작은 (반 tall 키가 큰)
Jack is *short* than Jim.
잭은 짐보다 키가 작다.

명 《복수형으로》 반바지

숙어 ① *for short* 줄여서

He is called Ted *for short.*

그는 줄여서 테드라고 불린다.

② *in short* 요컨대, 간단히 말하면

In short, I like him.

요컨대, 나는 그를 좋아한다.

③ *be short of~* …이 부족하다

She *is short of* sleep.

그녀는 수면 부족이다.

should *should*

[ʃud 슈드]

조 shall의 과거형; …해야 한다

You *should* help him.

당신은 그를 도와야 한다.

You *should* carry an umbrella; it is raining.

우산을 가지고 가야 한다. 비가 오고 있다.

숙어 *should like to* …하고 싶다

I *should like to* go trip.

나는 여행 가고 싶다.

shoulder *shoulder*

[ʃóuldər 쇼울더]

명 어깨

He has broad *shoulders.*

그는 넓은 어깨를 가지고 있다.

The soldier has a gun on his *shoulder.*

그 군인은 총을 어깨에 메고 있다.

shout *shout*

[ʃaut 샤우트]

타자 1. 외치다

"Help!", she *shouted.*

"살려줘요!"라고 그녀는 외쳤다.

타자 2. 큰소리로 말하다

Some people *shout* when they talk.

어떤 사람들은 이야기할 때 큰소리로 말한다.

명 외침, 큰소리, 환성

show *show*

[ʃou 쇼우]

♣3단현 shows, 과거 showed, 과거분사 showed 또는 shown, 현재분사 showing

타 1. …을 보이다

Show me some picture.

그림 좀 보여 주시오.

타 2. 안내하다

Will you *show* me the way to the post office?

우체국으로 가는 길을 가르쳐 주시겠어요?

명 전시회, 구경거리, 쇼

I went to the motor *show.*

자동차 전시회에 갔었다.

숙어 *show window* 진열장

shower *shower*

[ʃáuər 샤우어]

명 1. 소나기

She was caught in a *shower.*

그녀는 소나기를 만났다.

명 2. 샤워

He is taking a *shower.*

그는 샤워를 하고 있다.

shut *shut*

[ʃʌt 셧]

♣ 3단현 shuts, 과거 · 과거분사 shut, 현재분사 shutting

타 닫다 (반 open 열다)

Please *shut* the door.

문을 닫아 주세요.

Tom *shut* his mouth.

톰은 입을 다물었다.

He *shut* his eyes.

그는 눈을 감았다.

자 닫히다

The window won't *shut.*

그 창문은 여간해서 닫히지 않는다.

숙어 ① *shut out* (경기에서) 영패시키다, 못들어오게 하다

② *shut up* 단단히 잠그다, 가두어 넣다, 입 다물게 하다

sick *sick*

[sik 씩]

형 1. 병든, 아픈 (반 well, healthy 건강한)

Doctors take care of *sick* people.

의사들은 아픈 사람들을 돌본다.

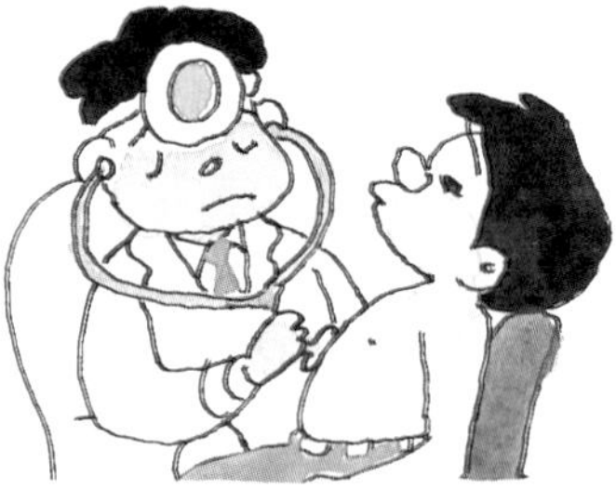

He is *sick.*

그는 병이 났다.

형 2. 기분이 나쁜, 메스꺼운 (명사 앞에는 쓰지 않음)

숙어 *fall sick* 병에 걸리다

I *fell sick* suddenly.

나는 갑자기 병에 걸렸다.

side *side*

[said 싸이드]

▶ 복수 sides [saidz 싸이즈]

명 1. 쪽, 측면

A tree is on the right *side* of the road.

도로의 오른쪽에 한 그루의 나무가 있다.

The house lies on this *side* of the river.

그 집은 강의 이쪽 편에 있다.

명 2. 옆, 가

I sat by the *side* of the road.

나는 길 가에 앉았다.

명 3. 편

She took our *side.*

그녀는 우리 편을 들었다.

숙어 *side by side* 나란히

Children walked *side by side.*

어린이들은 나란히 걸었다.

sight *sight*

[sait 싸이트]

명 1. 시력

She has a good *sight.*

그녀는 시력이 좋다.

명 2. 광경, 경치

명 3. 《the sights로》 명승지

I saw *the sights* of Seoul.

나는 서울의 명승지를 구경했다.

숙어 ① *at first sight* 첫눈에

Ann liked him *at first sight.*

앤은 첫눈에 그가 좋아졌다.

② *catch sight of~* …을 발견하다

She *caught sight of* the child.
그녀는 그 아이를 발견했다.

sign *sign*

[sain 싸인]

명 기호, 부호, 신호, 표지

the plus *sign* 플러스 기호(+)
She made a *sign* to come.
그녀는 오라고 신호했다.
The *sign* says "Stop".
그 표지판에는 "멈춤"이라고 써 있다.

타 서명하다, 사인하다

I *signed* the paper.
나는 서류에 서명했다.

silence *silence*

[sáiləns 싸일런스]

명 1. 침묵

Silence is not always good.
침묵이 항상 좋은 것은 아니다.
Speech is silver, *silence* is gold.
《속담》 웅변은 은이요, 침묵은 금이다.

명 2. 고요함

Silence, please! 조용히 하시오.
Where there is no sound, there is *silence*.
소리가 없는 곳은 조용하다.

silk *silk*

[silk 실크]

명 명주, 비단

Silk feels very smooth.
명주는 아주 부드럽다.
She is wearing a *silk* dress.
그녀는 비단 드레스를 입고 있다.

silver *silver*

[sílvər 씰버]

명 은

This dish is made of *silver*.
이 접시는 은으로 만들었다.

형 은의, 은색의

This is a *silver* ring.
이것은 은반지입니다.
Father has a *silver* watch.
아버지는 은시계를 가지고 있다.

similar *similar*

[símələr 씨멀러]

형 비슷한, 닮은

Jim and Jack look *similar* to each other.

짐과 잭은 서로 비슷해 보인다.

simple *simple*

[símpl 씸플]

♣ 비교급 simpler, 최상급 simplest

형 1. 간단한, 단순한, 쉬운

It is a *simple* task.

그것은 간단한 일이다.

This problem is *simple*.

이 문제는 쉽다.

형 2. 검소한, 소박한

She is living a *simple* life.

그녀는 검소한 생활을 하고 있다.

형 3. 순진한, 천진난만한

She is a *simple* girl.

그녀는 순진한 소녀이다.

since *since*

[sins 씬스]

전 …이래, …이후

He has been in Korea *since* 1990.

그는 1990년 이래로 한국에 있어 왔다.

I have not seen her *since* last Sunday.

지난 일요일 이후로 나는 그녀를 만나지 못했다.

※ since는 일정한 때부터 현재까지 계속되는 일의 출발점을 나타내며, from은 다만 일이 시작되는 출발점을 나타낸다.

접 1. …한 이래, …한 후

It is three years *since* I saw her last.

그녀를 만난 지도 3년이 된다.

접 2. …이므로, …까닭에

Since it was raining, we didn't go out.

비가 오고 있었으므로 우리는 외출하지 않았다.

부 그 후, 그 이래

I haven't heard from him *since*.

나는 그 후 지금까지 그의 소식을 듣지 못했다.

sing *sing*

[siŋ 씽]

♣ 3단현 sings, 과거 sang, 과거

분사 sung, 현재분사 singing

타자 노래하다, 지저귀다

She is *singing* a song.

그녀는 노래를 부르고 있다.

Birds are *singing* in the trees.

새들이 나무에서 지저귀고 있다.

singer *singer*

[síŋər 씽어]

명 가수, 노래하는 사람

He is a fine *singer.*

그는 훌륭한 가수이다.

single *single*

[síŋgl 씽글]

형 1. 단 하나의, 독신의

She did not make a *single* mistake.

그녀는 하나도 틀리지 않았다.

He is *single.*

그는 독신이다.

형 2. 1인용의

a single bed 1인용 침대

명 (테니스 등의) 단식 경기, (호텔 등의) 1인용 방

sink *sink*

[siŋk 씽크]

♣ 3단현 sinks, 과거 sank, 과거분사 sunk, 현재분사 sinking

자 가라앉다, 침몰하다

The ship *sank* to the bottom of the sea.

그 배는 바다 밑으로 가라앉았다.

명 싱크대

sir *sir*

[sə:r 써:]

명 님, 선생님

※ 알지 못하는 손위의 남자나 상점의 남자 손님과의 대화에 쓰는 말씨로 우리말로 특별히 변역하지 않는다. 여성에 대해서는 ma'am을 쓴다.

Good morning, *sir.*

안녕히 주무셨습니까.

All right, *sir.* 좋습니다.

Sir, may I ask you a question?

선생님, 질문해도 좋습니까?

sister *sister*

[sístər 씨스터]

▶ 복수 sisters [sístərz 씨스터즈]

명 자매, 여자 형제

an elder *sister* 누이

a younger *sister* 누이동생

I have no *sister.*

나는 여자 형제가 없다.

sit *sit*

[sit 씻]

♣ 3단현 sits, 과거 · 과거분사 sat, 현재분사 sitting

재 앉다, 착석하다 (반 stand 일어서다)

Sit down, please.

앉으십시오.

I *sat* on a chair.

나는 의자에 앉았다.

숙어 ① *sit up* 자지 않고 일어나 앉아 있다

I often *sit up* till late at night.

나는 가끔 밤 늦게까지 자지 않고 앉아 있다.

② *sit up straight* 똑바로 앉다

six *six*

[siks 씩스]

명 6, 6세, 6시

형 6의

Four and two is *six.*

4 더하기 2는 6이다.

sixteen *sixteen*

[sikstí:n 씩스틴:]

명 16, 16세, 16명

형 16의

Ten and six is *sixteen.*

10 더하기 6은 16이다.

sixty *sixty*

[síksti 씩스티]

명 60, 60세, 60명

형 60의

Six times ten makes *sixty.*

6 곱하기 10은 60이다.

size *size*

[saiz 싸이즈]

▶ 복수 sizes [sáiziz 싸이지즈]

명 크기, 사이즈, 치수

Balls come in different *size.*

공은 크기가 여러 가지이다.

What *size* do you wear?

어떤 사이즈의 옷을 입습니까?

skate *skate*

[skeit 스케이트]

♣ 3단현 skates, 과거 · 과거분사 skated, 현재분사 skating

자 스케이트를 타다

She *skates* very well.

그녀는 스케이트를 잘 탄다.

명 스케이트

Father bought her a new pair of good *skates.*

아버지께서 그녀에게 좋은 스케이트를 한 켤레 사 주셨다.

숙어 *go skating* 스케이트 타러 가다

We *went skating* to the lake.

우리는 호수로 스케이트 타러 갔다.

ski *ski*

[ski: 스키:]

♣ 3단현 skis, 과거 · 과거분사 skied, 현재분사 skiing

자 스키를 타다

I go *skiing* every winter.

나는 해마다 겨울에는 스키를 타러 간다.

명 스키

skill *skill*

[skil 스킬]

명 숙련, 수완, 기술, 솜씨

This work needs much *skill.*

이 일은 많은 숙련을 필요로 한다.

Sam has great *skill* in basketball.

샘의 농구 솜씨는 대단하다.

skin *skin*

[skin 스킨]

명 1. (인간의) 피부 ; (동물의) 가죽

She has a yellow *skin.*

그녀의 피부는 노랗다.

The bag is made of the natural *skin* of an animal.

그 가방은 동물 가죽으로 만들어 졌다.

명 2. (과일의) 껍질

She peeled off the *skin* of the apple.

그녀는 사과 껍질을 벗겼다.

숙어 *get* (또는 *be*) *wet to the skin* 흠뻑 젖다

skirt *skirt*

[skəːrt 스커:트]

명 스커트, 치마

She wore a yellow *skirt.*

그녀는 노란 스커트를 입었다.

Men wear *skirts* in some countries.

어떤 나라에서는 남자가 치마를 입는다.

sky *sky*

[skai 스카이]

명 하늘

Birds and planes fly in the *sky.*

새들과 비행기들은 하늘을 난다.

The *sky* is blue.

하늘은 푸르다.

There were some clouds in the *sky.*

하늘에는 구름이 조금 떠 있었다.

sleep *sleep*

[sli:p 슬리:프]

♣3단현 sleeps, 과거 · 과거분사 slept, 현재분사 sleeping

재 자다 (반 wake 깨어나다)

I *slept* late last night.

나는 어젯밤 늦게 잤다.

The baby is *sleeping.*

아기가 자고 있다.

※ sleep는 '자다', go to bed는 '잠자리에 들다'여서 반드시 자는 것을 뜻하지는 않는다

명 잠, 수면

He fell into a sound *sleep.*

그는 깊이 잠이 들었었다.

숙어 ① *go to sleep* 잠들다

Soon he *went to sleep.*

곧 그는 잠들었다.

② *put to sleep* 재우다

She is *putting* her baby *to sleep.*

그녀는 아기를 재우고 있다.

sleepy *sleepy*

[slí:pi 슬리:피]

♣비교급 sleepier, 최상급 sleepiest

형 졸리운, 졸리운 듯한

I am (feel) *sleepy.*

나는 졸립다.

You go to bed when you are *sleepy.*

졸릴 때 잠자리에 든다.

sleeve *sleeve*

[sli:v 슬리:브]

명 소매

slept *slept*

[slept 슬렙트]

재 sleep(자다)의 과거 · 과거분사형

slide *slide*

[slaid 슬라이드]

♣3단현 slides, 과거 slid, 과거분

사 slid 또는 slidden, 현재분사 sliding

자 미끄러지다

명 미끄럼틀, 슬라이드

Children is playing on the *slide.*

아이들이 미끄럼틀에서 놀고 있다.

slip *slip*

[slip 슬립]

♣ 3단현 slips, 과거 · 과거분사 slipped, 현재분사 slipping

자 1. 미끄러지다

She *slipped* and fell on the ice.

그녀는 얼음 위에서 미끄러져 넘어졌다.

자 2. 살그머니 달아나다

He *slipped* out of the room.

그는 방에서 살그머니 빠져 나갔다.

타 미끄러지게 하다, 살짝 넣다

She *slipped* these cards into her pocket.

그녀는 이 카드를 호주머니에 살짝 넣었다.

명 미끄러짐, 실수, 기다란 조각

She had a *slip* on the ice.

그녀는 얼음 위에서 미끄러졌다.

slow *slow*

[slou 슬로우]

♣ 비교급 slower, 최상급 slowest

형 1. 느린, 더딘 (반 fast 빠른)

The tortoise is a *slow* animal.

거북은 느린 동물이다.

Min-su is *slow* of understanding.

민수는 이해하는 것이 더디다.

형 2. (시계가) 늦는, 더디 가는

My watch is five minutes *slow.*

내 시계는 5분 늦다.

부 천천히, 느리게

Drive *slow.* 천천히 운전해라.

숙어 *Slow down!* 천천히!,

《게시》 서행 (=Go slow)

slowly *slowly*

[slóuli 슬로울리]

부 천천히, 느릿느릿

They walked *slowly.*

그들은 천천히 걸었다.

small *small*

[smɔ:l 스몰:]

♣ 비교급 smaller, 최상급 smallest

형 작은 (반 large, big 큰)

※ small이나 little은 모두 '작은'의 뜻이지만 small에는 little과 같이 '귀여운'이라는 느낌이 포함되어 있지 않다.

Small is beautiful.

작은 것이 아름답다.

I am *smaller* than Min-su.

나는 민수보다 작다.

smart *smart*

[smɑ:rt 스마:트]

형 영리한, 재치 있는 스마트한

The child is really *smart.*

그 아이는 정말 영리하다.

He is *smart.*

그는 스마트하다.

smell *smell*

[smel 스멜]

♣ 3단현 smells, 과거 · 과거분사 smelt 또는 smelled, 현재분사 smelling

타 …냄새를 맡다

She *smelled* the food.

그녀는 음식의 냄새를 맡아 보았다.

자 1. 냄새가 나다

This room *smells* of paint.

이 방은 페인트 냄새가 난다.

자 2. 냄새 맡다

We *smell* with our nose.

우리는 코로 냄새를 맡는다.

명 냄새

My dog has a bad *smell.*
내 개는 냄새가 나쁘다.
There was *smell* of burning paper in the room.
방 안에서 종이 타는 냄새가 났다.

smile *smile*

[smail 스마일]
자 미소짓다, 생글생글 웃다
She *smiled* at me.
그녀는 나에게 미소지었다.

Most people *smile* when they say hi.
대부분 사람들은 인사할 때 미소짓는다.
명 미소
※ smile은 '소리를 내지 않고 생긋 웃다'의 뜻이고, laugh는 '소리를 내고 웃다'의 뜻이다.

smoke *smoke*

[smouk 스모우크]
명 연기
There is no *smoke* without fire.
《속담》 아니 땐 굴뚝에 연기 날까.
♣ 3단현 smokes, 과거 · 과거분사 smoked, 현재분사 smoking
타자 1. 연기가 나다
The stove is *smoking.*
난로가 연기를 내고 있다.
타자 2. 담배를 피우다
Smoking is a bad habit.
담배를 피우는 것은 나쁜 습관이다.

숙어 *No smoking.* 《게시》 금연.

smooth *smooth*

[smu:ð 스무:드]
형 매끄러운, 반들반들한 (반 rough 거칠거칠한)
The top of this stone is *smooth.*
이 돌의 표면은 반들반들하다.
The car was running on the *smooth* road.
그 차는 평탄한 길을 달리고 있었다.

snail *snail*

[sneil 스네일]

명 달팽이

snake *snake*

[sneik 스네이크]

명 뱀

A *snake* is long.

뱀은 길다.

snow *snow*

[snou 스노우]

명 눈

We had much *snow* last winter.

지난 겨울에는 눈이 많이 왔다.

We had *snow* this morning.

오늘 아침에 눈이 왔다.

♣ 3단현 snows, 과거 · 과거분사 snowed, 현재분사 snowing

자 《It를 주어로 하여》 눈이 오다 (내리다)

It's *snowing.*

눈이 오고 있다.

It *snows* all day long.

하루종일 눈이 내린다.

snowman *snowman*

[snóumæn 스노우맨]

명 눈사람

The children are making a *snowman.*

어린이들은 눈사람을 만들고 있다.

so *so*

[sou 쏘우]

부 1. 그와 같이, 그러하게

Is that *so?* 그렇습니까?

부 2. 그처럼, 그렇게

Is English *so* important?

영어가 그렇게 중요하니?

Do you think *so?*

그렇게 생각해?

부 3. 매우, 대단히

Thank you *so* much.

매우 고맙다.

숙어 ① *and so on* …등등, …따위

I like basketball, soccer, baseball *and so on.*

나는 농구, 축구, 야구 등을 좋아한다.

② *not so~ as…* …만큼 ~하지 않다

I am *not so* tall *as* he.

나는 그 사람만큼 키가 크지 않다.

③ *so as to* …하도록, …하기 위해서

People eat *so as to* live.

사람들은 살기 위해서 먹는다.

④ *So long!* 안녕! (친한 사이끼리의 인사)

⑤ *so~ that…* 매우~ 하므로…

He was *so* old *that* he could not walk.

그는 매우 늙었기 때문에 걸을 수가 없었다.

⑥ *so to speak* 말하자면

⑦ *so far* 지금까지는

접 그래서

She had a bad cold, *so* she is in bed.

그녀는 독감에 걸려서 앓아 누워 있다.

soap *soap*

[soup 쏘우프]

명 비누

Wash your hands with *soap.*

비누로 손을 씻어라.

soccer *soccer*

[sákər 싸커]

명 축구

I am on a *soccer* team.

나는 축구부원이다.

social *social*

[sóuʃəl 쏘우셜]

형 1. 사회의, 사회적인

It is a kind of *social* problem.

이것은 일종의 사회적 문제이다.

형 2. 사교의, 사교적인

Man is a *social* animal.

인간은 사교적인 동물이다.

society *society*

[səsáiəti 써싸이어티]

명 1. 사회

a number of *society*

사회의 일원

We live in a modern *society*.

우리는 현대 사회에 산다.

명 2. 협회, 클럽, 회

the Red Cross *Society*

적십자사

sock *sock*

[sɑk 싹]

▶ 복수 socks [sɑks 싹스]

명 《보통 복수형으로》 짧은 양말

※ 목이 긴 양말은 stocking이라고 한다.

a pair of *socks* 양말 한 켤레

He wore a *sock* inside out.

그는 양말 하나를 뒤집어 신었다.

sofa *sofa*

[sóufə 쏘우퍼]

명 소파, 긴 안락 의자

He is sitting on the *sofa*.

그는 소파에 앉아 있다.

soft *soft*

[sɔːft 쏘:프트]

♣ 비교급 softer, 최상급 softest

형 1. 부드러운, 폭신한 (반 hard 딱딱한)

I sleep on a *soft* bed.

나는 폭신한 침대에서 잔다.

형 2. 온화한, 상냥한

She speaks in a *soft* voice.

그녀는 상냥한 목소리로 말한다.

soil *soil*

[sɔil 쏘일]

명 흙 (≒earth)

sold *sold*

[sould 쏘울드]

타 sell(팔다)의 과거 · 과거분사형

soldier *soldier*

[sóuldʒər 쏘울줘]

명 (육군의) 군인, 병사

※ 해군의 수병은 sailor이다.

A *soldier* is a member of an army.

군인은 군대의 일원이다.

solve *solve*

[salv 살브]

타 해결하다, 풀다

Teachers give you problems you can *solve*.

선생님들은 너희가 풀 수 있는 문제들을 내신다.

some *some*

[sʌm 썸]

형 1. 얼마만의, 약간의

Give me *some* water.

물을 (조금) 주십시오.

I went there *some* years ago.

나는 몇 년 전에 그곳에 갔다.

형 2. 어떤, 어느

Some boy broke the window.

어떤 소년이 창을 깨뜨렸다.

형 3. 약 (=about)

Some fifteen years ago, I visited Pusan.

약 15년 전에 부산에 갔었다.

형 4. 《의문문에 사용하여》

Can you lend me *some* money?

돈을 좀 빌려주십시오.

숙어 ① *some day* 언젠가

Some day he will succeed.

언젠가 그는 성공할 것이다.

② *some time* 얼마동안, 잠깐

대 1. 약간, 얼마간

Some of money was stolen.

약간의 돈을 도둑맞았다.

대 2. 어떤 사람들, 어떤 것

Some think that she is dead.

어떤 사람들은 그녀가 죽었다고 생각한다.

Some are very good and others are not so good.

좋은 것들도 있고 좋지 않은 것들도 있다.

somebody *somebody*

[sʌ́mbadi 썸바디]

대 누군가, 어떤 사람(=someone)

Somebody help!

누군가 좀 도와줘!

I saw *somebody* in the dark.

어둠 속에서 어떤 사람을 보았다.

숙어 *somebody else* 누군가 다른 사람

someday *someday*

[sʌ́mdei 썸데이]

부 (앞으로) 언젠가, 후일, 뒷날

someone *someone*

[sʌ́mwʌn 썸원]

대 누군가, 어떤 사람(=somebody)

I want *someone* to help me.

누군가 도와줬으면 좋겠다.

something *something*

[sʌ́mθiŋ 썸씽]

대 어떤 것, 무엇인가

I have *something* to show you.

네게 보여 줄 것이 있다.

Give me *something* to eat.

무엇인가 먹을 것을 주십시오.

sometime *sometime*

[sʌ́mtaim 썸타임]

부 언젠가

※ sometimes와 혼동하지 않도록 주의한다.

sometimes *sometimes*

[sʌ́mtaimz 썸타임즈]

부 때로는, 때때로

Sometimes she plays the piano.

때때로 그녀는 피아노를 친다.

son *son*

[sʌn 선]

명 아들 (반 daughter 딸)

She has two *sons.*

그녀는 아들이 둘 있다.

I have a *son* and two daughters.

나는 1남 2녀를 두었다.

song *song*

[sɔːŋ 쏭:]

명 노래, (벌레 · 새의) 소리

Let's sing a *song.*

노래를 부르자.

She sings popular *songs* well.

그녀는 유행가를 잘 부른다.

soon *soon*

[su:n 쑨:]

♣비교급 sooner, 최상급 soonest

부 곧, 이윽고, 이내

Come back *soon.*

곧 돌아오너라.

숙어 ① *as soon as~* …하자 마자

As soon as he went out, it began to rain.

그가 나가자마자 비가 오기 시작했다.

② *as soon as possible* 가능한한 빨리

③ *sooner or later* 조만간

He will come back *sooner or later.*

그는 조만간 돌아올 것이다.

sorrow *sorrow*

[sɑ́rou 싸로우]

명 슬픔

He felt *sorrow* at the news.

그는 그 소식을 듣고 슬퍼했다.

sorry *sorry*

[sɔ́:ri 쏘:리]

♣비교급 sorrier, 최상급 sorriest

형 1. 미안하게 생각하는

I am *sorry* that I hurt you.

다치게 해서 미안합니다.

형 2. 유감스러운

I am *sorry* I cannot go to the party.

유감스럽게도 파티에 참석 못하겠습니다.

형 3. 가엾은, 딱한

He felt *sorry* for the beggar.

그는 그 거지를 가엾게 여겼다.

I am *sorry* to hear that.

그 소식을 들으니 딱하군요.

숙어 *I'm sorry!* 미안합니다.

sort *sort*

[sɔ:rt 쏘:트]

명 종류

What *sort* of flowers do you like best?

너는 어떤 종류의 꽃을 좋아하느냐?

숙어 ① *a sort of~* 일종의…

A tomato is *a sort of* vegetable.

토마토는 일종의 야채이다.

② *all sorts of~* 모든 종류의

I like *all sorts of* fruits.

나는 모든 종류의 과일을 좋아한다.

sound[1] *sound*

[saund 싸운드]

명 소리

I heard a music *sound.*

나는 음악 소리를 들었다.

We cannot hear a *sound* in this room.

이 방에서는 아무 소리도 들을 수 없다.

자 소리가 나다, 들리다

Her voice *sounds* funny.

그녀의 목소리가 이상하게 들린다.

sound[2] *sound*

[saund 싸운드]

형 건전한, 완전한

A *sound* mind in a *sound* body.

《속담》 건전한 육체에 건전한 정신.

부 충분히, 깊이

She is *sound* asleep.

그녀는 깊이 잠들었다.

soup *soup*

[su:p 수:프]

명 수프

Mother made vegetable *soup* for me.

어머니께서 나에게 야채 수프를 만들어 주셨다.

sour *sour*

[sauər 싸우어]

명 (맛이) 신

How *sour* this apple tastes!

이 사과는 맛이 참 시군!

south *south*

[sauθ 사우쓰]

명 1. 《the를 붙여서》 남쪽 (반 north 북쪽)

Our house faces to the *south.*

우리 집은 남향이다.

명 2. 《the South로》 미국의 남부

He comes from the *South*.

그는 미국 남부 출신이다.

형 남쪽의

A warm *south* wind was blowing.

따뜻한 남풍이 불고 있었다.

부 남쪽으로

Some birds fly *south* for the winter.

어떤 새들은 겨울을 나기 위해 남쪽으로 날아 간다.

숙어 ① *in the south of~* …의 남부에

② *to the south~* …의 남쪽에

space *space*

[speis 스페이스]

명 1. 공간; 우주

time and *space* 시간과 공간

The sun, the moon, and the stars are in *space*.

해, 달, 별은 우주에 있다.

명 2. 장소, 여백, 간격

There isn't any *space* in the room for a bed.

그 방에는 침대를 둘 장소가 없다.

spare *spare*

[spεər 스페어]

형 여분의, 예비의

a *spare* tire 예비 타이어

타자 1. 절약하다, 아끼다

타자 2. 용서하다, 놓아주다

Spare me! (=*Spare* my life!)

목숨만 살려 주세요.

sparrow *sparrow*

[spǽrou 스패로우]

명 참새

A *sparrow* is sitting in a tree.

참새 한 마리가 나무에 앉아 있다.

speak *speak*

[spi:k 스피:크]

♣ 3단현 speaks, 과거 spoke, 과

거분사 spoken, 현재분사 speaking

타자 1. 말하다

Can you *speak* English?

영어를 할 줄 아십니까?

He often *spoke* in English.

그는 자주 영어로 말했다.

타자 2. 연설하다

I *spoke* at the meeting.

나는 그 모임에서 연설했다.

숙어 ① *so to speak* 말하자면

He is, *so to speak*, a walking dictionary.

그는 말하자면 걸어 다니는 사전이다.

② *speak of~* …에 관하여 이야기하다, 쑤군거리다

He is *speaking of* the accident.

그는 그 사고에 관하여 이야기하고 있다.

③ *speak to~* …에게 이야기하다

She *spoke to* me in English.

그녀는 나에게 영어로 이야기했다.

④ *speak well of~* …을 좋게 말하다

special *special*

[spéʃəl 스페셜]

형 1. 특별한

Tom is my *special* friend.

톰은 나의 특별한 친구이다.

형 2. 임시의

Our party took a *special* train.

우리 일행은 임시 열차를 탔다.

speech *speech*

[spi:tʃ 스피:취]

명 1. 말

명 2. 연설

He made a *speech* in English.

그는 영어로 연설했다.

speed *speed*

[spi:d 스피:드]

명 속력, 속도

The car ran at a *speed* of 90 kilometers per hour.
그 차는 시속 90 킬로의 속도로 달렸다.
The plane is flying at a fast *speed.*
그 비행기는 빠른 속도로 날고 있다.

spell *spell*

[spel 스펠]
♣ 3단현 spells, 과거 · 과거분사 spelt, 현재분사 spelling
타 철자하다
How do you *spell* this word?
이 낱말은 어떻게 철자합니까?
He is *spelling* "BOY" on the blackboard.
그는 칠판에 "BOY"라고 철자하고 있다.

spelling *spelling*

[spéliŋ 스펠링]
명 (낱말의) 철자법
American and British *spellings* of some words are different.
어떤 단어의 미국 철자법과 영국 철자법은 다르다.

spend *spend*

[spend 스펜드]
♣ 3단현 spends, 과거 · 과거분사 spent, 현재분사 spending
타 1. (돈을) 쓰다, 소비하다
She *spends* lots of money.
그녀는 돈을 많이 쓴다.
타 2. (시간을) 보내다
Students *spend* much time learning at school.
학생들은 학교에서 배우는데 많은 시간을 보낸다.
I *spend* my Sundays watching TV.
나는 일요일을 텔레비젼을 보면서 보낸다.

spider *spider*

[spáidər 스파이더]

명 거미

A *spider* has eight legs.

거미는 다리가 여덟이다.

spirit *spirit*

[spírit 스피릿]

명 1. 정신 (반 body 육체)

the *spirit* of the law 법의 정신

명 2. 용기

He is a man of *spirit.*

그는 용기있는 사람이다.

명 3. 《복수형으로》 생기, 기분

She is in high *spirits.*

그녀는 생기가 있다.

spoke *spoke*

[spouk 스포우크]

타자 speak(말하다)의 과거형

spoon *spoon*

[spu:n 스푼:]

명 숟가락, 스푼

I eat soup with a *spoon.*

나는 숟가락으로 수프를 먹는다.

sport *sport*

[spɔ:rt 스포:트]

▶ 복수 sports [spɔ:rts 스포:츠]

명 운동, 스포츠

Baseball is my favorite *sport.*

야구는 내가 좋아하는 운동이다.

I like *sports.*

나는 스포츠를 좋아한다.

spread *spread*

[spred 스프레드]

타 펴다

Mother *spread* the cloth on the table.

어머니는 식탁 위에 보를 폈다.

자 퍼지다

The news soon *spread.*

소식이 곧 퍼졌다.

spring *spring*

[spriŋ 스프링]

명 1. 봄

It is warm in *spring.*

봄은 따뜻하다.

early *spring* 이른 봄

Many flowers come out in *spring.*

봄에는 많은 꽃들이 핀다.

명 2. 샘

I found a *spring* mountain.

나는 산에서 샘을 발견했다.

명 3. 용수철, 태엽, 스프링

This toy works by a *spring*.

이 장난감은 용수철로 움직인다.

자 튀다, 껑충 뛰다

He *sprang* out of chair.

그는 의자에서 벌떡 일어났다.

spy *spy*

[spai 스파이]

명 간첩, 스파이

자 탐정하다, 스파이하다

square *square*

[skwɛər 스퀘어]

형 정방형의, 네모꼴의

명 정방형, 광장

squirrel *squirrel*

[skwə́:rəl 스쿼:럴]

명 다람쥐

A *squirrel* has a long tail.

다람쥐는 긴 꼬리를 가지고 있다.

stamp *stamp*

[stæmp 스탬프]

명 1. 우표

I am collecting *stamps*.

나는 우표를 수집하고 있다.

명 2. 스탬프, 소인

타자 스탬프를 찍다, 우표를 붙이다.

Put a *stamp* on the envelope.

봉투에 우표를 붙이시오.

stand *stand*

[stænd 스탠드]

♣ 3단현 stands, 과거·과거분사 stood, 현재분사 standing

자 1. 서다, 서 있다 (반 sit 앉다)

They *stood* there for twenty minutes.

그들은 거기서 20분 동안 서 있었다.

Who is the student *standing* there?

저기 서 있는 학생은 누구입니까?

자 2. (건물 등이) …에 있다

His house *stands* near the church.

그의 집은 교회 옆에 있다.

숙어 ① *stand by~* …의 옆에 서다, …의 편을 들다, 준비하다

He *stood by* me.

그는 내 편을 들었다.

② *stand for~* …을 뜻하다, 나타내다

What does this word *stand for?*

이 말은 무엇을 뜻하느냐?

③ *stand up* 일어서다

Stand up quickly.

빨리 일어서라.

명 매점, 노점, 관람석

I bought bananas at that fruit *stand.*

나는 저 과일점에서 바나나를 샀다.

a book *stand* 책꽂이

standard *standard*

[stǽndərd 스탠더드]

명 표준

Her English test is not up to *standard.*

그녀의 영어 성적은 표준에 이르지 못하고 있다.

형 표준의

star *star*

[stɑːr 스타:]

명 1. 별

Look at the *star* in the sky.

하늘에 있는 별을 보아라.

We can't see *stars* tonight.

오늘밤은 별을 볼 수 없다.

명 2. (영화 · 스포츠 등의) 스타, 인기인

He is a movie *star.*

그는 영화 배우이다.

start *start*

[stɑːrt 스타:트]

자 1. 출발하다 (반 arrive 도착하

다)

He *started* for Paris last week.

그는 지난주에 파리를 향하여 출발했다.

자 2. 시작되다 (=begin, 반 end 끝나다)

School *starts* at nine.

수업은 9시에 시작된다.

타 …을 시작하다

He *started* a new business.

그는 새 사업을 시작했다.

It has *started* raining.

비가 오기 시작했다.

명 출발, 스타트, 개시

The book was interesting from *start* to finish.

그 책은 처음부터 끝까지 재미있었다.

state *state*

[steit 스테이트]

명 국가, (미국의) 주

He did all he could for the *state.*

그는 국가를 위해서 전력을 다했다.

She lives in the *State* of Texas.

그는 텍사스 주에 살고 있다.

station *station*

[stéiʃən 스테이션]

명 1. 역, 정거장

I went to Seoul *Station* to see her off.

나는 그녀를 배웅하러 서울역에 갔다.

The train is coming into the *station.*

기차가 정거장에 들어오고 있다.

명 2. (관청 등의) 서, 국, 본부

a police *station* 경찰서

a TV *station* 텔레비전 방송국

a radio *station* 라디오 방송국

There are a lot of fire engines in the fire *station.*

소방서에는 많은 불자동차들이 있다.

stay *stay*

[stei 스테이]

자 1. 머무르다, 있다

He is *staying* at a hotel.

그는 호텔에 머무르고 있다.

Min-su *stays* home this afternoon.

민수는 오늘 오후 집에 있다.

자 2. 체류하다

He is *staying* in Chicago now.

그는 지금 시카고에 체류하고 있다.

숙어 ① *stay with~* …의 집에 묵다

I am *staying with* my uncle.

나는 아저씨 댁에 묵고 있다.

② *stay up* (밤에) 자지 않고 일어나 있다

She often *stays up* very late.

그녀는 종종 밤늦게까지 자지 않고 일어나 있다.

③ *stay away from school* 학교를 쉬다

명 체류, 머무름

I made a long *stay* in the country.

나는 시골에서 오래 머물렀다.

steal *steal*

[sti:l 스틸:]

♣ 3단현 steals, 과거 stole, 과거분사 stolen, 현재분사 stealing

타 훔치다, 【야구】 도루하다

Some *stole* my purse.

누군가 내 지갑을 훔쳤다.

He *stole* second base.

그는 2루로 도루했다.

자 몰래가다(오다), 도둑질하다

She *stole* out of the house.

그녀는 집을 몰래 빠져 나갔다.

steam *steam*

[sti:m 스팀:]

명 증기, 김, 스팀

Steam is coming out of the kettle.

주전자에서 김이 나오고 있다.

a *steam* engine 증기 기관

steel *steel*

[stiːl 스틸ː]

명 강철

stem *stem*

[stem 스템]

명 (나무 · 풀 등의) 줄기

step *step*

[step 스텝]

명 1. 한 걸음, 발걸음, 걸음걸이

The baby took one *step.*

아기가 한 걸음 떼었다.

Watch your *step.*

《게시》 발걸음을 조심하시오.

She walks with light *steps.*

그녀는 가벼운 걸음걸이로 걷는다.

명 2. 발소리

I can hear his *steps.*

나는 그의 발소리를 들을 수 있다.

명 3. (계단의) 한 단, (집 밖의) 계단

I went up the *steps.*

나는 계단을 올라갔다.

숙어 *step by step* 한 걸음 한 걸음 착실히, 차근차근

자 걷다

I *step* carefully when it is dark.

나는 어두울 때는 조심해서 걷는다.

숙어 *step aside* 옆으로 비키다, 양보하다

I *stepped aside* for an old man.

나는 노인에게 길을 비켜드렸다.

stick *stick*

[stik 스틱]

명 1. 막대기

The dog likes to play with a *stick.*

그 개는 막대기를 갖고 노는 것을 좋아한다.

명 2. 지팡이

My grandfather is carrying his *stick.*

할아버지는 지팡이를 가지고 다니신다.

명 3. 작은 나무 가지, 땔거리

We gathered *sticks* to make a fire.

우리는 불을 피우기 위해 작은 가지들을 모았다.

♣ 3단현 sticks, 과거 · 과거분사 stuck, 현재분사 sticking

타 찌르다, 붙이다

A pin *stuck* me in the finger.

핀에 내 손가락을 찔렸다.

I *stuck* a stamp in the envelope.

나는 봉투에 우표를 붙였다.

자 꽂히다, 달라붙다

Something *stuck* on her foot.

무언가가 그녀의 발에 꽂혔다.

숙어 *stick to* …을 고수하다

still[1] *still*

[stil 스틸]

부 1. 아직도, 여전히

She is *still* asleep.

그녀는 아직도 자고 있다.

Tom *still* loved her.

톰은 여전히 그녀를 사랑하고 있었다.

부 2. 《비교급을 강조하여》 한층 더

Jack runs fast, but Sam runs *still* faster.

잭은 빨리 달리지만 샘은 한층 더 빨리 달린다.

still[2] *still*

[stil 스틸]

♣ 비교급 stiller, 최상급 stillest

형 1. 조용한

The town was very *still.*

그 도시는 매우 조용했다.

형 2. 가만히 있는, 정지한

Keep *still!* Don't move.

가만히 있어! 움직이지 마.

stocking *stocking*

[stákiŋ 스타킹]

명 긴 양말, (짧은 양말은 sock), 스타킹

My elder sister wears *stockings.*

누나는 스타킹을 신고 있다.

a pair of *stockings*
스타킹 한 켤레

stole *stole*

[stoul 스토울]
steal(훔치다)의 과거형

stolen *stolen*

[stóulən 스토울런]
steal(훔치다)의 과거분사형

stomach *stomach*

[stʌ́mək 스터먹]
위, 배, 복부
Any food I eat goes into my *stomach.*
내가 먹는 음식은 위로 간다.
I have a pain in my *stomach.*
나는 배가 아프다.

※ stomachache(복통),headache(두통), toothache(치통)

stone *stone*

[stoun 스토운]
1. 돌, 석재
Our house is made of *stone.*
우리 집은 돌로 만들어져 있다.
2. 작은 돌멩이

stood *stood*

[stud 스투드]
stand(서다)의 과거 · 과거분사형

stop *stop*

[stɑp 스탑]
♣ 3단현 stops, 과거 · 과거분사 stopped, 현재분사 stopping
1. 멈추다
He *stopped* his car in front of my house.
그는 우리 집 앞에서 자동차를 멈추었다.

2. …을 그만두다, 중지하다
I *stopped* reading the book.
나는 책 읽기를 그만두었다.
My father *stopped* to smoking.

아버지는 담배를 끊으셨다.

자 멎다, 정지하다

It *stopped* raining.

비가 그쳤다.

The bus *stops* here for only thirty seconds.

버스가 여기서 30초만 정지한다.

숙어 ① *stop by* …에 들르다, 방문하다

② *stop in* 집에 있다, (미국)들르다

명 1. 멈춰 섬, 정지

The bus came to a sudden *stop.*

버스가 급정거했다.

명 2. 구두점

a full *stop* 마침표, 종지부

명 3. 정류장

a bus *stop* 버스 정류장

store *store*

[stɔːr 스토ː]

명 1. 가게, 상점(=《영》 shop)

a fruit *store* 과일 가게

People buy and sell things at a *store.*

사람들은 상점에서 물건을 사고 판다.

명 2. 저장

a *store* of food 식량의 저장

타 저장하다

Ants *store* up food for the winter.

개미는 겨울에 대비해서 먹이를 저장한다.

storm *storm*

[stɔərm 스토옴]

명 폭풍우

There was a *storm* last night.

어젯밤에는 폭풍우가 몰아쳤다.

story[1] *story*

[stɔ́ːri 스토ː리]

▶ 복수 stories [stɔ́ːriz 스토ː리즈]

명 이야기

a fairy *story* 동화

Children like the *story* of the ghost.

어린이들은 귀신 이야기를 좋아한다.

"Snow White" is an interesting *story.*

"백설공주"는 재미있는 이야기다.

story[2] *story*

[stɔ́:ri 스토:리]

▶복수 stories [stɔ́:riz 스토:리즈]

명 (건물의) 층

This is building of ten *stories.*

이것은 10층 건물이다.

stove *stove*

[stouv 스토우브]

명 난로, 스토브, (요리용의)풍로

a gas *stove* 가스 난로

A *stove* is used for cooking or heating.

스토브는 요리를 하거나 난방을 위해서 쓰여진다.

straight *straight*

[streit 스트레이트]

♣비교급 straighter, 최상급 straightest

형 똑바른, 곧은, 일직선의

Jane is drawing a *straight* line on the paper.

제인은 종이에 직선을 긋고 있다.

a *straight* road 똑바른 길

부 똑바로

He went *straight* to Pusan.

그는 부산으로 직행했다.

strange *strange*

[streindʒ 스트레인쥐]

형 1. 기묘한, 이상한

He is very *strange.*

그는 매우 이상하다.

형 2. 미지의, 낯선, 생소한

He was walking on a *strange* town.

그는 낯선 도시를 걷고 있었다.

숙어 *strange to say* 이상하게도, 이상한 이야기지만

stranger *stranger*

[stréindʒər 스트레인줘]

명 낯선 사람, 외국인

strawberry *strawberry*

[strɔ́:beri 스트로:베리]

명 딸기

He grows *strawberries.*

그는 딸기를 재배하고 있다.

stream *stream*

[stri:m 스트림:]

명 개울, 내

I went to the *stream* to catch fish.

나는 고기를 잡으러 개울에 갔다.

street *street*

[stri:t 스트리:트]

명 1. 거리, 시가, 한길

Don't play in the *street.*

거리에서 놀면 안된다.

I met Jack on the *street.*

나는 거리에서 잭을 만났다.

Cars go on the *street.*

차들이 도로 위를 간다.

명 2. 《Streets로》 …가, …거리

They lives on Washington *Street.*

그들은 워싱턴 가에 살고 있다.

strike *strike*

[straik 스트라익]

♣ 3단현 strikes, 과거 · 과거분사 struck, 현재분사 striking

타 1. 치다, 때리다 (=hit)

He *struck* the ball with the bat.

그는 배트로 공을 쳤다.

The clock *struck* five.
시계가 5시를 쳤다.
타 2. 부딪치다
The ship *struck* a rock.
그 배가 바위에 부딪쳤다.
숙어 ① *strike out* …을 삼진으로 아웃시키다, 삼진하다
② *strike on the head* …의 머리를 치다
He *struck* me *on the head*.
그는 내 머리를 쳤다.
명 1. 치기, 【야구】 스트라이크 (반 ball 볼)
명 2. 동맹 파업
They went on (a) *strike*.
그들은 동맹 파업에 들어갔다.

string *string*

[striŋ 스트링]
명 1. 줄, 끈, 실
A *string* is used to tie things.
끈은 물건을 묶는데 사용된다.
명 2. (악기의) 현

strong *strong*

[strɔ(:)ŋ 스트롱:]
♣ 비교급 stronger, 최상급 strongest
형 1. 힘센, 강한
The elephant is *strong*.
코끼리는 힘이 세다.
The wind was *strong* last night.
어젯밤은 바람이 세게 불었다.

형 2. 자신 있는, 잘하는
I am *strong* in English.
나는 영어를 잘 한다.

student *student*

[stjú:dənt 스튜:던트]
명 학생
I am a university *student*.
나는 대학생이다.
One class has many *students*.
한 학급에는 많은 학생이 있다.
※ 미국에서는 대학생, 고등학생, 중학생에 대해 모두 쓰지만 영국에서는 대학생에만 쓰인다.

study *study*

[stʌ́di 스터디]
♣ 3단현 studies, 과거·과거분사 studied, 현재분사 studying
타 1. 공부하다, 배우다
I am *studying* French.

나는 불어를 공부하고 있다.

We *study* English very hard.

우리는 매우 열심히 영어를 배운다.

타 2. 연구하다

He is *studying* Korean history.

그는 한국사를 연구하고 있다.

자 공부하다

I am *studying* at home.

나는 집에서 공부한다.

명 1. 공부, 연구

I likes *study*.

나는 공부를 좋아한다.

명 2. 서재

stupid *stupid*

[stú:pid 스투:피드]

형 어리석은, 멍청한

It is a *stupid* idea.

그것은 어리석은 생각이다.

style *style*

[stail 스타일]

명 양식, 모양, 스타일

His house is built in European *style*.

그의 집은 양식으로 지어졌다.

숙어 ① *in style* 유행을 따라

She dresses *in* the latest *style*.

그녀는 최신 유행의 옷을 입고 있다.

② *out of style* 유행에 뒤떨어진

His coat is now *out of style*.

그의 코트는 이제 유행에 뒤떨어진 것이다.

subway *subway*

[sʌ́bwei 써브웨이]

명 《미》 지하철, 《영》 지하도

Father goes to his office by *subway*.

아버지는 지하철로 회사에 다니신다.

succeed *succeed*

[səksíːd 썩씨:드]

자 성공하다 (반 fail 실패하다)

He *succeeded* in climbing the mountain.

그는 그 산을 오르는데 성공했다.

Study harder, if you want to *succeed.*

성공하기를 원한다면 더 열심히 공부해라.

타 …에 잇따르다, …의 뒤를 잇다

Night *succeeds* day.

밤은 낮 뒤에 온다.

success *success*

[səksés 썩쎄스]

명 성공

His business was a great *success.*

그의 사업은 대 성공이었다.

such *such*

[sʌtʃ 써취]

형 1. 그와 같은, 그러한, 이러한

I have never seen *such* a man.

나는 그런 사람을 본 적이 없다.

형 2. 대단한

He is *such* a rich.

그는 대단한 부자이다.

형 3. 매우 …한

It is *such* a lovely day.

아주 좋은 날씨이다.

숙어 ① *such~ as…* …와 같은~

such a kind boy *as* Tom

톰과 같은 친절한 소년

② *such as~* 예컨대 …와 같은

There you can see many flowers, *such as* rose, lily and sunflower.

거기에서는 많은 꽃, 예컨대 장미, 백합, 해바라기와 같은 것을 볼 수 있다.

③ *such~ that…* 대난히 ~이기 때문에 …이다

suddenly *suddenly*

[sʌ́dnli 써든리]

부 돌연, 갑자기

The horse started running suddenly.

말이 갑자기 뛰기 시작했다.

suffer *suffer*

[sʌ́fər 써퍼]

자 (병으로) 괴로워하다, 고통받다

I often *suffer* from a bad stomachache. 나는 가끔 심한 복통으로 고통을 받는다.

sugar *sugar*

[ʃúgər 슈거]

명 설탕

Too much *sugar* is bad for teeth.

설탕은 너무 많이 먹으면 치아에 나쁘다.

She takes no *sugar* in her coffee.

그녀는 커피에 설탕을 넣지 않는다.

a spoonful of *sugar*

설탕 한 숟가락

summer *summer*

[sʌ́mər 써머]

명 여름

It is hot in *summer*.

여름엔 덥다.

Summer comes after spring.

여름은 봄 다음에 온다.

the *summer* vacation 여름방학

sun *sun*

[sʌn 썬]

명 1. (the를 붙여서) 해, 태양

The sun is round.

해는 둥글다.

The sun is shining.

태양이 빛나고 있다.

The sun rises in the east and sets in the west.

해는 동쪽에서 떠서 서쪽으로 진다.

명 2. 햇빛, 양지

Old man is sitting in the *sun*.

노인은 양지 쪽에 앉아 있다.

Sunday *Sunday*

[sʌ́ndi 썬디]

명 일요일 (약어는 Sun.)

Sunday is the first day of the week.

일요일은 1주일의 첫째 날이다.

Do you go to church on *Sunday*?

너는 일요일에 교회에 가니?

sunflower *sunflower*

[sʌ́nflauər 썬플라우어]

명 해바라기

sung *sung*

[sʌŋ 썽]

타자 sing(노래하다)의 과거분사형

sunrise *sunrise*

[sʌ́nraiz 썬라이즈]

명 해돋이

Mother gets up before *sunrise*.

어머니는 해 뜨기 전에 일어나신다.

sunset *sunset*

[sʌ́nset 썬셋]

명 일몰, 해질녘

Evenings begin with *sunsets*.

저녁은 일몰과 함께 시작한다.

They worked from sunrise to *sunset*.

그들은 해돋이부터 해질녘까지 일하였다.

sunshine *sunshine*

[sʌ́nʃain 썬샤인]

명 햇빛, 양지

She is bathing in the *sunshine*.

그녀는 일광욕을 하고 있다.

supermarket *supermarket*

[sú:pərmɑ:rkit 쑤:퍼마:킷]

명 슈퍼마켓

A *supermarket* is a big store.

슈퍼마켓은 큰 상점이다.

supper *supper*

[sʌ́pər 써퍼]

명 저녁식사, 저녁밥

Supper is the last meal of the day.

저녁은 하루의 마지막 식사이다.

support *support*

[səpɔ́:rt 써포:트]

타 받치다, 지지하다, 부양하다

Tom and Sam *support* the new team.

톰과 샘은 새로운 팀을 지지한다.

Father works hard to *support* his family.

아버지는 가족을 부양하기 위해 열심히 일하신다.

명 지지, 원조, 도움

I need your *support*.

나는 당신의 지지가 필요합니다.

suppose *suppose*

[səpóuz 써포우즈]

타 …라고 생각하다, 추측하다

We *suppose* you did wrong.

우리는 네가 잘못했다고 생각한다.

Jim *supposes* Nancy has gone home.

짐은 낸시가 집에 갔다고 추측한다.

sure *sure*

[ʃuər 슈어]

♣ 비교급 surer, 최상급 surest

형 1. 확신하여, …을 확신하고 있는

I am *sure* of his honesty.

나는 그가 정직하다고 확신한다.

Jack is *sure* that his father will buy the book for him.

잭은 아버지가 그 책을 사줄 것을 확신하고 있다.

형 2. 틀림없는, 확실한

It is a *sure* way to succeed.

그것은 틀림없이 성공하는 방법이다.

Are you *sure* of it?

너 그것 확실하니?

숙어 ① *make sure of~* …을 확인하다

② *be sure to* 틀림없이 …하다

He *is sure to* succeed.

그는 틀림없이 성공한다.

③ *to be sure* 확실히, 정말

surprise *surprise*

[sərpráiz 써프라이즈]

타 놀리게 하다

No one was really *surprised* at the news.

어느 누구도 그 소식에 놀라지 않았다.

숙어 *be surprised* 놀라다

I *was surprised* at the news.

나는 그 소식을 듣고 놀랐다.

명 놀라움

숙어 ① *to one's surprise* 놀랍게도

To his surprise, his house was gone.

놀랍게도 그의 집은 없어져 버렸다.

② *in surprise* 놀라서

I jumped up *in surprise.*

나는 놀라서 펄쩍 뛰어 일어났다.

swallow *swallow*

[swálou 스왈로우]

명 제비

swam *swam*

[swæm 스왬]

타자 swim(헤엄치다)의 과거형

swan *swan*

[swan 스완]

명 백조

sweater *sweater*

[swétər 스웨터]

명 스웨터

My mother is wearing a red *sweater.*

어머니가 빨강 스웨터를 입고 계신다.

sweet *sweet*

[swi:t 스위:트]

♣ 비교급 sweeter, 최상급 sweetest

형 1. 단

Sugar is *sweet.*

설탕은 달다.

형 2. 향기로운

This flower smells *sweet.*

이 꽃은 향기로운 냄새가 난다.

형 3. 소리가 좋은

She has a *sweet* voice.

그녀는 목소리가 곱다.

형 4. 귀여운, 상냥한, 즐거운

The girl is *sweet.*

그 소녀는 귀엽다.

a *sweet* smile 상냥한 미소

명 《영》 사탕 (= 《미》 candy)

swift *swift*

[swift 스위프트]

형 빠른 (반 slow 느린)

That train is *swift.*

저 기차는 빠르다.

swim *swim*

[swim 스윔]

♣ 3단현 swims, 과거 swam, 과거분사 swum, 현재분사 swimming

타자 헤엄치다, 수영하다

He can *swim* fast.

그는 빨리 헤엄칠 수 있다.

Let's go *swimming* in the river.

강에 수영하러 가자.

명 헤엄, 수영

Nancy *swims* very well.

낸시는 수영을 잘 한다.

swing *swing*

[swiŋ 스윙]

♣ 3단현 swings, 과거 · 과거분사 swung, 현재분사 swinging

자 흔들리다, 매달리다, 그네 타다

The girl likes to *swing.*

그 소녀는 그네 타기를 좋아한다.

타 흔들다, 뒤흔들다

He is *swinging* his bat.

그는 배트를 휘두르고 있다.

명 그네

She is sitting on the *swing*.
그녀는 그네에 앉아 있다.

switch *switch*

[switʃ 스위치]
명 스위치
타 스위치를 넣다(끊다)
switch on the light
전등을 켜다

swum *swum*

[swʌm 스웜]
타자 swim(헤엄치다)의 과거분사형

symbol *symbol*

[símbəl 씸벌]
명 상징, 부호
The pigeon is a *simbol* of peace.
비둘기는 평화의 상징이다.

system *system*

[sístəm 씨스텀]
명 1. 조직, 체계
a social *system* 사회 조직
명 2. 제도, 방법
a *system* of education
교육 제도

𝒯, *t*

table *table*

[téibl 테이블]

명 1. 테이블, 식탁

There is a vase on the *table.*

테이블 위에 꽃병이 있다.

A *table* has four legs.

식탁은 다리가 네 개 있다.

My mother set the *table.*

어머니는 식탁을 차리셨다.

table tennis 탁구

명 2. 표, 목록

a time*table* 시간표

숙어 *at (the) table* 식사중인, 식탁에 앉아

Jane sits *at (the) table* to eat food.

제인은 음식을 먹기 위해 식탁에 앉는다.

tail *tail*

[teil 테일]

명 꼬리

Animals have *tails.*

동물들은 꼬리가 있다.

The pig has a short *tail.*

돼지는 꼬리가 짧다.

tailor *tailor*

[téilər 테일러]

명 양복점

My father went to the *tailor* to have some new cloths made.

아버지는 새 옷을 맞추러 양복점에 가셨다.

take *take*

[teik 테이크]

♣ 3단현 takes, 과거 took, 과거분사 taken, 현재분사 taking

타 1. 손에 잡다, 붙들다

He *took* me by the hand.
그는 내 손을 잡았다.
My mother *took* the baby in her arms.
어머니는 아기를 팔에 안았다.

타 2. (물건을) 가져가다, (사람·동물을) 데리고 가다, 안내하다
I often *take* my dog to the park.
나는 가끔 개를 공원에 데리고 간다.
I will *take* you to the station.
역으로 안내해 드리겠습니다.

타 3. (상 등을) 타다
I *took* the first prize.
나는 1등상을 탔다.

타 4. (선물 등을) 받다
She *took* the gift from him.
그녀는 그의 선물을 받았다.

타 5. (탈 것을) 타다
I will *take* a train.
나는 기차를 타겠다.

타 6. (음식물·약 등을) 먹다
Please *take* this medicine.
이 약을 먹어라.

타 7. …을 사다
I *took* the book for two dollar.
나는 그 책을 2달러에 샀다.

타 8. (어떤 행동을) 하다, 취하다, 행하다
He *take* a bath every day.
그는 매일 목욕 한다.
I often *take* a walk.
나는 종종 산책한다.
She is *taking* lessons on the piano.
그녀는 피아노 연습을 하고 있다.

타 9. (시험 등을) 치르다
We shall *take* an examination today.
우리는 오늘 시험을 치른다.

타 10. (사진을) 찍다, …을 받아쓰다
I *took* a lot of pictures of the flowers.
나는 꽃 사진을 많이 찍었다.
I *took* notes at the meeting.
나는 그 모임에서 요점을 적었다.

타 11. (시간·노력을) 필요로 하다, 걸리다
It *takes* about ten minutes to go to school.
학교 가는 데는 약 10분이 걸린다.

타 12. …이라고 생각하다

I *took* him to be an honest man.

나는 그를 정직한 사람이라고 생각했다.

숙어 ① *be take ill* 병이 나다

She *was taken ill* last week.

그녀는 지난 주에 병이 났다.

② *take away* 치워버리다

Please *take* the dishes *away.*

이 접시들을 치워주세요.

③ *take after* …을 닮다

My brother *takes after* my father.

형은 아버지를 닮았다.

④ *take back* …을 도로 찾다, (약속 등을) 취소하다

⑤ *take care of~* …을 돌봐주다, 시중들다

My sister *takes* good *care of* me.

누나는 나를 잘 돌봐준다.

⑥ *take off* (옷·모자 등을) 벗다, (비행기가) 이륙하다

Take off your hat.

모자를 벗으시오.

The plane *took off* at 10 00 a.m.

비행기는 오전 10시에 이륙했다.

⑦ *take interest in~* …에 흥미를 가지다

He *takes* great *interest in* Korean.

그는 한국에 많은 흥미를 가지고 있다.

⑧ *take out* …을 꺼내다

She *took out* a box.

그녀는 상자를 꺼냈다.

⑨ *take place* (사건 등이) 일어나다, (행사가) 개최되다

A fire *took place* in her house.

그녀의 집에 화재가 일어났다.

⑩ *take part in~* …에 참가하다

I *took part in* the race.

나는 그 경주에 참가했다.

T

⑪ *take up* 집어 올리다, (시간 등이) 걸리다, (장소 등을) 잡다, 차지하다

This table *takes up* too much space.

이 식탁은 장소를 너무 많이 차지한다.

taken *taken*

[téikən 테이컨]

타 take(손에 잡다)의 과거분사형

talent *talent*

[tǽlənt 탤런트]

명 1. 타고난 재주, 재능

He has a *talent* for music.

그는 음악에 재주가 있다.

명 2. (TV, 라디오 등의) 예능인, 탤런트

She is famous *talent*.

그녀는 유명한 탤런트이다.

talk *talk*

[tɔ:k 토:크]

타자 이야기하다, 말하다

She *talks* too much.

그녀는 너무 말이 많다.

She *talks* good English.

그녀는 훌륭한 영어를 말한다.

Let's *talk* in English.

영어로 말하자.

숙어 ① *talk about~* …에 대하여 이야기하다

We are *talking about* soccer.

우리는 축구에 대하여 이야기하고 있다.

② *talk back* 말대꾸하다

Don't *talk back* to your teacher.

선생님께 말대꾸하지 마라.

③ *talk over~* …에 대하여 상의하다

④ *talk to* …와 이야기하다, …에게 말을 걸다

⑤ *talk to oneself* 혼잣말을 하다

⑥ *talk with~* …와 이야기하다

I began to *talk with* a teacher.

나는 선생님과 이야기하기 시작했다.

명 1. 이야기, 담화, 회담

a summit *talk* 정상 회담

명 2. 의논, 상의

I want to have a *talk* with mother.

어머니에게 의논하고 싶은 일이 있습니다.

tall *tall*

[tɔːl 톨:]

♣ 비교급 taller, 최상급 tallest

형 키가 큰 (반 short 키가 작은), 높이가 …인

He is *tall.* 그는 키가 크다.

Jim is 165 centimeters *tall.*

짐의 키는 165 센티미터이다.

There are a lot of *tall* buildings in the city.

도시에는 높은 건물들이 많다.

T

tape *tape*

[teip 테입]

명 테이프

Let's listen to the *tape.*

테이프를 듣자.

타 테이프에 녹음하다

target *target*

[táːrgit 타:깃]

명 목표, 목표물

taste *taste*

[teist 테이스트]

타 …의 맛을 보다, …을 먹다

Mother *tasted* the soup.

어머니는 그 수프를 맛보았다.

자 …의 맛이 나다

The candy *tastes* sweet.

그 사탕은 단맛이 난다.

명 1. 맛

The apple *tastes* good.

사과는 맛이 좋다.

Salt has a salty *taste.*

소금은 짠맛이 난다.

명 2. 취미

She has a *taste* for movie.

그녀는 영화에 취미가 있다.

taught *taught*

[tɔːt 토:트]

타자 teach(가르치다)의 과거 · 과거분사형

taxi *taxi*

[tǽksi 택시]

명 택시

He often takes a *taxi* to his office.

그는 종종 택시를 타고 회사에 출근한다.

tea *tea*

[ti: 티:]

명 (마시는) 차

Mary likes to drink *tea*.

메리는 차 마시기를 좋아한다.

숙어 (1) green *tea* 녹차
(2) black *tea* 홍차
(3) a *tea* party 다과회

teach *teach*

[ti:tʃ 티:취]

♣ 3단현 teaches, 과거 · 과거분사 taught, 현재분사 teaching

타자 가르치다 (반 learn 배우다)

Mr. Brown *teaches* us English.

브라운 선생님은 우리에게 영어를 가르치신다.

숙어 *teach* oneself 독학하다

teacher *teacher*

[tíːtʃər 티:춰]

명 선생님, 교사

Students learn from their *teacher*.

학생들은 선생님에게서 배운다.

My mother is a *teacher* of English.

우리 어머니는 영어 교사이시다.

team *team*

[ti:m 팀:]

명 (경기의) 팀

Our school has a baseball *team*.

우리 학교에는 야구팀이 있다.

Our *team* won the game.

우리 팀이 시합에 이겼다.

tear *tear*

[tiər 티어]

명 《보통 복수형으로》 눈물

Tears ran down her face.

눈물이 그녀의 얼굴에 흘러내렸다.

teeth *teeth*

[ti:θ 티:쓰]

명 tooth(이)의 복수형

I brush my *teeth* every morning.

나는 아침마다 이를 닦는다.

T

telephone *telephone*

[téləfoun 텔러포운]

명 전화, 전화기

a *telephone* number 전화번호

a pay *telephone* 공중 전화

She is on the *telephone.*

그녀는 전화를 하고 있다.

Tom has two *telephone* in his house.

톰은 집에 전화가 두 대 있다.

숙어 ① *talk on the telephone*

전화로 이야기하다

I *talked* with him *on the telephone.*

나는 전화로 그와 이야기했다.

② *call on the telephone*

전화로 불러내다

타자 전화를 걸다

Telephone her in a few minutes.

잠시 후에 그녀에게 전화를 걸어 주세요.

television *television*

[téləviʒən 텔러비전]

명 텔레비전

Children like to watch *television.*

어린이들은 텔레비전 보기를 좋아한다.

We watched the baseball game on *television.*

우리는 텔레비전으로 야구 경기를 보았다.

What's on *television* now?
지금 텔레비전에서 무엇이 방송되고 있니?

tell *tell*

[tel 텔]

♣3단현 tells, 과거 · 과거분사 told, 현재분사 telling

타 1. 이야기하다, 말하다

Grandmother *tells* us interesting stories every night.
할머니께서 매일 밤 우리에게 재미있는 이야기를 해주신다.

Tell me what you want.
무엇을 원하는지 나에게 말해라.

Don't *tell* a lie.
거짓말을 하지 마라.

타 2. …을 알리다, 가르쳐주다

She *told* every one the news.
그녀는 모두에게 그 뉴스를 알렸다.

Will you *tell* me the way to the Seoul Station?
서울역으로 가는 길을 가르쳐 주시겠습니까?

타 3. (사람)에게 …하라고 말하다(명령하다)

My mother *told* me to study harder.
어머니는 나에게 더 열심히 공부하라고 하셨다.

He *told* me not to open the door.
그는 나더러 문을 열지 말라고 했다.

숙어 ① *To tell the truth* 사실은
② *tell of~* …에 관해서 말하다, …을 일러주다
③ *tell~ from…* ~와 …을 구별하다, ~와 …의 구별을 알다

T

temperature *temperature*

[témpərətʃər 템퍼러춰]

명 온도, 기온, 체온

The nurse took my *temperature.*
간호사가 나의 체온을 쟀다.

temple *temple*

[témpl 템플]

명 사원, 신전

ten *ten*

[ten 텐]

형 10의

I have lived Pusan for *ten* years.

나는 부산에서 10년 동안 살고 있다.

명 10, 10시, 10살

Seven and three makes *ten*.

7 더하기 3은 10이 된다.

The meeting began at *ten*.

그 모임은 열시에 시작되었다.

숙어 *ten to one* 십중 팔구

Ten to one, they will fail.

십중팔구 그들은 실패할 것이다.

tender *tender*

[téndər 텐더]

♣ 비교급 tenderer, 최상급 tenderest

형 부드러운, 상냥한, 연한

a *tender* heart 고운 마음

tennis *tennis*

[ténis 테니스]

명 정구, 테니스

He is a good *tennis* player.

그는 훌륭한 정구 선수이다.

Tennis is my favorite sport.

테니스는 내가 좋아하는 운동이다.

tent *tent*

[tent 텐트]

명 천막, 텐트

terror *terror*

[terər 테러]

명 (대단한) 공포

test *test*

[test 테스트]

명 시험, 검사, 테스트, 고사, 시련 (=examination)

He passed the *test* in English.

그는 영어 시험에 합격했다.

타 시험하다, 검사하다

I *tested* the machine.

나는 기계를 검사했다.

T

textbook *textbook*

[tékstbuk 텍스트북]

명 교과서

than *than*

[ðæn 댄]

접 《형용사 · 부사의 비교급 다음에 위치하여》 …보다(도)

He is taller *than* I.

그는 나보다 키가 크다.

I likes apples better *than* bananas.

나는 바나나보다 사과를 더 좋아한다.

숙어 *would rather ~than* …하기 보다는 ~하는 편이 좋다

I *would rather* study *than* sport.

나는 운동보다 공부하는 편이 좋다.

thank *thank*

[θæŋk 쌩크]

▶ 복수 thanks [θæŋks 쌩크스]

타 감사하다

Thank you very much.

대단히 감사합니다.

Thank you for your kind invitation.

초대해 주셔서 감사합니다.

명 《복수형으로》 감사

Many *thanks.* (=Thank you very much)

정말 감사합니다.

Give *thanks* to your parents always.

항상 부모님에게 감사해라.

숙어 *thanks to* …덕택으로, …때문에

Thanks to this dictionary I learned a lot of things about English.

이 사전 덕택으로 영어에 대한 것을 많이 배웠다.

that *that*

[ðæt 댓]

▶ 복수 those [ðouz 도우즈]

T

대 1. 저것, 그것 (반 this 이것)
※ that는 this에 비해 말하는 사람으로부터 떨어져 있는 사람이나 물건을 가리킨다

What is *that?*
저것은 무엇이니?
That is a dog.
저것은 개다.

T

대 2. 《같은 명사의 반복을 피해서》 (…의) 그것

The light of the sun is brighter than *that* of the moon.
햇빛은 달빛보다 밝다.

※ that는 the light를 가리킨다

대 3. 《앞에서 말한 일, 사람, 사물을 가리켜》 그것, 그 일, 그 사람

"I am sorry to be late."
"*That*'s all right."
늦어서 미안합니다.- 괜찮습니다.

※ That는 앞 문장의 내용을 가리킨다.

형 《명사 앞에 사용하여》 저, 그
※ 다음에 오는 명사가 복수일 때는 those를 쓴다

Do you know *those* boys?
저 소년들을 아니?
Do you know *that* boy?
저 소년을 아니?

접 1. …라는 것
※ 이 경우의 that는 종종 생략된다.

I think *(that)* he will come soon.
나는 그가 곧 오리라고 생각한다.

접 2. 《so that~ may, in order that~ may의 형식으로 '목적'을 나타내어》 …하기 위하여

He works hard *so that* he *may* support his family.
가족을 부양하기 위하여 그는 열심히 일한다.

접 3. 《it~ that…로》 …라는 것은 ~이다

It is true *that* I saw her.
내가 그녀를 만난 것은 사실이다.

접 4. 《so~that의 형식으로 '원인 · 결과'를 나타내어》 대단히 …하므로

She is *so* kind *that* everyone loves her.

그녀는 대단히 친절하므로 누구나 다 그녀를 사랑한다.

숙어 ① *That's too bad.* 그것 안 됐군요.

② *That's all.* 그것으로 끝이다. 그것 뿐이다

That's all for today.

오늘은 이만 하겠습니다.

the *the*

[(강)ði: 디:, (모음 앞)ði 디, (자음 앞)ðə 더]

관 1. 그, 저, 이

※ 상대방이 분명히 어떤 것(누구)이라는 것을 알고 있을 때 그 명사의 앞에 놓는다

I keep a dog for a pet. *The* dog is white.

나는 귀염둥이 개를 한 마리 기르고 있다. 그 개는 흰색이다.

※ 앞에 나온 명사 dog를 되풀이할 때 the를 쓴다

관 2. 《단 하나만 있는 것의 앞에 써서》

The earth goes round the sun once a year.

지구는 태양 둘레를 1년에 한 바퀴 돈다.

관 3. 《단수 명사에 붙여 그 무리 전체 또는 그 특성을 나타내어》 …라는 것

The horse is a useful animal.

말은 유익한 동물이다.

관 4. 《강 · 바다 · 해양 · 배 · 신문 · 국민 · 가족 등의 고유명사에 붙여서》

the Mississippi 미시시피강

the Atlantic Ocean 대서양

the Mayflower 메이플라워호

the Times 타임즈 신문

the Blue House 청와대

He lives in *the* United States of America.

그는 미국에 살고 있다.

관 5. 《형용사의 최상급 · 비교급의 앞에 붙여서》

T

Mt. Everest is *the* highest mountain in the world.
에베레스트산은 세계에서 제일 높은 산이다.

관 6. 《the+형용사로》…사람들 (복수로 취급)
the young 젊은이들
the old 노인들
The rich are not always happy.
부자가 반드시 행복한 것은 아니다.

관 7. 《by the+단위를 나타내는 말로》…에 대하여, …단위로, …마다
They was paid *by the* week.
그들은 주급을 받고 있었다.

부 1. 《the+비교급, the+비교급…의 형식으로》~하면 할수록 더욱 …
The more one has, *the* more he wants.
사람은 많이 가지면 가질수록 더 가지고 싶어한다.

부 2. 그만큼, 더욱 더
If you start at once, you will get there all *the* sooner.
곧 출발하면 그만큼 더 빨리 도착한다.

their *their*

[ðɛər 데어]

대 《they(그들은)의 소유격. his, her, its의 복수형》그들의, 그녀들의, 그것들의
The students are going to *their* school.
학생들은 그들의 학교로 가는 중이다.

them *them*

[ðem 뎀]

대 《they의 목적격. him, her, it의 복수형》그들을(에게), 그녀들을(에게), 그것들을(에게)
Jim and Mike are waiting for me. Tell *them* I am coming soon.
짐과 마이크가 나를 기다리고 있다. 그들에게 내가 곧 간다고 말해라.

then *then*

[ðen 덴]

부 1. 《과거 · 미래의 어떤 때를 가리켜》그때(에), 그 당시(에)
I was in Pusan *then*.

T

그때 나는 부산에 있었다.

He was a little child *then.*

그 당시 그는 작은 어린애였다.

부 2. 《시간적인 순서를 나타내어》 그리고 나서, 그 다음에

Min-su picked up a bottle, *then* he opened it.

민수는 병을 하나 집어 들었다. 그리고 나서 그것을 열었다.

부 3. 《보통 문장의 처음이나 마지막에 쓰여》 그렇다면, 그러면

If you really like it, *then* I will give it to you.

네가 그것을 정말 좋아하면, 그렇다면 그걸 너에게 주겠다.

숙어 ① *now and then* 때때로, 이따금

I see her *now and then.*

나는 때대로 그녀를 만난다.

② *from then on* 앞으로는, 그 이후로는

③ *just then* 바로 그때

there *there*

[ðεər 데어]

부 1. 거기에(서), 저기에(서) (반 here 여기에)

I will go *there* with my mother.

어머니와 함께 거기에 가겠다.

She is sitting *there.*

그녀는 저기 앉아 있다.

부 2. 《there+be동사로》 …이 있다

There is a vase on the table.

식탁 위에 꽃병이 있다.

숙어 ① *here and there* 여기저기에, 사방에

Beautiful flowers are seen *here and there.*

아름다운 꽃들이 여기저기에 보인다.

② *over there* 저기에, 저쪽에

What do you see *over there?*

저쪽에 무엇이 보이니?

명 그 곳, 저 곳

these *these*

[ði:z 디:즈]

T

대 《this(이것)의 복수형》 이것들은, 이것들을(에게)

These are an apple and an orange.

이것들은 사과와 오렌지이다.

형 이것들의 (반 those 저것들의)

I do not see her *these* days.

나는 요새 그녀를 만나지 않는다.

they *they*

[ðei 데이]

대 《he, she, it의 복수형》

대 1. 그들은(이), 그녀들은(이), 그것들은(이)

They are my friends.

그들은 내 친구들이다.

대 2. 사람들, 세상 사람들

※ 우리말로 번역하지 않는 경우가 많다

They say it is not true.

(사람들은) 그것은 사실이 아니라고 말한다.

thick *thick*

[θik 씩]

형 1. 두꺼운 (반 thin 얇은)

This dictionary is very *thick.*

이 사전은 매우 두껍다.

형 2. 굵은

He has a *thick* neck.

그는 목이 굵다.

형 3. (액체 등이) 진한, (나무가) 울창한, (머리털이) 숱이 많은

The fog was *thick.*

안개가 짙었다.

We walked through the *thick* forest.

우리는 울창한 숲 속을 걸어갔다.

Her hair is *thick.*

그녀의 머리는 숱이 많다.

thief *thief*

[θi:f 씨:프]

명 도둑

The police caught the *thief* last night.

지난밤 경찰은 도둑을 잡았다.

thin *thin*

[θin 씬]

형 1. 얇은, 가는 (반 thick 두꺼운)

This paper is very *thin.*

이 종이는 매우 얇다.

형 2. 야윈, 마른 (반 fat 살찐)

The girl looks *thin.*

그 소녀는 말라 보인다.

형 3. 희박한

The air at the top of Mt. Everest is *thin.*

에베레스트산 꼭대기의 공기는 희박하다.

형 4. (액체 등이) 묽은, (나무 · 머리털이) 성긴, 숱이 적은

thing *thing*

[θiŋ 씽]

명 1. 물건, 것, 일

I bought many *things* at the department store.

나는 백화점에서 많은 물건을 샀다.

Don't bring many *things* tomorrow.

내일은 많은 것을 가져오지 마라.

I have a lot of *things* to do today.

나는 오늘 할 일이 많다.

명 2. 《복수형으로》 사물, 사정, 사태

Things are getting better.

사정이 좋아지고 있다.

think *think*

[θiŋk 씽크]

♣ 3단현 thinks, 과거 · 과거분사 thought, 현재분사 thinking

타자 1. 생각하다

Think before you say something.

무슨 말을 하기 전에 생각하라.

타자 2. …이라고 생각하다, …을 ~이라고 생각하다

Everybody *thinks* the teacher is the best.

모두 그 선생님이 최고라고 생각한다.

I *think* her (to be) rich.

나는 그녀를 부자라고 생각한다.

I *thought* it a very difficult problem.

나는 그것이 매우 어려운 문제라고 생각했다.

숙어 ① *think about~* …에 대하여 생각하다

He is *thinking about* his future.

그는 자기의 장래에 대해서 생각하고 있다.

② *think of~* …의 일을 생각해내다, …을 회상하다, …의 일을 생각하다

I cannot *think of* his name.

나는 그의 이름을 생각해낼 수 없다.

He is *thinking of* his hometown.

그는 고향을 회상하고 있다.

③ *think over* …을 곰곰이 생각하다

third *third*

[θəːrd 써:드]

형 1. 제3의, 셋째의 (약어는 3rd)

third base 【야구】 3루

형 2. 3분의 1의

명 1. 제3, 셋째, (달의)3일

the *third* of May 5월 3일

명 2. 3분의 1

I received the one-*third* of an orange.

나는 3분의 1의 오렌지를 받았다.

thirsty *thirsty*

[θə́ːrsti 써:스티]

형 1. 목마른

I am (feel) *thirsty.*

나는 목이 마르다.

형 2. 건조한 (=dry)

It was a *thirsty* season then.

그때는 건조기였다.

형 3. …을 몹시 갈망하는

He is *thirsty* for success.

그는 성공을 갈망하고 있다.

thirteen *thirteen*

[θəːrtíːn 써:틴:]

형 13의

There are *thirteen* apples in the basket.
바구니 속에 13개의 사과가 있다.

명 13, 13세
Mary is a girl of *thirteen.*
메리는 13세의 소녀이다.
Ten and three makes *thirteen.*
10 더하기 3은 13이다.

thirty *thirty*

[θə́:rti 써:티]
형 30의, 30새의
There are *thirty* days in September.
9월에는 30일이 있다.
명 1. 30, 30세
Ten times three makes *thirty.*
10 곱하기 3은 30이 된다.
명 2. 《복수형으로서》 (나이가)30대, (세기의) 30년대

this *this*

[ðis 디스]
▶ 복수 these [ði:z 디:즈]
※ 지시 대명사
대 1. 이것, 이 사람, 이 물건 (반 that 저것)
This is a book.
이것은 책이다.

Is *this* your pencil?
이 연필은 네 것이니?
Mom, *this* is my friend Jim.
엄마, 이 아이가 내 친구 짐이에요.
대 2. 지금, 이날, 오늘, 이번
This is Sunday.
오늘은 일요일이다.
This is the first time (that) I saw a tiger.
내가 호랑이를 본 것은 이번이 처음이다.
형 1. 이, 이쪽의(반 that 저)
I will take *this* pencil.
나는 이 연필을 가지겠다.
Look at *this* dictionary.
이 사전을 보아라.
형 2. 지금의, 현재의

this morning 오늘 아침

this afternoon 오늘 오후

this evening 오늘 저녁

숙어 ① *this month (week, year)* 이 달 (주일, 해)

We have had much snow *this year.*

올해는 눈이 많이 왔다.

② *this time* 이번, 이맘때, 이번만큼은

though *though*

[ðou 도우]

접 1. …이긴 하지만 (=although)

Though he was late, he came to the party.

늦기는 했지만 그는 그 파티에 참석했다.

Though I heard it two times, I can't remember it.

그것을 두 번 들었지만 기억할 수가 없다.

접 2. 비록 …할지라도 (=even if)

We must try, *though* we may fail.

비록 실패할지라도 해봐야 한다.

숙어 ① *as though* 마치 …처럼 (=as if)

He talks *as though* he were a doctor.

그는 마치 의사인 것처럼 말한다.

② *even though* 비록 …할지라도 (=even if)

Even though you think you know it well, you have to practice more.

너는 그것을 잘 안다고 생각할지라도 더 연습해야 한다.

부 그러나, 그래도 , 그렇지만 (문장 뒤에 놓는다)

I will try again, *though.*

그렇지만 한 번 해보겠습니다.

thought *thought*

[θɔːt 쏘:트]

타자 think (생각하다)의 과거 · 과거분사형

I *thought* he would come.

그는 올 것이라고 생각했다.

명 생각

Thought is free.

생각은 자유다.

thousand *thousand*

[θáuzənd 싸우전드]

형 1. 1,000의, 1,000명의, 1,000개의

Seventy *thousand* people live in our city.

우리 시에는 7만명이 살고 있다.

형 2. 많은, 다수의

Thousands of people were present at the concert.

수천명의 사람들이 그 음악회에 참석했다.

명 1,000, 1,000명, 1,000개

Ten hundreds are one *thousand.*

100의 10배는 1,000이다.

two *thousand* 2,000

ten *thousand* 1만

one hundred *thousand* 10만

three *three*

[θri: 쓰리:]

형 3의, 3세의, 3개의, 3명의

There are *three* pencils on the desk.

책상 위에 연필 세자루가 있다.

명 3, 3세, 3개, 3명, 3시

One and two makes *three.*

1에 2를 더하면 3이 된다.

She left at *three.*

그녀는 3시에 떠났다.

threw *threw*

[θru: 쓰루:]

타자 throw(던지다)의 과거형

through *through*

[θru: 쓰루:]

전 1. …을 통하여

He is looking at the North Star *through* a telescope.

그는 망원경을 통하여 북극성을 바라보고 있다.

A bird flew into the room *through* the open window.
새가 열린 창문을 통하여 방안으로 날아 들어왔다.

전 2. …의 처음부터 끝까지, 걸쳐서, 두루

I studied *through* the night.
나는 밤 새워 공부했다.

She traveled (all) *through* French.
그녀는 프랑스를 두루 여행했다.

전 3. …을 통해, …에 의해, …때문에

He succeeded *through* hard work.
열심히 공부했기 때문에 그는 합격했다.

전 4. …을 끝내고, …을 마치고

go *through* university 대학교를 졸업하다

숙어 *pass through* 통과하다, 지나가다

We have *passed through* the river.
우리는 그 강을 통과했다.

부 1. 처음부터 끝까지, …에 걸쳐죽, 내내

The store is open the year *through*.
그 상점은 일년 내내 문을 연다.

부 2. 완전히, 모조리

My clothes were wet *through*.
내 옷은 흠뻑 젖었다.

형 직행의

I took the *through* bus.
나는 직행 버스를 탔다.

throw *throw*

[θrou 쓰로우]

♣3단현 throws, 과거 threw, 과거분사 thrown, 현재분사 throwing

타자 1. 던지다, 내던지다

The pitcher *threw* a ball to the batter.
투수는 타자에게 공을 던졌다.

타자 2. 넘어뜨리다, 쓰러뜨리다

Many trees were *thrown* by the wind.

많은 나무들이 바람에 넘어졌다.

숙어 ① *throw away* 내버리다, 낭비하다

She has *thrown away* all her old magazine.

그녀는 묵은 잡지들을 모두 내버렸다.

② *throw off* 떨어뜨리다

명 던짐, 투구, 송구

thumb *thumb*

[θʌm 썸]

명 엄지손가락

Thursday *Thursday*

[θə́:rzdi 써:즈디]

명 목요일 (약어는 Thru., Thurs.)

She came on *Thursday*.

그녀는 목요일에 왔다.

ticket *ticket*

[tíkit 티킷]

명 표, 승차권, 티켓

When we take a subway, we must buy a *ticket*.

지하철을 탈 때에는 표를 사야 한다.

a train *ticket* 열차 승차권

a *ticket* for a concert

음악회 입장권

tie *tie*

[tai 타이]

타 매다, 묶다

He *tied* his shoes.

그는 구두끈을 매었다.

She *tied* her dog to the tree.

그녀는 개를 나무에다 묶었다.

숙어 *tie up* 묶어 두다, 졸라매다

The box was *tied up* with string.

상자는 끈으로 졸라 매어져 있었다.

명 1. 넥타이

My father wears a *tie* every day.

아버지는 매일 넥타이를 매신다.

명 2. (경기 등의) 동점

The game ended in a *tie*.
시합은 동점으로 끝났다.

tiger *tiger*

[táigər 타이거]

명 호랑이

Tigers are very scary.
호랑이는 매우 무섭다.

tight *tight*

[tait 타이트]

♣ 비교급 tighter, 최상급 tightest

형 단단한, 꼭 끼는, 갑갑한, 팽팽한

This shoes is *tight* for me.
이 구두는 나에게 꼭 낀다.
make a *tight* knot
매듭을 단단히 매다

till *till*

[til 틸]

전 …까지 (=until)

Jane works *till* late at night.
제인은 밤 늦게까지 공부한다.
Wait *till* tomorrow.
내일까지 기다려라.

접 …할 때까지

She had been waiting for me *till* the clock struck nine.
그녀는 시계가 아홉시를 칠 때까지 나를 기다리고 있었다.

time *time*

[taim 타임]

명 1. 시간, 때

Time is money.
《속담》 시간은 돈이다.
Time flies like an arrow.
《속담》 세월은 화살처럼 빠르다.
Time and tide wait for no man.
《속담》 세월은 사람을 기다려주지 않는다.
Don't waste your *time*.
시간을 낭비하지 마라.
Time will show who is right.
때가 되면 누가 옳은지 알게 될 것이다.

명 2. 시각, 때, 무렵

What *time* is it?
지금 몇 시니?

It is *time* to go to bed now.
이젠 잘 시간이다.

명 3. (일정한) 기간
We spent a good *time* there.
거기서 즐거운 한 때를 보냈다.

명 4. 《종종 복수형으로》 시대, 연대
Times have changed.
시대는 변했다.

명 5. …회, 번, …배
We have meals three *times* a day.
우리는 하루 세 차례 식사를 한다.
This is three *times* as large as that.
이것은 저것보다 세 배나 크다.

명 6. (…하는 데 필요한) 시간, 여가
He has no *time* to read books.
그는 책을 읽을 시간이 없다.

숙어 ① *all the time* 언제나, 그 동안 줄곧
She is busy *all the time.*
그녀는 언제나 바쁘다.

② *after a time* 한동안 지나서
I met him *after a time.*
나는 한동안 지나서 그를 만났다.

③ *at a time* 한번에, 동시에
We can not do two things *at a time.*
우리는 동시에 두 가지 일을 할 수 없다.

④ *(at) any time* 언제든지
Come and see me *(at) any time.*
언제든지 놀러 오너라.

⑤ *at times* 때때로
She calls on me *at times.*
그녀는 때때로 나를 방문한다.

⑥ *at that time* 그 때, 그 당시
There were no car in Korea *at that time.*
그 당시 한국에는 자동차가 없었다.

⑦ *for a long time* 오랫동안
He was waiting for her *for a long time.*

그는 오랫동안 그녀를 기다리고 있었다.

⑧ *on time* 정각에, 시간대로

The train arrived *on time.*

기차는 정각에 도착했다.

⑨ *for the first time* 처음으로

I saw a tiger *for the first time.*

나는 처음으로 호랑이를 보았다.

⑩ *once upon a time* 옛날에

Once upon a time, there lived a girl in a village.

옛날 어떤 마을에 한 소녀가 살고 있었다.

⑪ *Time is up.* 시간이 다 되었다.

tiny *tiny*

[táini 타이니]

형 조그마한, 아주 작은

Ants are *tiny* insects.

개미는 아주 작은 곤충이다.

The baby's fingers are very *tiny.*

그 아기의 손가락은 아주 조그맣다.

tire[1] *tire*

[táiər 타이어]

명 (자동차 · 자전거 등의) 타이어

This car has four *tires.*

이 자동차에는 타이어가 넷 있다.

tire[2] *tire*

[táiər 타이어]

타자 1. 지치게 하다, 피곤하게 하다

Today was a *tiring* day.

오늘은 지치게 하는 날이었다.

Hard work *tires* you.

열심히 일하면 피곤해진다.

타자 2. 싫증나다, 싫어지다

tired *tired*

[táiərd 타이어드]

형 1. 《be tired with…》 지친, 피곤한

I *was* very *tired with* walking.

나는 걷는 데 몹시 지쳤다.

형 2. 《be tired of…》 싫증난

I *was tired of* studying.

나는 공부에 싫증이 났다.

to *tə*

[(모음 앞) tu 투, (자음 앞) tə 터]

전 1. 《도착점 · 방향을 나타내어》 …에, …으로, …까지 (반 from …부터)

Inch'ŏn is *to* the west of Seoul.

인천은 서울의 서쪽에 있다.

Some students walk *to* school.

어떤 학생들은 걸어서 학교에 간다.

How far is it from Seoul *to* Pusan?

서울에서 부산까지의 거리는 얼마나 됩니까?

전 2. 《범위 · 기한을 나타내어》 …까지, (시각의)…전

He fought *to* the last.

그는 최후가지 싸웠다.

The store is open from nine *to* eight.

그 가게는 9시부터 8시까지 영업한다.

It is a quarter *to* six.

6시 15분 전이다.

It is five minutes *to* ten.

10시 5분 전이다.

전 3. 《대상을 나타내어》 …에게, …에 대하여

Give the banana *to* Jim.

짐에게 바나나를 주어라.

She is very kind *to* the old.

그녀는 노인에게 매우 친절하다.

전 4. 《비교를 나타내어》 …에 비교하여, …보다도

We lost the game by 3 *to* 2.

우리는 3대 2로 그 시합에 졌다.

He is two years junior to me.

그는 나보다 두 살 아래이다.

전 5. 《결과 · 상태를 나타내어》 …에 이르기까지, …하게도

The bottle was broken *to* pieces.

병은 산산조각이 났다.

To my surprise, his plan succeeded.

놀랍게도, 그의 계획은 성공이었다.

전 6. 《목적을 나타내어》 …을 위하여, …하려고

To your good health!

당신의 건강을 위하여!

전 7. 《적합을 나타내어》 …에 맞추어

They are dancing *to* the music.

그들은 음악에 맞추어 춤을 추고 있다.

전 8. 《to+동사의 원형으로》

❶ 《명사적 용법》 …하는 것

To tell a lie is wrong.

거짓말을 하는 것은 나쁘다.

❷ 《형용사적 용법》 …하기 위한, 해야 할

I have no work *to* do.

나는 할 일이 없다.

❸ 《부사적 용법》 …하기 위하여, 하여서, …하기에

He got up early *to* go swimming.

그는 수영하러 가기 위해 일찍 일어났다.

I am glad *to* see you.

너를 만나서 기쁘다.

❹ 《의문사+to의 용법》

I learned how *to* write an English letter.

나는 영문 편지 쓰는 법을 배웠다.

❺ 《be+to의 용법》 …할 작정이다, …해야 한다

I am *to* start.

나는 출발해야 한다.

❻ 《have+to의 용법》 …하지 않으면 안된다, …하여야 한다

He had *to* go at once.

그는 곧 가지 않으면 안 되었다.

today *today*

[tədéi 터데이]

명 오늘 (어제는 yesterday, 내일은 tomorrow)

What day is *today?*

오늘이 무슨 요일이지?

Today is Sunday.
오늘은 일요일이다.

부 1. 오늘은

It is very cold *today.*
오늘은 매우 춥다.

It is Friday *today.*
오늘은 금요일이다.

부 2. 오늘날에는, 지금은

Many people travel abroad *today.*
오늘날에는 많은 사람들이 외국 여행을 한다.

toe *toe*

[tou 토우]

▶ 복수 toes [touz 토우즈]

명 발가락

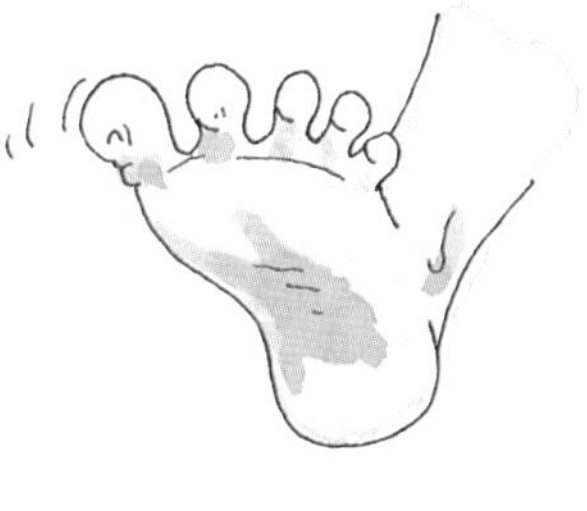

a big *toe* 엄지발가락
Each person has ten *toes.*
모든 사람은 10개의 발가락이 있다.

together *together*

[təgéðər 터게더]

부 1. 함께

We played football *together.*
우리는 함께 축구를 했다.
We go to school *together.*
우리는 함께 학교에 간다.

부 2. 동시에, 일제히

The subway and (the) bus leave *together.*
그 지하철과 버스는 동시에 출발한다.

숙어 *all together* 모두 함께

toilet *toilet*

[tɔ́ilit 토일릿]

명 화장실, 변소

told *told*

[tould 토울드]

타자 tell(말하다)의 과거 · 과거분사형

tomato *tomato*

[təméitou 터메이토우]

명 토마토

She grows *tomatoes* in her garden.

그녀는 정원에 토마토를 가꾼다.

tomorrow *tomorrow*

[təmárou 터마로우]

명 내일 (오늘은 today, 어제는 yesterday)

tomorrow morning 내일 아침

tomorrow afternoon 내일 오후

tomorrow night 내일 밤

See you *tomorrow*.

내일 만나자.

Tomorrow is Monday.

내일은 월요일이다.

Never put off till *tomorrow* what you can do today.

《속담》 오늘 할 일을 내일로 미루지 말라.

부 내일은

It will snow *tomorrow*.

내일은 눈이 올 것이다.

숙어 *the day after tomorrow* 모레

It may rain *the day after tomorrow*.

모레는 비가 올지도 모른다.

tongue *tongue*

[təŋ 텅]

명 혀

We taste with our *tongue*.

우리는 혀로 맛을 본다.

tonight *tonight*

[tənáit 터나이트]

명 오늘밤

I have to watch *tonight*'s TV news.

오늘밤 TV 뉴스를 봐야 한다.

부 오늘밤은

We may have rain *tonight.*

오늘밤은 비가 올지도 모른다.

※ 어젯밤은 last night, 내일밤은 tomorrow night라고 한다.

too *too*

[tu: 투:]

부 1. …도 또한 (=also), 역시

I like dogs. Do you like dogs *too*?

난 개를 좋아한다. 너도 개를 좋아하니?

You *too* can do this homework.

너도 이 숙제를 할 수 있다.

부 2. 너무나 …하는

It is *too* cold to work outside.

너무 추워서 밖에서 일할 수 없다.

숙어 ① *too much* 너무 지나치다

That is *too much.*

그건 정말 지나치다.

② *too~ to…* 너무 ~하여 …할 수 없다

This book is *too* difficult for me *to* read.

이 책은 나무 어려워서 나는 읽을 수 없다.

③ *cannot~ to…* 아무리 ~해도 지나치게 …하지는 않다

④ *That's too bad.* 참 안됐습니다.

took *took*

[tuk 툭]

타자 take(손에 잡다)의 과거형

tool *tool*

[tu:l 툴:]

명 도구, 연장

tooth *tooth*

[tu:θ 투:쓰]

▶ 복수 teeth [ti:θ 티:쓰]

명 이, 치아

My baby has one *tooth.*

나의 아기는 이가 하나다.

We should brush our *teeth* after every meal.
우리는 식사를 하고 나면 언제나 이를 닦아야 한다.

toothbrush *toothbrush*

[tú:θbrʌʃ 투:쓰브러쉬]

명 칫솔

I brush my teeth with the *toothbrush.*
나는 칫솔로 이를 닦는다.

top[1] *top*

[tαp 탑]

명 1. 정상, 꼭대기

We went up to the *top* of the mountain.
우리는 산의 정상까지 올라갔다.

명 2. 수석, 맨위, 극치, 절정

Tom is the *top* of his class.
톰은 자기 학급의 수석이다.

명 3. (물건의) 윗부분, 표면

The title of this book is printed at the *top* of the cover.
이 책의 제목은 표지의 윗부분에 인쇄되어 있습니다.

형 첫째의, 최대의

Jack is the *top* batter.
잭은 일번 타자이다.

top[2] *top*

[tαp 탑]

명 팽이

I bought a *top.*
나는 팽이를 하나 샀다.

topic *topic*

[tάpic 타픽]

명 논제, 화제

tortoise *tortoise*

[tɔ́:rtəs 토:터스] ★발음주의

명 거북(육지나 민물에 사는 것)

One day a *tortoise* ran a race with a hare.

어느 날 거북은 토끼와 경주를 했다.

total *total*

[tóutl 토우틀]

형 전체의, 총계의, 전부의

the *total* amount 총액

명 총계, 합계

If you add three to four, the *total* is seven.

3에다 4를 더하면 합계는 7이다.

touch *touch*

[tʌtʃ 터취]

타 1. 손대다, 만지다, 접촉하다

Don't *touch* the paintings.

그림에 손을 대지 마시오.

타 2. 감동시키다

Her sad story *touched* us.

그녀의 슬픈 이야기가 우리를 감동시켰다.

명 1. 손을 댐, 접촉, 감촉

I felt a *touch* on my shoulder.

누군가 내 어깨에 손 대는 것을 느꼈다.

명 2. (그림 등의) 마무리

tough *tough*

[tʌf 터프]

형 단단한, 강인한, 억센

toward *toward*

[tɔːrd 토:드, təwɔ́ːrd 터워:드]

전 1. 《장소 · 방향을 나타내어》 …쪽으로, …을 향하여

The children ran *toward* the sea.

아이들은 바다 쪽으로 달렸다.

He went *toward* town.
그는 마을을 향해 갔다.

전 2. 《시간을 나타내어》 …무렵, …가까이

Toward evening it began to snow.
저녁 무렵에 눈이 오기 시작했다.

전 3. …에 대하여, …을 위하여

She is very friendly *toward* me.
그녀는 나에 대하여 매우 친절하다.

He save money *toward* a new bicycle.
그는 새 자전거를 사기 위하여 저금을 하고 있다.

towel *towel*

[táuəl 타우얼]

명 수건, 타월

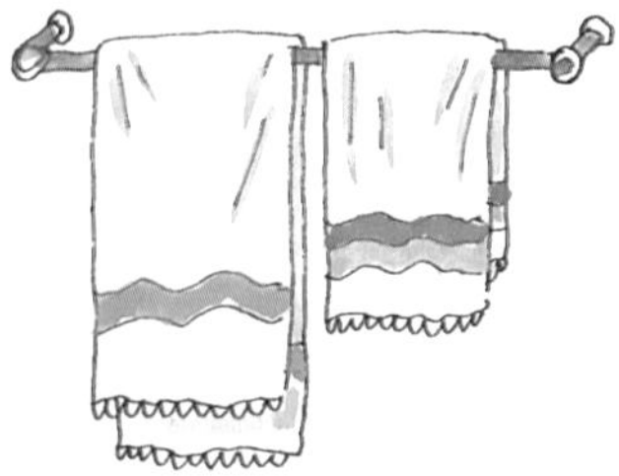

tower *tower*

[táuər 타우어]

명 탑

town *town*

[taun 타운]

명 1. 읍, 시, 도회지

※ village(마을)보다 크고 city(도시)보다 작은 곳을 town이라고 한다

Jim lives in a small *town*.
짐은 작은 읍에서 산다.

명 2. (그 지방의 중심지가 되는) 읍

The town hall stands in the center of the *town*.
읍사무소는 읍의 중심지에 있다.

toy *toy*

[tɔi 토이]

명 장난감

Children like *toys*.
어린이들은 장난감을 좋아한다.

형 장난감의

I have a *toy* car.
나는 장난감 차가 있다.

track *track*

[træk 트랙]

명 (사람 · 짐승 · 수레 등이) 지나간 자취, 《복수형으로》 발자국, 【경기】 트랙

traffic *traffic*

[trǽfik 트래픽]

명 교통, 왕래

a *traffic* accident 교통 사고
a *traffic* light 교통 신호
There is heavy *traffic* on the road.
이 도로는 교통이 대단히 혼잡하다.

train *train*

[trein 트레인]

명 열차, 기차

She will take the express *train.*
그녀는 급행 열차를 탈 것이다.
He got on the *train* at Seoul.
그는 서울역에서 기차를 탔다.
I missed the last *train.*
나는 마지막 열차를 놓쳤다.

숙어 *by train* 기차로

A small number of students come to school *by train.*
적은 수의 학생들이 기차로 학교에 온다.

타자 훈련하다, 양성하다

He is *training* his dog.
그는 개를 훈련시키고 있다.

training *training*

[tréiniŋ 트레이닝]

명 훈련, 교육

trap *trap*

[træp 트랩]

명 덫, 함정

숙어 *set a trap* 덫을 놓다

travel *travel*

[trǽvl 트래블]

명 여행

Travel broadens the mind.
여행은 마음을 넓게 해준다.

자 여행하다

We are *traveling* by train.
우리는 기차로 여행하고 있다.

He likes to *travel.*
그는 여행하기를 좋아한다.

tree *tree*

[tri: 트리:]
명 나무 (목재는 wood)
Birds are singing in the *trees.*
새들이 나무 사이에서 지저귀고 있다.

an apple *tree* 사과 나무

trip *trip*

[trip 트립]
명 (짧은) 여행
I plan to make a *trip* to Kyŏngju this summer.
나는 이번 여름에 경주로 여행을 갈 계획이다.
My father went on a *trip* to Pusan.
아버지는 부산에 여행 가셨다.

trophy *trophy*

[tróufi 트로우피]
명 상패, 기념품, 트로피

trouble *trouble*

[trʌ́bl 트러블]
명 1. 근심, 걱정, 고생
Life is full of *troubles.*
인생은 걱정거리로 가득하다.
명 2. 곤란, 폐
What's your *trouble*?
곤란한 일이 무엇이니?
명 3. 병, 고장
engine *trouble* 엔진 고장
숙어 ① *be in trouble* 난처한 처지에 있다
She *is in* deep *trouble.*
그녀는 궁지에 빠져 있다.
② *get into trouble* 난처하게 되다
③ *make trouble* 말썽을 일으키다
타 폐를 끼치다, 괴롭히다
I am sorry to *trouble* you.
폐를 끼쳐서 미안합니다.

trousers *trousers*

[tráuzərz 트라우저즈]

명 바지 (《미》 pants)

She wears blue *trousers.*

그녀는 파란 바지를 입고 있다.

truck *truck*

[trʌk 트럭]

명 트럭, 화물 자동차

He is a *truck* driver.

그는 트럭 운전사이다.

true *true*

[tru: 트루:]

형 1. 정말의, 진실의 (반 false 거짓의)

It is *true* that he is brave.

그가 용감하다는 것은 정말이다.

형 2. 성실한, 충실한

He has been a *true* friend.

그는 성실한 친구이다.

숙어 *come to be true* 실현되다, 사실이 되다

His dreams *came to be true.*

그의 꿈은 실현되었다.

trumpet *trumpet*

[trʌ́mpit 트럼핏]

명 나팔, 트럼펫

He blows a *trumpet* well.

그는 트럼펫을 잘 분다.

truth *truth*

[tru:θ 트루:쓰]

명 1. 진실, 사실

I want the *truth.*

나는 진심을 원한다.

명 2. 진리, 도리

There is some *truth* in what his say.

그의 말에는 어느 정도 일리가 있다.

숙어 *To tell the truth* 사실을 말하자면

To tell the truth, I like her.

사실을 말하자면 나는 그녀를 좋아한다.

try *try*

[trai 트라이]

♣ 3단현 tries, 과거 · 과거분사 tried, 현재분사 trying

타자 1. 해보다, 노력하다

We must *try* to understand one another.

우리는 서로 이해하려고 노력해야 한다.

He *tried* his best to win the race.

그는 경주에 이기려고 최선을 다했다.

타자 2. …을 시도하다, 시험해 보다

I want to *try* a new restaurant.

새로운 음식점을 가보고 싶다.

Try this candy.

이 캔디를 먹어 보아라.

Tuesday *Tuesday*

[tjú:zdi 튜:즈디]

명 화요일 (약어는 Tu., Tues.)

We have the English class on *Tuesday*.

화요일에 영어 수업이 있다.

next *Tuesday* 다음 화요일에

last *Tuesday* 지난 화요일에

tulip *tulip*

[tjú:lip 튤:립]

명 튤립

Mother grew the *tulip* in her garden.

어머니는 정원에다 튤립을 재배했다.

tumble *tumble*

[tʌ́mbl 텀블]

타자 굴러 떨어지다, 넘어져 구르다

I *tumbled* out of bed.

나는 침대에서 굴러 떨어졌다.

The student *tumbled* down the stairs.

그 학생은 계단에서 넘어져 굴렀다.

tunnel *tunnel*

[tʌ́nəl 터널]

명 굴, 터널

turn *turn*

[təːrn 턴:]

타자 1. 돌리다, 돌다

He is *turning* the handle.

그는 핸들을 돌리고 있다.

The earth *turns* round the sun.

지구는 태양의 주위를 돈다.

타자 2. (길모퉁이 등) 을 돌다

The car *turned* the corner.

차가 모퉁이를 돌았다.

타자 3. (…의 방향을) 바꾸다, …쪽으로 향하다

She *turned* her eyes to the window.

그녀는 눈을 창으로 돌렸다.

타자 4. 변하게 하다, 변하다

The leaves have *turned* red and yellow.

나뭇잎이 붉고 노랗게 되었다.

숙어 ① *turn away* 외면하다, 저지하다

He *turned away* his face from me.

그는 내게서 얼굴을 돌렸다.

The police *turned away* the crowd.

경찰이 군중들을 저지했다.

② *turn back* 되돌아가다, 돌아 보다

She got tired and *turned back*.

그녀는 피곤해서 되돌아갔다.

③ *turn off* (전기 등을) 끄다

Turn off the light before you go to bed.

자기 전에 불을 꺼라.

④ *turn into~* …으로 변하다

The water *turned into* steam.

물은 수증기로 변했다.

⑤ *turn on* (전등 · 가스 등을) 켜다

He *turned on* the light.

그는 전등을 켰다.

⑥ *turn over* 넘기다, 뒤집다

He is *turning over* the pages of his book.

그는 책장을 넘기고 있다.

명 1. 회전, 방향, 전환; 모퉁이

The car made a *turn* to the right.

자동차가 우회전했다.

명 2. 변화; 차례

I am waiting for my *turn*.

내 차례를 기다리고 있다.

숙어 ① *by turns* 번갈아, 교대로

We sang *by turns*.

우리는 번갈아 노래했다.

② *in turn* 차례로, 이번에는

They danced *in turn*.

그들은 차례로 춤추었다.

③ *No left (right) turn.*

좌(우)회전 금지

turtle *turtle*

[tə́:rtl 터:틀]

명 거북

Turtles walk very slowly.

거북은 매우 느리게 걷는다.

twelve *twelve*

[twelv 트웰브]

형 12의

There are *twelve* months in a year.

1년에는 12개월이 있다.

명 12, 12세, 12시

twenty *twenty*

[twénti 트웬티]

형 20의

They went to America *twenty* years ago.

그들은 20년 전에 미국에 갔다.

명 20, 20세

He is in his *twenties*.

그는 20대다.

twice *twice*

[twais 트와이스]

부 1. 두 번

I saw him *twice*.

나는 그를 두 번 보았다.

He cleans his teeth *twice* a day.

그는 하루에 두 번 이를 닦는다.

부 2. 두 배

Twice two is four.

2의 2배는 4이다.

He has *twice* as many books as I have.

그는 나보다 두 배나 많은 책을 가지고 있다.

two *two*

[tu: 투:]

형 2의

I have *two* sisters.

나는 누나가 2명 있다.

명 2, 2세, 2시

One and one is *two*.

1 더하기 1은 2이다.

It is just *two* o'clock now.

지금은 정각 2시다.

type *type*

[taip 타입]

명 1. 형, 유형, 양식

He has a new *type* of car.

그는 신형차를 가지고 있다.

명 2. 전형, 본보기

He is a fine *type* of football player.

그는 축구 선수의 좋은 본보기이다.

명 3. 활자

타자 타자기로 치다

U, u

umbrella *umbrella*

[ʌmbrélə 엄브렐러]

명 우산

He has an *umbrella* in his hand.

그는 우산을 손에 들고 있다.

U

uncle *uncle*

[ʌ́ŋkl 엉클]

명 아저씨 (반 aunt 아주머니)

My *uncle* lives in Pusan.

나의 아저씨는 부산에 사신다.

※ uncle(아저씨)는 외(삼촌), 숙부, 고모부, 이모부를 말할 때 두루 쓰며, 일반적으로 친척이 아닌 어른 남자를 말할 때도 쓴다.

under *under*

[ʌ́ndər 언더]

전 …의 밑에(의, 으로) (반 over …의 위에)

A cat is *under* the table.

식탁 밑에 고양이가 한 마리 있다.

전 …이하

Children *under* six years old are free.

6세 이하 어린이에게는 무료입니다.

전 …의 아래에, …에 따라서

I am studying English *under* Mr. Brown.

나는 브라운 선생님께 영어를 배우고 있다.

understand *understand*

[ʌndərstǽnd 언더스탠드]

♣ 3단현 understands, 과거 · 과거분사 understood, 현재분사 understanding

타자 이해하다, 알다

Do you *understand* Korean?

당신은 한국어를 아십니까?

I don't *understand.*

이해가 안간다.

The boy could not *understand* what his mother said.

그 소년은 어머니가 말하는 것을 이해하지 못했다.

understanding

understanding

[ʌndərstǽndiŋ 언더스탠딩]

명 이해, 이해력

understood *understood*

[ʌndərstúd 언더스투드]

타자 understand (이해하다) 의 과거 · 과거분사형

unhappy *unhappy*

[ʌnhǽpi 언해피]

♣ 비교급 unhappier, 최상급 unhappiest

형 불행한, 불운한 (반 happy 행복한)

She died an *unhappy* death.

그녀는 불행한 죽음을 하였다.

uniform *uniform*

[jú:nəfɔ:rm 유:너폼:]

명 제복, 유니폼

Policemen and nurses wear *uniforms.*

경찰관이나 간호사들은 제복을 입는다.

university *university*

[ju:nəvə́:rsəti 유:너버:서티]

명 종합대학 (단과대학은 college)

He is a student of the *university.*

그는 대학교의 학생이다.

unkind *unkind*

[ʌnkáind 언카인드]

형 불친절한, 무정한 (반 kind 친절한)

U

until *until*

[əntíl 언틸]

전 …까지, …까지 줄곧

I worked *until* four.

나는 4시까지 공부했다.

I'll stay here *until* noon.

나는 정오까지 여기에 있겠다.

접 …할 때까지, 《앞에 콤마가 있을 때》 …하여 마침내

Can you stay *until* Jim returns?

짐이 돌아올 때까지 기다릴 수 있겠니?

He worked and worked, *until* he got sick.

그는 계속 일만 해서 마침내 병이 났다.

up *up*

[ʌp 업]

부 1. 위로, 위에 (반 down 아래로), 일어나서

Stand *up*.

일어서라.

A eagle are flying high *up* in the sky.

독수리 한 마리가 하늘 높이 날고 있다.

They sat *up* till late last night.

그들은 어젯밤 늦게까지 일어나 있었다.

부 2. …의 쪽에(으로), 가까이 가서

He went *up* to Seoul last year.

그는 작년에 서울로 갔다.

He came *up* to me.

그는 내게 다가왔다.

부 3. 완전히, 모조리; 끝나서

She ate *up* my fruits.

그녀는 내 과일을 다 먹어 버렸다.

숙어 *up and down* 아래위로, 이리저리로

전 …의 위에(로)

The boy climbed *up* the tree.

소년은 나무 위로 기어 올라갔다.

U

형 올라가는, 상행의

The *up* train will start at ten.

상행 열차는 10시에 출발합니다.

upon *upon*

[əpán 어판]

전 …의 위에 (=on)

A cat is lying *upon* the chair.

고양이가 의자 위에 누워있다.

숙어 once upon a time 옛날에

Once upon a time, there lived a boy.

옛날에 한 소년이 살고 있었다.

upside *upside*

[ʌ́psaid 업사이드]

명 위쪽

숙어 upside down 거꾸로

I turned the glass *upside down* on the table.

나는 식탁 위에 컵을 거꾸로 놓았다.

upstairs *upstairs*

[ʌ́pstɛ́ərz 업스테어즈]

부 위층으로, 이층으로

I took him *upstairs*.

나는 그를 이층으로 데리고 갔다.

형 위층의, 2층의

He studies in the *upstairs* room.

그는 2층 방에서 공부한다.

명 위층, 2층

us *us*

[(강)ʌs 어스, (약)əs 어스]

대 《we의 목적격》 우리를, 우리에게

Father and mother loves *us*.

아버지와 어머니는 우리를 사랑하신다.

Miss Kim teaches *us* how to play the piano.

김선생님은 우리에게 피아노 치는 법을 가르쳐 주신다.

U.S.A. *U.S.A.*

[júːéséi 유:에스에이]

명 미국, 미합중국 (the United States of America의 약자)

use *use*

[juːz 유:즈]

♣ 3단현 uses, 과거 · 과거분사 used, 현재분사 using

타 사용하다, 쓰다

We *use* a pen for writing.

우리는 글씨를 쓰기 위해 펜을 사용한다.

Use this phone.

이 전화를 쓰세요.

명 사용, 용도

What is the *use* of it?

그것의 용도는 무엇입니까?

숙어 ① *be of use* 소용이 되다, 쓸모 있다

② *be in use* 사용되고 있다

③ *be of no use* 쓸모없다

④ *It is no use ~ing* …해도 소용없다

⑤ *make use of~* …을 이용하다

useful *useful*

[júːsfəl 유:스펄]

형 유익한, 쓸모 있는, 유용한

Tom is a *useful* person.

톰은 쓸모 있는 사람이다.

This dictionary is *useful*.

이 사전은 유용하다.

useless *useless*

[júːslis 유:슬리스]

형 쓸모없는, 무익한

The broken cup is *useless*.

그 부서진 컵은 쓸모없다.

usual *usual*

[júːʒuəl 유:주얼]

형 평소의, 보통의

Mother cooked the meat in her *usual* way.

어머니는 고기를 평소와 같은 방법으로 요리하셨다.

U

숙어 ① *as usual* 평소와 같이

He went to school by bicycle *as usual*.

그는 평소와 같이 자전거로 학교에 갔다.

② *than usual* 평소보다 더

usually *usually*

[jú:ʒuəli 유:주얼리]

부 보통, 대개, 언제나

Usually he calls me before he comes to see me.

보통 그는 나를 만나러 오기 전에 전화를 한다.

I am *usually* at home on Sunday.

나는 일요일에는 대개 집에 있다.

On Saturday night, I *usually* go to bed late.

토요일 밤은 언제나 늦게 잔다.

V, v

vacation *vacation*

[veikéiʃən 베이케이션]

명 휴가, 방학

The summer *vacation* is over.

여름 휴가가 끝났다.

What do you plan to do during your *vacation?*

방학 동안 무엇을 할 계획이니?

숙어 on vacation 휴가로, 휴가를 얻어

He is *on vacation.*

그는 휴가 중이다.

vain *vain*

[vein 베인]

형 무익한, 쓸데 없는

valley *valley*

[væli 밸리]

명 골짜기, 계곡

valve *valve*

[vælv 밸브]

명 밸브, 판

variety *variety*

[vəráiəti 버라이어티]

명 1. 다양성, 변화

명 2. 종류

a *variety* of books

가지각색의 책

various *various*

[vέəriəs 베어리어스]

형 가지가지의, 여러 가지의

There are *various* flowers in his garden.

그의 정원에는 여러 가지의 꽃이 있다.

vase *vase*

[veis 베이스]

V

명 꽃병

She put the flowers in the *vase*.

그녀는 꽃병에 꽃을 꽂았다.

vegetable *vegetable*

[védʒ(i)təbl 베지터블]

명 야채, 식물

vegetable soup 야채 수프

Farmers grow different *vegetable*.

농부들은 여러 가지 야채들을 재배한다.

veil *veil*

[veil 베일]

명 얼굴 가리개, 장막, 베일

타 베일로 덮다

verb *verb*

[vəːrb 버:브]

명 【문법】 동사

very *very*

[véri 베리]

부 1. 대단히, 매우, 몹시, 아주

Thank you *very* much.

대단히 고맙습니다.

An elephant is *very* big.

코끼리는 매우 크다.

I am *very* tired.

나는 몹시 피로하다.

Jack plays football *very* well.

잭은 축구를 아주 잘 한다.

부 2. 《부정문의 경우》 별로 …하지 않다

It is not *very* cold today.

오늘은 별로 춥지 않다.

숙어 ① *Very good.* 아주 잘 했어.

② *Very well.* 좋아, 알았어.

victory *victory*

[víktəri 빅터리]

▶ 복수 victories [víktəriz 빅터리즈]

명 승리

We gained *victory* over the enemy.

우리는 적에게 이겼다.

video *video*

[vídiou 비디오우]

명 (오디오에 대하여) 비디오, TV 방송

view *view*

[vju: 뷰:]

명 1. 봄, 바라봄, 관찰

Here you have a good *view* of the sea.

여기서는 바다가 잘 보인다.

명 2. 시계, 시야

A bird came into *view*.

한 마리의 새가 시야에 들어 왔다.

명 3. 전망, 풍경, 경치

We could enjoy a fine *view* of the mountain.

우리는 그 산의 아름다운 경치를 즐길 수 있다.

village *village*

[vílidʒ 빌리쥐]

명 마을

a fishing *village* 어촌

The whole *village* people were happy.

온 마을 사람들이 기뻐했다.

※ town(읍, 소도시), city(도시)

violet *violet*

[váiəlit 바이얼릿]

명 1. 보라색

명 2. 오랑캐꽃, 제비꽃

형 보라색의

My mother wears her *violet* dress.

어머니는 보라색 옷을 입고 있다.

violin *violin*

[vaiəlín 바이얼린]

명 바이올린

Mary plays the *violin* very well.

메리는 바이올린을 아주 잘 연주한다.

V

vision *vision*

[víʒən 비젼]

명 1. 시력(=sight)

명 2. 환영

visit *visit*

[vízit 비짓]

타자 1. 방문하다, 위문하다

She will *visit* her uncle in the country.

그녀는 시골의 아저씨를 방문할 것이다.

He *visited* his sick friend at the hospital.

그는 입원 중인 친구를 위문하러 갔었다.

타자 2. …을 구경하다, 견학하다

Many people *visit* the temple.

많은 사람들이 그 절을 구경하러 온다.

명 방문, 구경, 위문, 견학

숙어 *pay a visit to* …을 방문하다

I *paid* my first *visit to* Pusan.

나는 처음으로 부산을 방문했다.

visitor *visitor*

[vízitər 비지터]

명 방문자, 관광객, 손님

Take the *visitor* to the room.

손님을 방으로 모셔라.

vitamin *vitamin*

[váitəmin 바이터민]

명 비타민

vocabulary *vocabulary*

[vo(u)kǽbjuleri 보우캐뷸레리]

명 어휘, 낱말의 수

voice *voice*

[vɔis 보이스]

명 (사람의) 목소리, 음성

She sings in a soft *voice.*

그녀는 부드러운 목소리로 노래한다.

volleyball *volleyball*

[válibɔ:l 발리볼:]

명 배구, 배구 공

They are playing *volleyball.*

그들은 배구를 하고 있다.

voyage *voyage*

[vɔ́:idʒ 보:이쥐]

명 항해

a *voyage* round the world

세계 일주 항해

We had a good *voyage.*

우리는 즐거운 항해를 하였다.

자 항해하다

We are *voyaging* across the Pacific Ocean.

우리는 태평양을 항해 중이다.

W, w

waist *waist*

[weist 웨이스트]

명 1. 허리, 허리둘레

Jane has a very small *waist*.

제인은 허리가 매우 가늘다.

명 2. (옷의) 허리통, 웨이스트

wait *wait*

[weit 웨이트]

타자 기다리다

Wait a moment please.

잠깐 기다려주세요.

숙어 ① *wait for~* …을 기다리다

She *waits for* the bus here.

그녀는 여기서 버스를 기다린다.

② *wait on~* …의 시중을 들다, …의 심부름을 하다

Jane *waited on* her sick grandmother.

제인은 앓고 계신 할머니의 시중을 들었다.

waiter *waiter*

[wéitər 웨이터]

명 (호텔 · 식당 등의) 남자 종업원, 웨이터

waiting-room

waiting-room

[wéitiŋ ru(:)m 웨이팅 룸:]

명 (역 · 병원 등의) 대기실

waitress *waitress*

[wéitris 웨이트리스]

명 (식당 등의) 여자 종업원

wake *wake*

[weik 웨이크]

♣ 3단현 wakes, 과거 woke 또는 waked, 과거분사 waked 또는 waken, 현재분사 waking

자 깨다

W

My mother *wakes* up early in the morning.
어머니는 아침 일찍 깨신다.

타 깨우다
Please *wake* me up at six.
6시에 깨워 주세요.

walk *walk*

[wɔ:k 워:크]

자 1. 걷다, 걸어서 가다
The baby began to *walk*.
아기가 걷기 시작했다.
We *walk* to school every day.
우리는 매일 걸어서 학교에 다닌다.

자 2. 산책하다
She takes a *walk* every morning.
그녀는 매일 아침 산책한다.

명 보행, 산책
숙어 *go for a walk* 산책하러 가다
Let's *go for a walk.*
산책하러 가자.

wall *wall*

[wɔ:l 월:]

명 벽, 담
There is a picture on the *wall*.
벽에 그림이 걸려 있다.

Walls have ears.
《속담》 벽에도 귀가 있다.
※ "낮말은 새가 듣고 밤말은 쥐가 듣는다"와 같은 내용이다.

want *want*

[want 완트]

타 1. 원하다, …을 갖고 싶어하다
What do you *want*?
원하는 것이 무엇입니까?
I *want* some cookie.
과자가 먹고 싶다.

타 2. …하고 싶다

He *wants* to work in a hospital.

그는 병원에서 근무하고 싶어한다.

타 3. …을 필요로 하다

This flowers wants *water.*

이 꽃들은 물이 필요하다.

타 4. (사람)에게 …해 주기를 바라다

He *wants* me to teach him.

그는 내가 가르쳐 주기를 바란다.

타 5. 부족하다, 모자라다

This chair *wants* a leg.

이 의자는 다리가 하나 모자란다.

명 부족, 결핍

She got ill for *want* of sleep.

그녀는 수면 부족 때문에 병이 났다.

war *war*

[wɔ:r 워:]

명 전쟁 (반 peace 평화)

People do not want a *war.*

사람들은 전쟁을 원하지 않는다.

숙어 *at war* 전쟁 중인

warm *warm*

[wɔ:rm 웜:]

♣비교급 warmer, 최상급 warmest

형 따뜻한

It is *warm* in spring.

봄은 따뜻하다.

I like *warm* milk in winter.

나는 겨울에 따뜻한 우유를 좋아한다.

타, 자 따뜻하게 하다

※warm은 hot(뜨거운, 더운)과 cool(시원한, 서늘한) 사이를 말한다.

warn *warn*

[wɔ:rn 원:]

타 경고하다

He *warned* me not to go there.

그는 나에게 거기에 가지 말라고 경고했다.

warning *warning*

[wɔ́:rniŋ 워:닝]

명 경고, 주의

was *was*

[(강)wɑz 와즈, (약)wəz 워즈]

자 《be동사 am, is의 과거형》 …이었다

He *was* a doctor.

그는 의사였다.

wash *wash*

[wɑʃ 와쉬]

타자 씻다, 세탁하다

I *wash* my hands before I eat.

나는 식사 전에 손을 씻는다.

My mother *washes* on Sundays.

어머니는 일요일마다 세탁하신다.

waste *waste*

[weist 웨이스트]

자 낭비하다, 헤프게 쓰다

Don't *waste* your money.

돈을 낭비하지 마라.

명 1. 낭비, 허비

It is a *waste* of time to read such a book.

그런 책을 읽는 것은 시간의 낭비다.

명 2. 《종종 복수형으로》 쓰레기

형 쓸모 없는, 소용이 없는

waste paper 폐지

watch *watch*

[wɑtʃ 와치]

명 1. 손목 시계, 회중 시계

※ 탁상 시계나 괘종시계는 clock 이라고 함.

This is a gold *watch.*

이것은 금시계다.

He wears a *watch.*

그는 손목시계를 차고 있다.

명 2. 망보기, 감시

W

keep *watch* 망보다

타 1. …을 지켜 보다

I am *watching* TV.

나는 TV를 보고 있다.

타 2. 망보다

One day a shepherd boy was *watching* his sheep.

어느 날 목동은 양의 망을 보고 있었다.

숙어 *watch out* 주의하다

water *water*

[wɔ́:tər 워:터]

명 1. 물

I drink a lot of *water.*

나는 물을 많이 마신다.

The *water* is boiling.

물이 끓고 있다.

명 2. 《종종 복수형으로》 바다, 강, 호수

Still *waters* run deep.

《속담》 잔잔한 물이 깊다. (말 없는 사람일수록 생각이 깊다.)

타 자 물을 주다, 물을 뿌리다

He is *watering* the flowers in the garden.

그는 정원의 꽃에 물을 주고 있다.

watermelon *watermelon*

[wɔ́:tərmelən 워:터멜런]

명 수박

wave *wave*

[weiv 웨이브]

명 파도, 물결

There are high *waves* in the sea.

바다에는 높은 파도들이 있다.

타 자 흔들다, 흔들리다, 물결이 일다

Wave your hand.

손을 흔들어라.

way *way*

[wei 웨이]

명 1. 길

Will you tell me the *way* to the Seoul Station?

서울역으로 가는 길을 가르쳐 주시겠습니까?

명 2. 거리

The school is a long *way* from here.

학교는 여기서 멀리 떨어져 있다.

명 3. 방향

Come this *way*, please.

이쪽으로 오십시오.

명 4. 방법, 방식

This is the *way* I wash my face.

이것이 내가 세수하는 방법이다.

숙어 ① *all the way* 줄곧, 도중 내내

I walked with her *all the way*.

나는 줄곧 그녀와 함께 걸었다.

② *by the way* 도중에, 그런데

By the way, I have a question to ask you.

말하는 김에 물어볼 문제가 있다.

③ *by way of~* …을 경유하여

He went to America *by way of* Japan.

그는 일본을 경유하여 미국으로 갔다.

④ *one-way* 편도의

a *one-way* ticket 편도 차표

⑤ *in a way* 어떤 의미에서

He is great *in a way*.

그는 어떤 의미에서 위대하다.

⑥ *on the* (또는 *one's*) *way* 도중에

I met him *on my way* home yesterday.

어제 집으로 오는 도중에 그를 만났다.

⑦ *lose one's way* 길을 잃다

The girl *lost her way* in the forest.

그 소녀는 숲 속에서 길을 잃었다.

W

we *we*

[wi: 위:]

대 1. 우리는, 우리가

We live in pusan.

우리는 부산에 살고 있다.

대 2. 《막연히 일반 사람을 가리켜서》

We don't go to school on Sunday.

일요일에는 학교에 가지 않는다.

weak *weak*

[wi:k 위:크]

♣비교급 weaker, 최상급 weakest

형 약한 (반 strong 강한)

My sister has a *weak* heart.

나의 누이는 심장이 약하다.

She is *weak* in English.

그녀는 영어 실력이 빈약하다.

What is your *weak* point?

너의 약점이 무엇이냐?

I have *weak* eyes.

나의 시력은 약하다.

wealth *wealth*

[welθ 웰쓰]

명 1. 부, 재산

He is a man of *wealth.*

그는 부자이다.

명 2. 풍부

wear *wear*

[wεər 웨어]

♣3단현 wears, 과거 wore, 과거분사 worn, 현재분사 wearing

타자 1. 입고(신고, 쓰고) 있다

She is *wearing* a blouse.

그녀는 블라우스를 입고 있다.

He *wears* no socks.

그는 양말을 신고 있지 않다.

I didn't *wear* glasses.

나는 안경을 쓰지 않는다.

She *wears* a hat.

그녀는 모자를 쓰고 있다.

타자 2. 닳아서 …이 되다

His shoes are *worn* out.

그의 구두는 다 닳아서 떨어졌다.

명 의복

weather *weather*

[wéðər 웨더]

명 일기, 날씨

The *weather* is fine today.
오늘은 날씨가 좋다.

We had rainy *weather* yesterday.
어제는 비오는 날이었다.

weather forecast 일기 예보

wedding *wedding*

[wédiŋ 웨딩]

명 결혼식

He wears his *wedding* ring.
그는 결혼 반지를 끼고 있다.

Wednesday *Wednesday*

[wénzdi 웬즈디]

명 수요일 (약어는 Wed.)

I went to the concert on *Wednesday* night.
나는 수요일 밤에 음악회에 갔다.

week *week*

[wi:k 위:크]

명 주, 7일간

A *week* has seven days.
일주일에는 7일이 있다.

What day of the *week* is it today?
오늘은 무슨 요일입니까?

every *week* 매주

next *week* 다음주

last *week* 지난주

weekday *weekday*

[wí:kdei 위:크데이]

명 평일 (일요일 또는 토요일을 제외한 날)

We go to school on *weekday*.
우리는 평일에 학교에 간다.

weekend *weekend*

[wí:kend 위:켄드]

명 주말

They went on a *weekend* journey.

그들은 주말 여행을 떠났다.

weep *weep*

[wi:p 위:프]

♣3단현 weeps, 과거 · 과거분사 wept, 현재분사 weeping

타자 울다 (=cry), 슬퍼하다

I *wept* for my dead father.

나는 돌아가신 아버지를 생각하고 울었다.

weight *weight*

[weit 웨이트]

명 무게, 중량, 체중

What is the *weight* of the box?

그 상자의 무게는 얼마입니까?

Of late he has gained *weight.*

최근에 그는 체중이 늘었다.

welcome *welcome*

[wélkəm 웰컴]

형 1. 환영 받는

A *welcome* party will be held for him this evening.

오늘 저녁 그의 환영 파티가 베풀어질 것이다.

형 2. 《Thank you에 대하여》 별말씀을, 천만에

"Thank you."

"You're *welcome.*"

감사합니다. 천만예요.

감 잘 오셨습니다

Welcome to Korea!

한국에 오신 것을 환영합니다.

명 환영

He gave us a warm *welcome.*

그는 우리를 따뜻하게 환영해 주었다.

타 환영하다

His family always *welcome* guests.

그의 가족은 언제나 손님을 환영한다.

well[1] *well*

[wel 웰]

♣ 비교급 better, 최상급 best

부 잘, 훌륭하게

Jack speaks Korean very *well.*

잭은 한국어를 아주 잘 한다.

I slept *well* last night.

나는 어젯밤에 잘 잤다.

숙어 ① *~as well as~* ~뿐만 아니라 …도

She can speak French *as well as* English.

그녀는 영어뿐만 아니라 프랑스 말도 할 줄 안다.

② *may as well* …하여도 좋다, …하는 것이 좋다

She *may as well* stay here.

그녀는 이곳에 있는 것이 좋다.

형 건강한, 튼튼한

He will get *well* in a few days.

그는 이삼일 지나면 건강이 좋아질 것이다.

감 이런, 저어, 그러면, 자

Well, let's begin.

자, 시작합시다.

well[2] *well*

[wel 웰]

명 우물

She draw water from the *well.*

그녀는 우물에서 물을 긷는다.

went *went*

[went 웬트]

자 go(가다)의 과거형

She *went* to Paris.

그녀는 파리에 갔다.

were *were*

[wəːr 워ː]

자 be동사 are(이다)의 과거형

They *were* late for school.

그들은 학교에 지각했다.

숙어 *as it were* 말하자면

W

west *west*

[west 웨스트]

명 1. 《the를 붙여서》 서쪽, 서부

The sun goes down in the *west.*

해는 서쪽으로 진다.

명 2. 《the West로》 서양, 서구

형 서쪽의

A *west* wind is blowing.

서풍이 불고 있다.

부 서쪽으로

The ship sailed *west.*

배는 서쪽으로 항해했다.

wet *wet*

[wet 웻]

형 1. 젖은, 축축한 (반 dry 마른)

My hair was *wet* in the rain.

나의 머리는 비로 젖었다.

형 2. 비의, 비 내리는 (=rainy)

We have the *wet* season in July.

칠월은 장마철이다.

숙어 *get wet* (속속들이) 젖다

whale *whale*

[*h*weil 웨일]

명 고래

We saw a *whale* swimming.

고래가 헤엄치고 있는 것을 보았다.

what *what*

[*h*wat 왓]

대 무엇, 어떤 것

What is this?

이것은 무엇입니까?

What are you doing?

무엇을 하고 있습니까?

What is he?

그의 직업은 무엇입니까?

형 1. 무슨, 어떤

What subjects do you like?

너는 어떤 과목을 좋아하니?

형 2. 《감탄문》 참으로

What a pretty flower this is!

참으로 아름다운 꽃이로구나!

숙어 ① *What about~?* …하는 게 어때?

What about a cup of coffee?

W

커피 한 잔 하는 게 어때?

② What … for? 무엇 때문에 …인가

What do you go to school for?

무엇 때문에 학교에 가니?

wheel *wheel*

[*h*wi:l 윌:]

▶ 복수 wheels [*h*wi:lz 윌:즈]

명 바퀴

Cars and bicycles run on *wheels.*

자동차와 자전거는 바퀴로 달린다.

W

when *when*

[*h*wen 웬]

부 언제

When did the game start?

게임이 언제 시작됐니?

I don't know *when* father will be home.

언제 아버지께서 돌아 오실 지 모르겠다.

When do you stay home?

언제 집에 있니?

접 …할 때

She was slim *when* (she was) young.

그녀는 젊었을 때 날씬했다.

where *where*

[*h*wɛər 웨어]

부 어디에, 어디로

Where is your mother?

어머니는 어디에 계시니?

Where do you live?

너는 어디에 살고 있니?

Where are you going?

너는 어디로 가고 있니?

I don't know *where* she is going.

그녀가 어디로 가는지 나는 모른다.

접 …하는 곳에(으로, 을)

Where there is a will, there is a way.

《속담》 뜻이 있는 곳에 길이 있다.

whether *whether*

[*h*wéðər 웨더]

접 1. …인지 아닌지 (=if)

Tell me *whether* you like it or not.

네가 그것을 좋아하는지 아닌지 말해라.

접 2. …이건 아니건

Whether he comes or not, we'll have a party.

그가 오건 말건 우리는 파티를 열겠다.

I will go there *whether* it snows or not.

눈이 오건 안 오건 그곳에 간다.

which *which*

[*h*witʃ 위치]

대 어느 쪽, 어느 것

Which do you like better, spring or fall?

봄과 가을 중 어느 쪽을 더 좋아하니?

Which is your bicycle?

어느 것이 네 자전거니?

형 어느 쪽의, 어느

Which team won the game?

어느 팀이 시합에 이겼니?

Which boy is Jim?

어느 소년이 짐이냐?

Which socks is yours?

어느 양말이 너의 것이니?

while *while*

[*h*wail 와일]

접 1. …하는 동안에

Mother worked in the kitchen *while* I was working in my room.

내가 방에서 공부하는 동안 어머니는 부엌에서 일하셨다.

W

접 2. …이지만, 한편

He is standing up, *while* she is sitting.

그는 서 있으나 그녀는 앉아 있다.

명 시간, 동안

The train arrived a short *while* ago.

기차가 조금 전에 도착했다.

숙어 ① *for a while* 잠시 동안

I waited *for a while.*

나는 잠시 동안 기다렸다.

② *after a while* 잠시 후에

After a while, the doctor appeared before us.

잠시 후에 의사가 우리들 앞에 나타났다.

whisper *whisper*

[*h*wíspər 위스퍼]

명 속삭임

타자 속삭이다

I *whispered* to him that he might come.

나는 그에게 와도 좋다고 속삭였다.

whistle *whistle*

[*h*wísl 위슬]

명 휘파람; 기적

자 휘파람을 불다

He is blowing a *whistle.*

그는 휘파람을 불고 있다.

white *white*

[*h*wait 와잇]

형 흰, 백색의

Grandmother has *white* hair.

할머니의 머리는 희다.

the *white* race 백인종

the *White* House 백악관 (미국 대통령 관저)

명 1. 백색

I like *white* better than black.

나는 검정색보다 흰색이 더 좋다.

명 2. 흰옷

Doctors are dressed in *white.*

의사들은 흰옷을 입고 있다.

W

명 3. 백인

He is a *white.*

그는 백인이다.

who *who*

[hu: 후:]

대 1. 누구, 누가

Who is that girl?

저 소녀는 누구냐?

Who is it? 누구세요? (문 두드리는 소리가 날 때 쓰는 말)

Who invented the phone?

누가 전화를 발명했느냐?

대 2. …하는 사람

The man *who* is standing at the door is my grandfather.

문간에 서 있는 사람은 나의 할아버지이다.

whom *whom*

[hu:m 훔:]

대 《who의 목적격》 누구를, 누구에게

Whom are you waiting for?

너는 누구를 기다리고 있니?

From *whom* did you learn English?

누구에게 영어를 배웠니?

whose *whose*

[hu:z 후:즈]

대 《who의 소유격, 소유대명사》 누구의, 누구의 것

Whose book is this?

이것은 누구의 책이니?

Whose is that bicycle?

저 자전거는 누구의 것이냐?

why *why*

[*h*wai 와이]

부 왜, 어째서

Why did you go to the park?

너는 왜 공원에 갔니?

Tell me *why* you don't like it.

왜 그것을 좋아하지 않는가를 말해라.

Why do you hate her?

너는 왜 그녀를 미워하니?

감 《놀람 · 반대 등을 나타내어》 어머나, 어쩌면

Why, it's snowing.
어머나, 눈이 오네.

Why, it's already nine o'clock.
어쩌면, 벌써 9시야.

wide *wide*

[waid 와이드]

♣ 비교급 wider, 최상급 widest

형 넓은 (반 narrow 좁은)

a *wide* road 넓은 도로
a *wide* river 넓은 강
He has a *wide* knowledge of English.
그는 영어에 대하여 넓은 지식을 가지고 있다.

부 넓게

Open the window *wide.*
창문을 활짝 열어라.

숙어 *far and wide* 널리, 두루

The news spread *far and wide.*
그 뉴스는 널리 퍼졌다.
He traveled *far and wide* in Korea.
그는 한국을 두루 여행했다.

wife *wife*

[waif 와이프]

▶ 복수 wives [waivz 와이브즈]

명 아내, 처, 부인 (반 husband 남편)

He is waving his hand at his *wife.*
그는 아내에게 손을 흔들고 있다.

My mother is my father's *wife.*
어머니는 아버지의 부인이다.

wild *wild*

[waild 와일드]

형 1. 난폭한, 거친

He is a *wild* fellow.
그는 난폭한 녀석이다.
Tigers are *wild.*
호랑이는 거칠다.

형 2. 야생의

Wild animals are dangerous.

야생 동물들은 위험하다.

will *will*

[wil 윌]

♣ 과거 would

조 1. 《단순한 미래로》 …일 것이다

Mother *will* be back soon.

어머니께서 곧 돌아올 것이다.

You *will* be fourteen years old next month.

너는 다음달에 14살이 된다.

Will you please help me?

나를 좀 도와주겠니?

조 2. 《I will로》 …하겠다, …할 작정이다

I *will* see you to the house.

집까지 바래다 주겠다.

I *will* not do it now.

지금은 하지 않겠다.

조 3. 《Will you…?로》 …하겠습니까?

Will you come in?

들어 오겠습니까?

Will you shut the window?

창문을 닫아 주시지 않겠습니까?

조 4. 《습관 등이》 자주 …하곤 하다

Dogs *will* bark at strangers.

개는 낯선 사람을 보면 잘 짖는다.

명 의지

willing *willing*

[wíliŋ 윌링]

형 …하고 싶어하는, 기꺼이 …하는

He is *willing* to go on a trip.

그는 여행을 가고 싶어한다.

win *win*

[win 윈]

♣ 3단현 wins, 과거 · 과거분사 won, 현재분사 winning

타 1. 이기다

Who *won* it?

누가 이겼니?

We *won* the game.

우리가 그 시합에서 이겼다.

타 2. (상 · 명예 등을) 얻다
Jane *won* the first prize.
제인이 일등상을 받았다.
자 이기다, 승리하다
The tortoise *won* in the end.
결국 거북이 이겼다.

We *won* against Pusan.
우리가 부산팀을 이겼다.

wind[1] *wind*

[wind 윈드]
명 바람
the north *wind* 북풍
the west *wind* 서풍
We had strong *winds* last night.
지난 밤에 강한 바람이 불었다.

wind[2] *wind*

[waind 와인드]
♣ 3단현 winds, 과거 · 과거분사 wound, 현재분사 winding
타 (실 · 태엽 등을) 감다

windmill *windmill*

[wíndmil 윈드밀]
명 풍차; 바람개비

window *window*

[wíndou 윈도우]
명 창, 창문
She is looking out of the *window*.
그녀는 창 밖을 내다 보고 있다.

We have three *windows* in the classroom.
교실에 창문이 셋 있다.
Open the *window*, please.
창문을 열어 주세요.

wine *wine*

[wain 와인]
명 포도주, 술

wing *wing*

[wiŋ 윙]

명 날개

Birds can fly with their *wings.*

새들은 날개로 날 수 있다.

The plane also has *wings.*

비행기도 날개가 있다.

※ 날개의 깃은 feather라고 함.

wink *wink*

[wiŋk 윙크]

타자 눈짓하다, 눈을 깜박거리다

He *winked* at the girl.

그는 소녀에게 윙크했다.

명 눈짓

winner *winner*

[wínər 위너]

명 승리자

winter *winter*

[wíntər 윈터]

명 겨울

It is usually cold in the *winter.*

겨울에는 대개 춥다.

It snows in *winter.*

겨울에는 눈이 온다.

winter vacation 겨울 방학

wire *wire*

[waiər 와이어]

명 1. 전선, 철사

telephone *wires* 전화선

명 2. 전보, 전신

I received his *wire* today.

나는 오늘 그의 전보를 받았다.

wise *wise*

[waiz 와이즈]

♣ 비교급 wiser, 최상급 wisest

형 현명한, 슬기로운 (반 foolish 어리석은)

He made a *wise* decision.

그는 현명한 결정을 내렸다.

He is a very *wise* boy.

그는 매우 슬기로운 소년이다.

wish *wish*

[wiʃ 위시]

타 1. 바라다, 빌다

I *wish* you a Merry Christmas.

즐거운 성탄절을 보내기 바란다.

타 2. …하고 싶다 (~to)

I *wish to* become a teacher.

나는 교사가 되고 싶다.

타 3. …이었으면 좋겠는데

I *wish* I were a bird.

내가 새라면 좋을 텐데.

I *wish* you could come now.

네가 지금 오면 좋겠다.

자 …을 희망하다 (~for)

We all *wish for* peace.

우리는 모두 평화를 바란다.

명 소원, 소망

What is your *wish?*

당신의 소원이 무엇입니까?

Give my best *wishes* to your parents.

부모님께 안부 전해 주시오.

with *with*

[wið 위드]

전 1. …와 함께

I went there *with* my classmates.

나는 반 친구들과 함께 그곳에 갔다.

Won't your come *with* me?

나하고 함께 안 갈래?

전 2. …을 가지고

I have no money *with* me.

나는 돈을 가지고 있지 않다.

전 3. …으로, …을 사용하여

You can play the guitar *with* your fingers.

손가락으로 기타를 연주할 수 있다.

전 4. …을 상대로

A dog was fighting *with* a cat.

개가 고양이와 싸우고 있었다.

전 5. … 때문에

She is trembling *with* cold.

그녀는 추위로 떨고 있다.

within *within*

[wiðín 위딘]

전 1. …의 안에

The boy *within* the woods.

그 소년은 숲 속에 숨었다.

전 2. …이내에

I can finish it *within* an hour.

나는 한 시간 이내에 그것을 끝낼 수 있다.

without *without*

[wiðáut 위다우트]

전 1. …없이 (반 with …와 함께)

We cannot live *without* water.

우리는 물 없이 못 산다.

He cannot see *without* glasses.

그는 안경 없이는 볼 수 없다.

전 2. …의 밖에

숙어 *without fail* 틀림 없이

I will start at six *without fail.*

나는 6시에 틀림 없이 떠나겠다.

wolf *wolf*

[wulf 울프]

▶ 복수 wolves [wulvz 울브즈]

명 늑대

woman *woman*

[wúmən 우먼]

▶ 복수 women [wímin 위민]

명 여자, 여성, 부인 (반 man 남자)

Is your teacher a *woman* or a man?

너의 선생님은 여자니 남자니?

women *women*

[wímin 위민]

명 woman(여자)의 복수형

won[1] *won*

[wʌn 원]

타자 win(이기다)의 과거 · 과거 분사형

won[2] *won*

[wʌn 원]

명 (한국 돈의) 원

wonder *wonder*

[wʌ́ndər 원더]

타 1. 과연 …일까 하고 궁금해하다

I *wonder* if he will like this.

네가 과연 이것을 좋아할까.

타 2. 놀라다

명 경이, 놀라운 것

the Seven Wonders of the World 세계의 7대 불가사의

wonderful *wonderful*

[wʌ́ndərfəl 원더펄]

형 1. 훌륭한, 멋진

My father gave me a *wonderful* present on my birthday.

아버지께서 내 생일에 훌륭한 선물을 주셨다.

형 2. 놀라운, 이상한

Life is *wonderful.*

인생은 놀랍다.

I will tell you a *wonderful* story.

이상한 이야기를 해주겠다.

won't *won't*

[wount 워운트] ★발음주의

will not 의 단축형

She *won't* come.

그녀는 오지 않을 것이다.

wood *wood*

[wud 우드]

명 1. 나무, 목재

You can cut *wood* with your saw.

톱으로 나무를 자를 수 있다.

This table is made of *wood.*

이 식탁은 나무로 만들어졌다.

명 2. 《보통 복수형으로》 숲, 삼림

There was a small house in the *wood.*

숲 속에 작은 집이 있었다.

wool *wool*

[wul 울]

명 양털, 모직물

This coat is made of *wool.*

이 코트는 양털로 만들어졌다.

word *word*

[wəːrd 워ː드]

명 1. 말, 단어

I learned new *words* today.

나는 오늘 새 단어를 배웠다.

명 2. 이야기

I had a *word* with her.

나는 그녀와 잠깐 이야기를 하였다.

명 3. 약속

I give you my *word.*

너에게 약속한다.

숙어 *in a word* 한마디로 말하면

In a word, I like him.

한마디로 말하면, 나는 그를 좋아한다.

wore *wore*

[wɔːr 워ː]

타자 wear(입고 있다)의 과거형

work *work*

[wəːrk 워ː크]

명 1. 일, 공부

Mother has a lot of *work* to do.

어머니는 할 일이 많다.

Stop *work.*

일을 그만 하세요.

I have a lot of *work* to do.

나는 해야 할 공부가 많다.

명 2. 작품

the complete *works* of Shakespeare 셰익스피어 전집

a *work* of art 예술품

숙어 *at work* 일하고 있는, 작업 중인

He is hard *at work.*

그는 열심히 일하고 있다.

재 일하다, 공부하다

My father *works* on the farm.

아버지는 농장에서 일하신다.

Students *work* at school.

학생들은 학교에서 공부한다.

타 움직이다, 운전하다

I know how to *work* this car.

나는 이 차를 운전할 줄 안다.

숙어 *work out* (계획 등을) 생각해 내다, 완성하다

worker *worker*

[wə́:rkər 워:커]

명 일하는 사람, 노동자, 일꾼

He is a hard *worker*.

그는 근면한 일꾼이다.

world *world*

[wə:rld 월:드]

명 1. 세계

He traveled all over the *world*.

그는 온 세계를 여행하였다.

World War Ⅰ 제 1차 세계대전

명 2. 세상

He knows nothing of the *world*.

그는 세상 일을 아무것도 모른다.

숙어 *all of the world* 전세계에서

worm *worm*

[wə:rm 웜:]

명 벌레, 지렁이

I don't like *worms*.

나는 벌레가 싫다.

worn *worn*

[wɔ:rn 원:] ★발음주의

타자 were(입고 있다)의 과거분사형

worry *worry*

[wə́:ri 워:리]

♣3단현 worries, 과거 · 과거분사 worried, 현재분사 worrying

자 …을 걱정하다, 괴로워하다

Don't *worry* about it.

그것에 대해 걱정하지 마라.

타 괴롭히다, 걱정시키다

Her stomach ache *worries* her a deal.

그녀는 배가 아파서 괴로워하고 있다.

명 걱정(거리)

He has many *worries*.

그는 걱정거리가 많다.

worse *worse*

[wə:rs 워:스]

형 《bad의 비교급》 더 나쁜 (반 better 더 좋은)

He got *worse* this morning.

그는 오늘 아침 병세가 더욱 나빠졌다.

부 더 나쁘게, 더 심하게

It is raining *worse* than ever.

비가 더욱 더 심하게 내리고 있다.

worst *worst*

[wə:rst 워:스트]

형 《bad, ill의 최상급》 가장 나쁜 (반 best 가장 좋은)

He is the *worst* pupil in our class.

그는 우리 반에서 가장 나쁜 학생이다.

부 《badly, ill의 최상급》 가장 나쁘게

He acts *worst* when his parents are out.

그는 부모님이 안 계시면 행실이 몹시 나쁘다.

명 최악의 것

worth *worth*

[wə:rθ 워:쓰]

형 …의 가치가 있는, …할 만한 가치가 있는

This book is *worth* three dollars.

이 책은 3달러의 가치가 있다.

The film is not *worth* watching.

그 영화는 볼 만한 가치도 없다.

명 가치

would *would*

[wud 우드]

조 1. …할 것이다, …할 작정이다

He said that he *would* attend the meeting.

그는 회의에 출석한다고 말했다.

조 2. 《공손한 말씨로 나타내어》 …해 주시겠어요?

Would you pass me the sugar?

설탕을 좀 건네주시겠어요?

조 3. 《과거의 습관을 나타내어》 …하곤 했다

Parents *would* often take me to the park when I was a child.

부모님은 내가 어렸을 때 공원에 잘 데리고 가곤 했었다.

조 4. …하지 않으려 하다

The window *would* not open.

그 창문은 아무리 해도 열리지 않았다.

숙어 ① *would like* …을 원하다
② *would like to* …을 하고 싶어하다

I *would like to* go home.

나는 집으로 가고 싶다.

wouldn't *wouldn't*

[wúdnt 우든트]

would not의 단축형

wound[1] *wound*

[wu:nd 운:드] ★ 발음주의

명 상처, 부상

타 상하게 하다, 부상을 입히다

The soldier was *wounded* at the battle.

그 군인은 전투에서 부상을 입었다.

wound[2] *wound*

[waund 와운드]

타자 wind(감다)의 과거 · 과거분사형

wrap *wrap*

[ræp 랩]

타 싸다, 포장하다

She *wrapped* a present carefully.

그녀는 선물을 조심스럽게 쌌다.

명 (음식 그릇을 덮는) 비닐

wrestling *wrestling*

[résliŋ 레슬링]

명 레슬링, 씨름

wrist *wrist*

[rist 리스트]

명 손목, 팔목

He wear a watch on his *wrist.*

그는 손목에 시계를 차고 있다.

write *write*

[rait 라이트]

♣ 3단현 writes, 과거 wrote, 과거분사 written, 현재분사 writing

타재 1. (글씨 · 글 등을) 쓰다

She is *writing* a poem.

그녀는 시를 쓰고 있다.

타재 2. 편지를 쓰다

He *wrote* Ann a letter.

그는 앤에게 편지를 썼다.

숙어 *write down* 적다

writer *writer*

[ráitər 라이터]

명 작가, 저자

He is a famous *writer.*

그는 유명한 작가이다.

writing *writing*

[ráitiŋ 라이팅]

명 쓰기, 쓴 작품

written *written*

[rítn 리튼]

타재 write(쓰다)의 과거분사형

wrong *wrong*

[rɔːŋ 롱:]

형 1. 나쁜, 옳지 못한 (반 right 옳은)

It is *wrong* to tell a lies.

거짓말을 하는 것은 나쁘다.

형 2. 틀린

That is a *wrong* answer.

그것은 틀린 답이다.

I am afraid you are *wrong.*

네가 틀린 것 같다.

형 3. 잘못된, 고장난

The car is *wrong*.

그 차는 고장났다.

부 나쁘게, 잘못하여

숙어 *go wrong* (일이) 잘 안 되다, 길을 잘못 들다

Everything is *going wrong* today.

오늘은 모든 일이 잘 안 된다.

명 잘못, 부정

wrote *wrote*

[rout 로우트]

타자 write(쓰다)의 과거형

X, x

Xmas *Xmas*

[krísməs 크리스머스]

명 크리스마스, 성탄절 (Christmas의 약어)

I sent him a *Xmas* present.

나는 그에게 크리스마스 선물을 보냈다.

Merry *Xmas* to you!

크리스마스를 축하합니다.

X-ray *X-ray*

[éks rei 엑스 레이]

명 엑스선, 엑스선 사진

This is my *X-ray.*

이것이 내 엑스선 사진이다.

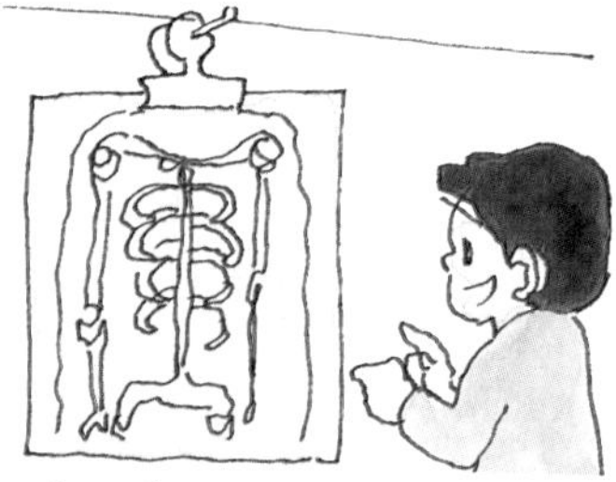

xylophone *xylophone*

[záiləfoun 자일러포운]

명 실로폰

I can play the *xylophone.*

나는 실로폰을 연주할 수 있다.

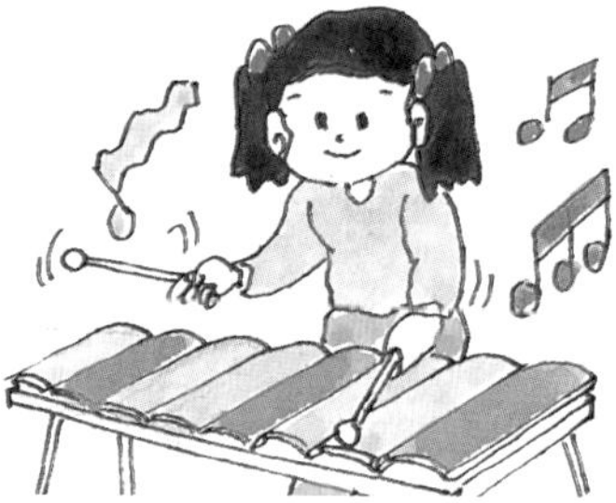

X

Y, y

yacht *yacht*

[jɑt 얏]

명 요트

I like to sail in a *yacht.*

나는 요트 타는 것을 좋아한다.

yard[1] *yard*

[jɑːrd 야ː드]

명 뜰, 마당

a back *yard* 뒷마당

Go play in the *yard.*

마당에 나가서 놀아라.

I am cleaning *yards.*

나는 마당을 청소하고 있다.

yard[2] *yard*

[jɑːrd 야ː드]

명 야드 (길이의 단위로 3피트; 약 91cm)

My mother bought two *yards* of cloth.

어머니는 옷감을 2야드 샀다.

year *year*

[jiər 이어]

명 1. 해, 일년

every *year* 매년

last *year* 작년

next *year* 내년

this *year* 금년

There are twelve months in a *year.*

일년은 12개월이 있다.

His father died three *years* ago.

그의 아버지는 3년 전에 돌아가셨다.

명 2. (나이의) 살, 세

The boy is twelve *years* old.

그 소년은 12살이다.

숙어 *all the year round* 일년 내내

He is busy *all the year round.*
그는 일년 내내 바쁘다.

yellow *yellow*

[jélou 옐로우]
형 노란, 황색의
She wears a yellow *sweater.*
그녀는 노란 스웨터를 입고 있다.

Bananas are *yellow.*
바나나는 노랗다.
형 노란색, 노랑
I like *yellow.*
나는 노란색을 좋아한다.

yes *yes*

[jes 예스]
부 예, 그렇습니다 (반 no 아닙니다)
"Are you a student?" "*Yes,* I am."
너는 학생이냐? - 예, 그렇습니다.

"Aren't you a student?" "*Yes,* I am."
너는 학생이 아니냐? - 아닙니다, 학생입니다.
※ 대답이 긍정이면 언제나 yes로 대답한다.

yesterday *yesterday*

[jéstərdi 예스터디]
명 어제
yesterday morning 어제 아침
yesterday afternoon 어제 오후
yesterday evening 어제 저녁
※ '어젯밤'은 last night이다.
Jane stayed home *yesterday.*
제인은 어제 집에 있었다.
Yesterday was Sunday.
어제는 일요일이었다.
숙어 *the day before yesterday*
그저께
He left Seoul *the day before yesterday.*
그는 그저께 서울을 떠났다.

Y

yet *yet*

[jet 옛]

부 1. 《부정문에서》 아직 …아니다

I have not had lunch *yet.*

나는 아직 점심을 먹지 않았다.

부 2. 《긍정문에서》 아직도, 여전히

I have a lot of work *yet.*

나는 아직도 할 일이 많이 있다.

My brother is sleeping *yet.*

형은 아직 자고 있다.

부 3. 《의문문에서》 이미

Has your father returned home *yet?*

아버지는 벌써 집에 돌아오셨니?

접 그런데도, 그럼에도 불구하고

He is tall, and *yet* weak.

그는 키가 크지만 약하다.

Y.M.C.A. *Y.M.C.A.*

[wáiémsí:éi 와이엠씨:에이]

명 기독교 청년회 (Young Men's Christian Association의 약자)

you *you*

[ju: 유:]

대 1. 《주어로서》 너는, 너희들은

You are a girl.

너는 소녀이다.

You are all Korean.

너희들은 모두 한국인이다.

대 2. 《목적어로서》 너를, 너희들을

We love *you.*

우리는 너를 사랑한다.

I want to go with *you.*

나는 너희들과 함께 가고 싶다.

대 3. 《일반적으로》 사람은 누구나

You must be kind to old people.

노인들에게 친절해야 한다.

숙어 *as you know* 알다시피

you'd *you'd*

[ju:d 유:드]

you had, you would의 단축형

Y

you'll *you'll*

[ju:l 율:]

you will의 단축형

young *young*

[jʌŋ 영]

♣비교급 younger, 최상급 youngest

형 젊은, 어린 (반 old 늙은)

a *young* man 젊은이

my *younger* sister 내 누이동생

You are only *young* once.

젊음은 한 번 뿐이다.

He is a *young* gentleman.

그는 젊은 신사다.

Mary looks *young*.

메리는 어려 보인다.

숙어 ① *the young* 젊은 사람들

This song is loved by *the young*.

이 노래는 젊은 사람들에게 사랑을 받고 있다.

② *young and old* 늙은이도 젊은이도

your *your*

[juər 유어]

대 《you의 소유격》 너의, 당신의, 너희들의

This is *your* pencil.

이것은 네 연필이다.

Bring *your* notebooks.

너희들 공책을 가지고 오너라.

you're *you're*

[ju:ər 유:어]

you are의 단축형

yours *yours*

[juərz 유어즈]

대 네 것, 당신 것, 너희들 것

Yours is bigger than mine.

네 것이 내 것보다 더 크다.

yourself *yourself*

[juərsélf 유어쎌프]

▶ 복수 yourselves [juərsélvz 유어쎌브즈]

Y

대 1. 《뜻을 강조하기 위하여》 너 자신

Do it *yourself.*

네 자신이 해라.

대 2. 《동사 · 전치사의 목적어로》 너 자신을

You have to know *yourself.*

네 자신을 알아야 한다.

숙어 ① *by yourself* 혼자서
② *for yourself* 혼자 힘으로

youth *youth*

[ju:θ 유:쓰]

명 1. 젊음

My mother keeps her *youth* well.

어머니는 언제나 젊어 보인다.

명 2. 청춘시대

He visited Europe in his *youth.*

그는 젊었을 때 유럽을 여행했다.

명 3. 젊은이, 청년

A *youth* is standing over there.

한 젊은이가 저곳에 서 있다.

you've *you've*

[ju:v 유:브]

you have의 단축형

Z, z

zebra *zebra*

[zí:brə 지:브러]

명 얼룩말

The *zebra* is one kind of horse that lives in Africa.

얼룩말은 아프리카에 살고 있는 말의 일종이다.

zebra crossing *zebra crossing*

[zí:brə krɔ(:)siŋ 지:브러 크로:씽]

명 횡단 보도 (얼룩말처럼 흰 선을 그었기 때문에)

zero *zero*

[zíərou 지어로우]

명 영, 제로

It is 15 degrees below *zero* this morning.

오늘 아침은 영하 15도다.

The score was three to *zero.*

득점은 3대 0이었다.

zip *zip*

[zip 집]

타 자 지퍼를 잠그다(열다)

He *zipped* the money into his wallet.

그는 지퍼를 열고 돈을 지갑에 넣었다.

명 핑(총알 등이 날아가는 소리)

zipper *zipper*

[zípər 지퍼]

명 (옷 · 가방 등의) 지퍼

zone *zone*

[zoun 조운]

명 지대

the torrid *zones* 열대

the temperate *zones* 온대
the frigid *zones* 한대

zoo *zoo*

[ju: 주:]

명 동물원

Many animals are kept at the *zoo.*
동물원에는 많은 동물들을 기르고 있다.

I saw many wild animals at the *zoo.*
나는 동물원에서 많은 야수를 보았다.

부　　록

영어의 발음

영어의 음(소리)에는 모음(홀소리)과 자음(닿소리)이 있다.

모음이란 우리말의 「아 · 어 · 오 · 우 · 으 · 이」처럼 내쉬는 숨이 성대를 진동시켜 입 속에서 막히지 않고 나오는 소리를 말한다.

자음이란 우리말의 「ㄱ, ㄴ, ㄷ, ㄹ,…」처럼 목구멍에서 나오는 숨이나 소리가 혀나 이 · 입술 · 입천장에 의해 방해를 받는 소리를 말한다. 그 가운데에서 성대를 진동시키지 않고 숨에 의해서만 나오는 소리를 무성음(안울림소리), 성대를 진동시켜 내는 소리를 유성음(울림소리)이라 한다. 모음은 모두 유성음이고, 자음에는 유성 자음과 무성 자음이 있다.

【모음기호】

[iː] 	우리말의 「이ː」와 비슷하나, 입술을 좌우로 당겨 상 · 하의 폭을 좁게 하여 강하게 발음한다.	eat [iːt] 먹다 tree [triː] 나무
[i] 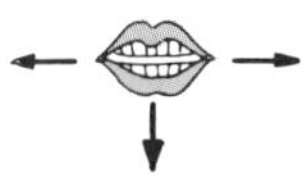	우리말의 「에」를 발음할 때의 입 모양으로 「이」라고 짧게 발음한다. 위에서 설명한 [iː]를 짧게 한 소리가 아니다.	big [big] 큰 lip [lip] 입술
[e] 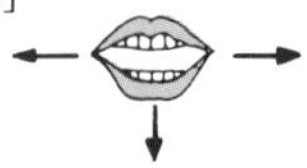	우리말의 「에」보다 입을 약간 크게 벌리고 턱을 당겨서 또렷하게 「에」로 발음한다.	head [hed] 머리 pen [pen] 펜
[æ] 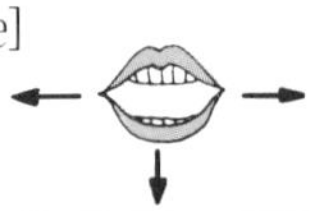	우리말의 「애」와 비슷하다. 다만 입을 약간 더 벌려 「에」와 「아」의 중간음을 낸다.	bad [bæd] 나쁜 hand [hænd] 손
[ɑː] 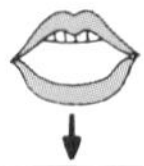	하품할 때처럼 입을 벌리고 입 속으로부터 「아－」하고 발음한다.	calm [kɑːm] 조용한
[ɑ] 	「아」보다 입 안을 넓게 하고 「아」하고 발음한다.	hot [hɑt] 뜨거운

[ɔ] 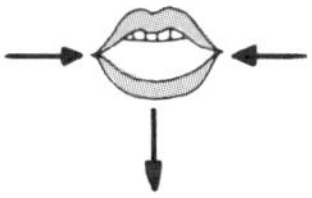	[ɑ]를 발음할 때와 마찬가지로 입 안을 넓게 벌리나 입술의 좌우를 약간 중앙으로 쏠리게 하여 동그랗게 하면 이 소리가 난다. 「오」소리를 내면서 입술을 좀더 벌리고 「아」소리를 낸다.	long [lɔ(:)ŋ] 긴 dog [dɔ(:)g] 개
[ɔ:] 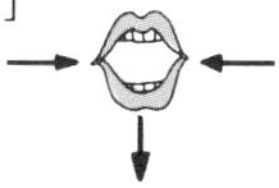	우리말의 「아」보다 입술의 동그라미를 작게 하고 약간 길게 발음한다.	ball [bɔ:l] 공 walk [wɔ:k] 걷다
[u] 	우리말의 「우」보다 입술을 동그랗게 내밀고 「우」라고 짧게 발음한다.	book [buk] 책 foot [fut] 발
[u:] 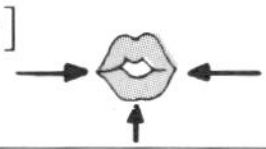	[u]를 발음했을 때보다 더 동그랗게 오므려 길게 발음한다.	two [tu:] 2 you [ju:] 당신
[ʌ] 	입을 약간 벌리고 턱을 목쪽으로 약간 당기면서 「어」소리를 내면 대개 이 소리가 난다.	bus [bʌs] 버스 cut [kʌt] 자르다
[ə] 	입을 너무 벌리지 않고 혀와 입술에 힘을 주지 않으며, 「어」하고 살짝 입 안에서 소리를 낸다. 약하게 말하는 부분에 쓰인다.	ago [əgóu] 전에 paper [péipər] 종이
[ə:r] 	[ə]를 발음할 때의 입벌림을 다시 좁히면서 혀끝을 약간 감아 올리며 강하게 발음한다.	girl [gə:r] 소녀 word [wə:rd] 단어
[ei] 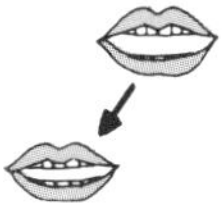	[e]를 세게 소리내면서 [i]를 딸리게 한 소리이다. 미국에서는 [i]를 딸리지 않고 [e]를 약간 길에 발음하는 것으로 끝내는 일도 있다.	name [neim] 이름 say [sei] 말하다
[ai] 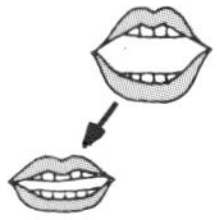	「아」소리 다음에 가볍게 [i]를 딸리게 한 소리이다. [ɑ]는 강하게, [i]는 약하고 짧게 발음한다.	I [ai] 나는 line [lain] 선 nine [nain] 9

[au] 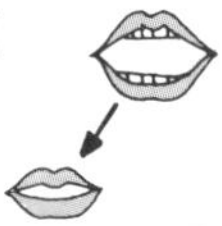	「아」를 세게 발음하고 입술을 동그랗게 내밀며 [u]를 이어서 발음한다.	cow [kau] 암소 down [daun] 아래로
[ɔi] 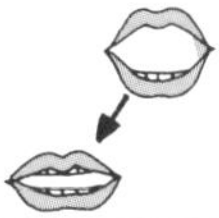	입술을 동그랗게 하여 [ɔ]를 강하고 길게 발음하고, 이어서 약하고 짧게 [i]를 발음한다.	boy [bɔi] 소년 toy [tɔi] 장난감
[ou] 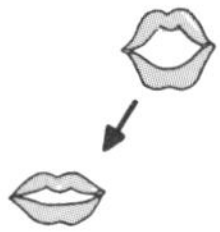	[u]를 발음할 때처럼 입술을 동그랗게 하여 「오」소리를 내고, 다시 입술을 좁히면서 [u]를 이어서 발음한다.	home [houm] 집 show [ʃou] 보이다
[ɛər] 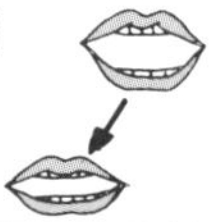	[ɛ]는 [e]보다 입을 크게 벌려 내는 「에」소리로, 다음에 [ər]를 가볍게 이어서 발음한다.	air [ɛər] 공기 chair [tʃɛər] 의자
[iər] 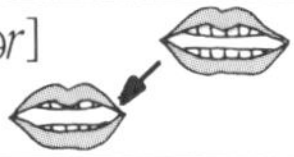	[i]를 강하고 똑똑하게 발음하고, 가볍게 [ər]를 붙인다.	ear [iər] 귀 here [hiər] 여기에
[uər] 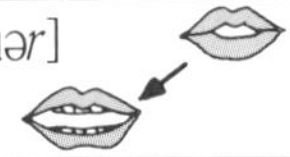	입술을 힘주어 둥글려 [u]를 발음하고, 가볍게 [ər]를 발음한다.	poor [puər] 가난한 sure [suər] 확실한

【자음기호】

[p] [b] 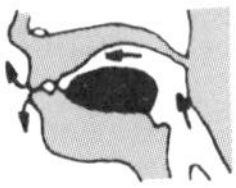	[p]는 우리말의 「ㅍ」, [b]는 「ㅂ」과 비슷한 소리이다. 입을 다물고 숨을 멈추고 숨을 한꺼번에 세차게 내면 [p]가 된다. 숨 대신에 소리를 내면 [b]가 된다.	pig [pig] 돼지 spring [spriŋ] 봄 bad [bæd] 나쁜 table [téibl] 탁자
[t] [d] 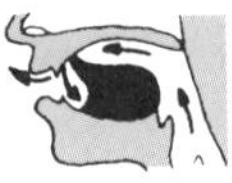	[t]는 우리말의 「ㅌ」, [b]는 「ㄷ」과 비슷한 소리이다. 혀끝을 윗니의 안쪽과 잇몸 사이에 붙이고 숨을 멈추고 급히 혀를 떼며 '트'하고 숨을 내면 [t]가 된다. 숨 대신에 소리를 내면 [d]가 된다.	ten [ten] 10 stone [stoun] 돌 dark [dɑ:rk] 어두운

[k] [g] 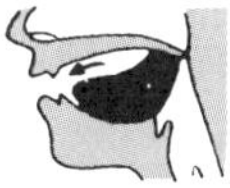	[k]는 우리말의 「ㅋ」, [g]는 「ㄱ」과 비슷한 소리이다. 혀의 안쪽을 윗입천장에 붙이고 숨을 멈춘 다음 갑자기 '크'하고 숨만을 내쉬면 [k]가 된다. 숨 대신에 소리를 내면 [g]가 된다.	cat [kæt] 고양이 cup [kʌp] 컵 big [big] 큰 get [get] 얻다
[f] [v] 	아랫입술을 앞니로 누르는 형태로 강하게 숨을 내며 아랫입술과 이 사이에서 마찰을 일으켜 내면 [f]가 된다. 숨 대신에 소리를 내면 [v]가 된다.	four [fɔːr] 4 roof [ruːf] 지붕 live [liv] 살다
[s] [z] 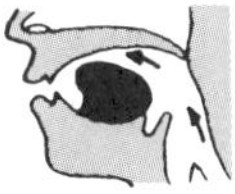	[s]는 우리말의 「ㅅ」, [z]는 「ㅈ」과 비슷한 소리이다. 혀끝을 윗니 안쪽에 가까이 대고 그 틈 사이로 마찰하듯 숨을 내면 [s]가 된다. 숨 대신에 소리를 내면 [z]가 된다.	son [sʌn] 아들 house [haus] 집 zoo [zuː] 동물원 easy [íːzi] 쉬운
[θ] [ð] 	[θ]는 혀끝을 윗니와 아랫니 사이에 끼우는 형태에서 숨을 내면 거기서 마찰이 일어나 나오는 소리이다. 숨 대신에 소리를 내면 [ð]가 된다.	three [θriː] 3 that [ðæt] 저것 this [ðis] 이것
[l] 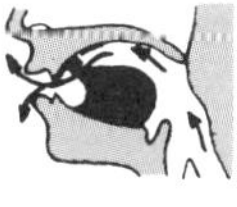	혀끝을 윗잇몸과 안쪽 사이에 대고, 소리를 혀의 좌우에서 내듯 발음한다.	lip [lip] 입술 doll [dɑl] 인형
[r] 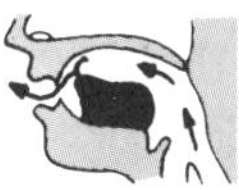	[r]은 혀끝을 입천장 가까이 보내되 닿지 않게 하고 소리를 낸다. 우리말의 「ㄹ」과 비슷하나 혀가 입천장에 닿지 않는 점이 다르다.	rain [rein] 비 green [griːn] 녹색
[m] 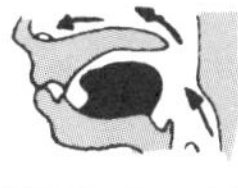	[m]은 우리말의 「ㅁ」과 비슷한 소리이다. 아래위 입술을 다물고 코로 소리를 내면 된다.	name [neim] 이름 mine [main] 내것

[n] 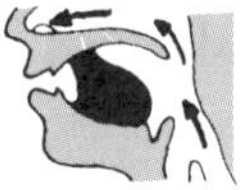	[n]은 우리말의 「ㄴ」과 비슷한 소리이다. 혀끝을 윗잇몸 안쪽에 꽉 댄 채 소리를 멈추고 코로 소리를 낸다.	night [nait] 밤 pencil [pénsl] 연필 one [wʌn] 1
[ŋ]] 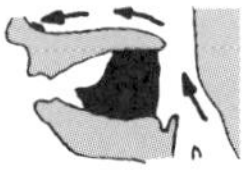	[ŋ]은 우리말에서 「응」할 때의 코에 걸리는 소리이다. 혀 안쪽을 입천장에 대고 코를 통하여 목소리를 낸다.	ink [iŋk] 잉크 spring [spriŋ] 봄
[h] 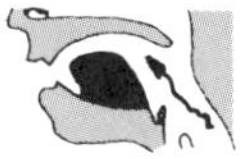	[h]는 우리말의 「ㅎ」과 비슷한 소리이다. 성대를 울리지 않고 마찰하여 발음한다.	hat [hæt] 모자 hit [hit] 치다 house [haus] 집
[w] 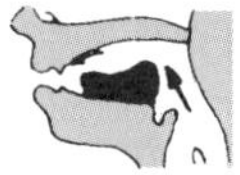	[w]는 [u]보다 입술을 더 내밀고 입술을 둥글게 오므려서 통로를 좁게 하고 발음한다.	wind [wind] 바람 way [wei] 길 want [wɑnt] 원하다
[j] 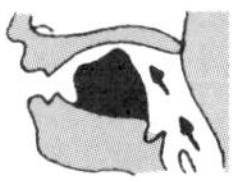	[j]는 기호는 영어의 j이지만 영어에서는 주로 y를 나타내는 소리이다. 혀 가운데를 입천장에 대어 놓고 그 틈으로 목소리를 밀어서 낸다.	young [jʌŋ] 젊은 yes [jes] 네
[ʃ] [ʒ] 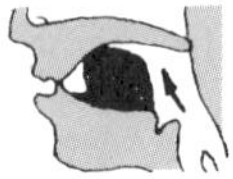	혀끝을 입천장에 접근시키되 닿지 않게 하고 성대를 울리지 않고 숨이 통하는 길목을 좁혀서 마찰시키면 「쉬」하는 소리가 난다. 이것이 [ʃ]이다. 숨 대신에 소리를 내면 [ʒ]가 된다.	ship [ʃip] 배 television [télivìʒən] 텔레비전
[tʃ] [dʒ] 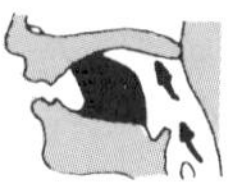	[tʃ]는 우리말의 「ㅊ」과 비슷한 소리이다. 혀를 입천장에 접근시켜 극도로 좁게 한 통로에서 「취」소리를 내면 [tʃ]가 된다. 숨 대신에 소리를 내면 [dʒ]가 된다.	child [tʃaild] 어린이 just [dʒʌst] 꼭 bridge [bridʒ] 다리

철자 · 뜻이 비슷해서 혼동하기 쉬운 단어

advice [ədváis 어드바이스] 명 충고
advise [jdváiz 어드바이즈] 타자 충고하다

allow [əláu 얼라우] 타 허락하다
arrow [ǽrou 애로우] 명 화살

allowed [əláud 얼라우드] 타 allow(허락하다)의 과거 · 과거분사형
aloud [əláud 얼라우드] 부 큰소리로

ant [ænt 앤트] 명 개미
aunt [ænt 앤트] 명 아주머니

barn [bɑːrn 반:] 명 (농가의) 곳간
burn [bəːrn 번:] 자 불타다 타 불태우다

be [biː 비:] 자 …이다
bee [biː 비:] 명 꿀벌

believe [bilíːv 빌리:브] 타자 믿다
receive [risíːv 리씨:브] 타자 받다

beside [bisáid 비싸이드] 전 …의 곁에
besides [bisáidz 비싸이즈] 전 …을 제외하고, …이외에는

blew [bluː 블루:] 타자 blow(불다)의 과거형
blue [bluː 블루:] 형 푸른 명 파랑

boat [bout 보우트] 명 보트
bought [bɔːt] 타자 buy(사다)의 과거 과거분사형

bottom [bátəm 바텀] 명 바닥
button [bʌ́tn 버튼] 명 단추

bow [bau 바우] 자 (허리를 굽혀)인사하다
bow [bou 보우] 명 활

brake [breik 브레이크] 명 (차 등의) 브레이크
break [breik 브레이크] 타자 깨다, 부수다

breath [breθ 브레쓰] 명 입김, 호흡
breathe [briːð 브리:드] 타자 호흡하다, 들이마시다

buy [bai 바이] 타자 사다
by [bai 바이] 전 …의 옆에, …에 의하여

call [kɔːl 콜:] 타자 부르다

부록

coal [koul 코울] 명 석탄

cap [kæp 캡] 명 모자
cup [kʌp 컵] 명 컵, 잔

capital [kǽpitl 캐피틀] 명 수도
Capitol [kǽpitl 캐피틀] 명 《미》 국회의사당

certain [sə́:rtn 써:튼] 형 확실한, 어떤
curtain [kə́:rtn 커:튼] 명 커튼

close [klouz 클로우즈] 명 끝, 종말 타자 닫다
close [klous 클로우스] 형 가까운 부 가깝게

cloud [klaud 클라우드] 명 구름
crowd [kraud 크라우드] 명 군중

collar [kɑ́lər 칼러] 명 칼라, 옷깃
color [kʌ́lər 컬러] 명 색깔, 빛깔

collect [kəlékt 컬렉트] 타 모으다
correct [kərékt 커렉트] 형 바른, 정확한

daily [déili 데일리] 형 매일의
dairy [dέəri 데어리] 명 우유제품, 낙농업
diary [dáiəri 다이어리] 명 일기

dear [diər 디어] 형 친애하는
deer [diər 디어] 명 사슴

farm [fɑ:rm 팜:] 명 농장
form [fɔ:rm 폼:] 명 모양, 형태

fast [fæst 패스트] 형부 빠른, 빠르게
first [fə:rst 퍼:스트] 형 제 1의, 최초의

father [fɑ́:ðər 파:더] 명 아버지
farther [fɑ́:rðər 파:더] 형 더 먼
further [fə́:rðər 퍼:더] 부 더욱이

floor [flɔ:r 플로:] 명 마루
flour [fláuər 플라우어] 명 밀가루
flower [fláuər 플라우어] 명 꽃

for [fɔ:r 포:] …대신에, …을 위하여, …에 대하여, …을 향하여
four [fɔ:r 포:] 명 넷

found [faund 파운드] 타 …의 기초를 마련하다, 설립하다
found [faund 파운드] 타 find(발견하다)의 과거 · 과거분사형

glass [glæs 글래스] 명 유리, 컵
grass [græs 그래스] 명 풀, 잔디

hear [hiər 히어] 타자 듣다, 들리다
here [hiər 히어] 부 여기에, 여기서

부록

heard [həːrd 허:드] 타 자 hear(듣다)의 과거 · 과거분사형
heart [hɑːrt 하:트] 명 심장; 마음

in [in 인] 전 …안에, …에, …에서
inn [in 인] 명 여관

lain [lein 레인] 자 lie(눕다)의 과거분사형
rain [rein 레인] 명 비

language [læŋgwidʒ 랭귀쥐] 명 언어, 국어
luggage [lʌ́gidʒ 러기쥐] 명 수하물

latter [lǽtər 래터] 형 (late의 비교급) 뒤쪽의
letter [létər 레터] 명 편지

lay [lei 레이] 타 눕히다, 두다
lie [lai 라이] 자 눕다

lead [liːd 리:드] 타자 인도하다
lead [led 레드] 명 납
led [led 레드] 자 lead(인도하다)의 과거 · 과거분사형

read [riːd 리:드] 타자 읽다
read [red 레드] 타자 read(읽다)의 과거 · 과거분사형
red [red 레드] 형 붉은

learned [lə́ːrnid 러:니드] 형 학식 있는
learned [ləːrnd 런:드] 타자 learn(배우다)의 과거 · 과거분사형

light [lait 라이트] 명 빛 형 가벼운, 밝은
right [lait 라이트] 형 오른편의, 바른 명 오른편, 권리
write [rait 라이트] 타자 쓰다

lose [luːz 루:즈] 타 잃다
loose [luːs 루:스] 형 느슨한

made [meid 메이드] 타자 make(만들다, …시키다)의 과거 · 과거분사형
maid [meid 메이드] 명 하녀, 소녀

meat [miːt 미:트] 명 (새나 물고기를 제외한 식용의) 고기
meet [miːt 미:트] 타자 만나다

mouth [mauθ 마우쓰] 명 입
mouse [maus 마우스] 명 생쥐

our [auər 아우어] 대 우리들의
hour [auər 아우어] 명 시간

pair [pɛər 페어] 명 한쌍
pear [pɛər 페어] 명 서양 배

people [píːpl 피:플] 명 사람들

pupil [pjú:pil 퓨:필] 명 학생

piece [pi:s 피:스] 명 한 조각, 한 개
peace [pi:s 피:스] 명 평화

prince [prins 프린스] 명 왕자
princes [prínsiz 프린시즈] 명 prince (왕자)의 복수형
princess [prínsis 프린시스] 명 공주

quiet [kwáiət 콰이어트] 형 조용한
quite [kwait 콰이트] 부 대단히, 아주

row [rou 로우] 타자 젓다
low [low 로우] 형 낮은
law [lɔ: 로:] 명 법률

sail [seil 쎄일] 명 돛
sale [seil 쎄일] 명 판매

saw [sɔ: 쏘:] 타자 see(보다)의 과거형
saw [sɔ: 쏘:] 명 톱
sew [sou 쏘우] 타자 바느질하다

sea [si: 씨:] 명 바다
see [si: 씨:] 타자 보다

some [sʌm 썸] 형 몇 개의

sum [sʌm 썸] 명 합계

son [sʌn 썬] 명 아들
sun [sʌn 썬] 명 태양

steal [sti:l 스틸:] 타 훔치다
steel [sti:l 스틸:] 명 강철

sweet [swi:t 스위:트] 형 단
sweat [swet 스웻] 명 땀

tear [tiər 티어] 명 눈물
tear [tεər 테어] 타자 찢다

thought [ðou 도우] 접 비록 …할지라도
through [θru: 쓰루:] 전 …을 통하여

want [wɑnt 완트] 타 바라다
won't [wount 워운트] will not의 단축형

wind [wind 윈드] 명 바람
wind [waind 와인드] 타 감다

youth [ju:θ 유:쓰] 명 젊음
use [ju:s 유:스] 명 사용, 이용
use [ju:z 유:즈] 타 사용하다

부록

중 요 숙 어

a few 약간(몇) 있는《a를 빼고 few만 쓰면 「거의 없는」의 뜻으로 부정의 뜻을 나타낸다》

¶ There are *a few* books on the desk.
책상 위에는 몇권의 책들이 있다.

¶ There are *few* books on the desk. 책상 위에는 책이 거의 없다.

a little 약간 (조금) 있는《a를 빼고 little만 쓰면 「조금도 없는」의 뜻으로 부정의 뜻을 나타낸다》

¶ I have *a little* money.
나는 돈을 조금 가지고 있다.

¶ I have *little* money.
나는 돈을 조금도 가지고 있지 않다.

a lot of (또는 **lots of**) 많은《=many, much》

¶ He has *a lot of* books.
그는 많은 책을 가지고 있다.

a pair of 한 쌍의, 한 켤레의

¶ *a pair of* socks
양말 한 켤레

a piece of 한 조각의

¶ *a piece of* bread 빵 한 조각

after all 결국《=in the end》

¶ He failed *after all.*
그는 결국 실패했다.

as far as~ …까지는《거리》, …하는 한《범위》

¶ *as far as* Pusan 부산까지

¶ *as far as* he is concerned
그에 관한 한

as long as~ …하는 동안《시간》, …하기만 하면《조건》

¶ I will help him *as long as* I live. 나는 살아 있는 한 그를 도울 것이다.

¶ You may borrow the book *as long as* you keep it clean.
그 책을 깨끗이 보관만 한다면 그 책을 빌려가도 된다.

as soon as~ …하자마자, 즉시

¶ It began to rain *as soon as* I left home. 집을 떠나자마자 비가 오기 시작했다.

as well as~ ~과 마찬가지로…, ~뿐만 아니라 …도

¶ She speaks Chinese *as well as* English. 그녀는 영어뿐만 아니라 중국말도 한다.

at last 드디어, 마침내

¶ He passed the examination *at last.*
그는 드디어 시험에 합격했다.

be able to (do) …할 수 있다《=can》

¶ He *is able to* swim.
그는 헤엄칠 수 있다.

be afraid of~ …을 두려워(무서워)하다, …할까 걱정이다

¶ She *is afraid of* cats.
그녀는 고양이를 무서워한다.

¶ I *am afraid of* being late.
나는 늦지 않을까 걱정이다.

be fond of~ …을 좋아하다《=like》

¶ She *is fond of* flowers.
그녀는 꽃을 좋아한다.

be going to (do) …하려고 하다, …할 작정이다

¶ It *is going to* snow.
눈이 오려고 한다.

¶ I *am going to* see movies this evening. 나는 오늘 저녁에 영화 구경할 작정이다.

be used to~ …에 익숙하다

¶ We *are used to* this work.
우리는 이런 일에 익숙하다.

between~ and … ~와 …사이(에)《둘 사이에는 between~ and …을 쓰지만 셋 이상의 경우에는 among을 쓴다》

¶ The child sits *between* father *and* mother.
그 아이는 아버지와 어머니 사이에 앉아 있다.

¶ The child sits *among* the family. 그 아이는 가족들 사이에 앉아 있다.

both~ and… ~도 …도, 양쪽 다

¶ I like *both* spring *and* autumn.
나는 봄도 가을도 좋아한다.

by way of~ …을 지나서, 경유하여

¶ He went to England *by way of* America. 그는 미국을 경우하여 영국으로 갔다.

each other 서로《두 사람 사이에 쓴다》

¶ The two boys helped *each other.* 두 소년은 서로 도왔다.

¶ They looked at *each other.*
그들은 서로 쳐다 보았다.

either~ or … ~이거나 또는 …이거나

¶ *Either* you *or* I am right.
네가 옳든지 내가 옳든지 둘 중의 하나다.

¶ Please take *either* pies *or* doughnuts. 파이이든 도넛이든 어느 한 쪽을 드세요.

even if (또는 even though) 비록 …(이라) 할지라도

¶ *Even if* we leave now, we will be late. 비록 지금 떠날지라도 늦을 것이다.

for example 예를 들면, 예컨대

¶ I like sweets, *for example* candies. 나는 단 것, 예를 들면 캔디를 좋아한다.

get along 살아가다, 지내다

¶ How are you *getting along?* 어떻게 지내고 있습니까?

get off (버스 · 열차 · 자전거 · 말 등)에서 내리다 《㊥ get on》

¶ I *get off* the bus at Seoul Station.

서울 역에서 버스를 내린다.

¶ I *get on* the subway at Tondaemun Station.

동대문 역에서 지하철을 탄다.

get to …에 도착하다

¶ We *got to* Seoul at eight.

우리는 8시에 서울에 도착했다.

have to (do) …해야 한다, …하지 않으면 안된다

¶ I *have to* go now.

나는 지금 가야 한다.

¶ I *have to* catch the first train. 나는 첫차를 타지 않으면 안된다.

in front of~ …의 앞에 《=before, 단 before는 「장소 · 시간」에 다 쓸 수 있지만 in front of는 「장소」에만 쓰인다》

¶ There is a garden *in front of* the house.

집 앞에는 정원이 있다.

in order to (do) …하기 위하여

¶ He studied hard *in order to* pass the examination.

그는 시험에 합격하기 위하여 열심히 공부했다.

neither~ nor… ~도 아니고 …도 아니다

¶ *Neither* Ann *nor* I can swim well. 앤도 나도 헤엄을 잘 치지 못한다.

¶ *Neither* you *nor* he is wrong. 너의 잘못도 그의 잘못도 아니다.

not~ at all 조금도 …아니다, 전혀 …없다

¶ I am *not* tired *at all.*

나는 조금도 피곤하지 않다.

¶ He has *not* ambition *at all.*

그는 전혀 야망이 없다.

not only~ but also… ~뿐만 아니라 …도

¶ She can speak *not only* English *but also* French.

그녀는 영어뿐만 아니라 프랑스어도 말할 수 있다.

of course 물론 《=certainly》

¶ "May I come in?" "*Of course,* please do."

들어가도 됩니까? – 물론이죠, 어서 들어오세요.

once upon a time 옛날 옛날

¶ *Once upon a time* there were three pretty girls.

옛날 옛날에 귀여운 소녀 셋이 있었다.

one another 서로 《세 사람 이상일 때 쓴다. 두 사람 사이에는 each other》

¶ The three girls loved *one another.*

세 소녀는 서로 사랑하였다.

out of~ …밖으로, … 때문에

¶ The students went *out of* the classroom.

학생들은 교실 밖으로 나갔다.

¶ She cried *out of* fear.

그녀는 두려움 때문에 울었다.

plenty of~ (충분히) 많은

¶ There is *plenty of* time.

시간은 충분히 있다.

so~ that… 매우 ~하므로 …하다

¶ She is *so* kind *that* everybody likes her. 그녀는 매우 친절하므로 모두가 좋아한다.

some day (미래의) 언젠가

¶ *Some day* he will succeed.

언젠가 그는 성공할 것이다.

step by step 한 걸음 한 걸음, 착실히

¶ He is learning *step by step.* 그는 착실히 배우고 있다.

such as~ …과 같은

¶ *such* a kind girl *as* Jane

제인과 같은 친절한 소녀

take care of …을 보살피다, 시중들다

¶ She *takes* good *care of* her little brother.

그녀는 남동생을 잘 돌본다.

the same~ as… …과 같은 종류의

¶ This ball is *the same as* Tom's. 이 공은 톰과 같은 종류의 것이다.

think about …에 대하여 생각하다

¶ He is *thinking about* his future.

그는 자기의 장래에 대해서 생각하고 있다.

too~ to… 너무나 ~하기 때문에 …하다

¶ I was *too* full *to* eat dessert. 나는 너무 배가 불러서 디저트를 먹을 수가 없었다.

turn off (텔레비전 · 라디오 등)을 끄다; (수도 · 가스 등)을 잠그다

¶ *Turn off* the light before you go to bed.

자기 전에 불을 꺼라.

used to (do) 늘 …하곤 했다

¶ She *used to* go for a walk in the morning. 그녀는 아침에 늘 산책을 하곤 했다.

KOREAN-ENGLISH DICTIONARY

한 영 사 전

ㄱ

가게 **store**, **shop**
¶ **가게** 주인 a *store*keeper, a *shop*keeper

가격 **price**, cost
¶ 이책의 **가격**은 얼마입니까? What is the *price* of this book?

가계부 **housekeeping book**

가공(加工) processing
~하다 **process**

가구(家具) **furniture**
¶ **가구**점 a *furniture* store

가깝다 **near**, close
¶ 강에 **가깝다.** It is *near* the river.

가꾸다 **grow**, cultivate
¶ 꽃을 **가꾸다** *grow* flowers

가끔 **often**, sometimes
¶ 그는 **가끔** 이곳에 온다. He *often* comes here.

가난하다 **poor**
¶ 그는 매우 **가난했다.** He was very *poor.*/ 그들은 **가난하지만** 정직하다. They are *poor* but honest.

가늘다 **thin**, slender

가능 possibility
~하다 possible
¶ 우리는 **가능한** 한 빨리 출발해야 한다. We should start as soon as *possible.*

가다 **go**, **pass**
¶ 집에 **가다** *go* home/ 버스 타고 **가다** *go* by bus/ 시간이 매우 빨리 **갔다.** Time *passed* very quickly.

가두다 **shut in(up)**
¶ 방에 **가두다** *shut up* in a room

가득 **full**
¶ 상자는 사과로 **가득** 차 있다. The box is *full* of apples.

가득하다 **full**

가라앉다 **sink**
¶ 그 배는 바다 밑으로 **가라앉았다.** The ship *sank* to the bottom of the sea.

가랑비 a drizzle

가량 **about**, some
¶ 두 시간 **가량** *about* two hours

가려내다 **pick out**

가렵다 itchy, itching
¶ 등이 **가렵다.** My back

itches.

가령 for example; if

가로 **width**

¶ 그 방은 **가로** 12피트이다. The room is 12 feet in *width.*

가로놓이다 **lie**, lie across

가로등 street lamp, road ramp

가로수 roadside tree

가로지르다 **cross**, go across

¶ 길을 **가로질러** 가다 *go across* the street

가로채다 steal

가루 **powder**

¶ **가루**약 *powdered* medicine

가르다 **divide**, part, share

가르치다 **teach**

¶ 영어를 **가르치다** *teach* English/ 그녀는 음악을 **가르친다**. She *teaches* music.

가르침 teaching

가리다[1] **choose**, select, pick out

가리다[2] **hide**, **cover**

¶ 양 손으로 얼굴을 **가리다** *hide* face with hands

가리키다 point, indicate

¶ 시계는 3시를 **가리키고** 있다. The clock *points* to three.

가마니 a straw bag

가만히 **quietly**, calmly, gently

가망 **hope**, promise, **possibility**

¶ **가망**이 없다 be *hopeless*

가면 **mask**

¶ **가면**을 쓰다 wear a *mask*

가명 false name

가물다 **dry**

가발 **wig**, false hair

가방 **bag**

가볍다 **light**, slight

¶ **가벼운** 짐 a *light* load/ **가벼운** 병 a *slight* illness

가쁘다(숨이) be out of breath

가뿐하다 not heavy

가사[1](家事) **housework**, house-keeping

가사[2](歌詞) **words**

가설하다(架設-) **build**, construct

¶ 강에 다리를 **가설하다** *build* a bridge over a river

가수 **singer**

가슴 breast, chest; (마음) heart, mind

¶ **가슴**이 아프다 have a pain in the *chest*

가시 thorn(나무의); fishbone(생선의)

¶ 장미에도 **가시**가 있다. Roses have *thorns./* **가시**가 많은 생선 a fish full of *fishbones*

가열 **heating**

~하다 **heat**

가엾다 **poor**, pitiable, pitiful

¶ **가엾은** 고아 a *poor* orphan

가운데 the middle, the center

¶ 그녀는 **가운데** 손가락을 베었다. She has cut her *the middle* finger.

가위 scissors

¶ **가위**로 자르다 cut with *scissors*

가을 autumn 《영》, **fall** 《미》

¶ **가을**은 아름다운 계절이다. *Autumn* is a beautiful season.

가입하다 join

가장 most

¶ **가장** 중요하다 be *most* importance

가정 home, family

¶ **가정** 생활 a *home* life/ 즐거운 **가정** a sweet *home*

가져가다 take, take away(carry)

¶ 누가 내 책을 **가져가 버렸다.** Somebody has *taken away* my book.

가져오다 bring

¶ 물 한 잔 **가져오너라.** *Bring* me a glass of water.

가족 family

가죽 leather(무두질한), skin

¶ **가죽** 가방 *leather* bag

가지 branch

¶ **가지**를 꺾다 break off a *branch*

가지다 have, hold, take

¶ 나는 좋은 책을 많이 **가지고 있다.** I *have* many good books.

가축 livestock, domestic animals

가치 value, worth

¶ **가치** 없는 of no *value*

가파른 steep

¶ 그 언덕은 **가파르다** The hill is *steep.*

각[1](角) **angle**

각[2](各) **each, every**

¶ **각자** *each* person/ 소년들은 **각자** 모자를 가지고 있다. *Each* boy has a cap.

각각(各各) **each, every,** separately

¶ 소년들은 **각각** 모자를 가지고 있다. *Each* boy has a cap.

각국(各國) **every country,** each nation

각오하다 prepare for

¶ 그는 죽음을 **각오하고** 있다. He is *prepare for* death.

각자 each one, everyone

간격 space, interval

간단하다 simple, easy, brief

¶ 그것은 **간단한** 문제이다. It is a *simple* problem.

간섭하다 interfere, put nose into

간수하다 keep, save

간절하다 earnest, eager

¶ 간절한 부탁 an *earnest* request

간접적인 indirect

간직하다 keep; (마음에) hold in mind

간첩 spy

간호 nursing, care

¶ 극진한 **간호** careful *nursing*

간호사 nurse

갇히다 be shut up

갈기다 beat, hit

갈다[1] (밭을) plow, till

갈다[2] (바꾸다) change, replace

갈대 reed

갈라놓다 divide, part, separate

갈망하다 long for, yearn for

갈색 brown

갈증 thirst

감각 sense, feeling

¶ 유머 **감각** a *sense* of humor

감기 cold

¶ **감기**에 걸리다 catch *cold*

감동 emotion

¶ **감동**하여 듣다 listen with *emotion*

감사 thank

¶ 대단히 **감사**합니다. *Thank* you very much.

감옥 prison, jail

감자 potato

감정 feeling, emotion

감추다 hide, conceal

감탄 admiration, wonder

~하다 admire

갑갑하다 feel heavy

갑자기 suddenly, on a sudden

¶ **갑자기** 하늘이 어두워지고 비가 내리기 시작했다. *Suddenly* the sky became dark, and it began to rain.

갑판 deck

값 price, cost

¶ **값**이 싸다 be low in *price*/ **값**이 오르다 the *price* rises/ 이 책의 **값**은 1달러이다. The *price* of this book is one dollar.

갓난아이 baby

강 river

¶ 우리 집 옆에는 작은 **강**이 있다. There is a small *river* beside our house.

강당 hall, auditorium

강대국 powerful country

강도(强盜) robber

강력하다 strong, powerful

강변 riverside

강요하다 force, demand

강의 lecture

¶ 나는 그에게 **강의**를 부탁했다. I asked him to give a *lecture.*

강철 steel

강풍 strong wind

강하다 strong, powerful

¶ 그는 크고 힘이 **강하다.** He is big and *strong.*

같다 same, like

¶ 짐과 나는 **같은** 학급에 있다. Jim and I are in the *same* class./ 비가 올 것 **같다.** It looks *like* rain.

같이 together, equally, like

¶ **같이** 살다 live *together*/ 우리 **같이** 갈까? Shall we go *together?*

갚다 pay back, repay

¶ 빚을 **갚다** *pay* the money back

개 dog

¶ 나는 **개**가 두 마리 있다. I have two *dogs.*

개구리 frog

개다[1] clear up, become clear

¶ 활짝 **갠** 하늘 a *clear* sky

개다[2] fold

¶ 옷을 **개다** *fold* up the clothes

개미 ant

개발 development

~하다 **develop**

개성 personality

¶ **개성**을 존중하다 respect another's *personality*

개시하다 begin, open, start

¶ 영업을 **개시하다** *start* business

개울 brook, streamlet; creek

개천절(開天節) the National Foundation Day of Korea

거기 there, that place

¶ **거기** 서라. Stand *there.*

거꾸로 upside down

¶ 당신은 지도를 **거꾸로** 들고 있군요. You are holding the map *upside down.*

거닐다 stroll

¶ 우리는 해변가를 **거닐었다.** We *strolled* along the beach.

거대한 giant, huge

¶ **거대한** 건물 a *giant* building

거두다 collect; harvest; gain

¶ 곡식을 **거두다** *harvest* crops

거들다 help, give a hand

¶ 그녀는 집에서 어머니를 **거든다.** She *helps* her mother at home.

거듭 again, over again

거래 business

~하다 do business with

거룩하다 holy

거리[1] distance

¶ 여기서 너의 학교까지의 **거리**는 얼마나 되느냐? What is the *distance* from here to your school?

거리[2] **road,** street

¶ **거리**를 걷다 walk along the *street*

거미 spider

거북 turtle

¶ **거북**은 아주 느렸다. *Turtle* was very slow.

거스름돈 change

¶ **거스름돈**은 가지시오. Keep the *change.*

거실 living room

거울 mirror

거위 goose

거의 almost, nearly

¶ 나는 **거의** 매일 그를 만났다. I meet him *almost* every day.

거인 giant

거절하다 refuse, reject

거주하다 live, reside, dwell

¶ 그녀는 미국에 **거주하고** 있다. She *lives* in America.

거지 beggar

거짓말 lie

~하다 **lie, tell a lie**

¶ **거짓말**하는 것은 좋지 않다. Telling a *lie* is not good.

거칠다 wild; rough

¶ **거친** 바다 *wild* seas/ **거친** 피부 *rough* skin

거품 foam

걱정 anxiety, worry

~하다 **worry**

¶ 그것에 대해 **걱정하지** 마라. Don't *worry* about it.

건강 health

~하다 **healthy,** well, sound

¶ 일찍 일어나는 것은 **건강**에 좋다. Early rising is good for *health*./ 나는 매우 **건강하다.** I am quite *healthy.*

건너다 go across, go over cross

¶ 길을 **건너다** *go across* a road

건너편 the opposite side, the other side

건드리다 touch

건물 building

건설 construction

~하다 construct

¶ 다리를 **건설하다** *construct* a bridge

건의하다 propose, suggest, make a proposal

¶ 그는 새로운 계획을 **건의했다.** He *proposed* a new plan.

건전 health

~하다 **healthy, sound**

¶ **건전한** 오락 *healthy* recreations

건조하다 dry

¶ 공기가 매우 **건조하다.** The

air is very *dry.*

건축 building

~하다 **build,** construct

걷다[1] **walk,** step

¶ 그는 **걸어서** 학교에 간다. He *walks* to school.

걷다[2] **remove, take off; roll up**

¶ 빨래를 **걷다** *remove* the laundry from a clothesline

걸다[1] **hang, hook, lock**

걸다[2] **phone, call**

걸레 floorcloth, mop

걸리다 take, catch

¶ 그 곳에 가려면 2시간 **걸린다.** It *takes* two hours to go there./ 그는 감기에 **걸렸다.** He *caught* cold.

걸음 step

¶ 한 **걸음** 내딛다 take a *step*

검(劍) **sword**

검다 black, dark

¶ 나는 **검은** 고양이를 좋아한다. I like a *black* cat./ 그녀는 **검은** 눈을 가졌다. She has *dark* eyes.

검사 examination, inspection

~하다 **examine,** inspect

겁내다 fear

겁쟁이 coward

겉 surface, outside

게 crab

게으르다 idle, lazy

¶ 그는 너무나 **게으르다.** He is too *lazy.*

게으름뱅이 idler, lazybones

겨냥하다 aim

¶ 그는 토끼를 **겨냥하여** 쏘았다. He *aimed* at the rabbit and fired.

겨드랑이 armpit

겨우 barely

겨울 winter

¶ **겨울** 방학 a *winter* vacation

격언 proverb, saying

겪다 experience

견고하다 solid, firm, steady

견디다 bear, endure, stand

견본 sample

견주다 compare with

견해 opinion, view

¶ **견해**를 같이하다 hold the same *view*

결과 result

¶ 좋은 **결과**를 얻다 get a good *result*

결국 after all, at last

¶ 그 개는 **결국** 죽었다. The dog died *after all.*

결근 absence

~하다 **be absent from**

결론 conclusion

¶ **결론**에 도달하다 reach a

conclusion

결석 absence

~하다 **be absent from**

¶ 그는 학교에 **결석했다.** He *was absent from* school.

결승전 final game

결심 determination

~하다 **determine, make up one's mind,** decide

¶ 그는 열심히 공부하기로 **결심했다.** He has *made up his mind* to study hard.

결점 fault, defect, weakness

결정 decision, determination

~하다 **decide**

¶ 인호는 그의 친구를 돕기로 **결정했다.** Inho *decide* to help his friend.

결코 never

¶ 나는 **결코** 거짓말을 하지 않는다. I *never* tells a lie.

결혼 marriage, wedding

~하다 **marry,** wed

결혼식 wedding

겸손 modesty

~하다 **modest**

경계(警戒) **warning,** caution

¶ **경계** 경보를 울리다 sound a *warning*

경고 warning, caution

~하다 **warn,** caution

경과하다 pass, go by

경기 game, contest, match

¶ **경기**에 이기다 win a *game*/ **경기**에 참가하다 take part in a *contest*

~하다 **play** ¶ 우리 야구 **경기** 하자. Let's *play* baseball.

경기장 sports ground, stadium

경례 bow, salutation

경보 alarm, warning

경비 expense, cost

¶ **경비**를 줄이다 cut down *expenses*

경영자 manager

경영하다 manage

¶ 회사를 **경영**하다 *manage* a company

경의 respect, regard

¶ **경의**를 표하다 pay *respects*

경쟁 competition, contest, race

~하다 **compete**

¶ **경쟁**에 이기다 win in a *contest*

경쟁상대 rival

경제 economy

경주 race, running match

¶ 나는 이 **경주**에 이겨야 한다. I must win this *race*.

경찰 police

¶ **경찰관** a *policeman*/ **경찰서** a *police* station

경축 congratulation
~하다 congratulate
경치 scene, scenery
¶ 여기서 아름다운 **경치**가 보인다. We can see a beautiful *scene* from here.
경험 experience
~하다 experience
¶ 그녀는 선생으로서 **경험**이 많다. She has much *experience* as a teacher.
경호 guard
¶ 그는 대통령을 **경호했다.** He *guarded* the President.
계곡 valley, canyon
계급 class, rank, grade
¶ **계급**이 오르다 be raised in *rank*
계단 stairs
¶ 그는 **계단**을 뛰어 내려갔다. He ran down the *stairs.*
계산기 counting machine
계산하다 count, calculate
계속하다 continue, go on
¶ 이야기를 **계속하다** *continue* to talk
계절 season
¶ 4**계절** the four *seasons*
계획 plan
~하다 plan ¶ **계획**을 실천하다 carry out the *plan*/ 그들은 세계일주를 **계획하고** 있다. They are *planning* a trip around the world.
고객 customer
고구마 sweet potato
고국(故國) homeland, native country
고급 high class (grade)
고기 meat
¶ **고기** 한 조각 a piece of *meat*
고단하다 tired
¶ 몹시 **고단하다** be *tired* out
고대하다 wait impatiently for
고독하다 lonely, solitary
고되다 hard, trying
¶ **고된** 일 a *hard* work
고래 whale
고려 consideration
~하다 consider
고르다 even, choose, select
¶ 네가 제일 좋아하는 것을 **골라라.** *Choose* the one you like best.
고리 ring, link, loop
고립 isolation
~하다 be isolated, stand along
고맙다 thankful
고무 rubber
¶ **고무** 공 a *rubber* ball

고민하다 worry
고발하다 accuse, charge
고백 confession
~하다 confess
고상하다 noble
¶ 그는 취미가 **고상하다.** He is a man of *noble* taste.
고생 suffering, hardships
~하다 **suffer**
¶ 그는 심한 두통으로 **고생하고** 있다. He is *suffering* from a bad headache.
고속 high-speed
고속 도로 highway
고아 orphan
고양이 cat
¶ 그녀는 **고양이**를 기르고 있다. She keeps a *cat.*
고요하다 quiet, calm, still, silent
고장나다 get out of order
고정하다 fix, settle
¶ 그는 벽에 선반을 **고정했다.** He *fixed* a shelf to a wall.
고치다 cure, repair, correct
¶ 감기를 **고치다** *cure* of a cold/ 기계를 **고치다** *repair* a machine
고통 pain
¶ **고통**을 느끼다 feel a *pain*
고함치다 cry
¶ 그는 아파서 **고함쳤다.** He *cried* with pain.
고향 home town, birthplace
고혈압 high blood pressure
곡선 curve, curved line
곤란 difficulty, trouble
~하다 **difficult,** hard
¶ **곤란한** 문제 a *difficult* problem
곤충 insect
곧 soon, at once, in a moment, before long
¶ 그는 **곧** 올 것이다. He will come *soon.*
곧다 straight
¶ **곧은** 길 *straight* road
곧장 straight, directly
¶ **곧장** 집으로 가라. Go *straight* home.
골고루 evenly among all
¶ **골고루** 나누어 주다 divide *evenly among all*
골목 lane, side street
골짜기 valley
곰 bear
곱다 pretty, beautiful, lovely
곳 place
¶ 서울은 여름에는 매우 더운 **곳**이다. Seoul is a very hot *place* in summer.
공 ball
¶ **축구공** a soccer *ball*

공간 space
¶ 시간과 **공간** time and *space*
공격하다 attack
공구 tool
공군 air force
공급 supply
~하다 **supply**, provide
공기 air
¶ 가을에는 **공기**가 선선하다. The *air* is cool in autumn.
공무원 public servant
공백 blank (space)
공부하다 study
¶ 그는 열심히 **공부한다**. He *studies* hard.
공산주의 communism
공손하다 polite
공업 industry
공원 park
공일 Sunday, holiday
공장 factory
¶ 아버지는 이 **공장**에서 일하신다. My father works in this *factory*.
공주 princess
공중 the air, the sky
¶ **공중**을 날다 fly in *the air*
공책 notebook
공학 engineering
¶ 전기**공학** electric *engineering*
공항 airport
¶ 비행기가 김포 **공항**에 착륙하였다. An airplane has landed at the Kimpo *Airport*.
과거 past
¶ 그는 **과거**에는 가난했다. He was poor in the *past*.
과목(科目) **subject**, lesson
과수원 fruit garden
과식하다 **overeat**, eat too much
과실(過失) **fault**, mistake, error
과일 fruit
¶ 나는 **과일**을 매우 좋아한다. I like *fruit* very much.
과자 cake, 《미》 candy
과정 course, process
¶ 그들은 다른 **과정**을 공부하려고 한다. They are going to study other *courses*.
과학 science
관객 **audience**, spectator
관계 relation
~하다 **relate**, connect
관광 tour
관심 interest
¶ 나는 농구에 **관심**이 많다. I am very much *interested* in basketball.
관찰 observation
관하여 **about**, on, regarding
¶ 새로 오신 선생님에 **관하여** 이야기해다오. Tell me *about*

your new teacher.

광경 scene, sight

¶ 그것은 슬픈 **광경**이었다. It was a sad *sight.*

광고 advertisement

~하다 advertise

광부 miner, mine worker

광선 light, a ray of light

광장 square, open space

광주리 round basket

괜찮다 all right, do not mind

괴로움 trouble, pain

괴롭다 painful, troublesome

괴롭히다 bother, worry, trouble

¶ 그 연기가 사람들을 **괴롭혔다.** The smoke *bothered* the people.

교과서 textbook, schoolbook

교대 change, alternation

~하다 **change**, alternate

교도소 prison, 《미》 **jail**

교사 teacher

교수 professor

교실 classroom

교외 suburbs, outskirts

교육 education, teaching

¶ 그는 훌륭한 **교육**을 받았다. He received a good *education.*

교장 principal

교정 schoolyard, 《미》 **campus**

교통 traffic

¶ **교통** 신호 a *traffic* signal

교향곡 symphony

교환하다 exchange

교회 church

¶ 우리는 매주 일요일에 **교회**에 간다. We go to *church* every Sunday.

교훈 lesson, teaching

구(九) **nine**

구경하다 sight-see

¶ 나이아가라 폭포를 **구경하러** 가다 go to Niagara Falls for *sight-seeing.*

구두 shoes(단화), boots(장화)

¶ 어머니는 내게 새 **구두**를 사 주셨다. Mother bought me a new *shoes.*

구르다 roll, tumble

¶ 공이 마당으로 **굴러** 들어왔다. A ball came *rolling* into the yard.

구름 cloud

¶ 하늘에는 **구름** 한 점 없다. There is no *cloud* in the sky.

구리 copper

구멍 hole, opening

구미(口味) appetite, taste

구석 corner

구입하다 buy, purchase

구조 structure, construction

구조하다 rescue, save

구하다 seek, want, ask for

¶ 그는 좋은 일자리를 **찾고 있다.** He is *seeking* a good job.

국 soup

¶ **국**을 먹다 eat *soup*

국가 nation, country, state

국경일 national holiday

국기 national flag

국립 공원 national park

국립의 national

¶ **국립** 극장 the *National* Theater

국문(國文) national language

국민 nation, people

¶ **국민**의, **국민**에 의한, **국민**을 위한 정치 government of the *people*, by the *people*, for the *people*

국방 national defense

국사(國史) national history

국산(國産) home(domestic) production

국어 national language, mother tongue

국적 nationality

국제의 international

국회 the National Assembly

군대 army, forces, corps

군데군데 here and there, at places

군인 soldier

¶ 그는 훌륭한 **군인**이었다. He was a good *soldier.*

군중 crowd

군함 warship

굳세다 strong, firm

굴 tunnel, cave

굴뚝 chimney

¶ 연기가 **굴뚝**에서 나오고 있다. Smoke is comming out of the *chimney.*

굴리다 roll

굵다 thick

굶다 starve, hungry

굽 heel

¶ **굽**이 높은 신발 high-*heeled* shoes

권력 power

권리 right

¶ **권리**와 의무 *right* and obligation

권총 pistol, revolver

권투 boxing

권하다 advise

귀 ear

귀가하다 go home

귀머거리 deaf (person)

귀신 ghost

귀여워하다 love, pet

귀엽다 lovely, pretty, charming

¶ **귀여운** 소녀 a *lovely* girl

규칙 rule, regulation

¶ **규칙**에 따르다 go by *rule*

균등 **equality**

~하다 **equal**, even

균형 **balance**

귤 **orange**

그[1] **he** 《his(그의), him(그를, 그에게)》

¶ **그**는 매우 키가 작다. *He* is very short.

그[2] **the**, that

¶ **그** 사람 *the* man/ **그** 야구 시합은 끝났다. *The* baseball game is over.

그것 **it**, **that**

그네 **swing**

그녀 **she** 《her(그녀의, 그녀를, 그녀에게)》

¶ **그녀**는 미국에서 산다. *She* lives in America.

그늘 **shade**

그대로 **as it is**

그동안 **during that time**, the while, in the meantime

그들 **they** 《their(그들의), them(그들을, 그들에게), thiers(그들의 것)》

¶ **그들**은 행복하다. *They* are happy.

그래도 **but**, **nevertheless**, and yet

그래서 **so**, therefore, then

그러나 **but**, **however**, though

¶ 여름은 덥지만 **그러나** 겨울은 춥다. Summer is hot *but* winter is cold.

그러므로 **so**, therefore

그렇게 **so**, so much, that way

¶ 그 질문은 **그렇게** 어렵지 않았다. The question was not *so* difficult.

그렇고말고 **Sure**, **Of course**, Certainly

그리다 **draw**, paint, picture

¶ 그는 훌륭한 그림을 **그린다**. He *draws* good pictures.

그림 **picture**

그림자 **shadow**

그만두다 **stop**, give up

¶ 회사를 **그만두다** *stop* the company

그물 **net**

그저께 the day before yesterday

그치다 **stop**, cease, end

¶ 비가 **그쳤다**. It has *stopped* raining.

극 **drama**, play

극장 **theater**, playhouse

¶ 그녀는 종종 **극장**에 간다. She often goes to the *theater*.

근교 **suburbs**, outskirts

근대 modern times

근래 **lately**, of late, recently

근면 **diligence**
~하다 **diligent**, industrious
¶ 그는 **근면한** 학생이다. He is a *diligent* student.
근무 **work**, duty, service
~하다 do duty, work
근육 **muscle**
근하 신년 **Happy New Year**
글 **sentence**
글쎄 **well**, now, let me see
¶ **글쎄** 갈 생각이 없는 걸. *Well,* I don't feel like going.
글씨 **letter**
글짓기 **composition**, writing
긁다 **scratch**
금 **gold**
¶ **금** 반지 a *gold* ring/ **금** 목걸이 a *gold* necklace/ **금** 시계 a *gold* watch
금강석 **diamond**
금고 **safe**, strongbox
금년 **this year**
금방 **just now**, right now
¶ 그는 **금방** 도착했다. He arrived *just now.*
금속 **metal**
금일 **today**, this day
금주 **this week**
금화 **gold coin**
급료 **salary**, wages, pay
급우 **classmate**
급하다 **urgent**, hasty
급행 **express**
급히 **hastily**, **fast**, quickly, in a hurry
기계 **machine**
¶ 비행기는 나는 **기계**이다. An airplane is a flying *machine.*
기구(氣球) **balloon**
기념의 **memorial**
기다 **crawl**, creep
기다리다 **wait**
¶ 버스를 **기다리다** *wait* for a bus/ 잠깐 **기다리세요**. *Wait* a minute.
기대 **expectation**
~하다 **expect**, look forward to
기대다 **lean**
¶ 그녀는 그의 팔에 **기댔다**. She *leaned* on his arm.
기도 **prayer**
~하다 **pray**
기둥 **piller**, post, pole
기록 **record**
¶ **기록**을 깨다 break a *record*
기르다 **bring up**, raise
기름 **oil**
기립하다 **stand up**, rise
기분 **feeling**, mood
기쁘다 **glad**, happy, joyful, pleasant

¶ **기쁜** 소식 *glad* news
기쁨 joy, delight, pleasant
기사(技師) engineer, technician
기술 skill, art, technique
기억 memory
~하다 remember, memorize
¶ 그녀는 **기억력**이 나쁘다. She has a bad *memory.*
기와 tile
¶ **기와**집 a *tile*-roofed house
기온 temperature
기운 strength, force, might
기울다 incline, decline
기자(記者) reporter
기적 miracle
¶ 그 의사는 나의 회복이 **기적**이었다고 말했다. The doctor said that my recovery was a *miracle.*
기준 standard
기중기 crane
기차 train
¶ **기차**를 타다 catch a *train*
기체 gas
기초 basis, base
기침 cough
¶ 그는 **기침**을 심하게 한다. He *coughs* hard.
기필코 certainly, surely
기회 opportunity, chance
¶ **기회**를 놓치다 miss an *opportunity*
기후 weather, climate
길 road, way, street
¶ 이 길은 역으로 가는 **길**이다. This *road* leads to the station./ **길**을 묻다 ask *way* to
길가 roadside
길다 long, lengthy
길모퉁이 street corner
길이 length
깁다 saw, stitch, ment
깃발 flag
깃털 feather
깊이 depth
까다롭다 difficult, hard
¶ **까다로운** 문제 a *difficult* question
까마귀 crow
깎다 shave, cut, down
¶ 머리를 **깎다** have hair *cut*
깔끔하다 smart, neat and tidy
깡통 can
깨끗한 clean
¶ 교실들은 **깨끗하다**. The classrooms are *clean.*
깨다 wake (up), awake
¶ 나는 오늘 아침 7시에 **깼다**. I *woke* at seven this morning.
깨닫다 see, realize, awake to
깨뜨리다 break
¶ 접시를 **깨뜨리다** *break* a

dish
깨물다 bite
¶ 혀를 **깨물다** *bite* tongue
깨우다 wake up, awake
꺼내다 pull out, take out
¶ 지갑에서 돈을 **꺼내다**. *Take out* some money from purse.
꺼지다 put out
꺾다 break, snap, pick
¶ 나뭇가지를 **꺾다** *break* off a branch of the tree/ 꽃을 **꺾지** 마라. Don't *pick* the flowers.
껍질 shell
껴안다 hug, embrace
꼬리 tail
꼭 certainly, just, right
¶ 그녀는 **꼭** 올 것이다. She will *certainly* come.
꼭대기 top
¶ 그는 산 **꼭대기**에 도달했다. He reached the *top* of the mountain.
꽃 flower
¶ **꽃**을 꺾지 마라. Don't pick the *flower.*
꽃병 vase
꾸다 (돈을) borrow, (꿈을) dream
꾸러미 bundle, package
꾸짖다 scold
¶ 너무 **꾸짖지** 마라. Don't *scold* so much.
꿀 honey
꿈 dream
꿰매다 sew
¶ 단추를 **꿰매어** 달다 *sew* on a button
끄다 (불을) put out, (전기 등을) turn off
끈 string
끊다 cut, hang up, stop
¶ 술을 **끊다** *stop* drinking
끌다 pull, draw, drag
끓다 boil
¶ **끓어서** 넘다 *boiled* out
끝 end
¶ 영화가 **끝났다**. The movies have *ended.*
끼다 put on
¶ 장갑을 **끼다** *put* on one's gloves
끼치다 (폐를) trouble, (영향을) influence, (손해를) injure

ㄴ

나 I《my(나의), me(나를, 나에게), mine(나의 것)》
¶ 나는 매우 행복하다. *I* am very happy.
나가다 go out
나그네 wanderer, traveler
나날이 day by day, every day
나누다 divide, share
¶ 6을 3으로 **나누면** 2이다. Six *divided* by three equals two./ 그는 가난한 사람과 음식을 **나누어** 먹었다. He *shared* his food with the poor man.
나라 country, state
나란히 side by side, in a line
나르다 carry, convey, transport
¶ 그는 상자를 **나르고** 있었다. He was *carrying* a box.
나머지 rest, remainder
나무 tree, wood
¶ 그는 **나무** 밑에 있다. He is under the *tree*./ 한국의 대부분의 집들은 **나무**로 지어져 있다. Most houses in Korea are built of *wood*.
나무라다 blame, reprove
나쁘다 bad, wrong
¶ 비행기는 **나쁜** 날씨에는 날지 않는다. Airplanes don't fly in *bad* weather.
나아지다 become better
나오다 come out
나이 age, years
¶ 그녀는 **나이**에 비해 젊어 보인다. She looks young for her *age*.
나중에 after a time, some time later
나타나다 appear, turn up
나타내다 express, show
낙엽 fallen leaves
낙제하다 fail
낙타 camel
낙하산 parachute
낚다 fish, angle
낚시질 fishing, angling
난로 stove, heater
난처하다 difficult, awkward •
난폭하다 rough, violent
날 day, date
¶ **날마다** every *day*/ **날**을 정하다 fix a *date*
날개 wing
날다 fly

¶ 새들이 공중에 **날고** 있다. Birds are *flying* in the air.

날마다 every day, daily

날쌔다 quick, swift

날씨 weather

¶ 오늘은 **날씨**가 좋다. The *weather* is fine today.

날씬하다 slender, slim

날짜 date

날카롭다 sharp, keen

낡다 old, worn, be out of date

¶ **낡은** 집 an *old* house

남 others, other people, another

남극 South Pole

남기다 leave

남다 remain, be left over

남매 brother and sister

남성 male

남자 man, male

남쪽 south

남편 husband

¶ 그는 제인의 **남편**이다. He is Jane's *husband.*

납득하다 understand

납작하다 flat

낫다 better, get well

낭떠러지 cliff, precipice

낭비하다 waste

¶ 돈을 **낭비하지** 마라. Don't *waste* money.

낮 daytime, day

낯설다 strange, unfamiliar

낳다 bear, give birth to

¶ 그녀는 세 아이를 **낳았다.** She has *borne* three children.

내(개울) **stream**

내내 all the time, all long

내년 next year

¶ 우리는 **내년**에 불국사에 갈 것이다. We will go to Bulgugsa *next year.*

내다 put out, let out, take out

내다보다 look out

내던지다 throw away, throw out

내려가다 go down, descend

내려다보다 overlook, look down at

¶ 그 언덕에서는 시가가 **내려다 보인다.** The hill *overlooks* the town.

내려오다 come down, get down

내리다 get off, take down

내뱉다 spit out

내버려 두다 leave

내버리다 throw away

내부 inside

내일 tomorrow

내쫓다 drive out

내주 next week

냄새 smell, scent, odor

¶ 이 꽃들은 좋은 **냄새**가 난다. These flowers sweet *smell.*

냉수 cold water
냉장고 refrigerator
냉정하다 calm, cool
너그럽다 generous
넉넉하다 enough, sufficient
넓다 wide, broad
¶ 그 길은 매우 **넓다.** The streets are very *wide.*
넓이 width, area, space
넘다 cross, go across, jump
넘어지다 fall, come down
넘치다 overflow
넣다 put in, take in, bring in
노동 labor
노동자 laborer
노랑 yellow
노래 song
~하다 sing
¶ **노래** 공부 lessons in *song*
노력 effort, endeavor
~하다 make an effort
노련하다 experienced, expert
노상 always, all the time
¶ 그는 **노상** 바쁘다. He is busy *all the time.*
노예 slave
노인 old man
녹다 melt, thaw
¶ 얼음은 **녹아** 물이 된다. Ice *melts* into water.
녹음기 recorder, tape recorder, recording machine
논쟁하다 dispute, argue
놀다 play
¶ 아이들이 정원에서 **놀고있다.** Children are *playing* in the garden.
놀라다 be surprised at
¶ 그는 그 소식을 듣고 **놀랬다.** He *was surprised at* the news.
놀리다 make fun of, laugh at
놀이 play, game
놀이터 playground
¶ **놀이터**에 많은 어린이들이 있다. There are many children on the *playground.*
농구 basketball
농담 joke, jest
농민 farmer, peasant
농사 farming
농업 agriculture, farming
농장 farm
¶ 그는 **농장**에서 일한다. He works on a *farm.*
농촌 farm village
높다 high, tall, lofty
높이 height, altitude
높이다 raise, heighten, lift
¶ 목소리를 **높이다** *raise* one's voice
놓다 put, set, lay, place

¶ 나는 꽃병을 테이블 위에 **놓았다.** I put the vase on the table.

놓치다 miss

뇌 brain

누구 who

¶ 당신은 **누구입니까?** *Who* are you?

누구나 everyone, anyone

누르다 press

누설 leak, leakage

누이 sister

눈[1] eye

¶ 그녀의 **눈은** 크다. She has large *eyes.*

눈[2] snow

¶ **눈은** 희다. *Snow* is white.

눈감다 close eyes

눈감아주다 overlook

눈뜨다 open eyes, wake up

눈물 tear

¶ **눈물을** 흘리다 drop *tears*

눈사람 snowman

눈썹 eyebrow

눈치 sense

¶ **눈치** 채다 get *sense* of

눕다 lie down

눕히다 lay down

뉘우치다 regret

느끼다 feel, be conscious of

느낌 feeling, impression

느리다 slow, dull

느릿느릿 slowly

늑대 wolf

늘 always, ever, all the time

¶ 그는 **늘** 열심히 일한다. He *always* works hard.

늘다 increase, gain

늘어나다 grow longer, extend

늘어서다 stand in a row, line up

늘이다 lengthen, extend

늙다 grow old

능력 ability, capability

능률 efficiency

능숙하다 skilled, expert

늦다 late

¶ 그는 학교에 **늦었다.** He was *late* for school.

늦잠 oversleeping

님 sir

ㄷ

다 **all**, everything, almost
다가가다 **go near**
다가서다 **draw near**
다니다 go to and from (a place)
다달이 **every month**, monthly
다독(多讀) **wide reading**
~하다 read much
다듬다 **trim**, smooth, clean
다람쥐 **squirrel**
다량 **a great deal**
다루다 **handle**, **treat**, manage, deal with
¶ **다루기** 쉬운 easy to *deal with*
다르다 **different**
다리[1] **leg**
다리[2] **bridge**
¶ 우리는 돌**다리**를 건넜다. We crossed a stone *bridge.*
다리다 **iron**
다리미 **iron**
다림질 ironing
다만 **only**, but, nothing
다물다 **shut**, close
¶ 입 좀 **다물어라**. Keep your mouth *shut.*
다소 **more or less**, many or few, a little, somewhat
다수 **a large number**
다스리다 **govern**, rule over
다시 **again**, once more, over again
¶ **다시**는 안하겠다. I will never do it *again.*
다음 **next**
¶ **다음**은 네 차례다. You are *next* in the program.
다음날 **next day, some day**
다음달 **next month**
다정하다 kindhearted, warmhearted, friendly
다치다 **hurt, get hurt**
다투다 **quarrel**, dispute, argue
다행 **luck**, good fortune
~하다 **lucky**, fortunate
닦다 **polish**, wipe
¶ 구두를 **닦다** *polish* shoes
단결하다 **unite**
단계 **step**
단단하다 **hard**
단속하다 **control**, regulate
단순하다 **simple**
¶ **단순히** *simply*/ **단순한** 생각 a *simple* idea

단어 word

단위 unit

단지 just, only, merely

¶ 언덕에는 나무가 **단지** 하나밖에 없다. We can see *only* one tree on the hill.

단체 group, company

단추 button

단축하다 shorten, reduce

단편 piece, fragment

단편 소설 short novel(story)

닫다 close, shut

¶ 문을 **닫으시오.** *Close* the door.

달[1] moon

¶ 보름**달** a full *moon*

달[2] month

¶ 1년에는 12**달**이 있다. A year has twelve *months.*

달걀 egg

¶ 삶은 **달걀** a boiled *egg*

달다[1] sweet, sugary

¶ 설탕은 **달다.** Sugar is *sweet.*

달다[2] hang, put up, fix, sew

¶ 단추를 **달다** *sew* a button on

달라붙다 cling, stick

¶ 젖은 옷은 몸에 **달라 붙는다.** Wet clothes *cling* to the body.

달라지다 change

달려가다 run

¶ 그는 집으로 **달려갔다.** He *ran* over to his house.

달력 calendar

달리 differently

달리다 run, rush

¶ 그는 매우 빨리 **달릴** 수 있다. He can *run* very fast.

달빛 moonlight

달아나다 run away, get away from, flee, escape

¶ 그는 숲 속으로 **달아났다.** He *ran away* into the forest.

닭 hen (암탉), **cock** (수탉)

닮다 resemble, take after

¶ 그녀는 그녀의 어머니를 **닮았다.** She *took after* her mother.

담 wall, fence

담그다 dip, soak

담다 put in, fill

담당하다 take charge, be in charge of

담배 tobacco, cigarette, cigar

답 answer, reply

¶ 내 **답**이 맞았습니까? Is my answer *correct?*

당기다 pull, draw

당분간 for some time, for the present, for the time being

당선 election
~하다 be elected
당시(當時) **at that time,** in those days, then
당연하다 proper, fair, natural
당장 at once, immediately
당하다 meet with, experience
¶ 사고를 **당하다** *meet with* an accident
닻 anchor
닿다 reach, get to
¶ 부산은 5시간 만에 **닿을** 수 있다. Pusan can be *reached* in five hours.
대[1] **bamboo**
¶ **대**바구니 a *bamboo* basket
대[2] **generation**
¶ 그 사진에는 삼**대**에 걸친 모습이 찍혀있다. The picture shows three *generation.*
대가(代價) **price,** cost
대강 generally
대개 mostly, generally, usually
¶ 나는 **대개** 저녁 식사 후에 숙제를 한다. I *usually* do my homework after supper.
대규모 large scale
대기(大氣) **air,** atmosphere
대기하다 stand by, be on call
대낮 broad daylight, high noon
대다 put, hold, touch
¶ 수화기를 귀에 **대다** *hold* the receiver to ear
대다수 large majority
대단하다 many, immense, serious, great, wonderful
대단히 very, awfully, greatly
¶ 그는 **대단히** 화가 났다. He was *very* angry.
대답하다 answer, reply
¶ 나는 어머니에게 **대답을 했다.** I *answer* to my mother.
대령(大領) colonel(육군), captain (해군)
…대로 according to, as
¶ 도착하는 **대로** *as soon as* arrive/ 규칙**대로** *according to* the rule
대머리 baldhead
대문(大門) **gate**
대번에 at once, in a moment, at a breath
대부분 most, mostly, mainly
¶ **대부분의** 학생들 *most* stud-ents
대비하다 provide, prepare
대상(對象) **object,** subject
대서양 the Atlantic (Ocean)
대신하다 take the place of
대우 treatment, reception
~하다 **treat,** receive
대장(大將) **general**(육 · 공군),**ad-**

miral (해군)
대접 treat, treatment, reception, entertainment
~하다 **treat,** receive
대체로 generally, more or less
대충 nearly, almost, about
대통령 the President
대포 gun, cannon
대학 university (종합대학), college (단과대학)
대화 conversation, dialogue
~하다 talk with
더 more, some more
¶ **더 한층** *more and more*
더럽다 dirty, unclean
¶ **더러운** 옷 *dirty* clothes
더욱 more, more and more, still more
더위 heat, hot weather
더하다 add, grow worse
¶ 좋은 날씨는 우리들의 즐거움을 **더해 주었다.** The fine day *added* to our pleasure.
던지다 throw, cast, hurl
¶ 개에게 뼈를 **던져 주다** *throw* a bone to a dog
덜다 reduce, lighten
덤비다 attack
¶ 적에게 **덤비다** *attack* the enemy
덥다 hot 《미》, warm 《영》
¶ 오늘은 매우 **덥다.** It is very *hot* today.
덧셈 addition
덩굴 vine
¶ 포도 **덩굴** grape*vine*
덮다 cover
데다 get burnt, get scalded
데려가다 take away, walk off
데려오다 take home, bring back
도끼 ax
도대체 on earth, in the world
¶ **도대체 무슨 뜻이냐?** What *on earth* do you mean?
도둑 thief, burglar, robber
도로 road, way, street
도망치다 run away, escape
¶ 그녀는 쓰레기를 강에 내버리고 **도망쳤다.** She threw the trash into the river and *ran away.*
도서관 library
도시 city, town
¶ **도시** 생활 *city* life
도시락 lunch, luncheon, lunch-box
도와주다 help, assist, relieve
¶ 그의 숙제를 **도와주다** *help* in his homework
도움 help, assistance, aid
¶ **도움**을 청하다 ask for *help*
도중 on the way
¶ 그는 지금 쯤 오는 **도중**일 것

이다. He must be *on the way.*
도착 arrival, reaching
~하다 **arrive**, get to
¶ 그들은 서울에 **도착했다.** They *got to* Seoul.
독감 bad cold, influenza
독립 independence
~하다 become independent
독서 reading
독자(讀者) reader
돈 money
¶ **돈**을 벌다 make *money*
돌 stone
돌다 round, spin, turn
¶ 지구는 태양의 주위를 **돈다.** The earth moves *round* the sun.
돌리다 turn, spin
¶ 그녀는 시선을 나에게 **돌렸다.** She *turned* to me.
돌보다 take care of, look after
돌아가다 return, go back
¶ 네 자리로 **돌아가라.** *Go back* to your seat.
돌아보다 turn round, look back
¶ 그는 갑자기 나를 **돌아보았다.** He suddenly *turned around* me.
돌아오다 return, come back
돕다 help, aid
¶ 그들은 여러 가지로 그를 **도왔다.** They *helped* him in many ways.
동(銅) copper
동갑 same age
동굴 cave
동그라미 circle, ring
동네 village
동등 equality
~하다 **equal**
¶ **동등한** 권리 *equal* rights
동무 friend, mate
동물 animal
동물원 zoo
¶ 우리는 **동물원**에 와 있다. We are at the *zoo.*
동사(動詞) verb
동생 younger brother(sister)
동시에 at the same time
동안 period, interval
동양 the Orient
동의하다 agree, approve
¶ 나는 그에게 **동의했다.** I *agreed* with me.
동작 action, motion
동쪽 east
¶ 그는 **동쪽**으로 걸었다. He walked *east.*
돛 sail, canvas
돼지 pig
~고기 pork
되다 be, **become**, consist of, turn

out, result

¶ 그는 의사가 **되었다.** He *become* a doctor.

되돌아가다 go back, return

¶ 그는 미국으로 **되돌아갈 것이다.** He is *going back* to America.

되돌아보다 look back, turn round

되돌아오다 come back, return

되풀이하다 repeat, do over again

두껍다 thick, heavy

두뇌 brain

두다 put, keep, leave

¶ 그것을 책상 위에 **두어라.** *Put* it on the desk.

두드리다 knock, beat, tap

¶ 그는 문을 **두드렸다.** He *knocked* at the door.

두려움 fear, dread, horror

¶ 그는 **두려움을** 모른다. He feels no *fear.*

두려워하다 fear, be afraid of

¶ 그녀는 개를 **두려워한다.** She *is afraid of* dogs.

두 번 twice, two times

두통 headache

¶ 오늘은 심한 **두통이** 난다. I have a bad *headache* today.

둘 two

¶ 물 **두** 잔 *two* glasses of water

둘러보다 look around

둘러싸다 surround, enclose

둘째 second

둥글다 round, circular

뒤 back, rear

뒤떨어지다 fall behind

뒤쫓다 run after, pursue

¶ 개는 고양이를 **뒤쫓았다.** The dog *ran after* the cat.

드디어 at last, finally

¶ **드디어** 그가 나타났다. *At last* he appeared.

드러눕다 lie down, lay down

드물다 rare, unusual

듣다 hear, listen to

¶ 우리는 귀로 **듣는다.** We *hear* with our ears.

들 field

들다 raise, lift, hold up

¶ 그녀는 얼굴을 **들었다.** She *raised* her face.

들어가다 enter, go in, get into

들어오다 enter, come in

들여다보다 look into

등[1] **back**

¶ 그녀는 나에게 **등을** 돌리고 앉았다. She sat with her back toward me.

등[2](燈) **light,** lamp, lantern

등대 lighthouse, light tower

등불 lamp, lamplight

등산 mountaineering, mountain climbing
따다 **pick**
¶ 사과를 **따다** *pick* an apple
따뜻하다 **warm**
따라가다 **follow**
따르다[1] **follow**, accompany, obey
¶ 충고에 **따르다** *follow* one's advice
따르다[2] **pour**, fill
¶ 물을 **따르다** *pour* out a cup of water
딱딱하다 **hard**, solid, stiff
딸 **daughter**
땀 **sweat**
땅 **earth, land**, ground
때 **time**, case
¶ 점심 **때** lunch *time*
때때로 **sometimes**, now and then
때리다 **hit**, beat, strike
때문에 **because of**, on account of, due to
떠나다 **leave**, start, go away
¶ 아침 일찍 **떠나다** *start* early in the morning
떠들다 **make a noise**, be noisy
떡 **rice cake**
떨다 **tremble**, shiver
¶ 그 소녀는 추워서 **떨고** 있다. The girl is *shivering* with cold.
떨어뜨리다 **drop**, let fall, miss
떨어져서 **away**
¶ 그는 우리 집에서 멀리 **떨어져서** 살고 있다. He lives far *away* from us.
떨어지다 **fall, drop**
¶ 가을에는 나뭇잎이 **떨어진다.** The leaves *fall* in autumn.
떳떳하다 **fair**, square, open
떼 **group**, crowd
떼다 **remove**, take off
똑똑하다 **bright**, clever, smart
뚫다 **drill**
¶ 그는 구멍을 **뚫고 있다.** He is *drilling* a hole.
뛰다 **run**, beat, jump
¶ 그는 빨리 **뛴다.** He *runs* fast./ 나는 냇물을 건너 **뛰었다.** I *jumped* over the stream.
뜨겁다 **hot**, heated, burning
뜨다 **float, rise**
¶ 누구든지 물 위에 **뜰 수 있다.** Anybody can *float* on the water./ 해는 또 다시 **떠오를 것이다.** The sun will *rise* again.
뜰 **yard, garden**
뜻 **meaning**
띠 **belt**

ㄹ

…ㄹ 것 같다 look, appear
¶ 오늘은 눈이 **올 것 같다.** It *looks* like snowing today.

…ㄹ 수록 the more …the more
¶ **많을 수록** 좋다. *The more the better.*

…ㄹ 수 없다 cannot, be unable
¶ 나는 기타를 **칠 수 없다.** I *cannot* play the guitar.

라디오 radio

레이스 lace, lacework
¶ **레이스**를 달다 trim with *lace*

렌즈 lens

로켓 rocket
¶ **로켓**이 이륙하고 있다. A *rocket* is taking off.

리본 ribbon

ㅁ

마감하다 close, bring to a close
마개 cork, stopper, plug
마다 each, every
¶ 학생**마다** 펜을 한 자루씩 주었다. I gave a pen to *each* student./ 나는 아침**마다** 6시에 일어난다. I get up at six *every* morning.
마당 yard, court
마땅하다 right, proper, suitable
마루 floor
¶ **마루**를 쓸다 sweep the *floor*
마르다 dry, dry up, get dry
¶ 옷이 이제 **말랐다.** The clothes are now *dry.*
마술 magic
마시다 drink, swallow
¶ 나는 물을 **마시고** 싶다. I want to *drink* water.
마을 village
마음 mind, heart
¶ 이것을 **마음**에 간직해라. Keep this in *mind.*
마음에 들다 be pleased with
마중하다 meet, greet, receive
마지막 last, end
마차 carriage, coach
마치다 finish, complete
마침내 finally, at last
막 just
¶ **막** 나가려고 하는데 비가 왔다. I was *just* going out when it started raining.
막다 block; defend; prevent
막대기 stick
만(萬) ten thousand
만나다 meet, be faced with
¶ 나는 어제 그를 **만났다.** I *meet* him yesterday.
만년필 fountain pen
만들다 make
¶ 그는 진흙으로 집을 **만든다.** He *makes* houses with mud.
만일 if, in case of
¶ **만일** 누가 찾아오면 *if* someone calls on me
만족 satisfaction
~하다 **be satisfied with**
만지다 touch, handle, feel
¶ 그는 내 어깨를 **만졌다.** He *touched* me on the shoulder.
만찬 dinner, supper
만큼 as …as, so …as
¶ 너는 그**만큼** 강하다. You are

as strong *as* he.

만화 **cartoon**, caricature

많다 many(수), much(양)

¶ 그는 **많은** 책을 가지고 있다. He has *many* books./ 겨울에는 **많은** 눈이 온다. There is *much* snow in winter.

말[1] **speech, language**, words

¶ 그의 **말은** 분명치가 않다. His *speech* is not clear./ 자기 나라 **말** one's native *language*

말[2] **horse**

¶ 우리는 **말** 두 마리를 기르고 있다. We keep two *horses.*

말다툼 **dispute**

말더듬다 **stammer**

말리다 **dry**, make dry, stop one from

말썽 **trouble**

말하다 **speak, say, talk, tell**

¶ 영어를 **말할 수** 있니? Can you *speak* English?/ 그녀는 영어로 **말하고 있다.** She is *talking* in English.

맑다 **clear**, pure

¶ **맑은** 물 *clear* water

맛 **taste**, flavor

맛있다 **delicious**, tasty

망설이다 **hesitate**, hold back

망원경 **telescope**, field glass

망치 **hammer**

망치다 **spoil**, ruin, destroy

망하다 **perish, be ruined**

맞다 **right, agree, fit**

¶ 네 말이 **맞다.** You are *right.*/ 이 옷은 내게 잘 **맞는다.** These clothes *fit* me well.

맞은편 opposite side

맞히다 **hit**, guess, right

맡다 **keep**, smell

¶ 이 돈을 **맡아 주세요.** *Keep* this money for me.

매끄럽다 **smooth**

매년 **every year**, yearly

매다 **tie**, bind

¶ 구두끈을 **매어라.** *Tie* your shoes./ 그는 개를 나무에 **매었다.** He *tied* the dog to a tree.

매달다 **hang**

매듭 **knot**, tie, joint

매우 **very**

¶ 그녀는 **매우** 착한 학생이다. She is a *very* good student.

매월(每月) **every month**

매일(每日) **every day**

매주(每週) **every week**

맥박 **pulse**

맥주 **beer**

맨발 **bare feet**

맵다 **hot**, spicy, peppery

맹세하다 **swear**, pledge, vow

맹인 **the blind**, blind person

머리 head
¶ 그는 **머리**가 좋다. He has a clear *head.*
머리카락 hair
머무르다 stay
¶ 그들은 부산에 **머무르고** 있다. They are *staying* in Pusan.
먹다 eat, take, have
¶ 그녀는 12시에 점심을 **먹는다.** She *eats* lunch at twelve.
먹이다 feed
먼저 first, first of all
먼지 dust
멀다 far, distant
¶ 그 도서관은 집에서 **멀다.** The library is *far* from my house.
멈추다 stop
멍청하다 stupid, dull
메아리 echo
며느리 daughter-in-law
면도하다 shave
면접 interview
면허 license
면회 interview
~하다 **see**, meet, interview
명랑하다 merry, cheerful
명령하다 order, command
¶ **명령**에 따르다 obey a person's *order*
명백하다 clear, plain, evident
명사(名詞) **noun**
명성 fame, reputation
명심하다 keep(bear) in mind
명예 honor, fame
명찰 name tag
명함 name card
모국 mother country, homeland
모기 mosquito
모두 all, everyone, everything, everybody
모든 all, every
¶ **모든** 소년들 *all* the boys/ **모든** 계절은 아름답다. *Every* season is beautiful.
모래 sand
모레 the day after tomorrow
모르다 do not know
¶ 나는 영어를 **모른다.** I *do not know* English.
모방 imitation
~하다 **imitate**, copy, model
모범생 a model student
모습 looks, appearance, shape
모양 shape, form
모욕 insult
모으다 gather, collect, save
¶ 그녀는 꽃을 꺾어 **모으고** 있다. She is *gathering* flowers.
모이다 gather, come together
¶ 많은 사람들이 파티에 **모였다.** Many people *gathered* for the

party.
모임 meeting
모자 hat, cap
모퉁이 corner
모험 adventure
목 neck
목걸이 necklace
목구멍 throat
목록 list, catalog(ue)
목마르다 thirsty
¶ 나는 **목이 마르다**. I am *thirsty.*
목소리 voice
¶ 상냥한 **목소리**로 in a gentle *voice*
목수 carpenter
목숨 life
목욕 bath, bathing
~하다 bathe, take a bath
목욕실 bathroom
목적 object, purpose
목표 target, object
몫 share, portion
몰다 drive
¶ 그는 차를 빨리 **몬다**. He *drives* fast.
몰래 secretly, quietly
몸 body
¶ 그는 **몸**이 튼튼하다. He has a strong *body.*
몸조심하다 take care of oneself
몸짓 gesture, motion
몹시 very, greatly, severely
못(연못) pond; nail
못생기다 ugly, homely
묘(墓) grave, tomb
무겁다 heavy
¶ 그 상자는 너무 **무겁다**. The box is too *heavy.*
무게 weight
무관심하다 indifferent
무기 arms, weapon
무너지다 collapse, fall down
무늬 pattern, design
무대 stage
무덤 grave, tomb
무료(無料) free of charge, no charge
무릎 knee
무리 group, crowd
무사하다 safe, secure
¶ **무사히** 돌아오다 come back *safe*
무서움 fear, dread
무서워하다 fear, be afraid of
¶ 누구든지 죽음을 **무서워한다**. Everybody *is afraid of* death.
무섭다 fearful, terrible, dreadful
무승부 draw, tie
무식하다 ignorant
무엇 what, anything
¶ 그것은 **무엇이냐**? *What* is

this?

무지개 rainbow

묶다 bind, tie, fasten

¶ 상자를 끈으로 **묶다** *bind* a box with a cord

문(門) door

¶ 문을 닫아라. Shut the *door.*

문득 suddenly

문명 civilization

문법(文法) grammar

문서 document

문자(文字) letter

문장 sentence, composition

문제 question, problem

문학 literature, letters

문화 culture, civilization

묻다 ask, question

¶ 그는 그의 친구에게 **물었다.** He *asked* his friend.

물 water

¶ 더운 **물** hot *water*/ 물 한 잔 a glass of *water*

물건 thing, article

¶ 탁자 위에 많은 **물건**들이 있다. There are a lot of *things* on the table.

물결 wave

물고기 fish

물다 bite

¶ 개가 소녀의 다리를 **물었다.** The dog *bit* a girl on the leg.

물론 of course

물리(物理) physics

물방울 waterdrop

뭉치다 unite, hold together

¶ **뭉치면** 살고 흩어지면 죽는다. *United* we stand, divided we fall.

뭍 land

미(美) beauty

미국 America, the United States of America

미끄러지다 slide, glide, slip

미끄럽다 smooth, sleek

미래 future

¶ 너에게는 밝은 **미래**가 있다. You have a bright *future.*

미루다 put off, postpone

¶ 오늘 할 수 있는 일을 내일로 **미루지** 말라. Never *put off* till tomorrow what you can do today.

미리 beforehand, in advance

미소 smile

미술 art

미술관 gallery

미안하다 be sorry

¶ 늦어서 **미안하다.** I *am sorry* I am late.

미워하다 hate

미치다 crazy

¶ 그는 **미쳤다.** He is *crazy.*

민족 race

민주주의 democracy

믿다 believe

¶ 나는 그가 성공할 것이라고 **믿는다**. I *believe* that he will succeed.

믿음 trust; faith

밀다 push

¶ 그들은 차를 **밀었다**. They *pushed* the car.

밀림 jungle

밑바닥 bottom

밑바탕 foundation

밑줄 underline

밑지다 lose, suffer a loss

¶ **밑지고** 팔다 sell *at a loss*

ㅂ

바깥 outside, exterior
바구니 basket
바꾸다 change, exchange
바느질하다 sew
¶ 그녀는 **바느질**을 아주 잘 한다. She can *sew* very well.
바늘 needle
바다 sea, ocean
바닷가 seaside, beach, seashore
바라다 wish, desire, want, hope, expect
¶ 나는 네가 그곳에 가기를 **바란다**. I *wish* you to go there.
바라보다 see, look at, watch
바람 wind
¶ **바람**이 몹시 불고 있었다. The *wind* was blowing hard.
바보 fool
바쁘다 busy, engaged
¶ 그녀는 매우 **바쁘다**. She is very *busy*.
바위 rock
바지 pants, trousers
바치다 give, offer, present
바퀴 wheel
박람회 exhibition
박물관 museum
박사 doctor, Dr.
¶ **박사** 학위를 따다 take the degree of *doctor*
밖 outside
¶ **밖**으로 나가자. Let's go *outside*.
밖으로 out
¶ 나는 **밖으로** 나왔다. I went *out*.
반[1](半) half
반[2](班) class, group
반갑다 happy, glad
반대 opposite
반드시 certainly, surely
¶ 그는 **반드시** 성공할 것이다. He will *surely* succeed.
반복하다 repeat
반성 reflection
~하다 reflect
반짝이다 glitter, twinkle
반지 ring
반칙 foul, foul play, violation
~하다 violate the rules, play foul
반항하다 resist, oppose
반환하다 return, give back
받다 receive, take, accept

¶ 나는 어제 그의 편지를 **받았다.** I *received* his letter yesterday.

받아쓰기 dictation

발 foot (복수는 feet)

¶ 그의 **발은** 컸다. His *feet* were big.

발견 discovery

~하다 discover, find (out)

¶ 콜롬부스는 1492년에 미대륙을 **발견했다.** Columbus *discovered* America in 1492.

발달 development

~하다 develop ¶ 과학의 **발달** the *development* of science

발명 invention

~하다 invent

¶ 에디슨은 전등을 **발명했다.** Edison *invented* the electric lamp.

발사하다 fire, discharge

발생하다 happen, occur

¶ 그 사건은 지난 주에 **발생했다.** The incident *happened* last week.

발언하다 speak, utter

발음 pronunciation

발자국 footprint

발전 development, growth

~하다 develop, grow

발톱 toenail

발표하다 announce, express

발행 publication

~하다 publish

밝다 bright, light

¶ 그녀는 **밝은** 색을 좋아한다. She likes a *bright* color.

밟다 step on, tread on

¶ 잔디를 **밟지** 마시오. Don't *step on* the grass.

밤[1] night

¶ 나는 어젯**밤**에 극장에 갔었다. I went to the theater last *night.*

밤[2] chestnut, nut

밤새우다 sit up all night, keep awake all night through

밥 boiled rice

밥상 dinner table

밧줄 rope

방 room, chamber

¶ **방**에 들어가다 enter a *room*

방금 just now

¶ 아버지는 **방금** 나가셨다. Father went out *just now.*

방문객 visitor

방문하다 visit

¶ 그는 나를 여러 번 **방문했다.** He *visited* me many times.

방법 way, method, process

¶ 이런 **방법**으로 in this *way*

방송 broadcasting

~하다 broadcast
방어하다 defend, protect
방울 bell
방학 vacation
¶ 여름 **방학**은 끝났다. The summer *vacation* is over.
방해하다 obstruct, disturb
방향 direction
방황하다 wander, rove
밭 field
배[1] stomach, belly, abdomen
배[2] boat, ship
¶ 그는 **배**를 타고 한국에 왔다. He came to Korea by *boat.*
배경 background
배고프다 hungry
¶ 나는 **배고프다**. I am *hungry.*
배구 volleyball
배달 delivery
~하다 deliver
배부르다 full, have a full stomach
배우 player, actor
배우다 learn, study
¶ 우리는 학교에서 많은 새로운 것들을 **배운다**. We *learn* many new things at school.
배웅하다 see off
백(百) a hundred
백만 a million
¶ **수백 만** 명의 사람 *millions* of people
백인 white man, Caucasian
백화점 department store
¶ 서울에는 **백화점**이 많다. There are many *department stores* in Seoul.
뱀 snake, serpent
뱉다 spit out
버릇 habit
버리다 throw away; spoil
¶ 그녀는 묵은 신문을 모두 **내버렸다**. She has *thrown away* all her old newspaper.
버섯 mushroom
버스 bus
¶ **버스** 정류장 a *bus* stop
번개 lightning
¶ **번개**처럼 빠른 as quick as *lightning*
번역 translation
~하다 translate
번지 house number
번호 number
벌[1] bee(곤충)
벌[2] punishment
¶ **벌**을 주다 punish / 그는 지각해서 **벌**을 받았다. He was *punished* for being late.
벌금 fine
벌다 earn, make money
벌레 insect, worm
벌써 already, yet

¶ 그녀는 **벌써** 도착했다. She has *already* arrived here.

벌판 field

범인 criminal

범죄 crime, criminal act

법(法) **law,** rule

벗 friend; companion

벗다 take off, put off

¶ 모자를 **벗다** *take off* one's hat

벙어리 mute

베개 pillow

베다 cut, saw

¶ 풀을 **베다** *cut down* the grass

베풀다 give, hold, throw

벼 rice plant

벼락 thunderbolt

벼랑 cliff, precipice

벽 wall

¶ 그 그림을 **벽**에 걸어라. Hang the picture on the *wall.*

벽난로 fireplace

벽돌 brick

변경 alternation, change

~하다 **alter, change**

¶ 날짜를 **변경하다** *change* the date

변두리 suburb; border

변명 explanation; excuse

변소 water closet, toilet

변하다 change; turn

변호사 lawyer

변화 change

¶ 한국은 **변화하고** 있다. Korea is *changing.*

별 star

별명 nickname, byname

별안간 suddenly

병[1] bottle

¶ 맥주 한 **병** a *bottle* of beer

병[2] **illness, sickness, disease**

¶ 의사는 **병**을 고친다. Doctors cure *disease.*

병나다 fall ill, take a disease

병사 soldier

병아리 chicken, chick

병원 hospital

볕 sun, sunshine, sunlight

보고 report, briefing

~하다 **report**

¶ 그는 소식을 우리들에게 **보고하였다.** He *reported* the news to us.

보고서 report paper

보관하다 keep

¶ 그는 서류를 자기 방에 **보관한다.** He *keeps* the paper in his room.

보급하다 diffuse, spread

보기 instance, example, case

보내다 send, pass

¶ 편지를 **보내다** *send* a letter

보다[1] than; to

¶ 그는 **나보다** 키가 크다. He is taller *than* I.

보다[2] see, look

¶ 우리는 눈으로 **본다**. We *see* with our eyes.

보답하다 recompense, return

보랏빛 violet

보리 barley

보물 treasure

보살피다 take care of, look after

¶ 집안일을 **보살피다** *look after* the household affairs

보석 jewel

보여주다 show, display

¶ 그는 나에게 그의 사진을 **보여 주었다**. He *showed* me his photograph.

보조개 dimple

보존하다 preserve, keep

보태다 add

보통 commonness, normality

보험 insurance

보호하다 protect, look after

복도 corridor

복습 review

¶ 영어를 **복습하다** *review* one's English lessons

복잡하다 complex, complicated

복종하다 obey, be obedient to

¶ 부모에게 **복종하다** *obey* one's parents

복통 stomachache

본보기 example, model

볼 cheek

봄 spring

¶ **봄**에는 꽃들이 새로 핀다. The flowers are new in *spring.*

봉급 salary, wages, pay

봉사 service

~하다 serve

봉오리 bud

봉우리 peak

봉투 envelope

부드럽다 soft, tender

¶ **부드러운** 목소리 a *soft* voice

부디 by all means, please

¶ **부디** 들어오십시오. *Please* come in.

부러워하다 envy

부러지다 break

부르다 call

¶ 출석을 **부르다** *call* the roll

부르짖다 shout, cry

부리 bill, beak

부모 parents

¶ 우리 **부모**는 부자가 아니다. Our *parents* are not rich.

부부 husband and wife

¶ 그들은 **부부**이다. They are *husband and wife.*

부분 part, section

¶ 그 책은 3**부분**으로 나뉘어져 있다. The book is divided into three *parts.*

부상 wound, injury

부서지다 be broken, crack

¶ 꽃병이 산산이 **부서졌다**. The vase has *broken* into pieces.

부수다 break, smash

부양하다 support

부엉이 owl

부엌 kitchen

부유한 rich

¶ 그는 **부유한** 농부이다. He is a *rich* farmer.

부인[1] (婦人) **wife**, woman

부인[2] (否認) **denial**

~하다 **deny**

¶ 사실을 **부인하다** *deny* a fact

부자 rich man

부주의 carelessness

부지런하다 diligent, industrious

부채 fan

부터 from, since

¶ 그는 아침 일찍**부터** 밤 늦게까지 일했다. He worked *from* early morning till late at night.

북[1] **drum**

북[2] (北) **north**

북극 the North Pole

분(分) **minute**

¶ 한 시간은 60**분**이다. An hour has sixty *minutes.*

분노 anger, rage

~하다 **angry**

분류하다 classify

분리 separation, division

~하다 **separate**, divide

분명하다 clear, plain, obvious

¶ **분명한** 사실 the *plain* fact

분위기 atmosphere

불 fire

¶ **불**을 끄다 put out the *fire*

불가능하다 impossible

¶ 네가 어둡기 전에 거기에 도착하기는 **불가능하다**. It is *impossible* for you to arrive there before dark.

불공평하다 unfair, unjust

불균형 unbalance

불꽃 flame, blaze

불다 blow

¶ 바람은 북쪽에서 **불어온다**. The wind *blows* from the north.

불러내다 call out, call to

불명예 dishonor, disgrace

불쌍하다 poor, pitiful

불안하다 uneasy, anxious

불친절하다 unkind, unfriendly
불쾌하다 unpleasant
불타다 burn, blaze
불편하다 uncomfortable
불행 unhappiness, misery
~하다 **unhappy,** miserable
¶ 그녀는 **불행한** 결혼을 하였다. She married *unhappy.*
불확실하다 uncertain
¶ **불확실한** 미래 *uncertain* future
붐비는 crowded
¶ 거리는 많은 사람들로 **붐비고** 있다. The street is *crowded* with many people.
붓 brush, writing brush
붕대 bandage
붙들다 catch, take hold of
붙이다 attach, fix, put on
붙잡다 seize, catch, grasp
¶ 경찰관은 도둑을 **붙잡았다.** The policeman *caught* the thief.
비 rain
¶ 금년 여름에는 **비가** 많이 내렸다. We had a lot of *rain* this summer.
비교하다 compare
비극 tragedy
비난하다 blame, criticize
비누 soap
비둘기 pigeon, dove
비록 though, even if
¶ 그는 **비록** 가난해도 남들을 돕기를 좋아한다. *Though* he is poor, he likes to help others.
비명 scream, shriek
비밀 secret, secrecy
¶ **비밀**을 지키다 keep a *secret*
비서 secretary
비슷하다 similar, alike
¶ 그녀의 치마색은 내것과 **비슷하다.** Her skirt is *similar* in color to mine.
비싸다 expensive, costly
¶ 그것은 **비싼** 책이다. It's an *expensive* book.
비열하다 mean, base
비용 cost, expense
¶ **비용이** 많이 든다. It's costs a great deal.
비웃다 laugh at, scorn
비치다 shine
¶ 햇빛이 찬란하게 **비친다.** The sun shines *brightly.*
비틀거리다 stagger
비틀다 twist
비행 flying, flight, aviation
~하다 **fly**
¶ 서울 상공을 **비행하다** *fly* over Seoul
비행기 airplane, plane

비행장 airport
빈곤 poverty
~하다 poor
빈약한 poor
빌다 beg, plead
¶ 용서를 **빌다** *beg* forgiveness
빌리다 lend, hire
¶ 책을 **빌리다** *lend* books out
빗 comb
빛 light
빛깔 color
¶ 저 장미는 무슨 **빛깔**이냐? What *color* is that rose?
빛나다 shine
¶ 해가 밝게 **빛나고** 있다. The sun is *shining* brightly.
빠르게 swiftly
¶ 그 비행기는 **빠르게** 날아갔다. The airplane flew *swiftly.*
빠르다 fast, rapid, quick
빠지다 fall into, miss
¶ 물에 **빠지다** *fall into* water
빨강 red
빨다 suck (입으로), wash (세탁)
빨대 straw
¶ 그녀는 **빨대**로 우유를 마시고 있다. She is drinking milk with a *straw.*
빨래 washing, laundering
빨리 early, quickly; fast
¶ 그는 **빨리** 달렸다. He ran *quickly.*
빵 bread
¶ 이 **빵**은 맛이 달다. This *bread* tastes sweet.
빵집 bakery
빼앗다 rob, deprive
¶ 그들은 그에게서 돈을 **빼앗았다**. They *robbed* him of his money.
뺄셈 subtraction
뺨 cheek
뻐꾸기 cuckoo
뼈 bone
뽐내다 take pride in, pride oneself on, be proud of
뽑다 pull out; pick out
뿌리 root
뿌리다 sprinkle, spray
뿐만 아니라 as well as
¶ 그는 영어 **뿐만 아니라** 중국어도 잘한다. He speaks Chinese *as well as* English.
뿔 horn

ㅅ

사(四) **four**
사건 event, happening
사격 firing, shooting
사고(事故) **accident**
¶ **사고**가 일어나다 an *accident* happens
사과[1] **apple**
사과[2](謝過) **apology**
~하다 **apologize**
사귀다 make friends with, keep company with
사납다 fierce, wild, violent
¶ **사나운** 사람 a person of *violent* temper
사냥 hunting
사냥개 hound
사냥꾼 hunter
사다 buy, purchase
¶ 나는 어제 그에게 책을 **사주었다.** I *bought* a book for her yesterday.
사다리 ladder
사라지다 disappear, vanish
¶ 봄이 오면 눈은 **사라진다.** When spring comes, the snow *disappears.*
사람 man, person, people
¶ 저 **사람**은 누구입니까? Who is that *man?*
사랑 love
~하다 **love**
¶ **사랑**의 여신 the goddess of *love*
사랑스러운 lovely
¶ 건강한 소녀는 **사랑스럽다.** A healthy girl looks *lovely.*
사령관 commander
사립학교 private school
사막 desert
사망 death
사무(事務) **business**, office work
¶ **사무**를 보다 do *office* work
사무실 office
사본 copy, transcript
사상[1] (思想) **thought**, idea
¶ 건전한 **사상** healthy *thoughts*
사상[2] (史上) **in history**
¶ **사상** 최고의 기록 the highest record *in history*
사생활 one's private life
사슬 chain
¶ 나는 개를 **사슬**에 묶어 놓았다. I kept my dog on a *chain.*

사슴 deer

사실 fact, truth

¶ **사실** 그는 정직하다. *In fact,* he is honest.

사업 undertaking, business

사용하다 use

사위 son-in-law

사이 interval, space

사이에 among; between

¶ 나는 나무들 **사이에서** 무엇인가 보았다. I saw something *between* the trees.

사자 lion

사장 president

사전 dictionary

사절 refusal

~하다 refuse, decline

사진 photograph, picture

¶ **사진**을 찍다 take a *photograph* of

사촌 cousin

사탕 candy

사투리 dialect, accent

¶ **사투리**를 쓰다 speak with an *accent*

사회(社會) society

¶ 인간은 **사회적** 동물이다. Man is a *social* animal.

산(山) mountain

¶ **산**을 오르다 climb up a *mountain*

산골짜기 hills and valleys

산뜻하다 clean; vivid; fresh

살피다 observe; pay attention

산들바람 soft wind

산산이 to pieces

산산조각 broken pieces

산소 oxygen

산수 calculation

산업 industry

¶ **산업의** *industrial*/ **산업의** 발달 *industrial* development

산울림 echo

산책 walk

~하다 take a walk

¶ 공원을 **산책하다** *take a walk* in the park

산토끼 hare

살그머니 secretly, quietly

살다 live, exist, make a living

¶ 당신은 어디서 **살고** 있습니까? Where do you *live?*

살림 living, livelihood

살살 gently, softly, slowly

살찌다 fatten, grow fat

살피다 observe; pay attention

삶다 boil

삼각형 triangle

삼촌 uncle

삼키다 swallow

삽 shovel

상[1](賞) prize

¶ 나는 1등**상**을 받았다.
I received first *prize.*

상[2](像) **image**

상[3](床) **table**

상가 downtown

상금 prize money

상기하다 remember, recollect

상냥하다 kind, gentle, tender

상담 consultation, counsel
~하다 **consult**

상대방 the other man

상상 imagination
~하다 imagine

상상력 imagination
¶ **상상력**이 풍부한 사람 a man of *imagination*

상식 common sense
¶ **상식**있는 사람 a man of *good sense*

상업 commerce, trade

상인 merchant, trader

상자 box
¶ 그는 **상자**를 만들었다. He made a *box.*

상점 shop, store
¶ **상점**을 열다 open a *shop*

상징 symbol
¶ 비둘기는 평화의 **상징**이다. The pigeon is a *symbol* of peace.

상처 wound, hurt

상쾌하다 refreshing

상태 condition

상표 trademark, brand

상품 commodity

상하다 rot, go bad; be hurt

샅샅이 everywhere, all over

새 bird
¶ **새**들이 나무에서 지저귀고 있다. *Birds* are singing in the tree.

새로운 new

새벽 dawn, daybreak

새해 new year

색 color
¶ 네 구두는 무슨 **색**이니? What *color* are your shoes?

생각 thinking
~하다 **think,** guess
¶ 나는 그렇게 **생각한다.**
I *think* so./ 비가 올 것으로 **생각하다.** I *guess* it's going to rain.

생기다 get, obtain; **occur**

생년월일 the date of one's birth

생략하다 omit, leave out, abridge

생명 life

생물 living thing, organism

생산 production

생선 fish

생일 birthday
¶ **생일**을 축하합니다. Happy

birthday to you!
생쥐 mouse
생활 life, existence
¶ 그녀는 매우 행복한 **생활**을 하고 있다. She is living a very happy *life.*
생활력 vitality
서늘하다 cool, refreshing
서다 stand; stop
¶ 문 가까이에 **서지** 마라. Don't *stand* near the door
서두르다 hurry, hasten
¶ 너는 **서둘러야** 한다. You must *hurry.*
서랍 drawer
서럽다 sad, sorrowful
서로 each other, mutually
¶ 그들은 **서로** 편지를 써 보낼 수 있다. They can write letters to *each other.*
서른 thirty
¶ 그의 나이는 **서른**이다. He is *thirty* years old.
서민 common people
서서히 slowly, gradually
서성거리다 walk up and down restlessly
서양 the West, the Occident
서점 bookstore
서쪽 west
¶ 해는 **서쪽**으로 진다. The sun sets in the *west.*
석방하다 set free, release
석유 petroleum
¶ **석유** 산업 *petroleum* industry
석탄 coal
섞다 mix
선[1](善) good, goodness
선[2](線) line
¶ 경부**선** the Kyeongbu *line*
선거 election
~하다 elect
선녀 fairy, nymph
선명하다 clear, distinct, vivid
선물 present, gift
¶ 그것은 좋은 **선물**이다. That's a good *gift.*
선배 senior, elder
선생 teacher
선선한 cool
선수 player
¶ 그는 축구 **선수**이다. He is a soccer *player.*
선장 captain
선진국 a senior nation
선택하다 choose
선풍기 electric fan
설거지 dish-washing
설계 plan, design
설교 preaching, sermon
~하다 preach
설득 persuasion

~하다 persuade
설레다 throb, beat high
설명하다 explain
설치하다 establish, set up
설탕 sugar
섬 island
섬광 flash
섬뜩하다 frightened, startled
섬유 fiber
섭섭하다 sorry, regret
섭씨 centigrade
성[1](姓) family name, surname
성[2](性) sex
성[3](城) castle
성격 character
¶ 그녀는 좋은 **성격**을 갖고 있다. She has a good *character.*
성경 the Bible
성공 success
~하다 succeed ¶ **성공**을 빕니다. I wish you success.
성급하다 impatient, hasty
싱나다 get angry
성냥 match
성당 church, Catholic church
성명 name
성미 nature, temperament
성숙하다 ripe, ripen, mature
성실하다 sincere, honest
성의있는 sincerity, earnest
성인 adult
성장 growth
성적 result, record
성질 nature
성취 accomplishment
성품 nature
세 rent
¶ 집**세** house *rent*
세계 world
¶ **세계**에서 제일 큰 도시는 어느 것입니까? What is the biggest city in the *world?*
세금 tax, rates
세기(世紀) century
세다[1] count, calculate
세다[2] strong
¶ 그는 젊고 힘이 **세다**. He is young and *strong.*
세대 generation
¶ 젊은 **세대** the young *generation*
세력 influence, power
세로 length
세모 triangularity
세배 the New Year's greetings
세수 face washing
~하다 have a wash
세우다 stop; build
¶ 버스를 **세우다** *stop* a bus/건물을 **세우다** *build* a building
세월 time, years, days
세탁 wash

세탁기 washing machine
소 cow(**암소**), ox(**수소**)
소개 introduction
  ~하다 introduce
소곤거리다 whisper
소꿉장난 playing house
소금 salt
소나기 shower, squall
소나무 pine
소녀 girl
¶ 저 **소녀**는 나의 누이다. That *girl* is my sister.
소년 boy
¶ 그는 착한 **소년**이다. He is a good *boy.*
소득 income
소란하다 noisy
소량 small quantity
소리 sound, noise
소리지르다 shout, yell
소망 desire, hope, wish
소매 sleeve
¶ **소매**를 붙잡다 hold by the *sleeve*
소문 rumor
¶ **소문**이 나다 a *rumor* gets started
소방서 fire station
소비하다 consume, spend
¶ 시간을 **소비하다** *spend* time
소비자 consumer
소설 novel, story
소설가 novelist
소식 news
¶ 무**소식**이 희**소식** No *news* is good *news.*
소용없다 useless, vain, of no use
소원 wish, desire, hope
소음 noise
¶ 저 **소음**은 무엇이냐? What is that *noise?*
소중하다 important
소풍 picnic
¶ 우리는 지난 일요일에 **소풍**을 갔다. We went on a *picnic* last Sunday.
소형 small size, pocket size
소화하다 digest
¶ **소화**가 잘 되다 *digest* well
속 inside, inner part
속눈썹 eyelashes
속담 proverb
속도 speed, pace
속삭이다 whisper
속이다 deceive, thick, cheat
속임수 trickery, trick, fraud
속히 quickly, fast, rapidly, promptly
¶ **속히** 대답하다 answer *promptly*
손 hand
손가락 finger
손님 visitor, caller

¶ 우리는 오늘 **손님**이 많다. We have many *visitors* today.
손등 the back of the hand
손목 wrist
손바닥 palm, the hollow of the hand
손뼉 the flat of the hand
손실 loss
¶ 그의 죽음은 우리 나라의 큰 **손실**이었다. His death was a great *loss* to our country.
손재주 hand skill
손잡이 handle
손전등 flashlight
손톱 fingernail, nail
¶ **손톱**을 깎다 trim *nails*
손해 damage, harm, injury
솔 brush
솔직한 honest
¶ **솔직한** 소년 an *honest* boy
솜 cotton
송아지 calf
솥 pot, kettle
¶ **솥** 뚜껑 the lid of a *kettle*
쇠 iron
쇠사슬 chain
수건 towel
수녀 nun
수도 capital
수량 quantity, volume
수리하다 mend, repair
¶ 그는 의자를 **수리하고** 있다. He is *mending* the chair.
수면 sleep, slumber
수박 watermelon
수분 water, moisture
수비 defense
수선하다 mend
¶ 그는 옷을 **수선하고** 있다. He is *mending* the clothes.
수술 surgical operation
수업 teaching, class
~하다 teach
수염 mustache
수영 swimming
~하다 swim
¶ **수영**복 a *swimming* suit/ **수영**장 a *swimming* pool/ 나는 **수영할** 줄 모른다. I can't *swim*.
수요일 Wednesday
수입[1](收入) income
수입[2](輸入) import
¶ **수입**을 제한하다 limit the *import*
수저 spoon and chopsticks
수정(水晶) crystal
수줍다 shy, bashful
¶ **수줍은** 미소 a *shy* smile
수집 collection
~하다 collect
수채화 watercolor painting

수첩 pocket notebook
수출 export
수평선 horizon
수표 check
수학 mathematics
¶ **수학**은 대단히 중요한 과목이다. *Mathematics* is a very important subject.
숙녀 lady
¶ 신사 **숙녀** 여러분! *Ladies* and Gentlemen.
숙모 aunt
숙부 uncle
숙제 homework
순경 policeman
순서 order
숟가락 spoon
술 wine, liquor, alcoholic
숨 breath
숨기다 conceal
숨다 hide
숨쉬다 breathe, respire
숲 forest, wood
¶ **숲**속을 산보하자. Let's go for a walk in the *wood.*
쉬다 rest
¶ 그는 앉아서 **쉬었다.** He sat down and *rested.*
쉽게 easily
¶ 나는 **쉽게** 이길 수 있다. I can *easily* win.
쉽다 easy
¶ 한국말은 **쉽다.** Korean is *easy.*
스물 twenty
슬프다 sad
¶ **슬픈** 영화 a *sad* movie
슬픔 sorrow, sadness
습관 habit, custom
습기 moisture, humidity
승객 passenger
승리 victory
승자 winner
¶ 시합의 **승자** the *winner* of the game
시[1](時) o'clock, hour, time
¶ 지금은 10**시**이다. It is ten *o'clock.*
시[2](詩) poem, poetry
시[3](市) city
시간 time; hour
¶ **시간**이 걸리다 take *time*/ 하루는 24 **시간**이다. A day has twenty-four *hours.*
시계 clock, watch
시골 country
시내[1] stream, brook
시내[2] city
시들다 wither
시력 sight, eyesight
시련 trial
시원하다 cool

¶ 나무 밑은 **시원하다.** It is *cool* under the tree.

시인(詩人) poet

시작하다 begin, start

¶ 첫 수업은 9시에 **시작된다.** The first class *begin* at nine./ 장사를 **시작하다** *start* business

시장[1](市場) market

¶ 어머니는 **시장**에 가셨다. Mother is gone to *market.*

시장[2](市長) mayor

¶ 서울 **시장** the *Mayor* of Seoul

시청 city hall

시합 match, game, contest

~하다 play

시험 examination

¶ **시험**에 합격하다 pass an *examination*

시험지 test paper

식다 get cold, cool off

¶ **식기** 전에 드시오. Eat it before it *gets cold.*

식당 dining room, restaurant

식량 food

식료품 grocery

식물 plant

식사 meal

¶ **식사**하다 take a *meal*

식탁 table

¶ 식당에 **식탁**이 하나 있다. There is a *table* in the dining room.

식품 food

신[1] shoes

신[2](神) God

¶ 나는 **신**을 믿는다. I believe in *God.*

신기록 new record

신다 put on, wear

신랑 bridegroom

신문 newspaper, paper

¶ 오늘 **신문** today's *newspaper*

신발 shoes

신부(新婦) bride

¶ 신랑 **신부** the *bride* and the bridegroom

신분 a social position(standing)

¶ **신분**이 높다 be high in *social standing*

신비 mystery

신사 gentleman

신선하다 fresh

¶ **신선한** 공기 *fresh* air

신체 body

신혼여행 honeymoon

실수 mistake, error

실패 failure

~하다 fail

¶ 그는 시험에 **실패했다.** He *failed* in the examination.

실현하다 realize

¶ 그의 소망은 **실현되었다.** His wish was *realized.*

싫어하다 dislike

심다 plant

¶ 우리는 봄에 꽃을 **심는다.** We *plant* flowers in the spring.

심부름 errand, mission

심장 heart

심판하다 judge

¶ 신은 모든 사람을 **심판한다.** God will *judge* all men.

십 ten

십자가 cross

싱싱하다 young and fresh

싸다 cheap, inexpensive

¶ **싸게** 팔다 sell *cheap* prices

싸우다 fight, quarrel

¶ 우리는 **싸우고** 싶지 않다. We don't want to *fight.*

쌀 rice

쌍둥이 twins

썩다 rot, decompose, spoil

썰매 sled

쏘다 shoot, fire

¶ 그는 새 한 마리를 **쏘려고** 하였다. He tried to *shoot* a bird.

쏟다 pour out

쓰다 write; put on, wear

¶ 여기에 네 이름을 **써라.** *Write* your name here./ 모자를 **쓰다** *put on* a hat

쓰러지다 fall down, knock down

쓰레기통 waste-can

쓸다 sweep

¶ 마루를 **쓸다** *sweep* the floor

쓸모없는 of no use; useless

¶ 이 기계는 **쓸모가 없다.** This machine is *of no use.*

쓸모있는 of use; useful

¶ 그것은 **쓸모가 있다.** It is *of use.*

쓸쓸하다 lonely, lonesome

¶ **쓸쓸하게** 지내다 lead a *lonely* life

씨 seed

씨름 wrestling

씻다 wash

¶ 얼굴과 손을 **씻어라.** *Wash* your face and hands.

ㅇ

아가씨 young lady
아기 baby
아끼다 spare, value
¶ 돈을 **아끼다** *spare* money
아낌없이 freely, generously
아나운서 announcer
아내 wife
아니다 not, no
¶ 이것은 내 책이 **아니다.** This is *not* my book./ 당신도 선생님입니까? **아닙니다.** Are you a teacher? No, I am *not.*
아들 son
아름답다 beautiful
¶ 이 꽃들은 매우 **아름답다.** The flowers are very *beautiful.*
아마 perhaps, maybe, probably
¶ **아마** 그는 미국 사람일거야. *Perhaps,* he is an American./ **아마** 네 말이 옳을 것이다. *Maybe* you're right.
아무도 nobody, none
아버지 father
¶ **아버지**는 의사이다. My *father* is a doctor.
아이 child, kid
아저씨 uncle
아주 quite, utterly
¶ 그녀는 **아주** 기분이 좋다. She feel *quite* well.
아주머니 aunt
아직 yet, still
¶ 그는 **아직** 거기 살고 있다. He is *still* living there.
아침 morning
¶ **아침**부터 저녁까지 from *morning* till night
아침밥 breakfast
아파트 apartment house
아프다 painful
아홉 nine
¶ 그 소년은 **아홉** 살이다. The boy is *nine.*
아흔 ninety
악기 musical instrument
악대 (musical) band, brass band
악수 handshake
~하다 shake hands with
¶ 그는 소년과 **악수했다.** He *shook hands with* the boy.
악어 crocodile, alligator
안 inside, within, in
¶ **안**으로부터 from the *inside*

안개 fog, mist

안경 glasses, spectacles

안내 guidance, direction

~하다 **guide**

안락하다 (be) **easy**, comefortable

안에 in

¶ 나는 책을 상자 **안에** 넣었다. I put books *in* the box.

안에서 inside

안으로 into

¶ 나는 방**안으로** 들어갔다. I went *into* the room.

안전 safety, security

~하다 **safe**, secure

안타 hit

앉다 sit (down), take a seat

¶ **앉으시오**. *Sit* down./ 그들은 나란히 **앉아** 있다. They are *sitting* side by side.

알 egg, spawn

알게되다 discover

알다 know, realize, understand

¶ 나는 김씨를 **안다**. I *know* Mr. Kim./ 그는 이제 네가 얼마나 열심히 일했는가를 **안다**. He *realizes* now how hard you worked.

알리다 report, let know

¶ 나는 그것을 경찰에 **알리는** 것이 좋겠다. I'd better *report* it to the police./ 내일 **알려** 드리겠소. I will *let* you *know* tomorrow.

알맞다 fit, becoming

알아내다 find out, discover

¶ 비밀을 **알아내다** *find out* secret

알아듣다 understand

암(癌) **cancer**

암기 memorizing, learning by heart

~하다 **memorize**, learn by heart

¶ 나는 그 연설문을 **암기했다**. I *memorized* the speech.

암탉 hen

압력 pressure

압정 tack, push-pin

앞 front

¶ 그는 집 **앞**에 국기를 게양한다. He raises the flag in *front* of his house.

앞에 ahead; in front of

¶ **앞에는** 위험이 있다. There is danger *ahead*./ 그는 학생들 **앞에** 섰다. He stood *in front of* the students.

앞치마 apron

애인 lover, sweetheart

애정 love, affection

앵무새 parrot

야구 baseball

야영 camp, camping
야채 vegetable
약(藥) medicine, drug
약간 little
약간의 some
¶ **약간의** 책 *some* book
약국 drugstore, pharmacy
약속 promise, appointment
¶ 그녀는 항상 **약속**을 지킨다. She always keeps her *promise*.
약하다 weak
¶ 그녀는 대단히 **약하다**. She is very *weak*.
약한 weak
¶ 어머니는 대단히 **약하시다**. My mother is very *weak*.
약혼 engagement
얇다 thin
양¹(羊) sheep
¶ 그는 많은 **양**을 기른다. He keeps a lot of *sheep*.
양²(量) quantity, amount
양말 socks, stockings
양배추 cabbage
양산 parasol, sunshade
양식(糧食) food, provisions
양심 conscience
양육하다 bring up, raise
양초 candle
양친 parents
얕다 shallow
어깨 shoulder
어느날 one day
어둠 darkness, the dark
어둡다 dark
¶ **어두운** 방에서 책을 읽지 마라. Don't read in a *dark* room.
어디 where
¶ **어디** 사십니까? *Where* do you live?
어디든지 anywhere
어렵다 difficult, hard
¶ **어려운** 질문 *difficult* question
어른 man, adult
어리석다 foolish, stupid
¶ 나는 정말 **어리석다**. I am really *foolish*.
어린 시절 childhood, boyhood
어린이 child, youngster
어머니 mother
어버이 parents
어부 fisherman
어울리다 join, mix with; match
¶ 친구들과 **어울려** 놀다 *join* the friends at play
어제 yesterday
억제하다 control, repress, restrain
언덕 hill
언어 language, speech
언제 when

¶ 너는 **언제** 올 수 있니? *When* can you come?
언제나 always, as ever
¶ 그는 **언제나** 바쁘다. He is *always* busy.
언제든지 anytime; whenever
얻다 get, obtain, acquire
얼굴 face
얼다 freeze, ice
얼른 fast, quickly
얼리다 freeze, refrigerate
얼마 how many; how much
얼음 ice
엄지발가락 big toe
엄지손가락 thumb
없애다 get rid of
¶ 쥐들을 **없애라**. *Get rid of* rats.
엉덩이 hips, buttocks
여권 passport
여기 here, this place
¶ **여기** 책이 한 권 있다. *Here* is a book.
여기저기 here and there
여덟 eight
여동생 younger sister
여든 eighty
여러 가지 various
여러번 often, several times
여러분 everybody, ladies and gentlemen
여름 summer
¶ **여름** 휴가 *summer* vacation
여배우 actress
여보세요 Hello.(전화)
여섯 six
여성 woman
여왕 queen
여우 fox
여자 woman
여하튼 anyway, at any rate
여학교 girls' school
여학생 schoolgirl, girl students
여행 travel, trip, tour
¶ 그녀는 **여행**에서 돌아왔다. She has returned from her *travel.*
역 station
¶ **역**으로 가는 길을 가르쳐 주겠어요? Will you show me the way to the *station?*
역사 history
역사적인 historic
역시 too, also, either
¶ 그 책도 **역시** 그의 것이다. The book is his, *too.*
연결하다 connect, link
연구 study, research
연극 play, drama
연기[1] smoke
연기[2](演技) acting, performance
연령 age, years (of age)

연료 fuel
연말 the end of the year
연못 pond
연설 speech, address
~하다 give a speech, address
¶ 나는 **연설하기** 위하여 학생들 앞에 섰다. I stood in front of the students to *give my speech.*
연습 practice, exercise
¶ 그녀는 피아노를 **연습**하고 있다. She is *practicing* the piano.
연장 tool, implement
연주하다 play, perform
¶ 피아노를 **연주하다** *play* the piano
연주회 concert
연필 pencil
열 ten
¶ 우리는 **열** 시에 출발했다. We started at *ten.*
열넷 fourteen
열다 open, unlock
열다섯 fifteen
열둘 twelve
열매 fruit
열셋 thirteen
열쇠 key
열심히 hard, eagerly
¶ 그는 **열심히** 공부한다. He studies *hard.*
열아홉 nineteen
열여덟 eighteen
열여섯 sixteen
열일곱 seventeen
열중하다 be absorbed in
열차 train
열풍 hot wind
열하나 eleven
¶ 그는 **열한**시에 왔다. He came at *eleven.*
열흘 ten days
염려하다 be worry about, be anxious about
염소 goat
엽서 postcard, postal card
¶ 그림 **엽서** a picture *postcard*
영 zero
¶ **영**하 5도 five degrees below *zero*
영광 honor, glory
영국 England, (Great) Britain, the United Kingdom
영어 English
영웅 hero
¶ 그는 가장 위대한 **영웅**의 한 사람이다. He is one of the greatest *heroes.*
영화 movie, film, motion

영화관 theater, cinema house
옆 side
옆에 next to; by; beside
예(例) example, instance
예금 deposit
예능 art, artistic
예배 worship
예쁘다 pretty, beautiful
예수 Jesus (Christ)
예순 sixty
예술 art, fine arts
옛날 old days
오(五) five
오늘 today, this day
¶ **오늘**은 일요일이다. *Today* is Sunday.
오늘 밤 tonight
오다 come
¶ 이리 **오너라**. *Come* here.
오두막 hut, shed
오락 recreation, amusement
오래 long, for a long time
오래된 old
¶ 이 학교는 **오래된** 학교이다. This school is *old*.
오랫동안 for a long time
오로지 only
¶ **오로지** 그 사람만이 알고 있다. *Only* he knows it.
오르다 climb, go up
¶ 그는 산에 **올랐다**. He *climbed* the mountain
오른손 right hand
오른쪽 right side
오리 duck
오리다 cut out, cut off
오솔길 path
오십 fifty
오월 May
¶ 장미는 **오월**에 핀다. Roses bloom in *May*.
오이 cucumber
오전 morning, forenoon, a.m.
오직 only
오징어 cuttlefish
오토바이 motorcycle
오해하다 misunderstand
오후 afternoon, p.m.
¶ 오늘 **오후**에 야구 시합이 있다. There is a baseball game this *afternoon*.
오히려 rather (than)
올라가다 go up, rise
¶ 지붕에 **올라가다** *go up* on the roof
올리다 raise, lift
¶ 깃발을 **올리다** *raise* a flag
올빼미 owl
올챙이 tadpole
올해 this year
옮기다 move, remove
옳다 right, proper

¶ 네 말이 **옳다**. You are *right*.
옷 clothes, dress, costume
완성하다 complete, finish
왕 king
왕관 crown
¶ 왕은 머리에 **왕관**을 쓰고 있다. The king has a *crown* on his head.
왕자 prince
왕조 dyansty
왜 why
¶ **왜** 너는 늦었니? *Why* were you late?
왜냐하면 because
외국 foreign country
외국어 foreign language
외국인 foreigner
외다 memorize, know by heart
¶ 나는 이 시를 **외고** 있다. I *know* this poem *by heart*.
외롭다 lonely, lonesome
외부 outside
외출하다 go out
외치다 shout, call out
외투 overcoat
왼손 left hand
왼쪽 left side
요금 charge, fee
요리 cooking, cookery
~하다 cook
요술 magic
요점 point
요즈음 recently, lately
용 dragon
용감하다 brave
¶ 그는 **용감한** 군인이었다. He was a *brave* soldier.
용기 courage
¶ **용기** 있는 사람 a man of *courage*
용돈 pocket money
용서하다 pardon, forgive
¶ 늦은 것을 **용서해** 주십시오. *Pardon* me for being late.
용수철 spring
우등생 honor student
우리 we(our(우리들의), us(우리들을, 우리들에게))
¶ **우리**는 피곤하다. *We* are tired.
우물 well
우산 umbrella
우수하다 excellent, superior
우습다 funny
우승 victory, championship
우울하다 gloomy, melancholy
우유 milk
우정 friendship
우주 universe, cosmos, space
¶ **우주** 여행 *space* travel
우체국 post office
우체통 post box, mailbox 《미》

우편 post, mail 《미》
우표 stamp, postage stamp
운동 sports, exercise; movement
¶ 스키와 스케이트는 겨울 **운동**이다. Skiing and skating are winter *sports.*
운동장 playground
운동화 sports shoes
운전사 driver
운전하다 drive
¶ 그는 **운전할** 줄 안다. He can *drive* a car.
울다 cry, weep
¶ 아기가 울기 시작했다. The *baby* began to cry.
울리다 ring
울음 crying, weeping
울타리 fence, hedge
움직이다 move
¶ 차가 빨리 **움직인다.** The car *moves* fast.
웃다 laugh, smile
¶ 우리는 함께 **웃고** 함께 운다. We *laugh* and we cry together.
원(圓) circle
원래 originally, naturally
¶ 그는 **원래** 좋은 사람이다. He is good by *naturally.*
원숭이 monkey
원하다 want, wish, hope
월(月) month
월요일 Monday
위[1] upside, above; on
¶ 책상 **위**에 있는 책은 내 것이다. The book *on* the desk is mine.
위[2](胃) stomach
위대하다 great, grand
¶ 그는 **위대한** 인물이다. He is a *great* man.
위험 danger, peril
~하다 dangerous
¶ 거리는 자전거 타기에는 너무 **위험하다.** The streets are too *dangerous* for bicycles.
유령 ghost
유리 glass
유명하다 famous, well-known
¶ 그녀는 **유명한** 피아니스트이다. She is a *famous* pianist.
유월 June
유지하다 keep
유치원 kindergarten
유행 fashion
육(六) six
육군 army
육십 sixty
육지 land
¶ 그들은 바다와 **육지**를 여행했다. The traveled over *land* and sea.

육체 **body**, flesh
은(銀) **silver**
은메달 **silver medal**
은행 **bank**
음료수 **drinking water**
음성 **voice**
¶ 낮은 **음성**으로 in a low *voice*
음식 **food**, meal
음악 **music**
¶ 나는 **음악**을 매우 좋아한다. I like *music* very much.
음악회 **concert**
의무 **duty**, obligation
의사 **doctor**
의심하다 **doubt**
¶ 나는 네 말을 **의심한다**. I *doubt* your word.
의자 **chair**
의지하다 **depend on**; lean on
이 **tooth** (복수 teeth)
¶ 나는 아침마다 **이**를 닦는다. I brush my *teeth* every morning.
이것 **this**
¶ **이것**은 누구의 책이냐? Whose book is *this?*
이곳 **here**, this place
¶ 우리는 모두 **이곳**에서 행복하다. We are all very happy *here.*
이기다 **win**
이끌다 **lead**
이름 **name**
이마 **brow**, forehead
이미 **already**
¶ 그는 **이미** 가고 없다. He has *already* gone.
이발사 **barber**
이번 **this time**
¶ **이번**에는 그들이 매우 화를 냈다. *This time* they were very angry.
이상한 **strange**, queer
¶ 어린 소녀는 **이상한** 소리를 들었다. The little girl heard a *strange* noise.
이슬 **dew**, dewdrops
이십 **twenty**
이야기 **story**, talk
이야기하다 **speak**; **talk**
이웃 **neighborhood**, next door
이유 **reason**, cause
이해하다 **understand**, comprehend
인간 **human being**
인격 **character**, personality
인구 **population**
인류 **mankind**
인사하다 **bow**, say hello, greet
¶ 일어서서 선생님께 **인사하여라**. Stand up and *bow* to the teacher.

인생 life
인형 doll
일[1](一) one
일[2] work
¶ 그는 열심히 **일**한다. He *works* hard.
일곱 seven
일기 diary
¶ **일기**를 쓰다 keep a *diary*
일본 Japan
일생 lifetime
일어나다 get up
¶ 아침 일찍 **일어나다** *get up* early in the morning
일어서다 stand up
일요일 Sunday
일월(一月) January
일찍 early
¶ 그녀는 아침 **일찍** 일어난다. She gets up *early* in the morning.
일하다 work
읽다 read
¶ 그는 역사 책을 **읽고** 있다. He is *reading* a history book.
잃다 lose, miss
¶ 희망을 **잃다** *lose* hope
입 mouth
입구(入口) entrance
입다 wear, put on
입술 lips
입학하다 enter
있다 have, there be
잉크 ink
잊다 forget, leave behind
¶ 그것을 **잊지** 마라. Don't *forget* about it.
잎 leaf (복수 leaves)
¶ 나뭇**잎**들은 모두 빨갰다. The *leaves* of the trees were all red.

ㅈ

자 ruler, square
자갈 gravel
자격 qualification
자극하다 stimulation
자금 funds, capital
자급자족 self-sufficiency
자기 oneself
자다 sleep
자동 automatic action
자동차 car, motorcar
¶ **자동차**를 운전하다 drive a *car*
자라다 grow
¶ 그는 키가 많이 **자랐다**. He has *grown* very tall.
자랑 pride
자료 materials
자르다 cut, chop
¶ 그녀는 케이크를 셋으로 **잘랐다**. She *cut* the cake in three.
자리 seat
¶ 앉을 **자리**가 없다. I can't find a *seat*.
자립 independence
자매 sisters
자명종 alarm clock
자물쇠 lock
자백 confession
~하다 confess
자비 mercy
자서전 autobiography
자석 magnet
자세하다 detailed
자손 descendant
자식 child
자신(自信) self-confidence
자연 nature
자원(資源) resources
자유 freedom, liberty
자장가 nursery song
자전거 bicycle
자제하다 control oneself
자존심 pride, self-respect
자주 often, frequently
¶ 그는 **자주** 영화 보러 간다. He *often* goes to the movie.
자취 marks, traces
¶ 고대 문명의 **자취** *traces* of an ancient civilization
작가 author
작년 last year
작다 small, little, short
¶ **작은** 집 a *small* house/ 제인은 **작은** 소녀이다. Jane is a

little girl./ 그는 키가 매우 **작다**. He is very *short*.

작동하다 function, operate

작문 compositions, writing

작별 farewell

~하다 bid farewell, say goodbye

작업 works, operation

잔 cup, glass

¶ 물 한 **잔** 주시오. Give me a *cup* of water.

잔돈 change

잔디밭 grass

잔뜩 full, fully

잔인하다 cruel, brutal

잔치 feast, party

잘 well, nicely

¶ 이제 진호는 영어를 **잘** 말한다. Now Jinho speaks English *well*.

잘못하다 mistake

잠 sleep

¶ **잠**에서 깨다 awake from *sleep*

잠그다 lock

잠깐 just a minute

잠깨다 wake up, awake

잠들다 fall asleep

잠수 diving

~하다 dive, go under water

잠수함 submarine

잠자리[1] dragonfly

잠자리[2] bed

¶ 나는 10시에 **잠자리**에 든다. I go to *bed* at ten.

잠자코 in silence

잡다 catch, hold

¶ 공을 **잡다** *catch* a ball

잡아당기다 pull, draw

잡음 noise

잡지 magazine

잡초 weed

잡히다 be caught

장[1](章) chapter

장[2](長) head, chief, boss

장갑 gloves

장거리 long distance

¶ **장거리** 전화 a *long distance* call

장관 minister

장교 officer

장난 mischief, joke, trick

장난감 toy

장님 blind

장래 future

장마철 rainy season

장만하다 prepare; buy

장미 rose

¶ 우리는 정원에 **장미**를 가꾼다. We grow *rose* in our garden.

장소 place, spot

장점 merit, good point

장학금 scholarship
재능 talent, ability, gift
재다 measure
재료 material
재목 wood
재미 fun, interest, amusement
¶ 우리는 어제 **재미**있게 지냈다. We had a lot of *fun* yesterday.
재빨리 quickly, speedily
재배하다 grow, cultivate
재산 property, fortune, estate
재수 luck, fortune
재주 talent, ability
재치 wit, tact
재판 justice
저고리 jacket
저금 savings, deposit
저녁 evening
저녁 식사 supper
저물다 grow dark
저울 balance
저음 bass
저자 author, writer
저작권 copyright
저절로 of itself
저축 saving
저항 storage, preservation
~하다 resist, struggle against
적(敵) enemy
적다[1] write, note
¶ 영어로 **적다**
write in English
적다[2] (수가) few, (양이) little
적당하다 proper, suitable
적도 equator
적십자 the Red Cross
전[1](前) former, past, before
전[2](全) whole, entire, all
¶ **전**국민 the *whole* nation
전구 electric light
전기(電氣) electricity
전람회 exhibition
전망 view, prospect
¶ 이 창문에서의 **전망**은 아름답다. The *view* from this window is beautiful.
전문적 special
전부 all, the whole
전보 telegram, telegraph
전시(展示) exhibition, display
전시장 gallery
전시회 exhibition
전쟁 war
전치사 preposition
전화 telephone
¶ 공중 **전화** a public *telephone*
절[1] bow
절[2](사찰) temple
절대로 absolute, positively
절망하다 despair, lose hope
절반 half

절벽 cliff
절약 economy, saving
젊다 young, youthful
¶ **젊어** 보이다 look *young*
점심 lunch
접근하다 approach, draw near
접시 plate, dish
젓가락 chopsticks
정거장 station
정구 tennis
정답다 friendly, tender
정당하다 right, just, proper
정보 information, intelligence
정부 government
¶ 국민들은 새로운 **정부**를 세웠다. The people set up a new *government.*
정신 mind, spirit
정원 garden
정지하다 stop
¶ 기차는 역마다 **정지한다.** The train *stops* at every station.
정직한 honest
¶ **정직한** 사람 an *honest* man
정치 politics
정치가 statesman
정하다 decide
젖 milk
젖다 get wet, moisten
제공하다 offer
제복 uniform
제비 swallow
제일 the first, number one
조각 piece
¶ 빵 한 **조각** a *piece* of bread
조개 shellfish
조국 one's homeland, one's mother country
조그마하다 small
조금 little, few
¶ 그녀는 나에게 빵을 **조금** 주었다. She gave me a *little* bread.
조심하다 be careful, take care
조용히 quietly, silently
조종사 pilot
조직 organization, formation
조카 nephew
존경하다 respect
졸다 doze, nap
졸업 graduation
~하다 graduate from
¶ 그는 중학교를 **졸업하면** 고등학교에 진학할 것이다. After *graduating from* middle school, he will go to high school.
졸업식 graduation ceremony
좁다 narrow
종 bell
¶ **종이** 울리고 있다. The *bell* is ringing.

종교 religion
종료 end
종류 kind, variety, sort
종이 paper
종일 all day, all day long
¶ 그는 하루 **종일** 열심히 일했다. He worked hard *all day.*
종종 often
¶ **종종** 그의 나날은 너무나 바쁘다. His days are *often* too busy.
좋다 good, fine, nice
¶ 날씨가 **좋다**. It is *fine* day.
좋아하다 like, love, be fond of
¶ 그녀는 음악을 **좋아한다**. She likes the *music.*
좌석 seat
죄송하다 sorry
죄인 criminal, offender
주[1](州) state
¶ 그는 캘리포니아주에 살고 있다. He lives in the *State* of California.
주[2](週) week
¶ 그녀는 매주 그를 만난다. She meets him every *week.*
주다 give, present
주말 weekend
주먹 fist
주문 order
¶ **주문**을 취소하다 withdraw an *order*
주방 kitchen
주부 housewife
주소 address
¶ 너의 **주소**를 가르쳐 다오. Tell me your *address.*
주유소 oil station
주위에 around
주의 attention, notice
주인 master, owner
주인공 hero
주저하다 hesitate
주전자 kettle
주제 subject, theme
주차 parking
주택 house
죽다 die
¶ 그는 젊어서 **죽었다**. He *died* young.
죽어가는 dying
죽음 death
죽이다 kill, murder
준비하다 prepare
줄거리 outline, plot
줄이다 reduce, decrease
줍다 pick up
¶ 그는 돌을 **주웠다**. He *picked* up a stone.
중국 China
중년 middle age
중대하다 important, serious

중심 center
중요 importance, consequence
~하다 important
중지하다 stop, suspend
중학교 middle school
쥐 rat
쥐다 hold
¶ 너는 지도를 거꾸로 **쥐고** 있다. You are *holding* the map upside down.
즐겁다 merry, pleasant
¶ **즐거운** 성탄절을 맞으시기를! A *Merry* Christmas to you!
즐기다 enjoy
¶ 그들은 휴일을 **즐겼다.** They *enjoyed* the holiday.
증가하다 increase
증거 evidence, proof
증기 steam
증언 testimony
지각 lateness
~하다 be late, be behind time
지갑 purse
지구 earth
¶ **지구**는 태양 주위를 돈다. The *earth* goes round the sun.
지금 now, present, this time
¶ **지금** 바로 떠나라. Start right *now.*
지나가다 pass, go past
¶ 그들은 마을을 **지나갔다.** They *passed* through the village.
지니다 carry
¶ 나는 돈을 **지니지** 않고 있다. I have no money *carry* me.
지도 map
¶ 벽에 **지도**가 걸려 있다. There is a *map* in the wall.
지도력 leadership
지루한 bored
¶ 나는 다만 **지루했다.** I was just *bored.*
지방(地方) country
¶ **지방** 사람들 *country* people
지불하다 pay
지붕 roof
지식 knowledge
지우개 eraser
지우다 erase
지원하다 support
지위 position
지지하다 support
지친 tired
¶ 나는 완전히 **지쳤다.** I'm really *tired* out.
지켜보다 watch
지키다 protect, defend
지팡이 stick
지평선 horizon

지하 underground

지하철 subway

직선 straight line

직각 right angle

직업 job, occupation

진실 truth

~하다 true

¶ 그가 말하는 것은 **진실이다.** What he says is *true.*

진심 sincerity

진짜의 real

¶ 이것은 **진짜** 다이아몬드이다. This is a *real* diamond.

진흙 mud

질문 question

¶ 그는 많은 **질문**을 했다. He asked many *questions.*

질병 disease

질서 order

질투하다 jealous

짐승 beast, brute

집 house, home

¶ 그의 **집**은 좋다. His *house* is nice.

집다 pick up

집배원 postman

짖다 bark

짚 straw

짝사랑 unreturned love

~하다 love one-sidedly

짧다 short

¶ 그의 다리는 **짧다.** His leg are *short.*

찡그리다 frown

찢다 tear, rip

¶ 편지를 **찢다** *tear* a letter

ㅊ

차[1](茶) tea
¶ **차**를 마시고 싶다. I would like some *tea.*

차[2](車) car, vehicle

차갑다 cold, icy
¶ 눈과 얼음은 **차갑다.** Snow and ice are *cold.*

차고 garage

차근차근 in orderly fashion

차다[1] kick
¶ 공을 **차다** *kick* a ball

차다[2] cold
¶ **찬** 물 *cold* water

차다[3] fill
¶ 병에 물이 **차다** water *fills* a bottle

차례 order, turn

차림표 menu

차이 difference
¶ **차이**가 생기다 make a *difference*

차지하다 take up

착하다 nice, good

찬성 agreement, approval
~하다 agree to

참고 reference
~하다 refer to
¶ 사전을 **참고하다** *refer to* a dictionary

참석 attendance
~하다 attend
¶ 모임에 **참석하다** *attend* a meeting

참새 sparrow

참으로 really, truly, indeed
¶ 그것은 **참으로** 훌륭했다! That was *really* great!

창문 window

찾아내다 find

창조 creation
~하다 creat

채소 vegetables

채용하다 employ, adopt

채우다 fill
¶ 그녀는 병에 물을 **채웠다.** She *filled* the bottle with water.

책 book

책방 bookstore, bookshop

책상 desk

책임 *responsibility*
¶ **책임**을 회피하다 avoid *responsibility*

처럼 like, as, as if, as… as

¶ **거지처럼** 보이다 look *like* a beggar/ 대낮**처럼** 밝았다. It was light *as* day./ 그는 술취한 사람**처럼** 걷는다. He walks *as if* he is drunk./ 눈**처럼** 하얗다 be *as* white *as* snow

처벌 punishment, penalty
~하다 punish

처음 first, beginning
¶ **처음으로** *for the first time*/ **처음에는** *at first*/ **처음에는** 사람들이 그를 믿지 않았다. *At first* people didn't believe him.

천(千) thousand
¶ 수**천**의 사람들이 그 시합을 보았다. *Thousands* of people saw the game.

천국 Heaven, Paradise

천둥 thunder

천막 tent
¶ 그는 **천막**에서 산다. He lives in a *tent.*

천만에 not at all, you are welcome

천문학 astronomy

천천히 slowly

철 iron, steel
¶ **철**문 an *iron* gate

철도 railroad, railway

철사 wire

철자 spelling

철학 philosophy

첫째 first, foremost

청결 cleanliness, neatness
~하다 clean, neat
¶ **청결한** 부엌 a *clean* kitchen

청년 young man, youth

청소하다 clean, sweep

청중 audience

체조 gymnastics

체중 weight
¶ **체중이** 줄다 lose *weight*/ **체중이** 늘다 gain *weight*

쳐다보다 look up, stare at

초(秒) second
¶ 이 시계는 **초**침이 있다. This watch has a *second* hand.

초대 invitation
~하다 invite
¶ 나는 그를 식사에 **초대했다.** He *invited* me to dinner.

초등학교 primary school, public school

초록 green

초점 focus

촉진 promotion, acceleration
~하다 promote, accelerate

총 gun, rifle

총계 total, sum

총명하다 bright, intelligent

추가하다 add to, supplement

추억 memory, remembrance, recollection

추위 cold

¶ **추위**에 견디다 bear the *cold*

축구 football, soccer

¶ 우리는 방과 후에 **축구**를 한다. We play *soccer* after school.

축제 festival

축하 congratulation

~하다 **congratulate**

¶ 졸업을 **축하합니다.** I *congratulation* you on your graduation.

출구 exit

출발하다 start, leave

¶ 나는 7시에 **출발했다.** I *started* at seven.

출석하다 attend, present

¶ 나는 그 모임에 **출석했다.** I *attend* the meeting.

춤 dance, dancing

¶ 그들은 기뻐서 **춤추었다.** They *danced* for joy.

춥다 cold

¶ 겨울은 **춥다.** Winter is *cold.*

충고 advice, counsel

~하다 **advise,** counsel

충실하다 faithful, true

취미 hobby, interest

취소하다 cancel, revoke

층계 stairs

치다[1] **strike**

¶ 짐은 배트로 공을 **쳤다.** Jim *struck* the ball with a bat.

치다[2] **play**

¶ **피아노를 치다** *play* the piano

치료 treatment, remedy

~하다 **cure,** remedy, treat

¶ 환자를 **치료하다** *treat* a patient

치르다 pay; have, undergo

¶ 돈을 **치르다** *pay* a money /시험을 **치르다** have an examination

치마 skirt

치아 tooth (**복수** teeth)

¶ 나는 아침마다 **치아**를 닦는다. I brush my *teeth* every morning.

치약 toothpaste

친구 friend

¶ 여자 **친구** a girl *friend/* 남자 **친구** a boy *friend*

친근한 familiar

¶ 그 노래는 우리에게 **친근하다.** The song is *familiar* to us.

친절 kindness, friendliness

~하다 **kind,** friendly

친척 relative, relation

친해지다 make friends

¶ 그는 많은 친구들과 **친해졌다.** He has *made* many *friends.*

칠(七) seven

칠십 seventy

칠월 July

칠하다 paint

¶ 벽에 페인트를 **칠하다** *paint* a wall

침대 bed

¶ 어머니는 아기를 **침대**에 눕혔다. The mother put the baby to *bed.*

침묵 silence

¶ **침묵**은 금이다. *Silence* is gold.

침실 bedroom

칫솔 toothbrush

칭찬하다 praise

¶ 나는 그의 부지런함을 **칭찬했다**. I *praised* him for his diligence.

ㅋ

칼 knife, sword

캄캄한 dark

¶ **캄캄한** 밤이었다. It was a *dark* night.

커튼 curtain

¶ 그 소년은 **커튼** 뒤에 숨었다. The boy hid himself behind the *curtain.*

캐다 dig up, lift

캠페인 campaign

캠프 camp

커다랗다 huge, great

커지다 grow larger

컨디션 condition

켜다 burn, light; saw

¶ 등불을 **켜다** *light* a lamp

켤레 a pair

¶ 양말 한 **켤레** *a pair* of socks

코 nose

¶ 그의 **코**는 높다. He has a high *nose.*

코끼리 elephant

¶ **코끼리**는 큰 동물이다. An *elephant* is a big animal.

코스모스 cosmos

코피 nosebleeding

콘테스트 contest

콧수염 mustache

콩 beans, peas

쾌활한 merry

¶ 그들은 **쾌활한** 노래를 불렀다. They sang *merry* songs.

크기 size

¶ **크기**가 다르다 be not equal in *size*

크다 big, large, great

¶ 그의 농장은 **크다**. He is farm is *big*./ 미국은 **큰** 나라이다. America is a *large* country./ 코끼리는 **큰** 동물이다. An elephant is a *great* animal.

큰소리 big(loud) voice

키[1] key ¶ **키를 누르다** press down a *key*

키[2] height

¶ **키**를 재다 measure *height*

키우다 bring up, make large

ㅌ

타격 blow, hit
타고나다 be born, be gifted; be made for
¶ **타고난** 음악가 be *born* musician
타다[1] ride, take
¶ 그는 말을 **타고** 있다. He is *riding* a horse.
타다[2] burn; scorched
¶ 석탄이 **타고** 있다. The coal is *burning.*
타다[3] mix, add; get
¶ 술에 물을 **타다** *mix* wine with water
타오르다 blaze up, burn up, burst into flame
타원형 oval
타인 another person
타입 type; pattern
타자하다 typewrite
타파하다 break down; explode
타향 foreign country
타협하다 compromise
탁구 ping-pong, table tennis
탁월하다 excellent
¶ **탁월한** 학자 *prominent* scholar
탁자 table
¶ 저것들은 **탁자**들이다. Those are *tables.*
탁하다 muddy; impure
¶ **탁한** 물 *muddy* water
탄광 coal mine
탄생 birth, nativity
~하다 be born
탄식하다 sigh
탄환 bullet
탈[1] mask
¶ **탈**을 쓰다 put on a *mask*
탈[2] accident, incident; hitch
¶ **탈** 없이 진행되다 go on without a *hitch*
탈락하다 fall off, shed
탈출 escape, extrication
~하다 escape from
탐내다 desire, want, crave
탐스럽다 desirable, appetizing
¶ **탐스러운** 사과 an *appetizing* apple
탐정 detective
탐험 exploration, expedition
~하다 explore
¶ 우주 탐험 space *exploration*
탑 tower, pagoda

태도 attitude, manner
태만하다 negligent; idle, lazy
태양 sun
¶ **태양**은 동쪽에서 뜬다. The *sun* rises in the east.
태어나다 be born
¶ 부잣집에서 **태어나다** *be born* rich
태연하다 cool, calm, composed
태엽 spring
태우다 burn
¶ 집을 **태우다** have one's house *burnt* down
태평양 the Pacific (Ocean)
태풍 typhoon
택시 taxi
택하다 choose, pick
터널 tunnel
터무니없다 unfounded, groundless
터지다 burst, break; explode
¶ 풍선이 **터지다** a ballon *bursts*/ 폭탄이 **터지다** bomb *explodes*
턱 jaw, chin
턱수염 beard
털 hair; fur, wool
¶ **털**을 뽑다 pull out a *hair*/ **털** 양말 *woolen* socks
테니스 tennis
테두리 border, edge; limit
테마 theme
텐트 tent
¶ 그들은 다섯 개의 **텐트**를 쳤다. They put up five *tents.*
토끼 rabbit, hare
토론하다 debate
토막 piece, bit, block
토지 land
토요일 Saturday
토하다 vomit
톱 saw
통과 passage, passing
~하다 pass
¶ 기차가 터널을 **통과하고** 있다. The train is *passing* through the tunnel.
통나무 log
¶ **통나무** 집 *log* house(hut)
통신 correspondence, communi-cation
통일 unification, unity
~하다 unify
¶ 나라를 **통일하다** *unify* a nation
통지 notice
~하다 notify of, give notice
통치하다 rule over, govern
통화하다 speak by telephone
퇴원 leaving hospital
~하다 leave hospital
투수 pitcher
투숙하다 put up at

투자 investment
~하다 invest
투쟁하다 fight
투표하다 vote
튀기다 fry
¶ 닭을 **튀기다** *fry* a chicken
튀다 bound, spring
트럭 truck
트집 false charge, fault
특기 one's special ability
특등 special grade, top grade
특별하다 special, especially
특별히 specially, especially, particularly
특성 feature, character
특징 feature, character
특출하다 outstanding, conspicuous, prominent
특히 specially, especially
¶ 오늘 아침은 **특히** 춥다. It is *specially* cold this morning.
튼튼하다 strong, solid, firm
틀 frame, framework
틀리다 be mistaken, different
틀림 mistake, error, difference
틀림없이 surely, certainly
¶ 그것은 **틀림없이** 재미 있다. It *surely* is interesting.
티끌 dust, mote
팀 team
¶ 축구 **팀** a soccer *team*

ㅍ

파괴 destruction
~하다 destroy, break
¶ 그 화재로 다섯 채의 집이 **파괴되었다.** Five houses were *destroyed* by the fire.
파다 dig
¶ 구멍을 **파다** *dig* a hole
파도 waves
파랑 blue
¶ **파랑**새 a *blue* bird
파랗다 blue
¶ 그녀의 눈은 **파랗다.** Her eyes are *blue.*
파리 fly
파티 party
판매 sale
~하다 sell
¶ **판매**원 *salesman*
판사 judge
팔 arm
팔꿈치 elbow
팔다 sell
¶ 저 가게에서는 장난감을 **판다.** That store *sells* toys.
팔목 wrist
팔월 August
패배 defeat
~하다 be defeated
퍼뜨리다 spread, circulate
편리하다 convenient, handy
편지 letter
¶ **편지**를 받다 receive a *letter*/ **편지**를 보내다 send a *letter*
편집 editing
편하다 comfortable
평균 average
평등 equality
~하다 equal
¶ 만인은 법앞에 **평등하다.** All men are *equal* under the law.
평범하다 common, ordinary
평생 lifetime, whole life
평야 plain, open field
평탄한 smooth
¶ **평탄한** 길 a road *smooth*
평화 peace
¶ 우리는 **평화**와 행복을 원한다. We want *peace* and happiness.
포기하다 abandon, give up
¶ 계획을 **포기하다** *give up* plan
포도 grape
¶ 포도주는 **포도**의 즙으로 만들

어진다. Wine is made from juice of *grapes.*

포로 prisoner

포수[1] hunter

포수[2] catcher(야구)

포장하다 pack, warp, pave

¶ 상자로 **포장하다** *pack* in a box/ 이 길은 돌로 **포장되어** 있다. This street is *paved* with stone.

포함하다 include, contain

폭발하다 explode

폭탄 bomb

폭포 waterfall, falls

폭풍 storm

표 ticket, tag

¶ 이것은 나의 이름표이다. This is my name *tag.*

표류하다 float

표면 surface, face

표본 sample, example

표준 standard

표지 cover

표현 expression, presentation

~하다 **express**, represent

푸르다 blue

풀[1] grass

¶ 나는 **풀**밭에 누워 있었다. I was lying on the *grass.*

풀[2] paste

풀다[1] solve

¶ 모든 학생들이 그 문제를 **풀었다**. All the students *solved* the problem.

풀다[2] untie

¶ 구두끈을 **풀다** *untie* one's shoestrings

품위 elegance, grace, dignity

품질 quality

품행 conduct, behavior

풍경 scenery, landscape

풍금 organ

풍년 a year of abundance

풍부 plenty

¶ 그들은 **풍부**하게 지낸다. They live in *plenty*/ **풍년** a year of *plenty*

프로그램 program

플라스틱 plastic

피 blood

피곤하다 tired, weary

¶ 그는 **피곤하다**. He is *tired.*

피난 refuge

~하다 take refuge

피다 bloom, come out

피리 pipe, flute

피부 skin

필요하다 need, necessary

핑계 excuse

ㅎ

하고 싶다 would like to
¶ 나는 교사가 **되고 싶다.** I *would like to* be a teacher.
하급 lower class, low-grade
하나 **one,** a, an
하녀 **maidservant**
하늘 **sky;** heavens
¶ **하늘**에는 많은 별들이 있다. There are many stars in the *sky.*
하다 **do,** act
하루 **a day**
¶ **하루** 세 번 three times *a day*
하루하루 **day after day,** day by day, every day, daily
하마터면 **nearly,** almost
¶ 그녀는 **하마터면** 지갑을 잃을 뻔했다. She *nearly* lost her purse.
하물며 much more; much less
하수구 **ditch,** drain
하숙 **boarding,** lodging
~하다 lodge
하여간 **anyway,** anyhow, at any rate, in any case
하인 **servant**
하자마자 **as soon as,** no sooner… than
하지만 **but,** however, yet
하차 getting off
~하다 get off
하품 **yawn,** yawning
~하다 **yawn**
학과 subject of study
학교 **school;** college; academy
학급 **class**
¶ 그가 담임하는 **학급** the *class* under his charge.
학기 **term**
학년 **school year**
학력 **school career,** schooling
학문 **learning, studies**
학비 school expenses
학생 **student**
¶ 그는 착한 **학생**이다. He is a good *student.*
학습 **learning,** study
~하다 **study**
학식 **scholarship;** knowledge
학용품 school things
학위 **degree**
학자 **scholar**
한가운데 **the center,** the middle

¶ 우리 학교는 마을 **한가운데** 있다. Our school is in *the center* of the town.
한가하다 free, not busy
한개 one, piece
한끼 a (one) meal
한나절 half a day, a half day
한동안 quite some time
한밤중 midnight
한번 once, one time
¶ 일주일에 **한번** *once* a week
한숨 sigh, deep breath
한식(韓食) Korean-style food
한잔 a cup (of tea), **a glass** (of wine)
한적하다 quite
¶ **한적한** 마을 a *quite* village
한조각 a piece
한차례 one round
한참 for some time, for a time
할머니 grandmother
할아버지 grandfather
할인하다 discount
함께 together, with
¶ **함께** 일한다는 것은 좋은 일이다. Working *together* is good./ 나하고 **함께** 가자. Come *with* me.
함정 trap, pitfall, pit
¶ 그 사자가 **함정**에 빠졌다. The lion fell into a *trap.*
합격하다 pass an examination
합창 chorus, ensemble
합치다 unite, put together
¶ 물과 기름은 **합쳐지지** 않는다. Water and oil will not *unite.*
항공기 airplane, flying machine
항구 harbor, port
항상 always, at all times
¶ 그녀는 **항상** 이를 닦는다. She *always* brushes her teeth.
항아리 jar, pot
항해 voyage
~하다 **sail,** make a voyage
¶ 그배는 바다를 **항해중이다.** The ship is *sailing* on the sea.
해[1](年) year
¶ **올해** this *year/* **새해** the new *year*
해[2](日) sun
¶ **해**가 뜨다 the *sun* comes up/ **해**가 지다 the *sun* goes down
해[3](害) **harm,** injury
해고하다 discharge, dismiss
해군 navy
해답 answer, solution
해롭다 harmful, injurious
해마다 every year, yearly
해바라기 sunflower

해변 **seaside**, seashore, beach
해보다 **try**
¶ 다시 한 번 **해보아라**. *Try* again.
해석 **interpretation**
~하다 **interpret**
해설하다 **explain**, interpret
해외 **foreign countries**
해치다 **injure**, harm, hurt
핵무기 nuclear weapon
햇빛 **sunshine**, sunlight
행군 **march**
¶ 군인들은 빗속을 **행군했다**. The soldiers *marched* in the rain.
행동 **action**, conduct
~하다 **act**, **behave**
¶ 신사답게 **행동하다** *behave* like a gentleman
행복 **happiness**, welfare
~하다 **happy**
¶ 사람의 **행복**은 돈으로 살 수 없다. A person's *happiness* could not be bought for money.
행운 **luck**
행진 **march**, parade
향기 **perfume**, fragrance
향수 perfume
허락 **consent**, assent, approval
~하다 **allow**, permit
¶ 나는 그가 영화 구경가는 것을 **허락했다**. I *allowed* him to go to the movies.
허리 **waist**
허리띠 **belt**
허수아비 **scarecrow**
허약하다 **weak**, infirm
헌혈 **blood donation**
헤어지다 **part**, separate, disvorce
헤엄 swimming, swim
¶ **헤엄**치러 가다 go *swimming*
혀 **tongue**
혁명 **revolution**
현금 **cash**
현대 modern times, the present age
현명하다 **wise**, intelligent
¶ 그는 **현명하다**. He is *wise*.
현재 **now**, presently
혈액 **blood**
협동 **cooperation**
협박하다 **threaten**, force
형(兄) **elder brother**, big brother
형식 **form**, formality
형제 **brothers**
¶ 나는 **형제**가 둘 있다. I have two *brothers*.
호기심 **curiosity**
호도 **walnut**
호랑이 **tiger**
¶ **호랑이**는 매우 힘이 세다.

The *tigers* are very strong.

호박 pumpkin

호수 lake

¶ 우리는 겨울에 **호수**에서 스케이트를 탈 수 있다. We can skate on *lakes* in the winter.

호주머니 pocket

호흡 breath, breathing

~하다 breathe

혼동하다 confuse

혼란 confusion, mixing

~하다 confused

¶ 그의 정신은 **혼란해졌다**. His mind became *confused*.

혼자 alone, single

¶ **혼자** 살다 live *alone*

혼잡한 crowded

홍수 flood

화 angry

¶ 제인은 그 청년에게 매우 **화**가 났다. Jane was very *angry* with the young man.

화가 painter, artist

화랑 gallery

¶ 우리는 **화랑**에서 많은 그림을 보았다. We saw many pictures in the *gallery*.

화목 harmony

~하다 be friendly with

화물 goods, freight

화산 volcano

화살 arrow

화상 burn; scald

화약 gunpowder

화장 make-up

화장실 toilet

화장품 cosmetics

화재 fire

¶ **화재**가 나다 a *fire* breaks out

화제 topic

화폐 money; currency

화학 chemistry

화합 harmony, concord

~하다 harmonize

확신하다 be convinced, believe firmly, be sure

확실 certainty

~하다 certain

¶ 그는 **확실히** 성공한다. He is *certain* to succeed.

환경 environment, circumstances

환상 fantasy

환송하다 sending off, sendoff

환영하다 welcome

¶ 따뜻한 **환영**을 받다 receive a warm *welcome*

환자 patient

활 bow

¶ **활**과 화살 *bow* and arrow

활발하다 lively, active

황금 gold

황소 bull
황태자 the Crown Prince
황혼 dusk, twilight
회관 hall
회답 reply; answer
　~하다 answer
회복 recovery
　~하다 recover, get back
회사 company, corporation
회색 gray
회원 member, membership
회의 meeting, conference
　¶ 수업하기 전에 아침 **회의**가 있다. There is a morning *meeting* before class.
회장 president
회전 revolution, rotation
　~하다 revolve, rotate
회초리 switch, rod
회화 conversation
획득하다 gain, get, acquire
　¶ 권리를 **획득하다** *acquire* rights
횡단하다 cross, go across
효(孝) filial, piety, filial duty
효능 effect, efficacy
후(後) afterwards
　¶ 나는 **후**에 그 편지를 썼다. I wrote the letter *afterwards.*
후배 one's junior
후손 descendant
후원하다 support; second
후원자 supporter, sponsor
후에 after
후추 pepper
후퇴 backdown, retreat
후회 regret, repentance
　~하다 regret, repent
훈련 training, drill
　~하다 train, drill
훈장 medal, decoration, order
훌륭하다 fine, handsome, nice
훌륭한 wonderful
　¶ 한국에는 **훌륭한** 곳들이 많다. There are many *wonderful* places in Korea.
훔치다 steal
　¶ 누군가 내 시계를 **훔쳤다.** Someone has *stolen* my watch.
훗날 later days, some other day
훨씬 even
　¶ 이 책은 저 책보다 **훨씬** 좋다. This book is *even* better than that.
휘파람 whistle
휴가 holiday, vacation
　¶ 여름 **휴가** the summer *vacation*
휴식 rest
　~하다 rest, take a rest
휴일 holiday

¶ 일요일은 **휴일**이다. Sunday is a *holiday.*

휴지 wastepaper, toilet paper

흉 scar; fault

¶ 이마에 **흉**이 있다 have a *scar* on the forehead

흉내 imitation

흉년 bad year, lean year

흐르다 flow, stream, run

흐리다 cloudy, not clear

¶ 오늘은 날씨가 **흐리다**. It is *cloudy* today.

흑인 Negro

흑판 blackboard

흔들다 shake, wave

¶ 머리를 **흔들다** *shake* head

흔적 marks, traces

흔하다 abundant, common

흙 soil, earth; mud

흡수하다 absorb

흥미 interest, zest

흥분하다 be excited

흩어지다 disperse, scatter

희곡 drama, play

희극 comedy

희다 white

¶ **흰**머리 *white* hair

희망 hope, wish, desire

¶ 그의 말이 나에게 **희망**을 주었다. His words gave me *hope.*

희생 sacrifice

힘 power, strength, energy

힘쓰다 endeavor, make an effort

힘차다 powerful, forcible

불규칙 동사 변화표

현 재	과 거	과 거 분 사
be (am is / are) (이다)	was were	been
bear (낳다)	bore	born
become (…이 되다)	became	become
begin (시작하다)	began	begun
bite (물다)	bit	bit, bitten
blow (불다)	blew	blown
break (깨뜨리다)	broke	broken
bring (가져오다)	brought	brought
burn (타다)	burnt, burned	burnt, burned
buy (사다)	bought	bought
can (…할 수 있다)	could	–
catch (잡다)	caught	caught
choose (선택하다)	chose	chosen
come (오다)	came	come
dig (파다)	dug	dug
do (하다)	did	done
draw (끌다)	drew	drawn
dream (꿈꾸다)	dreamed, dreamt	dreamed, dreamt
drink (마시다)	drank	drunk
drive (운전하다)	drove	driven
eat (먹다)	ate	eaten
fall (떨어지다)	fell	fallen
feed (먹이다)	fed	fed
feel (느끼다)	felt	felt
fight (싸우다)	fought	fought
find (찾아내다)	found	found
fly (날다)	flew	flown
forget (잊다)	forgot	forgotten, forgot
get (얻다)	got	got, gotten
give (주다)	gave	given
go (가다)	went	gone

현 재	과 거	과 거 분 사
grow (자라다)	grew	grown
hang (걸다)	hung	hung
have (가지다)	had	had
hear (듣다)	heard	heard
hide (감추다)	hid	hidden, hid
hold (붙잡다)	held	held
keep (지키다)	kept	kept
know (알다)	knew	known
lay (놓다, 두다)	laid	laid
lead (이끌다)	led	led
learn (배우다)	learned, learnt	learned, learnt
leave (떠나다)	left	left
lend (빌려주다)	lent	lent
lie (누워있다)	lay	lain
lie (거짓말하다)	lied	lied
lose (잃다)	lost	lost
make (만들다)	made	made
may (…해도 좋다)	might	–
mean (의미하다)	meant	meant
meet (만나다)	met	met
pay (지불하다)	paid	paid
put (놓다)	put	put
read [ri:d] (읽다)	read [red]	read [red]
ride (타다)	rode	ridden
ring (울리다)	rang	rung
rise (오르다)	rose	risen
run (달리다)	ran	run
say (말하다)	said	said
see (보다)	saw	seen
sell (팔다)	sold	sold
send (보내다)	sent	sent
set (놓다)	set	set
sew (바느질하다)	sewed	sewed, sewn
shall (…할 것이다)	should	–

현 재	과 거	과 거 분 사
shine (빛나다)	shone	shone
shoot (쏘다)	shot	shot
show (보이다)	showed	shown, showed
shut (닫다)	shut	shut
sing (노래하다)	sang, sung	sung
sink (가라앉다)	sank, sunk	sunk, sunken
sit (앉다)	sat	sat
sleep (자다)	slept	slept
smell (냄새 맡다)	smelt, smelled	smelt, smelled
speak (말하다)	spoke	spoken
spell (철자하다)	spelled, spelt	spelled, spelt
spend (써버리다)	spent	spent
spring (도약하다)	sprang	sprung
stand (서다)	stood	stood
stay (머무르다)	stayed	stayed
steal (훔치다)	stole	stolen
stick (찌르다)	stuck	stuck
strike (치다)	struck	struck
swim (수영하다)	swam	swum
swing (흔들리다)	swung	swung
take (잡다)	took	taken
teach (가르치다)	taught	taught
tell (말하다)	told	told
think (생각하다)	thought	thought
throw (던지다)	threw	thrown
understand (이해하다)	understood	understood
wake (깨다)	waked, woke	waked, woken
wear (입다)	wore	worn
weep (울다)	wept	wept
wet (젖다)	wetted, wet	wetted, wet
will (…할 것이다)	would	-
win (이기다)	won	won
work (일하다)	worked	worked
write (쓰다)	wrote	written

Point 영어입문사전

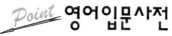

2009년 3월 10일 초판인쇄
2025년 1월 15일 16쇄발행

발행인 : 윤정섭
발행처 : 도서출판 윤미디어

주소 : 서울시 중랑구 중랑역로 224
등록 : 제 5-383호 (1993. 9. 21)
전화 : 02)972-1474
팩스 : 02)979-7605

정가 **18,000**원

ISBN 978-89-86359-98-5 61740

THE AL

A a [에이]

A a *Aa*

airplane
airplane
[에어플레인]
비행기

B b [비:]

B b *Bb*

book
book
[북]
책

C c [씨:]

C c *Cc*

corn
corn
[콘:]
옥수수

D d [디:]

D d *Dd*

dog
dog
[도:그]
개

E e [이:]

E e *Ee*

egg
egg
[에그]
달걀

F f [에프]

F f *Ff*

father
father
[파:더]
아버지

G g [쥐:]

G g *Gg*

grape
grape
[그레이프]
포도

H h [에이취]

H h *Hh*

horse
horse
[호:스]
말

I i [아이]

I i *Ii*

iron
iron
[아이언]
다리미

J j [제이]

J j *Jj*

juice
juice
[쥬:스]
주스

K k [케이]

K k *Kk*

knife
knife
[나이프]
칼

L l [엘]

L l *Ll*

lion
lion
[라이언]
사자

M m [엠]

M m *Mm*

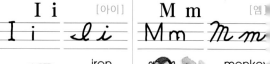

monkey
monkey
[멍키]
원숭이

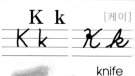

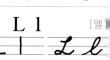